KB201775

한국의 기업가정신

# KOREA
## ENTREPRENEURSHIP

## 한국의 기업가정신

(사)글로벌전략연구원 편

화산
문화

# 책을 펴내며

'경제 민주화'라는 바람이 2013년 벽두부터 방방곡곡에 불고 있다. 오비이락 인지는 몰라도 굵직한 대기업들이 잇따라 당국의 조사를 받았다. 비자금 조성, 조세피난처에의 재산도피 및 탈세혐의 등 조사 이유도 각각이었다. 경제사범 기업인에 대한 처벌도 크게 강화됐다. SK, 한화그룹 회장 등이 과거 불문율과는 달리 법정 구속되었고 중형이 선고됐다(1, 2심). 경제 민주화 바람의 역풍이 최근 몇 년 사이 기세 등등 했던 한국 기업의 '세계적 기업화' 전략에 찬물을 끼얹지 않았으면 하는 바람이다.

이 책의 본문에서도 언급하고 있듯이 기업 활동은 환경에 민감하게 반응한다. 가까운 예로 1세기 전의 동양 3국을 보자. 당시 한국, 중국, 일본 정부의 최대 현안은 서구 자본주의 문화의 수용여부였다. 일본은 이를 적극적으로 수용한 반면 한국과 중국은 쇄국으로 일관했다. 그 결과 한국과 중국은 혹독한 대가를 치뤘다.

비록 모진 고통을 겪으면서도 좌절하지 않고 버텨 남는 것도 한국 및 한국 기업의 강점 중 하나이다. 한국 기업사는 한국 역사만큼이나 파란만장하다. 길고 어두웠던 일제 강점기가 있었고 해방과 전쟁의 혼란을 거치면서 이룩한 부흥기가 있었다. 개발독재 시대로 불리던 고도 성장기가 있었고 외환위기와 세계 금융위기도 겪었다. 한국 기업은 그런 환경 속에서도 잘도 버티며 성장했다. 그리고 지금은 세계적 기업으로까지 우뚝 서 많은 나라가 한국 기업의 강점을 연구하고 있다.

한국 기업이 이처럼 그 어떤 어려움도 잘 겪어낼 수 있었던 것은 한국 기업가의, 한국 국민성을 바탕으로 한 기업가 정신 때문인 것으로 분석되고 있다. 기업가 정신이란 자원 또는 인력, 사회적 제약 속에서도 위험을 감수하면서 새로운 기회를 포착해 사업화하는 기업가의 마음가짐이다. 이 기업가 정신은 한국 기업가가 세계에서 가장 뛰어나다는 것이 드러커(P. F. Drucker)의 지적이다. 물론 그의 말을 액면 그대로 받아들이기는 어렵겠지만 그는 『넥스트 소사이어티』(Next society, 2007)에서 "불과 40년 전만 해도 한국에는 산업이 거의 없었다. 6·25전쟁으로 한국은 폐허나 다름없었다. 그러나 오늘날 한국은 20여개 산업분야에서 세계 수준에 이르렀고 조선업을 비롯한 여러 분야에서 세계 리더가 되었다."고 한국을 격찬했다.

지금은 조선은 물론 반도체, 가전, 자동차 등의 분야에서도 단연 세계적 리더가 되고 있다. 이 책의 목적은 바로 그 한국 기업가 정신의 실체를 알아보자는 것이다.

이 책은 총론과 각론 2부로 나누어 구성했다. 제1부 총론에서는 기업가 정신의 이론과 역사를 두루 살펴보았다. 기업 혹은 기업가라는 말은 300여년 전 프랑스의 중상주의 사상가인 깡디옹(Richard Cantillon, 1685~1734)이 처음으로 사용한 것으로 알려지고 있다. 이후 슘페터(J. A. Schumpeter, 1883~1950)에 의해 기업가 정신이 크게 주목받기 시작했고 드러커가 다시 업그레이드 시켰다고 해도 과언이 아니다.

기업가 정신의 국가별 유형, 특히 한국 기업가 정신 형성에 영향을 크게 미친 중국, 일본의 그것을 면밀히 살펴봤다.

각론에서는 한국 기업가 정신을 구체적으로 사례 중심으로 접근했다. 이론의 여지가 없는 것은 아니지만 한국 기업가 정신의 요체를 1. 사업보국, 2. Can Do, 3. 빨리빨리, 4. 기업인재 육성, 5. 황제경영 등 5가지로 간추렸다.

5가지 모두 한국 기업가에게만 있는 기업가 정신이라고는 말할 수 없지만 일천한 한국 기업역사에도 불구하고 오래도록 한국 기업가 마음에 뿌리내려 지금까지도 그 정신이 이어지고 있기 때문에 크게 무리가 없을 것으로 판단했다.

'사업보국'(事業報國) 정신은 한국 기업 태생기부터 싹이 터 1980년대 말까지 한국 기업계를 지배했고 1990년대 이후 글로벌 시대가 도래하면서부터는 '보국'에서 한 걸음 더 나아가 '인류와의 공생'으로 업그레이드되고 있다. 삼성이 그 대표적 예가 될 수 있을 것이다. 1980년대 말까지 삼성의 경영이념은 사업보국, 인재제일, 합리경영이었다. 창업 후 계속되어 온 이 경영이념은 90년대의 글로벌 시대를 맞아 '인재와 기술을 바탕으로 최고의 제품과 서비스를 창출하여 인류사회에 공헌한다'로 업그레이드 됐다.

'Can Do(할 수 있다)' 정신은 기업가 정신의 기본 중 기본이지만 한국 기업계에도 일찍부터 뿌리를 내렸다. 일제 강점기인 1919년 김성수가 설립한 경성방직은 당시 조선 광목시장을 석권한 일본 도요방직(東洋紡織)에 맞서 "우리도 해낼 수 있다"는 진취적 도전정신의 결정체이다. 해방 후에는 '우리'에서 '우리도 할 수 있다'로 바뀌어 개인 기업이 우후죽순처럼 만개했다. 박정희 시대엔 군사문화까지 가세하여 포항제철이 보여주듯 절정을 이루었고 그 정신이 이어져 지금은 세계시장을 석권하고 있는 한국제품이 수십 개에 이른다.

'빨리빨리' 정신은 어느덧 한국인 및 한국기업의 특허 정신이 되고 있다. 딱히 언제부터 이런 정신이 싹 텄는지는 밝혀지지 않고 있지만 사공일은 "'빨리빨리'가 경쟁력이 됐다"고 말한다. 두산그룹 회장 박용만은 스스로 "두산그룹은 한국에서 가장 오래된 기업인 동시에 가장 빠르게 변신하고 성장한 회사"라고 자화자찬한다(2012년 미국 하버드대학 아시아 콘퍼런스에서 행한 강연). 단점이 더 많이 부각됐던 '빨리빨리'는 특히 스피드가 생명인 오늘날 그 빛이 한껏 발휘되고 있다.

'기업은 사람'이라고 정의한 이병철은 삼성을 창업할 때부터 '인재 제일'을 경영이념으로 삼았다. 그는 자서전에서 '내 일생을 통해 80%는 인재를 모으고 교육시키는데 시간을 보냈다'고 술회할 정도로 인재를 중시했다. 이건희는 여기서 한걸음 더 나아가 '천재경영'을 모토로 삼고 있다. 땅, 자원, 자본, 시장 조건이 열악한 한국이 경쟁력을 가지려면 오직 천재 키우기 밖에 길이 없다는 주의다. LG, SK, 두산, 포스코 등 거의 모든 기업이 인재육성에 혈안이다. 기업 인재 육성은 각국 기업가 모두가 강조하는 기업가 정신이지만 기업 후발국가인 한국 기업가의 인재 갈망은 그 어느 국가의 기업가보다 강하다.

공격경영을 지향하는 기업가치고 리더십이 약한 기업가는 없을 것이다. 일제 강점기 때는 살아남기 위해서, 산업화 시대엔 한국 제일을 쟁취하기 위해서, 오늘날의 글로벌 시대에는 세계적 기업이 되기 위해 끊임없이 공격경영을 펼치고 있다.

한국의 '황제경영'은 이 공격경영에 매우 효과적이다. "더 무모하게, 더 화끈하게, 더 단순하게 한국만의 강점에 집중하라"고 독려하는 학자도 있을 정도이다.

'한국의 기업가 정신'에 대해서는 더 많은, 더 깊은 연구가 필요할 것이다. 그리고 기업가 정신이 살아있는 한 한국 경제는 크게 걱정하지 않아도 될 것이다. 이 책이 기업가 정신을 살아 숨 쉬게 하는 데 일조가 되었으면 하는 마음 간절하다.

이 책의 수록 내용 중에는 관련 전문 서적, 연구 논문은 물론 중앙일보 등 각 일간지와 특수지 그리고 네이버, 다음, 구글 등의 온라인 미디어 자료도 많이 참고했음을 밝혀둔다.

2013년 9월
(사)글로벌전략연구원
원장 김두엽

# 차 례

책을 펴내며

# 제 2 부

# 제 1 부

## Ⅰ. 기업과 기업가

### 1. 기업의 발전과정

#### 1) 원초적 기업조직

기업(firm)이란 이윤을 전제로 생산활동을 하는 경제주체로 언제, 어디서 출현했는지에 대해서는 확인이 불가능하다. 그러나 원시공동체단계에서 계급사회로의 진화를 계기로 원초적 형태의 기업조직들이 발아했던 것은 분명하다. 서양에서는 기원전 3000년 경에 메소포타미아인들이 상업활동을 한 것으로 확인되었다. 상인들이 이윤획득을 목적으로 직접 물건을 생산하거나 혹은 다른 사람들이 생산한 것을 소비자들에 넘기는 식으로 생계를 꾸렸던 것이다.

역사가 가장 오래되고 전형적인 형태는 개인 기업이다. 개인적으로 생계를 목적으로 생산활동에 종사했던 것이다. 그 중에는 형제간 혹은 부자간에 공동으로 경영하는 가족기업도 다수 존재했다. 그러나 경제규모가 점차 커지면서 외부로부터 인적 및 물적 자원 동원의 필요성이 커지면서 공동사업이 생겨났다. 그 흔적은 기원 전 1750년 경에 제정된 것으로 추정되는 바빌로니아제국의 함무라비법전(Code of Hammurabi)에 등장하는 파트너십(partnership)이다. 당시 이 제도가 어떻게 운영되었는지는 확인할 수 없으나 최소 2인 이상의 동업자들이 공동출자 혹은 공동경영한 것으로 추정된다. 현대기업에 근사한 사업조직이 만들어진 것이다. 로마제정시대 말기에는 동업자들이 공동으로 출자해서 사업을 운영, 이익이나 손실을 지분에 따라 배분하는 소키에스타스(sociestas)도 출현했다. 구성원들은 각자 자기 지분만큼만 책임을 지는 식으로 조직을 운영했다.

11세기 '상업의 부활' 시대를 맞아 원격지 무역이 활기를 띄었다. 상인들이 집단으로 유럽 내륙 깊숙한 곳은 물론 배를 타고 바다 멀리 나가 이방인과의 상거래를 촉진시켰던 것이다. 이 때까지는 소키에타스, 파트너십 등이 성행했으나 이상의 사업조직은 제3자에 대한 조합원들의 무한연대책임을 전제로 한 터여서 위험이 수반되는 해상교역에는 적합하지 못했다. 때문에 무역항을 중심으로 프로젝트 성격의 한시적인 콤멘다(commenda)를 조직해서 사업을 영위했다.

한편 12세기 이태리 피렌체에서는 가족들이 공동출자하여 무한책임을 지고 운영하던 콤파니아(compagnia)가 등장하였다. 사업기간 및 자본금 액수를 사전에 정해서 설립 운영했을 뿐 아니라 구성원들은 제3자에 대해 무한책임을 졌으며 또한 외부로부터 예금도 받고 예금이자도 지불하는 등의 금융업도 겸했다. 콤파니아란 라틴어의 합성어로 "빵을 같이 나누어 먹다"란 뜻인바 당시 상인들은 해상무역에는 콤멘다를, 육상교역에서는 콤파니아를 활용했다. 영국인들은 이런 사업형태를 통칭해서 파트너십으로 불렀다.

15세기 경 이태리의 메디치(Medicii)가, 독일의 훅거(Fugger)가, 월저(Welsers)가 등은 대규모 기업조직으로 성장했다. 그러나 이들은 인적결합체에 불과하여 대규모 자본동원에는 한계가 있었다.

## 2) 주식회사 시대

대안으로 등장한 것이 주식회사였는데 효시는 1602년에 설립된 네덜란드의 동인도회사(Verenigde Oost-Indie Compagnie)였다. 당시 유럽인들은 미주대륙을 서인도로, 오늘날의 인도를 비롯한 인도네시아를 동인도로 통칭했는데 동남아의 향료무역에 특화하기 위해 여러 명의 주주로부터 자본을 끌어들여 세계 최초의 유한회사(limited liability company) 형태로 조직한 것이다. 영국은 이보다 2년이나 앞선 1600년에 런던의 상인들이 공동으로 출자하고 엘리자베스 1세로부터 특허를 얻어 동인도무역에 대한 독점권을 획득했으나 당시까지는 1회성의 한시적 조직이었다. 즉, 동인도회사 선원들이 한번 무역해서 얻은 이익을 곧바로 주주들에 배분함과 함께 조직을 청산했다가 무역을 재개할 때는 또다시 자본을 끌어들이는 식이었던 것이다. 영국의 동인도회사가 영속적인 형태의 주식회사로 거듭난 것은 1613년부터였다.

이후 영국, 프랑스 등 유럽 각국은 인도, 동남아시아, 아메리카와의 무역 및 식민지경영을 위해 경쟁적으로 주식회사 형태의 특수기업들을 설립했다. 네덜란드는 자바섬을 중심으로 활동(1602~1799)했으며 영국은 인도를 무려 258년 동안 식민지화(1600~1858)했다. 프랑스는 한때 인도지배에 적극적이었으나 영국과의 경쟁에서 패하였다(1604~1796).

　동인도회사는 유럽열강 정부들의 업무대행기관으로서 무력을 바탕으로 아시아의 방대한 지역을 통치했다. 또한 새로운 시장 개척에도 열심이어서 홍해에서 동인도제도로까지 활동무대를 넓혀갔다. 동인도회사의 자금 모집과 상거래 내용을 철저히 감독하고자 의결권을 가진 주주들이 모두 참석하는 주주총회와 총회에서 선출한 약간명의의 이사들로 구성된 이사회가 실무 감독을 총괄했다. 실제 항해 및 무역 업무에 종사하는 임직원들에게는 약간의 급료 외에 인센티브를 제공했다. 1회 출항시마다 결산해서 이익이 남을 경우 성과급 형태로 인센티브를 제공하거나 혹은 선원들에게 개인적으로 소량의 재량무역을 허용했던 것이다. 당시 유럽에서 동양지역으로 한번 출항했다가 귀국하는데 1년 가량 소요되어 도중에 질병이나 해난사고, 해적 등에 의해 사상자들이 속출했음에도 이들 직종은 인기가 매우 높았다.

　15, 6세기 '지리상의 발견' 이후 유럽의 상권이 전세계로 확대되면서 교역량이 비약적으로 증가했다. 기업차원에서도 대량생산이 요구되면서 자본동원의 필요성은 더욱 증폭되었다. 17세기 중반 유럽의 웬만한 규모의 기업들은 예외 없이 주식회사체제로 전환되었다. 사기, 약탈, 폭력, 강도 등으로 폄훼되던 상인들의 타인자본에 대한 의존성이 점증하면서 경영관리의 투명성도 요구되었던 것이다. 주식회사 제도는 인류사회에 풍요를 제공했다. 그러나 독과점과 노동착취문제가 함께 불거지면서 회사조직에 대한 제동도 병행되었다. 독점금지법 및 노동조합은 이런 배경 하에서 등장한 것이다.

　현대사회는 경영자혁명(managerial revolutin) 내지는 주식회사혁명(corporate revolution)시대이다. 대량생산에 자본동원의 용이성, 소유와 경영의 분리, 주식대중화 등 주식회사제도는 후일 산업혁명의 완성은 물론 오늘날 현대자본주의 발전에 일등공신으로 평가된다.

## 2. 기업가 개념의 확립

'기업' 혹은 '기업가'란 단어는 프랑스의 중상주의 사상가인 깡디온(Richard Cantillon, 1685~1734)이 최초로 사용했다고 전해진다. 그는 기업가(entrepreneur)를 '모든 위험을 스스로가 부담하며 물품의 유통, 교환 및 생산을 자기책임 하에서 취급하는 자'로 정의했다. 또한 1723년 프랑스 파리에서 출판된 사바리((Jacques des Bruslons Savary)의 『상업대사전』(Dictionnaire Universal de Commerce)에도 기업가란 단어가 등장한다. 상업혁명(15~18세기)이 한창이던 때에 새로운 용어로 기업 혹은 기업가가 등장했던 것으로 추정된다.

고전학파 창시자인 아담 스미스(A. Smith, 1723~1790)는 『국부론』(An inquiry into the nature and causes of the wealth of nations, 1776)에서 기업가란 단어는 사용하지 않았으나 기업가를 자본가 내지는 생산주체로 인식했을 뿐 아니라 노동과 자본을 효율적으로 결합해서 이윤 극대화를 도모하는 존재로 이해했다. 또한 기업가는 자본창출 및 일자리 확대, 자산가치 증식을 통해 경제

발전을 초래하는 중심적 존재로써 기업가들이 자유롭게 경제활동을 하면 재정수입 및 국부(國富, national wealth)가 증가한다고 주장했다. 반면에 수단과 방법을 가리지 않고 초과이윤에만 집착하는 기업가를 사기꾼으로 폄훼하기도 했다.

기업가는 이후부터 점차 사람들에 회자되면서 고전학파 경제학자인 프랑스의 쎄이(J. B. Say, 1767~1832)에 의해 학문화되었다. 쎄이는 기업가를 '노동력, 자본, 토지 등 생산수단의 통합자로써 우수한 판단력, 불굴의 정신, 탁월한 계산력 등의 특수한 성격과 능력의 소유자이자 감독 및 관리기술을 지닌 자'로 이해한 것이다. 현대적 정의에 근사한 인식이었다.

독일 신역사학파 창시자인 쉬몰러(G. von Schmoller, 1838~1917)는 기업가를 "솔선해서 위험을 부담하는 사람이자 기업 내 리더십의 중심이 되는 자"로 이해했다. 좀바르트(W. Sombart, 1863~1941)는 『현대자본주의』(Der moderne Kapitalismus, 1916)에서 자본가적 기업가의 기능을 ① 생산의 조직자, ② 상인, 담판자 ③ 계산가 ④ 관리자 등으로 구분하고 기업경영자란 이상 4개의 기능을 합성하는 자로 해석했다. 좀바르트는 기업가들이 사업을 영위하는 가장 큰 목적은 이윤획득(영리욕)이고 부수적으로 권력욕, 명예욕, 공익욕, 활동욕 등도 있는데 기업경영능력이야말로 자본주의발전의 최고 원동력이라 주장했다. 그리고 "배부른 사자는 사냥에 잘 나서지 않는다"는 비유를 들어 독과점 자본이 장악한 현대자본주의의 위기에 경종을 울리기도 했다.

경제학에서는 기업가에 대한 관심을 소홀히 했다. 18세기 말 산업혁명 이후 고도성장시대를 맞아 실업자 양산 내지는 노동자 궁핍화 등의 분배문제가 새로운 화두로 대두되면서 경제학은 온통 양극화문제 해소에 관심을 기울인 때문이었다. 소득 증가 및 일자리 창출도 중요하나 사회구성원 모두의 행복도 못지않게 중요했던 것이다. 부익부 빈익빈이 심화될수록 사회불안이 가중되어 결국에는 구성원 모두가 불행해지는 것을 우려한 탓이다. 사회 전체적인 행복추구가 더 중요했던 것이다. 이후 경제학은 '효율성'과 '형평성' 그리고 '안정성'을 동시에 고려하는 학문으로 자리매김했다.

슘페터(J. A. Schumpeter, 1883~1950)는 경제학자들 중 유일하게 기업가활동에 주목했다. 『경제발전의 이론』(Die Theorie der Wirtschaftlichen Entwicklung, 1912)에서 신고전학파 경제학의 기본공준인 '균형과 최적배분' 보단 혁신적 기업가에 의해 초래된 동태적 불균형(dynamic disequilibrium)을 건강한 경제의 규범으로 하고 기업가를 경제 변동의 중심적 존재로 판단한 것이다. 또한 기업가를 '새로운 제품 혹은 서비스의 혁신이나 개발에 초점을 맞추어 필요한 자원을 모으고 활용하는 자' 즉, 혁신적 기업가로 업그레이드시켰다. 혁신적 기업가는 '새로운 생산방식 및 신제품을 만들어 신시장을 개척함으로써 기존의 균형상태를 깨뜨리는 자' 인바 혁신행동이야말로 경제 발전의 원동력으로 이해했던 것이다. 단순히 새로 사업을 시작한다고 해서 모두 기업가가 아니란 의미이다.

이후 기업가에 대한 지속적인 학문적 연마를 거듭한 결과 드러커(P. F. Drucker, 1909~2005)는 『이노베이션과 기업가정신』(Innnovation and Entrepreneurship, 1985)에서 기업가를 '변화를 탐구하고, 변화에 대응하며, 변화를 기회로 이용하는 자' 로 정의하면서 기업가 정신이 없는 경영자는 반드시 망한다며 기업경영과 기업가 정신은 별개가 아니라고 역설했다. 또한 경제번영을 위해서는 변혁을 일으키며 새롭고 이질적인 가치가 창조되어야 한다는 점을 강조, 기업가야말로 혁신행동을 실천하는 자로 간주한 것이다.


## 3. 기업가 활동의 국가별 차이

기업가 활동은 시대의 흐름에 따라 변화한다. 인간이 환경의 동물이듯이 경영환경이 변하면 기업가 활동도 자연스럽게 변하는 것이다. 유럽에서는 16~17세기 종교개혁을 고비로 기업에 대한 사회적 태도와 가치관이 크게 변화했다. 그럼에도 나라별 혹은 지역별로 기업가 활동에 현저한 차이가 있다.

예를 들어 영국의 기업가들은 산업혁명의 요람국가에 어울리지 않게 여전히 보수적이어서 아이러니하다. 19세기에 진입하면서 영원히 '해가 지지 않을' 것으로 여겨졌던 영국경제가 점차 역동성을 잃어가는 이유에 대해 윌슨(Charles Wilson)은 영국의 경우 독일이나 미국에 비해 주식회사의 발달이 현저하게 뒤떨어진 때문으로 설명하고 있다. 19세기 말 제2차 산업혁명 당시 절대다수 영국 제조업체들의 회사조직은 가족중심의 파트너십(partnership)이었다. 후발국인 독일과 미국보다 주식회사 발달 면에서 크게 뒤처진 것이다. 기술 진보면에서도 독일이나 미국에 비해 낙후되어 1914년까지 영국이 기술적 우위를 장악한 경우는 '본차이나'(bone china)[1]로 대표되는 도자기산업 외에는 별로 없었다.

영국경제의 쇠퇴로 보수경영이 일반화된 것이다. 또한 영국에서는 엔지니어 출신들이 중역까지 승진하는 경우가 상대적으로 드물다. 이들의 초임이 관리직보다 비록 높을지라도 최고경영진으로 올라갈수록 엔지니어출신들의 숫자가 매우 적은 것이다.

영국 속담에 "제3세대는 젠틀맨(gentleman)이 된다"는 속담도 주목거리이다. 예를 들어 1세대는 사업을 일으키고 2세대는 그 사업을 관리, 보전하는데 그치며 3세대에는 기업을 접고 젠틀맨(gentleman)이나 치안판사, 시장, 국회의원 등 공직자, 귀족 등으로 입신함을 의미한다. 당시 하층민들의 신분상승의 주요 통로 중의 하나였던 것이다. 젠틀맨이란 영국의 산업혁명을 전후한 시기에 상인 혹은 농민들이 축적한 부를 토지에 투자해서 지대수익을 얻은 신흥 토지귀족을 지칭한다.

증기기관 발명가인 와트(J. Watt, 1736~1819)는 볼턴(M. Boulton, 1728~1809)과의 파트너십을 자식에게 넘겨주고 조각 등으로 여생을 보냈으며 기계기술자인 네이스미스(James Nasmth, 1808~1890)는 48세에 경영계에서 은퇴, 82세로 사망할 때까지 천문학과 사진촬영과 같은 취미생활로 소일했다. 19세기 영국최대의 마방적기업의 창업자 마샬(John Marshall)은 요크셔 하원의원으로 신분을 세탁했는데 그의 손자들은 공장경영을 가문의

---

1) 본차이나는 고령토에 동물의 뼈를 섞어 만든 도자기로 얇고 가벼울 뿐만 아니라 튼튼해서 기존의 도자기를 세계인들의 식탁에서 몰아낸 혁신적인 제품이었다. '영국 도예가의 아버지'로 칭송되는 조사야 웨지우드(Josiah Wedgewood, 1730~1795)가 발명한 제품이다. 중국의 도자기산업이 사양화된 것은 본차이나 때문이었다.

수치로까지 생각했다.

프랑스 기업인들은 경쟁에 소극적이다. 프랑스에는 아직도 구(舊)시대의 엄격하게 계층화된 세습적인 사회질서가 온존하고 있다. 생업보다 가문의 명예를 우선시하는 풍조이다. 가족기업에서 자녀들의 교육비 및 가족구성원들이 사회활동을 하는데 필요한 만큼의 소득만 확보되면 더 이상 무리해서 기업규모를 확대하지 않으려는 것이다. 프랑스 동족회사들의 목표는 능률 향상이나 이윤 극대화보다는 회사의 안전과 기업에 대한 동족의 지배권에만 관심을 두는 경향이 강하다. 란데스(David S. Landes)는 경쟁에 소극적인 기업가태도가 제2차 세계대전 이전의 프랑스 경제가 정체된 원인이라 지적했다.

반면에 미국의 기업가들은 사업이 그의 생활이자 인생에 가장 보람을 가져다주는 존재로 평가한다. 사회적으로 불굴의 기업가정신이 충만할 수밖에 없는 이유이다. 배금주의의 보편화는 또 다른 변수였다. 물질적 부(富)야말로 진정한 행복인 것이다. '최대다수의 최대행복'을 금과옥조로 하는 공리주의(utilitarianism)사상에다. 실용주의(pragmatism)까지 가세함으로써 기업가활동을 부채질했던 것이다.

원인은 나라마다 고유의 사회제도, 사고방식, 교육방법, 가치체계 등에 의해 형성된 문화패턴이 다른데 있다. 문화가 다르면 기업가활동도 달리 나타나는 것이다. 이슬람 특유의 금융제도인 스쿠크(sukuk)가 대표적이다. 이슬람 문화권에서는 다른 사람에게 돈을 꿔주고 이자를 받는 행위는 불법으로 간주하고 있다. 따라서 돈을 투자형식으로 대여해주고 이자명목의 배당금을 챙기는 제도이다.

기업가사(entrepreneurial history)의 창시자인 콜(A. H.

Cole)은 사회체제가 기업가활동에 미치는 영향에 대해 언급했는데,

첫째, 경제적 변화의 수용성 여부이다. 지금으로부터 1세기 전 한국과 중국, 일본정부의 최대 현안은 서구의 자본주의문화 수용 여부에 대한 입장정리로 일본은 이를 적극 수용한 반면에 한국과 중국은 쇄국으로 일관함으로써 혹독한 대가를 치렀다. 혁신과 같은 사회경제적 변화를 거부하는 사회에서는 기업가활동이 제약될 수밖에 없다. 미국과 일본, 싱가포르 등은 경제변화의 수용성이 강한 국가이다.

둘째, 사회적 이동성이다. 계급제 혹은 신분제가 강하게 지배하는 사회에서도 기업가활동이 제약받을 수밖에 없다. 중세시대 말 영국과 프랑스는 동일한 신분제사회였으나 프랑스에서는 계층간 신분이동이 불가능했다. 그러나 영국의 경우 농노(serf)들이 독립자영농(yeoman)으로까지 성장했을 뿐 아니라 신흥귀족인 젠트리(gentry)계층으로 진입하기도 했다. 영국은 하층민들의 신분상승을 용인하는 식의 개방된 귀족제(open aristocracy)를 채택했던 것이다. 중세 말부터 오랜 기간 동안 전개된 시민혁명(Glorious Revolution, 1688)의 결과물이었다. 여건만 되면 누구에게나 신분상승의 기회가 주어진 탓에 역사상 최초로 산업혁명을 주도한 근대적 기업가들이 대거 배출되었던 것이다.

셋째, 이윤추구나 사업활동의 허용여부이다. 과거 동서양의 대부분 국가에서는 상인이나 사업가들을 천시하는 풍조가 강했다. 동양적 사농공상(士農工商)의 직업관이 유럽에서도 유효했던 것이다. 이런 상황 하에서는 기업가활동은 제약받을 수밖에 없다. 따라서 사업가들은 가급적 빨리 사업을 접고 보다 고귀한 지위나 가치가 높은 활동에 진출할 수 있도록 노력했다.

조선조 최대 자산가이자 만상(滿商)[2]인 임상옥(林尙沃, 1779~1855)이 53세 되던 1832년에 곽산군수로 전직(轉職)한 것도 같은 맥락이었다. 국가별, 지역별로 문화 환경에 따라 기업가 활동에도 차이가 있는 것이다.


## 4. 기업가의 조건

미국인들은 기업가를 '소규모의 사업을 새로 시작하는 사람'으로 이해하는 반면에 독일에서는 '사업체를 소유 및 운영하는 사람'(Unternehmer)으로 정의한다. 즉 독일에서는 기업가를 '소유경영자'(owner-manager)로 해석하는 것이다. 그러나 공통적인 것은 규모와 무관하게 기업을 설립함은 물론 이를 직접 경영하는 자가 기업가란 점이다.

기업가는 남들이 미처 발견하지 못한 사업기회를 포착해서 비즈니스로 만드는 존재이다. 사업기회를 찾아낸다는 것은 소비자들이 기꺼이 구입해줄만한 제품이나 서비스를 발견하거나 혹은 기존의 재화와 서비스를 보다 저렴한 가격에 제공할 수 있는 방법을 찾아내는 것이다. 그러나 기업경영에는 언제나 위험이 따른다. 기업가들이 위험을 감수(risk taking)하면서까지 경영에 집착하는 이유는 성공할 경우

---

2) 조선 후기 중국 무역에 종사했던 의주 상인

많은 돈을 벌 수 있을 뿐 아니라 소비자들에게 보다 나은 제품이나 서비스를 제공해서 사회에 이바지할 수 있기 때문이다.

기업가는 자본은 필요로 하나 자본가나 투자자는 아니다. 또한 기업가는 고용주도 아니며 오히려 피고용자가 될 수도 있다. 기업가에게 주어진 사회적 의무는 창업은 물론 지속적인 성장과 우수기업으로 발전시키는 것이다. 그러나 이들은 진정한 의미에서 기업가는 아니다. '진정한 기업가'(entrepreneur)란 인류생활의 질을 향상시키고 세상을 발전시키는 원동력인 것이다.

GE의 창업자이자 1,093개의 발명특허를 가진 발명왕 에디슨(Thomas Alva Edison, 1847~1931)은 비록 실패한 경영자였으나 전구를 비롯한 수많은 신제품을 출시해서 풍요로운 사회 구현에 앞장선 진정한 기업가였다. 자동차왕 헨리 포드(Henry Ford, 1863~1947)의 업적도 주목된다. 1903년 동업자와 함께 자본금 10만 달러로 포드자동차를 설립하고 1908년에는 세계 최초의 양산(量産)형 대중차 T형 포드를 출시하는 한편 1913년에는 하이랜드파크 공장에 컨베이벨트 생산라인을 구축했다. 또한 종업원들의 하루 임금을 2달러에서 5달러로 인상하고 T형 포드의 가격도 825달러에서 490달러로 대폭 하향조정했다. 포드자동차의 미국시장 점유율이 급증한 결과 1919년에는 55%를 상회했으며 1923년에는 연간 생산량 200만대를 돌파해서 사상최대를 기록했다.

"소형이지만 튼튼하고 실용적인 자동차를 저렴한 가격으로 생산하고 제조에 있어서는 더 많은 임금을 지불하는 것에 핵심을 두었다."[3]

고임금의 지불과 저가판매로 구매력을 증가시킨다는 포드의 전략이 적중했던 것이다. 일부 귀족들의 사치품이었던 자동차를 "세상의 모든 사람들이 타고 다닐 수 있도록 하겠다"는 포드의 비전이 현실화된 것이다. 포드의 비전은 자동차 대중화시대를 여는데 시금석이 되었다.

델컴퓨터 창업자 마이클 델(M. S. Dell)은 인터넷이란 인프라에 주목, 소비자들이 각자 원하는 사양의 PC를 손쉽게, 그리고 보다 저렴하게 구매할 수 있는 프로세스를 개발해서 정보통신시대를 앞당기는데 선도적인 역할을 했다. 미국의 맥도날드(Mcdonald)나 영국의 막스 엔 스펜서(Marks & Spencer) 처럼 끊임없는 경영혁신을 통해 수많은 일자리를 창출한 경우는 또 다른 사례이다.

기업가는 자신의 영리욕 충족 뿐 아니라 임직원 및 소비자의 복리증진, 협력회사와의 상생, 국가를 포함한 인류사회 발전 등도 동시에 고려하는 존재여야 하는 것이다. 많은 기업가들이 경영이념을 인재양성, 사업보국, 인류와 사회에 기여, 윤리경영 등을 표방한 이유이다.

3) H. 포드, 『짚의 핸들』(Today and Tomorrow), 타케무라 겐이치 역, 1991, 18면

# Ⅱ. 기업가정신

삼성그룹 창업자 이병철(李秉喆, 1910~1987)은 『호암자전』(湖巖自傳, 1986)에서 "사업이란 무엇인가?"란 물음에 대해 "한 개인이 아무리 부유해도 사회 전체가 빈곤하다면 그 개인의 행복은 보장받지 못한다. 사회를 이롭게 하는 것이 사업이며 따라서 사업에는 사회성이 있고 사업을 추진하는 기업 또한 사회적 존재인 것이다"라 언급했다.

기업은 자본주의의 꽃이다. 기업가 활동이 왕성해야 자본주의 사회의 번영이 담보되기 때문이다. 유럽과 미국이 장기간동안 세계경제를 리드할 수 있었던 기초는 기업가 활동을 촉진하는 특유의 사회경제적 환경(＝자유방임적 자본주의)이 조성된 탓이었다. 그 속에서 수많은 기업가들이 왕성한 기업가 활동을 전개함으로써 무수한 일자리 창출과 소득향상, 정부수입 제고 등을 견인했던 것이다.

그렇다고 사기, 약탈, 폭력, 탈세, 정경유착 등을 통한 이윤추구를 용인하는 것은 아니다. 석유재벌 록펠러(John Davison Rockefeller, 1839~1937)나 철도왕 벤더빌트(Cornelius Vanderbilt), 세계 최대의 금융제국 창업자 모건(J. P. Morgan) 등은 부(富)의 축적과정에서 수단과 방법을 가리지 않은 탓에 가업가로 성공한 후에도 항상 '강도귀족'(robber barons)란 불명예가 따라다녔다. 베블렌(T. Veblen, 1857~1929)은 스스로 부를 생산하지 않고 폭력과 간교함으로 다른 사람의 이익을 편취하는 이들을 유한계급이라며 통박했다. 기업가 또한 사회구성원인 만큼 사회가 추구하는 '공동의 선'(善) 구축에 이바지해야 할 책임 즉, 기업의 사회적 책임이 있는 것이다.

정부, 소비자, 기업 등 모든 경제주체들이 합리주의(rationalism), 인본주의(humanism), 자연주의(naturalism), 개인주의(individualism)에 부합하는 사회적 행동이 전제되어야 하는데 특히 건전한 기업가정신이 필수적이다. 자동차왕 포드(H. Ford)는 기업의 존재목적을 영리추구가 아닌 '봉사동기'(service motive)에 있다고 했다. 즉 노동자에게는 '고임금'(high wage)으로 봉사하고 소비자에게는 '낮은 가격'(low price)로 봉사해야 한다고 역설한 것이다.

건전한 기업가정신이 건강한 사회를 만드는 것이다.


# 1. 자본주의정신

## 1) 시장의 유래

유럽에서 상업에 대한 부정적 인식의 역사는 매우 뿌리가 깊다. 그리스시대 플라톤(Platon, B.C. 427~347)은 그의 대표적 저서 『국가론』(Republic)에서 이상국가의 조건으로 사회계층제를 주장했다. 최고통치자를 금(金), 군인 및 관료계층을 은(銀), 생산계층을 동(銅)에 비유하면서 화폐의 생산성을 부정했으며 아리스토텔레스(Aristoteles, B.C.384~322)는 남에게 돈을 꿔주고 이자를 받는 것은 죄악으로 규정했다.

이런 전통은 로마시대는 물론 중세시대까지 계승 발전되어 당시 카톨릭교에서도 영리추구를 이웃사랑에 반하는 것으로 엄금했었다. 아퀴나스(Thomas Aquinas, 1225~1274)는 '공정가격'(just price)[4]으로 상행위를 하는 경우는 문제가 없다며 상업을 옹호하는 발언을 했다가 교계(敎界)로부터 큰 곤욕을 치루기도 했다. 상업이 기독교는 물론 대다수 지식인들로부터 경원시되었던 가장 큰 이유는 고대 및 중세의 상거래관습이 사기, 약탈, 폭력 위주인데서 비롯되었다. 상인들은 도둑이나 강도, 사기꾼쯤으로 폄하되었던 것이다.

시장의 유례가 상징적이다. 유럽에서 상업이 다시 활성화된 11세기 이후부터 내륙 곳곳에 교통요지를 중심으로 수많은 시장들이 새로 생겨나기 시작했는데 교회 혹은 수도원의 앞마당이 장터로 활용되기도 했다. 당시 상인(Wanderhandel)들은 우리나라의 장꾼들처럼 무리를 지어 시장을 찾아다녔다. 이동 중에 산적이나 해적 등의 기습에 대비함은 물론 경우에 따라서는 자신의 무리들보다 약한 다른 상인들을 무력으로 제압해서 상품을 약탈하려는 의도에서였다. 시장에서 다른 상인들과의 마찰도 염두에 두어야 했다. 따라서 장꾼집단의 규

---

4) 상품 본래의 가치와 일치하는 가격으로 노동과 비용에 의해 결정되는 것을 의미한다

모가 클수록 유리했다. 서양 중세 특유의 사회경제조직인 길드(guild)도 이런 배경 하에서 등장했다.

그러나 문제도 없지 않았는데 그것은 치안이 신통치 못했던 농촌을 찾을 때이다. 원거리 이동과정에서 숙박은 필수적이어서 도적이나 강도로부터 자신들의 상품을 잘 지켜내야만 했던 때문이다. 그들이 주목한 것은 교회나 수도원이었다. 당시 유럽은 기독교가 지배하는 시대여서 시골의 웬만한 곳에는 교회와 같은 종교시설이 반드시 있었던 것이다. 그런데 교회의 예배의식은 주로 일요일 혹은 정기 제일(祭日)에만 행해질 뿐 나머지 요일동안에는 통채로 비어있는 경우가 많아 상인들은 월요일부터 토요일까지 교회를 한시적인 물품보관소로 이용했다. 아무리 나쁜 자들이라 해도 하나님을 모시는 신성한 장소[聖所]는 약탈하지 않으리란 믿음 때문이었다.

교회가 더욱 유리한 것은 그들이 일일이 소비자를 찾아다니지 않아도 된다는 점이었다. 일요일만 되면 주변의 수많은 신도들이 교회로 몰리기 때문이었다. 이때 교회 앞마당에 물건들을 진열만 하면 되는 것이다. 어차피 예배객들을 위해 그간 창고로 활용했던 예배장소도 비워야했던 것이다. 교회 앞마당이 졸지에 장터로 변한 것이다.

당시 정부는 시장설립에 대한 특허장을 발부했는데 그 대상은 주로 교회나 수도원이었다. 영국의 최초시장 개설지는 웨스트민스터, 요크, 더함의 수도원광장이었다. 독일에서는 12세기 초까지 발부된 시장개설 특허장의 90%가 종교관계 건이었다. 종교시설은 약간의 시장세 징수를 전제로 시장개설을 허용했던 것이다. 시장(market)이란 원래 일주일마다 한 번씩 열리는 '7일장'이었던 것이다.

소비자들이 바가지를 쓰던 혹은 동업자들이 망하던 나만 배부르면 그만이었다. 상거래에 있어 상도(商道)란 아예 존재하지 않았던 것이다. 상업이 말업(末業)으로 천시된 또 다른 이유였다.


## 2) 자본주의 정신

그럼에도 불구하고 인류는 시장으로 상징되는 자본주의를 중심으로 변영을 구가했다. 시장은 부가가치를 창출하는 기회를 지속적으로 발굴하는 식으로 교환경제의 지평을 넓혀왔던 것이다. 그 와중에서 농업, 공업, 서비스업 등 제반 산업의 발전도 병행되었다. 15, 6세기 지리상의 발견은 유럽자본주의의 세계적 확산의 신호탄으로써 산업혁명(industrial revolution)까지 유발했다. 경제적 합리주의에 기초한 현대자본주의(modern capitalism)가 생성될 수밖에 없었던 배경이다.

자본주의 경제시스템에 대한 본격적인 지적 탐구활동은 18세기말 경제학의 출현과 함께 개시되었다. 스미스(A. Smith)는 인간들의 개인적 이기심에 기초한 자유방임과 공리주의로 자본주의체제를 옹호했다. 이후 세계경제는 비약적으로 성장했으나 그 와중에서 양극화와 실업, 독과점, 사회경제적 불안 심화 등 자본주의체제의 구조적 모순들도 여과 없이 노출되었다.

인류사회가 경제학에 새로운 미션을 부여했는데 그것은 성장과 분배, 안정문제를 동시에 충족하는 내용의 대안강구였다. 마르크스(K. Marx)는 자본주의란 잉여가치(剩餘價値, surplus value)의 생산을 전제로 하고 있어 구제불능이라며 용도폐기를 주장했다. 이에 대해 독일 역사학파는 자본주의체제 옹호와 부작용 최소화차원에서 국가권력에 의한 자유방임을 제한할 것을 요구했다. 또한 자본주의를 움직이는 원동력이 무엇인가에 대한 탐색작업도 병행되었다.

## (1) 자본주의 원동력은 정신

좀바르트(Werner Sombart, 1863~1941)는 자본주의를 움직이는 원동력으로 자본주의정신에 주목했다. 자본주의정신이야말로 자본주의의 창조자이자 동시에 추진력이란 것이다.

그는 『현대자본주의론』(Der moderne Kapitalismus(Ⅰ,Ⅱ, 1902. Ⅲ, 1927)에서 서기 900~1900년간의 유럽경제를 ① 초기자급경제, ② 수공업경제, ③ 자본주의경제 등 3단계로 구분하고 자본주의경제를 다시 ①초기자본주의(early capitalism; 1400~1760), ②고도자본주의(high capitalism; 1760~1914), ③ 후기자본주의(late capitalism; 1914~ ) 등으로 세분화했다.

또한 그는 자본주의경제란 영리주의와 경제적 합리주의가 지배하는 경제체제로, 자본주의정신을 영리주의와 경제적 합리주의 원칙이 지배하는 정신으로 각각 정의했다. 그리고 자본주의정신의 모태로 유태인의 정신을 지목했다.

첫째, 유태인들은 15, 6세기에 스페인, 포르투갈, 콜로뉴 등 남유럽에서 추방되어 유럽 북부지방으로 이동했는데 17세기에는 북유럽이 상업의 중심지로 부상한 것이다.

둘째, 17, 8세기에 보석과 비단 등 사치품을 독점해서 치부한 유럽의 유태인들은 신대륙을 발견한 컬럼버스(Cristopher Columbus,

1441~1506)에 자금을 대주었을 뿐 아니라 미국으로 이주해서 미국 역사의 중심적 역할을 담당했던 것이다. 좀바르트는 "미국주의는 바로 유태정신이 구현된 것에 불과하다"[5]고 단언했다.

유태인은 증권시장과 국제주식거래, 근대적인 신용제도, 광고, 신문 등 자본주의제도의 각종 수단들을 창안해낸 탁월한 상인들인데 좀바르트는 그 이유로 첫째, 유태인들은 세계 곳곳에 산재하고 있음에도 어디에서나 이방인으로 취급되어 준시민권 밖에 부여되지 않았다는 점과 둘째, 그들이 세상물정에 매우 밝았다는 점을 들었다. 즉 유태인들은 세계 어느 곳에나 존재했던 탓에 쉽게 동료들의 협조를 얻을 수 있었다는 것이다.

그리고 유태교가 유태정신을 창조했다고도 했다. 유태교에서는 '올바른 행동에는 반드시 정당한 대가가 따른다'는 점을 강조한다. 이성에 부합하는 인간행동을 합리화했던 것이다. 올바른 상업거래는 얼마든지 권장되나 대신 절제와 금욕을 강요하는 등 청교도정신과 매우 흡사하다. 이와 같은 유태교리가 유태인들로 하여금 상거래에 있어 매우 지적이며 매사에 활동적인 성격으로 개조시키는데 순기능을 했다는 것이다. 좀바르트는 '유태교야말로 자본주의를 이끌어가는 정신적 기반'[6]이라 주장했다.

그러나 후기자본주의단계에 진입하면 자본주의는 급격하게 쇠퇴하는데 원인은 첫째, 기업가들이 비대해지고 부유해져서 특유의 모험정

---

5) W. Sombart, The Jews and Modern Capitalism, Free Press, 1951, 21면
6) W. Sombart, The Jews and Modern Capitalism, Free Press, 1951, 205면

신이 소멸된다는 점과 둘째, 국민들의 경제생활이 상대적으로 안정되며 셋째, 정부의 규제범위 확대 및 카르텔 등이 기업 활동영역을 축소시키는 것이다.

## (2) 이념형으로서의 자본주의정신

베버(Max Weber, 1864~1920)도 자본주의정신의 연구에 매진했으나 그는 대신 이념형(Ideal typus)으로서의 자본주의정신 규명에 포커스를 두었다. 현실의 인간행동은 매우 다양해서 공통적 특성을 추출해 내기가 매우 어려울 뿐 아니라 이상적인 행동과도 거리가 있는 것이다. 차제에 그는 이상적인 인간으로써 '이념형' 인간을 상정했다. 인간의 경험적인 것을 사유에 의해 가공한 '관념적 형상'으로 실제의 인간행동과는 다소 괴리가 있다.

베버는 『프로테스탄트의 윤리와 자본주의정신』(Die protestantische Ethik und Geist des Kapitalismus, 1904~1905)에서 유럽의 산업혁명을 가능케 했던 내적조건으로 자본주의정신(Geist des Kapitalismus)을 제시하고 이는 유럽 종교개혁의 지도자들인 루터(Martine Luther, 1483~1546)나 칼빈(Jean Calvin, 1509~1564)이 주장하는 청교도정신(puritanism)에서 기원했다고 주장했다. 청교도정신은 근로(industry), 절약(frugality), 신중(prudence) 등으로 압축된다.

루터나 칼빈과 같은 개혁주의자들은 세속적 직업, 특히 상업은 신성한 것으로 근면과 절약, 금욕을 통해 이윤을 추구하는 행위는 신(神)의 소명이라 주장했다. 또한 이익이 많을수록 근검절약과 금욕적인 생활을 한 증거로써 그것은 바로 신의 영광을 제고하는 것임과 동시에 신에 충실한 증거라 역설했다. 따라서 금욕적, 윤리적 태도에서 벗어나지 않는 한 이윤추구는 오히려 장려되어야 한다는 것이다. 사업가들은 모름지기 근면의 정신으로 영리를 추구하며 직업에는 성의와 성심으로 종사하고 영리추구 결과로 얻어진 이익은 절약해서 금욕생활을 해야 한다고 강조했다. 동시에 '개처럼 벌어 정승같이 산다'는 세속적 탐욕도 경계했다. 베버는 구교(舊敎)의 압박과 학대 때문에 대륙에서 영국으로 이주한 청교도들의 독특한 금욕적 윤리정신이 직업윤리화해서 영국 산업혁명의 추진력이 되었다고 평가한 것이다.

영국에서 청교도정신은 국왕이나 귀족 등의 지배세력이나 대상인 등 부유층에 침투된 것이 아니라 그들로부터 핍박받는 도시의 스몰 마스터(small master)[7]와 기능공(journeyman), 농촌에 있어 반농반공(半農半工)의 자영농민(yeoman)층에 보급되었다. 이들이 시민혁명(청교도혁명, 1640~1660)을 주도함으로써 크롬웰(Cromwell)정부를 탄생시켰을 뿐 아니라 산업혁명(18세기 말~19세기 초)의 주체세력이기도 했다. 이를 계기로 영국정부는 중산계급에까지 정치적 자유를 부여함으로써 신기업가 계층(bourgeoisie)의 대두를 가능케 했던 것이다.

---

7) 기술은 뛰어났으나 정식으로 마스터(master)가 못된 장인.
중세 유럽 평민들의 유일한 희망은 기술을 배워 마스터가 되는 것이었다. 마스터가 되어야만 부자가 될 수 있을 뿐 아니라 시의회 의원이나 시장 등으로 신분상승 기회까지 얻을 수 있었기 때문이다. 그러나 갈수록 마스터의 숫자가 증가, 기존 마스터들의 사회경제적 입지가 줄어들면서 기능공들이 마스터가 되는 기회가 축소된 것이다. 기술수준이 뛰어났던 스몰마스터들은 도시에서 기존의 마스터와 대립하거나 혹은 농촌지역으로 이주해 독립자영수공업자로 변신했던 것이다.

베버는 청교도정신이 현대 미국의 성립에도 크게 이바지한 것으로 단정했다. 청교도 중 일부가 영국 국교(國敎)의 박해를 받아 신대륙으로 이주했는데 이들이 미국의 산업혁명을 주도했다고 단정했다. 1620년 메이플라워호(號)를 타고 온 필그림 파더스(Pilgrim Fathers)들이 보스턴 남쪽에 상륙하여 뉴햄프셔, 버몬트, 매사추세츠, 코네티컷, 로드아일랜드 등 6주에 플리머스 식민지(뉴잉글랜드)를 건설한 것이 계기였다는 것이다. 베버는 뉴잉글랜드를 미국 자본주의 정신의 발상지로 판단했다. 당시 유럽에서 건너와 동부 연안에 뿌리를 내린 수많은 개척민들 중에서 근검과 절제를 미덕으로 하는 프로테스탄트들이 미국 산업혁명의 주체적 역할을 했다는 것이다.

그러나 니얼 퍼거슨(Niall Ferguson)은 『제국』(Empire, 2006)에서 당시 하선(下船)한 승객 149명 중 필그림은 33%에 불과했으며 나머지는 영적(靈的)이 아닌 물질적 동기 때문에 아메리카대륙을 선택했다고 주장했다. 또한 필그림들이 플리머스를 세운 후 60년이 넘는 1684년까지 교회도 설교자도 없었다고 적시했다. 베버의 주장이 주목되는 대목이다.

농촌공업을 기반으로 한 중소규모의 생산자층 - 소규모의 산업기업가(Unternehmer)들과 임금노동자(Lohnarbeiter)들 - 이 산업혁명의 중심세력으로써 절대 다수가 청교도 출신들이었다. 특히 19세기에 중공업부문에서 지도자적 역할을 한 기업가들의 대부분은 부유한 상인들이 아닌 자영농민들 내지는 중소공장 출신 자식들로써 청교도와 밀접한 인사들이었다.

카네기(Andrew Carnegie, 1835∼1919)는 직포공(織布工) 아들로 목면(木棉)공장에서 주 1달러 20센트로 근무하다 철도회사 사환으로 옮긴 후 중역으로 승진하는 동안 주식투기로 치부해서 철강왕이란 호칭을 얻었다. 약품행상의 아들인 록펠러(John D. Rockfeller, 1839~1937)는 조그마한 상점의 사환에서 석유왕에 등극했으며 해리먼(Edward H. Harriman, 1848~1909)은 브로커 사무직원에서 철도왕으로, 베이커(George Fischer Baker)는 서기에서 출발해 대은행가로 성장했던 것이다. 오늘날 미국산업의 지도층은 당시 산업적 중산계층 출신이다.

또한 베버는 미국 산업혁명을 가능케 한 미국 청교도정신의 상징으로 프랭클린(Benjamin Franklin, 1706~1790)을 예로 들었다. 프랭클린은 섭생, 침묵, 규율, 결단, 절약, 근로, 성실, 정의, 중용, 청결, 평정, 순결, 겸손 등 13가지의 덕성을 금욕적 수련의 일과표에 반영, 손수 실천했다. 그는 근로와 절약 2가지 덕성만 지켜도 부자가 될 수 있다고 했다.

베버는 산업혁명을 추진한 주체적 힘은 청교도정신(금욕적 윤리정신)이며 이런 정신이 지배하는 자본주의가 현대자본주의(moderne Kapitalismus)라 결론을 내렸다. 그러나 자본주의정신은 오로지 산업혁명 초기에만 확인될 뿐 산업혁명 이후에는 영리추구가 수단이 아닌 목적, 즉 '영리를 위한 영리 추구'로 변했다며 금욕적 윤리에 근거한 자본주의정신은 소멸되었다고 단정했다. 영리만을 목적으로 하는 기업가는 순수한 의미의 기업가라 할 수 없다는 것이다.

동서를 막론하고 아주 오래전부터 자본주의는 존재했었다. 그리스, 로마의 경제체제가 자본주의였다. 지리상의 발견시대 이후에도 자본주의가 극성을 부렸다. 현대 이전의 동양의 경우도 예외는 아니었다. 그러나 이런 유형의 자본주의는 사기, 약탈, 담합, 폭력 등을 수반한 부등가(不等價)교환에 의한 영리추구를 전제로 한 것이다. 당시 상인들에게선 인간으로서 최소한의 윤리마저 잘 확인되지 않았던 것이다. 베버는 이를 천민자본주의(pariakapitalismus)라 명명하고 현대 자본주의와 구분했다.

셔튼(F. X. Sutton)은 '미국의 정신적 유산은 개인주의와 직업 노동의 존중인데 이것이 바로 청교도의 유산이라 주장' 하며 베버를 지지했으며 황명수 교수는 독일이나 프랑스가 영국보다 산업혁명이 늦은 원인의 하나로 청교도정신과 같은 내적조건 결여 때문으로 해석했다.

청교도정신이야말로 현대자본주의정신이자 기업가정신(Geist des Unternehmer)이었던 것이다. 그러나 브렌타노(Lujo Brentano, 1844~1931), 토우니(R. H. Tawney), 좀바르트(W. Sombart) 등의 반대논리도 주목된다. 브렌타노는 베버가 주장한 윤리성에 입각한 영리욕은 확인되지 않았다며 산업혁명을 가능케 한 추진력은 자본가 내지 기업가들의 천민적인 '될 수 있는 대로 가급적 많이 이윤을 획득하려는 성향' 즉, 영리욕(Erwerbsgier)으로 규정한 것이다.


## 2. 혁신이론

베버의 자본주의정신은 20세기에 이르러 슘페터(J. A. Schumpeter), 콜(Arther H. Cole) 등에 의해 진일보했다.

슈페터는 기업가정신을 새로운 가치를 창출하는 혁신의지로 이해했으며 콜은 이런 유형의 기업가를 '국민경제의 추진자'로 평가함으로써 한층 업그레이드시켰던 것이다.


## 1) 고전적 혁신이론

슈페터(J. A. Schumpeter)는 기업가를 경제발전의 주역으로 규정한 최초의 경제학자이다.

오스트리아태생으로 빈 대학에서 경제학을 배우고 체르노비츠대, 그라스대 교수를 거쳐 제1차 세계대전 이후 오스트리아 공화국 정부의 재무장관과 은행총재를 역임했다. 이후 다시 학계로 복귀해서 1926년에 모교인 본 대학의 교수로 재임했다가 미국 하버드 대학 교수로 전직했으며 1932년에는 아예 미국에 귀화했다. 그는 한계효용학파(marginalists)의 완성자로 수리적 균형 개념을 이에 도입, 혁신적 기업가가 이윤을 창조한다는 이론(innovation theory)을 정립했다.

슈페터모형의 기본가정은 경제규모가 매년 변동되는 동태경제로써 자본주의 경제발전은 기업가의 혁신(=신결합)에 의해 추진된다는 것이다. 신결합이란 자본과 노동, 원료 및 생산기술 등 생산요소의 새로운 결합을 의미하는 바 이는 자본과 노동간의 대체(substitution)를 가정한 것이다.

생산기술이 변화하면 자본과 노동의 결합비율이 달라진다. '노동절약적 기술진보'란 노동력의 투입을 줄이고 대신 자본투입을 늘이는 것으로 기계화가 전형적인 사례이다. 마르크스(K. H. Marx, 1818~1867)는 이를 '자본의 유기적 구성 고도화'로 표현했다. 즉 경제가 발전하려면 신투자가 전제되어야 하는데 이 경우 기계화로 인해 불가피하게 발생하는 마르크스적 실업이 문제가 된다. 그러나 대신 생산성 향상 내지는 우회생산(round-about production)이 발달, 새로운 산업이 출현해 전반적으로 고용흡수력과 소득수준이 더 커지는 것이다.

신결합이 경제발전의 원동력인 것이다. 오늘날의 정보통신혁명이 상징적이다. 정보통신기술의 진보는 종래의 수많은 산업들이 사양산업화하면서 일자리를 앗아갔으나 그 와중에서 새로운 산업들이 대거 양산되어 또 다른 새로운 일자리들이 창출된 것이다. 일자리수도 종래보다 훨씬 많아진다. 슘페터는 이를 '창조적 파괴'라 명명했다. 기업가의 모험정신이 전제되지 않고는 불가능하다. 또한 혁신은 처음에 행하기는 무척 어려우나 일단 한번 행해지면 다른 일군의 집단혁신을 야기함으로써 경제번영이 이루어진다. 자본주의발전에서 기업가들의 역할이 매우 중요한데 슘페터는 여기에 주목했던 것이다.

슘페터는 기업가를 '창조적 기업가'(schöferrischer Unternehmer)와 '일상적 기업가'(routine Unternehmer)로 구분하는 한편 창조적 기업가를 혁신(innovation) 혹은 창조적 활동을 하는 기업가로 정의했다. 반면에 일상적 기업가는 경제가 발전하지 않는 정태경제(=정태적 순환)에 있어서의 기업가로 진정한 기업가가 아니라고 했다. 정태적 순환이란 생산이나 소비가 매년 같은 규모로 반복되는 현상으로 마르크스의 단순재생산(single reproduction)과 같은 개념이다.

혁신(innovation)의 종류로는 첫째, 신상품의 생산인데 이는 소비자들에 잘 알려지지 않은 새로운 재화 혹은 새로운 품질의 재화 제조를 의미한다. 둘째, 신생산방법의 도입인데 해당 산업분야에서 잘 알려져 있지 않은 생산방법의 도입이다. 셋째, 아직 알려지지 않은 새로운 시장과 판로의 개척이며 넷째, 원료 혹은 반제품의 새로운 공급원 획득을 지칭한다. 다섯째, 새로운 경영조직의 형성인바 예를 들어 새로 독점적 지위를 형성하거나 혹은 기존의 독점 파괴와 같은 새로운 조직의 형성을 뜻한다.

경제현상은 우리 인간들처럼 끊임없이 변화한다. 시간이 흐름에 따라 인간들이 유년에서 청소년으로, 중장년에서, 노인으로 변하듯이 경제 또한 끊임없이 변하는데 이를 경제변동(economic fluctuation)이라 한다. 경제변동에는 규칙적 변동과 불규칙적 변동으로 구분된다. 계절변동, 순환변동 및 추세변동이 전자에 속하며 천재지변이나 전쟁 등에 기인한 경제변동은 후자에 속한다. 계절변동은 1년을 주기로 비교적 규칙적이며 확정적인 경향이 있다. 우리나라의 경우 쌀값은 수확기 직후인 11～12월에는 다소 떨어졌다가 7, 8월에는 평균가격 이상으로 올라가는데 매년 동일한 양상을 시현한다. 순환변동은 1년 이상의 일정기간을 주기로 파동적으로 변동하는 현상으로 약 40개월을 주기로 하는 키친(Kichin)사이클과 약 10년을 주기로 하는 쥬글라(Juglar)사이클, 50～60년을 주기로 하는 콘드라체프(Kondratieff)사이클이 있다. 추세변동은 경제가 장기적으로 어떤 추세를 나타내면서 변동하는 경우를 의미한다.

슘페터는 혁신이론을 최장주기의 콘드라체프사이클에 적용해서 혁신의 비연속성을 증명했다. 콘트라체프(Nikolai Dmitrievich

Kondratiev, 1892~1938)는 이를 최초로 발견한 소련의 경제학자이다.

예를 들어 제1차 장기파동(1789~1849)에서는 면직물, 증기, 제철분야에서 혁신이 일어났으며 제2차 장기파동(1849~1896)에는 철도분야에서, 제3차 장기파동(1896~1932)에서는 자동차 및 전기분야에서 각각 혁신이 일어났다고 주장했다. 일단 특정 산업분야에서 혁신이 일어나면 낮은 수준의 모방자들이 뒤를 이어 일자리가 창출되면서 경제가 급격하게 성장한다. 혁신이 비연속적으로 실행될 때 경제가 발전하기 때문에 기업가가 수행하는 혁신이야말로 경제발전의 원동력인 것이다. 자본가나 전문경영인, 주주, 기능공 등 조직구성원이면 누구라도 혁신자가 될 수 있는데 혁신을 비연속적으로 실행하는 창조적 기업가야말로 진정한 기업가란 것이다.

레드리크(F. Redlich)는 혁신의 종류로 ① 진정한 혁신(genuine innovation) 혹은 본원적 혁신(primary innovation), ② 재현적 혁신(re-innovation), ③ 파생적 혁신(derivative innovation), ④ 모방(copying), ⑤ 일상적 행동(routine)등으로 구분했다. ①, ②는 순 혁신(pure innovation)으로 볼 수 있으나 ③은 모방에 속하며 ⑤에서는 혁신적 요소가 확인되지 않는다고 주장했다.

그는 슘페터적인 창조적 기업가 뿐 아니라 '창조적 관리자' 까지 기업가 개념에 포함시키고 양자를 합쳐 '경제적 혁신자' (wirtschaftlicher Neuer)라 불렀는데 "혁신이 아닌 모방도 경제발전에 공헌할 수 있다"고 주장했다.

코크란(T. C. Cochran)은 혁신을 '사회적 변화'로 파악하고 그러한 사례들로 ① 일탈행동의 모방, ② 상대적 역할의 변화, ③ 정황의 변화 등을 들며 ①에서는 어떤 개인의 일탈행동에 의해 일어난 혁신이 다른 사람에 모방되고 그 모방의 규모가 점차 확대되어 사회적 변화가 일어나는 경우로 레드리크모델의 '모방과 전파'에 해당한다. ②는 기업 최고경영층(top-management)의 역할(행동양식)이 변화하면 중간(middle) 및 하부조직(lower management)의 역할까지 변해 그 결과 사회적 변화(혁신)가 일어나는 경우이며 ③은 개인의 일탈행동이 사회적 혹은 물리적 정황에 변화를 일으켜 사회적 변동(혁신)이 수반되는 경우를 의미한다.

슘페터에 의해 제시된 '혁신' 개념은 이후 수다한 논의과정을 거쳐 점차 업그레이드되어 오늘날 혁신은 자원의 생산성에 변화를 초래하는 활동으로 일반화되었다.


## 2) 경영혁신론

드러커(Peter F. Drucker, 1909~2005)의 경영혁신론도 주목된다. 오스트리아 빈에서 출생, 독일 함부르크 대학 법학부를 거쳐 1931년에 독일 프랑크푸르트 대학에서 국제법과 공법 전공으로 박사학위를 취득했다. 프랑크푸르트에서 신문 기자생활을 하다가 런던의 국제은행에서 경제 전문가로 일하기도 했다.

히틀러를 피해 1937년 미국에 정착하면서 본격적인 저술활동에 들어가 최초의 저서인 『경제인의 종말』을 출간했다. 1939년에는 뉴욕주 사라로렌스 대학에서 경제학 및 통계학을 강의했고, 1942년부터

1949년까지는 버몬트 주 베닝턴 대학에서 철학 및 정치학 교수를 지냈다. 1943년에는 GM의 경영컨설팅을 수행했으며 1947년에는 마셜플랜에 고문 자격으로 참여하기도 했다. 1950년부터 1971년까지 뉴욕대학 경영학부 교수로 재직하였고, 1971년부터 2003년까지 캘리포니아 주 클레어몬트 경영대학원 사회과학부 석좌 교수직을 역임했다.

드러커는 『미래사회를 이끌어가는 기업가정신』(2004)에서 '혁신'을 자원의 생산성에 변화를 초래하는 활동 내지는 소비자가 자원으로부터 획득하는 가치와 만족을 바꾸는 활동으로 이해했다. 또한 그는 '혁신'이 옳은 번역이나 '경영혁신'(managerial innovation)으로 해석하는 것이 타당하다고 주장했다. '경영혁신'이란 기업가가 재화나 서비스를 제공하기 위한 기회를 찾을 목적으로 변화를 모색하는 수단이다. 즉 기존의 자원이 부(富)를 창출하도록 새로운 능력을 부여하는 활동으로써 기업가정신(entrepreneurship)을 발휘하기 위한 구체적인 수단이란 것이다.

경영혁신은 스스로 자원을 창출하는데 구매력보다 중요한 자원은 없다며 구매력은 경영혁신을 수행한 기업가가 만들어낸 결과라 주장한다. 19세기 초 미국 농부들은 소득수준이 매우 낮아 고가(高價)의 농기계를 구입할 능력이 없었다. 그러나 농기계 발명가 중 한 사람인 맥코믹(Cyrus McComick, 1809~1884)은 할부판매법을 고안, 고가의 농기계를 일정기간동안 분할납부하도록 해서 농기계 매출을 획기적으로 끌어올린 것이다. 맥코믹의 아이디어가 농기계에 대한 농민들의 구매력을 창조한 것이다.

경영혁신이란 반드시 기술적인 것만은 아니며 물질적일 필요도 없다. 기존 자원이 가지고 있는 부를 창출할 수 있는 잠재력을 변화시키면 그 어떤 것도 혁신이라 주장했다. 드러커는 슘페터의 '혁신'을 현대적인 경영기술의 접목활동에 이르기까지 스펙트럼을 넓혔던 것이다.

또한 드러커는 사회적 혁신(social innovation)이 기술적 혁신(technical innovation)보다 훨씬 중요하다며 일본을 기술적 혁신이 아닌 사회적 혁신을 통해 성공한 케이스로 단정했다. 1867년 개방화 이후 일본은 선진국의 각종 제도와 기술을 수입해서 일본식 자본주의를 완성했을 뿐 아니라 선진국 제품들의 모방품 제조를 통해 고도성장을 이룩했던 것이다. 레드리크 모델의 '모방' 내지는 코크란 모델의 '일탈행동의 모방'에 부합한다. 또한 레드리크의 "모방도 경제발전에 공헌할 수 있다"는 설을 뒷받침하는 것이다. 일본식의 모방을 창조적 모방(creative imitation)이라 하는데 드러커는 창조적 모방도 매우 훌륭한 기업가적 전략이라 평가했다.

드러커는 경제번영을 위해서는 변혁을 일으키고 새롭고 이질적인 가치를 창조해야 한다는 점을 강조하면서 기업가정신에 주목했는데 그것은 기업가의 정신적 기반인 경영이념이며 경영사상이라 해석했다. 즉 기업가정신은 경영철학이며 기업의 통치이념인 바 대기업과 중소기업, 공공기관 내지는 신생기업은 물론 역사가 오랜 기업에서도 반드시 필요한 요소로 단정했다.

## 3) 현대적 혁신이론

오늘날에는 경영학에서 혁신에 대한 논의가 가장 활발한데 어버튼과 클라크(Arbernty & Clark)는 혁신의 진행과정에 주목해서

① 창조적 혁신(architectural innovation), ② 통상적 혁신(regular innovation), ③ 틈새시장 창조(niche creation), ④ 혁명적 혁신(revolutionary innovation) 등으로 구분했다. 창조적 혁신은 전혀 새로운 기술이나 생산체계의 도입 혹은 신결합한 것, 즉 새로운 산업이나 체제의 도입과 같은 혁신으로써 1908년 포드의 T형 자동차 대량생산과 대량소비시스템의 확립을 예로 들었다. 종래 숙련공에 의한 주문생산방식을 컨베이어벨트 도입을 통한 대량생산방식으로 전환해서 차 값을 크게 낮춤과 함께 종업원들이 구매가능토록 임금을 대폭 인상시킴으로서 자동화부문을 하나의 산업으로 성장시키는데 결정적 역할을 했다는 것이다.

창조적 혁신에 의해 출현한 신상품 및 새로운 산업은 성장과정에서 통상적 혁신으로 이행한다. 이는 기존의 기술 및 생산체계를 한층 세련·강화함과 동시에 기존의 시장·고객과의 연결을 유지해 가는 혁신인 것이다. 이 단계의 혁신은 새로운 발명, 발견에 있는 것이 아니라 이미 존재하는 것보다 저렴하게, 그리고 양질의 제품을 생산, 판매하는 것이다.

틈새시장 창조는 기존의 기술과 생산체계를 결합 혹은 세련되게 함으로써 새로운 시장을 창조하거나 혹은 판매조직 강화 및 기존의 유통채널 결합 등을 통해 새로운 시장을 창출하는 혁신이다. 카 스테레오와 이어폰을 결합한 소니의 워크맨이나 혼다자동차가 오토바이를 소형화해서 주부들도 타기 쉽도록 개조한 모패드의 출시, 스마트폰 등이 그러한 사례에 해당한다.

혁명적 혁신은 기존의 기술 및 생산체계를 전면적으로 파괴하면서 기존의 시장·소비자와의 연결을 한층 강화하는 식의 특징을 갖는 혁신으로 두가지 경향이 있다. 첫째, 기존산업을 크게 활성화시키는 혁신과 둘째, 혁신이 발생한 산업에 커다란 영향을 미침은 물론 창조적 혁신단계로 이행하여 새로운 산업의 창조에까지 이르는 혁신인 것이다. 전자의 예로는 1940년 GM이 처음 도입한 오토매틱 트랜스미션이 그 후 수동변속기를 완전히 구축한 것이다. 후자의 예로는 트랜지스터인데 이는 처음에는 진공관의 대체물로만 인식되었으나 이후 반도체, 컴퓨터, 정보통신이란 새로운 산업을 연달아 창조해가는 혁신의 원동력으로 작용했다.

혁신은 진행과정에 따라 '창조적 혹은 혁명적 혁신 → 통상적 혁신, 혁명적 혁신 → 창조적 혁신, 통상적 혁신 → 틈새시장 창조' 등으로 발전한다. 그러나 항상 순조롭게 진행되는 것은 아니다.

혁신은 ① 급진적 혁신(radical innovation)과 점진적 혁신(gradual innovation), ② 기술혁신(technical innovation)과 관리혁신(managerial innovation) 등으로 구분하기도 한다.

급진적 혁신은 현재의 기술이나 제품을 완전히 대체시킬 수 있는 혁신을, 점진적 혁신은 현재의 기술이나 제품을 수정하는 정도의 혁신을 의미한다. 급진적 혁신은 점진적 혁신에 비해 성공할 경우 높은 수익성이 보장되고 경쟁력을 급속도로 강화할 수 있는 장점이 있는 반면에 조직적으로 모든 업무를 근본적으로 변경한 탓에 의사결정 자체가 만만치 않을 뿐 아니라 위험성(risk)도 매우 높다.

기술혁신은 제품이나 서비스의 물리적 외관이나 성능의 변화 등 물리적 과정에서의 혁신으로 지난 50년간에 이룩한 반도체산업의 성과인 진공관(tube)→ 트랜지스터→ 집적회로(IC)→ 마이크로 칩(micro chip)으로 대체 등이 대표적이다.

기술혁신은 제품혁신(products innovation)과 공정혁신 (process innovation)으로 세분된다. 제품혁신은 제품이나 서비스의 물리적 특성을 변화시키거나 새로운 브랜드의 제품 및 서비스를 창조하는 것 등을 의미하며 공정혁신은 제조공정에서 원가절감이나 생산성 향상을 위해 기계화 혹은 자동화하는 것을 의미한다. 산업계에서는 20세기 전반기까지 제품혁신에 주력했으나 이후부터는 공정혁신에 보다 역점을 두고 있는바 제품의 질, 속도, 능률 증가를 동반하는 산업용 로봇 사용이 대표적이다. 관리혁신이란 제품이나 서비스의 기획에서부터 생산, 유통에 이르기까지의 경영관리적인 측면의 혁신을 의미한다. 품질관리(QC)가 대표적 사례에 해당한다.

어떠한 경우가 되었던 혁신은 앞으로도 지속될 뿐만 아니라 속도 또한 빨라질 수밖에 없다. 지식산업시대의 도래가 그러한 변화를 가속화시킬 예정이다. 그 와중에서 혁신의 내용도 한층 다변화하고 보다 정교해지며 실제경제에 대한 적용성도 훨씬 수월해질 것으로 전망된다.


## 3. 기업가정신으로 승화

### 1) 기업가적 경제시대

드러커는 『미래사회를 이끌어가는 기업가정신』(2004)에서 현재 미국은 종래의 관리경제단계(managerial economy)로부터 기업가적 경제단계(entrepreneurial economy)로 이행 중이라 진단했다. 관리경제란 기존 제품의 원가는 더 낮게, 품질은 더 향상시키는 식으로 경제를 발전시키는 것을 의미한다. 반면에 기업가적 경제는 기존에 존재하지 않는 새로운 형태의 제품과 서비스를 제공함으로써 경제를 발전시키는 것을 지칭하는 것으로 경영기술이 미국을 새로운 사회로 전환시키는 경우를 대표적 사례로 들었다.

절대다수의 경제전문가들은 1970년대 이후의 미국경제를 '성장 없는 경제', '탈 공업화', '콘트라체프식 장기침체' 등으로 진단했다. 두 차례에 걸친 석유파동으로 초유의 스태그플레이션을 겪는 등 원자재발 코스트 푸쉬로 세계경제 성장에 제동이 걸렸고 이로 인해 미국도 상당한 타격을 받은 때문이었다.

그러나 드러커는 1965~1985년간 미국경제에 대한 실증분석을 통해 주목되는 결과를 제시했다. 미국 인구는 1965년의 1억 2,900만 명에서 1980년대에는 1억 8,000만 명으로 39.5% 증가했는데 보수를 받는 인구수는 7,100만 명에서 1억 600만 명으로 무려 50%나 증가했다는 것이다. 일자리수가 인구증가를 훨씬 앞지른 것이다. 1974~1985년간에 늘어난 일자리수만 2,400만 개에 달했다. 미국은 평화의 시기에 이렇게 많이 일자리를 창출한 적은 없었다. 반면에 서유럽에서는 1970~1984년간에 300~400만 개의 일자리가 사라졌으며 1970~1982년간 일본의 일자리수 증가는 10%로 미국의 절반에도 못미친 것과는 너무 대조적이었다.

이에 대해 드러커는 1970년대 중반 이후 미국 내 기혼여성들이 노동시장에 대거 진출했다는 점과 미국 500대 기업을 비롯한 연방정부와 지방정부, 대규모 대학교 및 학생수 6,000명 이상의 연합고등학교, 대형병원 등 대규모 조직을 중심으로 일자리가 제공되었으며 또한 매년 60만 개의 새로운 기업이 탄생했다는 점을 들었다. 창업 60만 개는 최대 호황기였던 1950~1960년대 대비 무려 7배에 달한다. 그러나 신규 일자리 중 하이테크분야가 차지한 몫은 500~600만 개로 전체 고용 순증(純增)량의 8분의 1에 불과했다. 하이테크산업은 철강이나 자동차와 같은 굴뚝산업이 잃어버린 일자리수를 메우는 정도이상은 기여하지 못했다. 첨단분야의 경우 창업기회는 많으나 생존율이 매우 낮은 탓이다. 대기업을 비롯한 주로 대규모 조직에서 기업가정신의 실천을 통해 압도적으로 많은 일자리를 창출한 것이다.

드러커는 하루에 약 5,400만 명의 고객이 찾고 있는 세계 최대의 햄버거체인인 맥도날드(McDonald) 체인을 사례로 들었다. 1937년에 새로 가게를 열었으나 거듭된 시행착오로 고전했다. 맥도날드(McDonald) 부부는 고민 끝에 위험부담을 안고 그의 가게운영에 '경영'을 접목했다. 처음에는 최종제품의 표준화를, 다음 단계에서는 고기 한 조각, 양파 한 조각, 모든 빵 및 감자 한 조각까지 모두 표준화했다. 또한 자동공정으로 만들기 위해 조리기구를 특별히 제작하고 서비스까지 표준화해서 체인점을 교육하는 등의 노력으로 세계 최고의 햄버거체인으로 성장시킨 것이다.

맥도널드는 결코 새로운 것을 발명하거나 혹은 새로운 기술혁신은 없었다. 햄버거가게는 19세기부터 미국 전역에 존재했던 때문이다. 맥도널드는 엄청난 일자수를 늘렸을 뿐 아니라 새로운 시장과 고객을 창출했다. 단지 기업가정신에 입각한 경영혁신의 결과였던 것이다. 영국의 최대 백화점체인인 막스 엔 스펜서(Marks & Spencer)는 지난 50년 동안 지속적인 혁신행동을 통해 성장할 수 있었다.

경영혁신(기업가정신)은 규모가 큰 기업뿐 아니라 종종 장수(長壽)기업에서 발휘되곤 한다. 역사가 120년 역사의 GE는 지속적인 경영역신을 통해 빅 비즈니스(big business)로 성장했으며 계열기업인 GE금융(GE Credit Corporation)은 미국의 금융제도를 바꾸는데 큰 역할을 했다. GE금융은 1960년대에 상업어음이 금융산업에도 적용될 수 있다는 점을 간파하고 상품화에 주력한 결과 금융계의 최후보루를 무너뜨렸던 것이다. 이 회사는 기업대출 분야에서 은행이 전통적으로 누리고 있던 독점을 무너뜨렸다.

경영혁신은 비경제기구(Non-Profit Organization, NPO)에서도 발현된다. 1970년대 미국의 대학들은 독일 훔볼트(W. von Humboldt, 1767~1835)의 아이디어를 벤치마킹해서 세계적 주도권을 갖도록 한 것이다. 외교공무원이던 험볼트는 1809년 베를린 대학을 설립할 때 첫째, 프랑스로부터 지적·과학적 주도권을 빼앗아 독일로 가져온다는 것과 둘째, 프랑스혁명으로 인해 고양된 힘을 모아서 나폴레옹을 무너뜨리는데 이용한다는 분명한 목적으로 임했다. 베를린 대학은 매우 짧은 기간 동안에 유럽의 명문대학으로 성장했다. 후발자 이익(late-comer advantage)을 십분 발휘한 것이다.

험볼트의 아이디어는 이후 대서양을 거쳐 미국으로 건너갔다. 뉴욕의 페이스대학과 페어라이디킨슨 대학, 뉴욕공과 대학 및 보스턴의 노스이스턴 대학, 서부해안지역의 쌘타클라라 및 골든게이트 대학은 새로 대학을 오픈하면서 고등학교를 갓 졸업한 젊은이보다는 사회경력을 가진 중견직장인들을 대상으로 한 대학을 지향, 교과과정을 혁신적으로 개편했다. 수업시간도 아침 9시부터 오후 5시까지가 아니라 밤낮을 불문하고 학생들이 시간 나는 대로 수업 받을 수 있도록 편성해서 대성공을 거두었다.

대학의 험볼트식 실험은 학령인구 축소란 대학의 한계 상황 타개는 물론 대학수요가 종래 상류계층에서 중류계층으로 이전되게 했을 뿐 아니라 새로운 일자리까지 대거 생겨났다. 오늘날의 평생교육개념은 이들의 사례에서 유래되었다. 이는 슘페터의 혁신이 아닌 경영혁신의 결과이다.

경영혁신도 창조적 파괴를 수반한다. 또한 경영혁신은 경제영역을 포함한 인간의 모든 활동영역에서 구현될 수 있다. 기업가적 경제의 출현은 경제적, 기술적 사건이자 문화적, 심리적 사건이다. 미국 오바마 정부는 '창업국가 미국'(Start-up America)을 국가비전으로 제시하고 있으며 EU는 기업가정신 활성화를 위한 10대 강령을 발표하기도 했다.

드러커는 미국에서 기업가적 경제의 출현을 가능케 한 것은 실용적 지식으로서의 또 다른 기술인 '경영'을 새롭게 적용한 경역혁신의 결과로 해석한다. 기업가정신에서 비롯된 경영혁신이 미국 신경제시대를 견인하는 새로운 성장동력인 것이다.


## 2) 기업가정신

기업가정신(entrepreneurship)이란 200여년 전 깡디온(Richard de Cantillon)이 처음 사용했으나 본격적으로 조명되기 시작한 것은 1980년대 후반 미국의 여러 경영대학원에서 '기업가론' 혹은 '기업가정신'이란 교과과정을 신설하면서부터였다. 또한 학문

분야로 발전된 것은 비교적 최근의 일로 기업가정신과 기업의 성과 간에는 정(正)의 상관관계가 높다는 연구물들이 많이 생성되었다. 즉 기업가정신이 높은 기업일수록 경영실적이 양호하게 나타난다는 것이다. (Sandberg and Hofer, 1987; Wiklund and Shepherd, 2005; Todorovic and Schlosser, 2007) 학자들은 기업가행위 (entrepreneurial behaviors)가 기업의 이윤과 성장에 미치는 영향에 대해서도 이론화를 시도했다.(Covin, Green, and Slevin, 2006; Covin and Kuratko, 2009; Lumpkin and Dess, 1996) 한 단계 더 나아가 기업의 성과와 기업가정신을 구성하는 혁신성(innovativeness), 진취성(proactiveness), 위험감수성 (risk-taking) 등 각각의 독립변수가 기업의 경영성과에 미치는 영향을 규명하는 등 정치화(精緻化)단계로까지 끌어올리기도 했다.(Covin and Slevin, 1991)

경영학에서는 인류의 역사를 기업가정신 발현의 역사로 이해하곤 한다. 기업가정신은 부(富)의 창출과 일자리 제공을 통해 개인의 삶을 향상시키고 사회 발전에까지 지대한 영향을 미치기 때문이다. 기업가정신이 활발한 사회는 풍요를 누렸고 그렇지 못한 사회는 쇠퇴를 면치 못했다. 철강왕 카네기, 자동차왕 헨리 포드, 석유왕 록펠러 등이 현대자본주의사회 형성에 미친 영향은 절대적이다. 기업가정신은 새로운 기회를 추구하면서 부를 창출할 수 있는 시대정신이자 국가전략이다. 자본주의사회에서 혁신적 기업가야말로 참다운 영웅인 것이다.

기업가정신은 무엇인가? 기업가정신은 다른 말로 기업가 지향성 (entrepreneurial orientation) 혹은 "새로 사업을 일으킨다"는 의미를 강조하기 위해 기업가정신(起業家精神)으로 표기하기도 한다.

대부분의 경우 기업가정신을 기업가의 천부적 재능 혹은 천재적 영감 등 신비스러운 것으로 간주하고 있다. 하버드대 비즈니스스쿨의 스티븐슨(Howard H. Stevenson)교수는 『기업가정신에 대한 고찰』(A Perspective on Entrepreneurship)에서 '기업가정신이란 기업을 설립하거나 혁신 또는 위험을 감수하는 정신'으로 정의하며 구체적으론 ① "어떤 어려움이 있더라도 할 수 있다"는 신념의 정신(can do spirit)과 ② 기업가정신 속에 녹아있는 경영이념은 사업보국주의, 경영합리주의, 고객제일주의, 인재양성주의, 사회적 책임주의 등이며 ③ 전문경영인의 신기업가정신(new entrepreneurship)을 들었다. 전문경영인은 투철한 윤리의식과 기업자산에 대한 건전한 수탁자로서의 사회적 책임을 자각하고 경영에 충실해야한다는 것이다.

티몬스(Jeffrey Timmons)는 '아이디어를 기회로 바꾸는 것(transformation of idea into opportunities)'으로 이해했으며 황명수 교수는 기업가정신(Geist des Unternehmer)을 '기업가가 지녀야 할 정신상태'로 단정했다. 앙트레프리너십을 기업가 특유의 탁월한 '정신'으로 해석해서 다소 추상적이고 형이상학적인 개념으로 인식했던 것이다.

그러나 드러커(Peter F. Drucker)는 『미래사회를 이끌어가는 기업가정신』(2004)에서 기업가정신에 의한 경영도 새로운 기술이자 사회적 기술로써 경영을 새로운 문제와 새로운 기회에 적용하는 '창조적 파괴'로 규정했다. 그리고 기업가정신을 '변화를 탐구하고 변화에 대응하며 변화를 기회로 이용하려는 정신'으로 규정했으나 이것은

'과학(science)도, 특별한 기예(art)가 아닌 하나의 실천(practice)으로 모든 구성원들이 갖추어야할 자기혁신적 노력'이라 설명했다.

기업가정신을 구성하는 요소는 도전정신과 집중력, 결단력과 끈기, 위험감수성과 탁월성 추구 등이다. 즉 자원이나 인력의 제약 내지는 위험을 감수하면서 새로운 기회를 포착해 사업화하려는 기업가의 정신과 마음가짐(entrepreneurial mind) 등 행동 일체를 의미한다. 리더십(leadership)이나 챔피언십(championship)처럼 말이다.

한국 경영학계에서는 앙트레프리너십을 기업가정신으로 해석하는 경향이 강한데 일본경영학계의 견해를 그대로 수입해서 사용한 결과이다. 앙트레프리너십에 대한 완전한 번역이 아닌 것이다. 본고에서는 앙트레프리너십을 편의상 '기업가정신'으로 사용한다.

기업가정신은 개인차원과 사회차원으로 구분되어진다. 개인차원이란 개인이 사업을 시작하는 과정과 행동을, 사회차원이란 국가나 사회적 혹은 지역적으로 새로운 사업을 일으키기 위해 투자하고 조직을 만드는 일련의 현상을 지칭한다. 국가차원의 기업가정신(national entrepreneurship)이 활발하게 나타난 대표적 국가는 미국이다.

개척정신(frontier spirit)과 아메리칸 드림(American dream)이 미국을 기업가정신의 천국으로 만든 것이다. 이스라엘도 동일한 범주에 포함된다. 농업국가에서 세계최고 수준의 하이테크산업 국가로 변신한 결과 건국 60년 동안 50배의 경제성장을 달성한 것이다. 국가차원의 기업가정신 고양의 산물인 것이다. 지역차원의 기업가정신(regional entrpreneurship)의 상징적 사례는 미국 캘리포니아의 실리콘밸리다.

유한양행의 창업자 유일한의 기업가정신은 또 다른 사례이다. 그는 ① 기업을 키워 일자리를 늘리고 ② 정직하게 납세해서 국가재정 확충에 기여하며 ③ 기업이윤을 사회에 환원하려는 목적으로 기업을 경영한 것이다. 국민들이 만성적인 질환으로 고통받던 시절에 제약사업을 전개해서 국민건강 증진에 이바지했을 뿐 아니라 국내최초로 종업원 지주제 실시함으로써 경영일선에서 물러날 때에는 유한양행을 통체로 사회에 환원했던 것이다.

기업가정신이란 개인적인 성격의 문제이기보단 행동양식의 문제이다. 또한 기업가정신은 새로운 기회를 추구하면서 부를 창출할 수 있는 시대정신이자 국가전략인 것이다.


## 3) 성공한 기업가들의 성향

드러커(P. F. Drucker)는 1992년 12월에 『자본주의 이후의 사회』(Post-Capitalist society) 한국어판을 내면서 한국에 대한 그의 인상기를 다음과 같이 기록했다.

"내가 처음 한국을 방문한 것은 6·25전쟁이 끝난 몇 개월 후였다. 나는 히틀러가 패한 직후 독일에도 갔었고 1945년 일본이 패망한 몇 달 뒤에는 일본에도 갔었다. (당시 한국의 모습은) 건물과 시설의 파괴, 인명살상이란 측면에서 독일이나 일본보다 훨씬 더 큰 피해를 입었었다. 한국이 19세기부터 건설했던 어떠한 것도 일제치하 40년 동안에 모두 파괴되었다. 한국은 기업을 운영해 본 경험도 없었고 중산층도 없었으며 그리고 일제 강점(強占) 때문에 교육받은 사람들도 매우 드물었다. - 내가 한국을 처음 방문한 후 22년인가 혹은 23년쯤 뒤에 다시 한국에 갔는데 그때 한국은 완전히 선진공업국으로 발돋음하고 있었다. - 한국은 지금 고도선진공업국으로 성장했다. - (한국은) 내가 30년 이상 지속되게 주장한 지식이 현대사회와 현대경제의 핵심자원이라는 명제의 최고 모범국가인 것이다."

또한 그는 『넥스트 소사이어티』(Next society, 2007)에서 한국을 세계에서 가장 기업가정신이 높은 국가로 지목했다. "불과 40년 전만 해도 한국에는 산업이 거의 없었다. 일본이 수십 년간 한국을 지배하면서 한국 사람들에게 고등교육을 시키지 않아 교육받은 사람이 거의 없었다. 한국전쟁의 결과로 남한은 폐허가 되었다. 그러나 오늘날 한국은 20여 개 산업분야에서 세계 수준에 이르렀고 조선업을 비롯한 여러 분야에서 세계리더가 되었다."

동서고금을 막론하고 기업가들은 변화 자체를 즐긴다. 변화 속에는 반드시 새로운 사업기회가 내재되어 있기 때문이다. 한국에서는 해방과 6·25전쟁, 산업화, 민주화, 개방화, 외환위기 등 간단없는 변화의 연속이 끊임없는 새로운 사업기회를 제공했던 것이다. 선진국들도 한국의 저력에 경의와 관심을 표명하고 있는 중이다.

호이저(U. J. Heuser)와 융클라우센(J. F. Jungclaussen)은 『신화가 된 기업가들』(Schöpper und Zerstörer, 2004)에서 르네상스의 후원자인 코지모 데 메디치(Cosimo de Medici, 1519~1574), 독일의 은행가인 야코프 푸거(Jakob Fugger, 1459~1525), 미쓰이그룹 창업자인 미쓰이 소쿠바이, 나탄 로스차일드(Nathan Mayer Rothchild, 1777~1836), 존 록펠러(John Davison Rockefeller, 1839~1937), 헨리 포드(Henry

Ford, 1863~1947) 등 세계에서 가장 성공한 기업가들의 기업가활동을 탐구한 결과 다음과 같은 특성들을 확인했는데,

첫째, 기업가들은 남과 다른 생각을 한다는 것이다.

자동차가 극소수의 귀족이나 부자들의 전유물이었던 1908년에 헨리 포드는 보통 사람들도 소유할 수 있도록 하겠다는 발상 하에서 저가의 T형 자동차를 대량생산하는 한편 자신의 종업원 임금을 파격적으로 올려주어 구매력을 갖게 하는 식으로 대처, 미국에서 최초로 '마이카' 시대를 열었던 것이다. 당시 경쟁자들은 그를 비웃었으나 마지막으로 웃는 자는 포드였다.

둘째, 끊임없이 새것을 받아들인다.

1850년 율리우스 로이터(Paul Julius, Freiherr von Reuter, 1816~1899)는 통신 자체를 최초로 상품화(로이터통신)했다. 스피드가 생명인 뉴스를 보다 빨리 소비자들에 제공하기 위해 처음에는 통신수단으로 전서구(비둘기)를 이용하다 1년 후 도버 해협과 프랑스 북부의 공업도시인 칼레를 연결하는 해저전신망이 완성되자 영국 런던에 통신을 이용한 '서브마린 텔레그라프' 회사를 창업했다. 그 후에도 로이터는 통신 관련 신기술이 나올 때마다 이를 기업경영에 적용해서 세계유수의 상업통신기업을 구축했던 것이다.

미국 최초의 1억 달러 부자이자 노예출신인 코넬리어스 밴더빌트(Cornelius Vanderbilt)도 '갈아타기'의 명수였다. 돈을 위해서라면 협잡과 매수, 잔혹한 공갈과 합병 등 수단을 가리지 않았다. 이름조차 제대로 못썼던 문맹 수준의 밴더빌트는 선박 운송업으로 사업을 시작한 뒤 수시로 사업을 바꾸는 식으로 마침내 철도사업으로 떼돈을 벌었다. 그는 1873년에 1백만 달러를 기부해서 미국 남부 테네시주

네쉬빌에 밴더빌트대학교을 설립한다.

셋째, 시장의 흐름을 잘 읽는다.

빌 게이츠(William Henry Gates III, Bill Gates)는 10대 때부터 컴퓨터 프로그램을 개발했다. 컴퓨터를 이용하는 사람들이 많으면 많을수록 컴퓨터의 가치는 더욱 높아져 더 많은 수요가 창출된다는 점을 간파했던 것이다. 게이츠는 자기 제품을 시장에 내놓는 한편 경쟁제품들을 몰아내는데 총력을 기울였다. 그 결과 마이크로소프트사는 세계소프트웨어시장 자체가 되어 게이츠는 세계최고의 갑부가 되었던 것이다.

넷째, 신념과 의지가 강하다.

뉴욕 브루클린의 빈민가출신인 하워드 슐츠(Howard Schultz)는 좌절과 역경 속에서도 신념 하나로 성공한 케이스였다. 그는 27세 때인 1960년에 미국 시애틀의 '스타벅스 커피, 티 앤드 스파이스'란 상호의 작은 회사에 입사를 희망했으나 실패했다. 스타벅스 창립자들이 그를 채용하지 않았기 때문이다. 이후부터 슐츠는 집요할 정도로 그들을 설득해서 1년 만에 스타벅스 매니저 자리를 얻는다. 또한 그는 스타벅스의 사업 확장을 끈질기게 건의했으나 소유주들이 그의 제안을 거절했다. 차제에 그는 독자적으로 자신의 커피전문점 회사를 설립하고 각고의 노력 끝에 투자자들을 끌어들여 스타벅스를 인수해서 연매출 100억 달러 이상의 기업으로 성장시켰다.

다섯째, 성공을 위해 게임규칙까지 바꾼다.

제임스 와트(J. Watt)의 동업자 볼턴(M. Boulton)은 증기기관의 특허권 유효기간 연장을 위해 1774년 영국정부에 있는 자신의 인맥을 동원해서 특허법을 18세기 말까지 연장하는데 성공했다. 사업의 성공을 위해서는 정경유착도 불사한 것이다.

여섯째, 기회를 잘 포착한다(get opportunity).

19세기 영국은 산업혁명의 완성으로 새로운 중산층이 생겨났다. 이들은 정치적으로 개방적일 뿐만 아니라 자의식이 강했으며 인생의 즐거움도 추구했다. 함즈워스(A. Harmsworth)는 새로운 수요에 부응해서 오락제품이자 정보매체인 '데일리 메일'을 창간해서 단기간에 사업을 반석위에 올렸다. 제7일 안식일교회 신도이자 의사인 켈로그(John Harvey Kellogg, 1852~1943)는 자신이 근무하는 병원의 소화불량 환자들이 빵을 먹고 소화불편을 호소하자 이를 해결하기 위해 대용식으로 만든 것이 동기가 되었으며 나이키는 오레곤대학 육상코치였던 보워만(Bill Bowerman)이 육상선수들이 운동화로 인한 발의 통증을 해결하기 위해 고안한 신발에서 비롯된 것이다. 베저스(Jeffrey Preston Bezos)는 인터넷인구의 급증이란 사회현상에 주목해서 1994년 허름하고 비좁은 차고에서 아마존닷컴(Amazon.com)을 창업했다.

일곱째, 경영관이 명확하고 건전하다.

제2차 세계대전에 참전했다 제대한 라인하르트 몬(Reinhard Mohn)은 소규모의 출판사 베텔스만(Bertelsmann AG)을 부친으로부터 물려받아 유럽최대의 미디어그룹으로 성장시켰다. 비결은 분명한 경영관이었다. 최고경영자는 직원들의 사기진작에만 노력하고 직원들이 자율적으로 일할 수 있도록 여건을 조성해야 하며 솔선수범과 겸손한 태도로 일관해야한다는 것이다. 또한 그는 일찍이 후계자를 정하고 훗날의 과제를 사전에 준비하도록 했다. 몬의 건전하면서도 명확한 경영관이 베텔스만의 뿌리를 튼튼히 하는데 거름이 되었다.

여덟째, 절약정신이 투철하다.

열여섯 살 때 경리사원으로 출발한 록펠러는 세계 최고의 부자이자
미국 최고의 자선가가 되었음에도 자신은 물론 가족들에게는 매우 인
색했다. 그의 자녀들은 친구들보다 용돈을 적게 받는다고 불평을 늘
어놓을 정도였다. 1956년 스웨덴에서 설립된 조립식가구 판매체인점
이케아(IKEA)의 창업자 잉바르 캄프라드(Invard Kamprad)의
좌우명은 '절약하라' 이다. 종이를 양면 모두 사용하고 거울의 틀 대
신 폐타이어를 사용했으며 DIY(DO IT YOURSELF)제품도 부피
최소화를 통한 운송비를 절감할 목적 때문이었다.

아홉째, 무자비할 만큼 냉정하고 엄격하다.

록펠러는 그의 가족에게만 엄격했던 것이 아니다. 경쟁자들에겐 더
욱 가혹하게 대했다. 스탠다드 오일은 경쟁자들을 무자비하게 차례로
쓰러뜨리면서 미국 최대의 석유재벌로 성장한 것이다. 세계 최대의
금융콘체른 모건그룹의 창업자 모건(J. P. Morgan, 1837~1913)
또한 록펠러만큼 경쟁자들에게 잔혹한 존재로 정평이 나있다.

록펠러는 후일 명문인 시카고대학을 설립했다. 모건 또한 사업가로
성공한 후 박물관과 대학 설립 및 제3세계 빈민들을 위해 수백만 달러
를 기부했다. 남북전쟁이 끝난 후 막대한 부를 축적한 기업가들은 경
쟁적으로 자신의 가문 이름을 딴 대학설립에 나섰는데 카네기멜론대,
밴더빌트대, 듀크대, 스탠퍼드대 등이 대표적이다.

열째, 사업행위 자체를 즐긴다.

이동통신사와 2개의 항공사, 여행사, 철도회사 등을 거느리고 있
는 버진(Vergin)그룹의 창업자 영국인 리처드 브랜슨(Richard
Charles Nicholas Branson)의 경영철학은 "사업은 재미있어야

한다"이다. 그는 20세 때부터 창업에 나섰는데 자신의 흥미를 끄는 모든 시장에 뛰어들었다가 실패도 수차례 경험한다. 기업가로 성공한 후에도 그는 '버진 웨딩드레스'를 광고하기 위해 자신이 직접 마네킹이 되어 웨딩드레스를 입었을 정도로 관습에 얽매이지 않았을 뿐만 아니라 사업 그 자체를 즐겼다.

## 4) 바람직한 기업가정신

그러나 기업가들에 있어 무엇보다 중요한 것은 첫째, 성취욕에 기인한 도전정신(challenge spirit)이다. 성취욕이란 주어진 목표를 달성코자 하는 욕구로 성취욕이 강한 자는 경쟁에서 이기고자 하는 성향이 높다. 맥클랜드(David MaClelland)는 『성취사회』(The Achieving Sciety, 1961)에서 유년기에 성취욕을 자극하는 동화를 많이 읽은 이들일수록 성취욕구가 발달한다고 주장했다. 또한 사회적으로도 성취욕구를 지닌 사람들이 많을수록 경제성장도 빠르다고 주장했다.

이 시대의 진정한 기업가적 영웅(entrepreneurial hero)인 애플컴퓨터 창업자 스티브 잡스(Steven Paul Jobs, 1955~2011)는 산업의 경계를 넘나들면서 새로운 문화를 창조해낸 기업가이다. 빈털털이로 1976년에 애플컴퓨터를 설립해서 20세기 최대산업인 PC산업을 일으켰을 뿐만 아니라 Pixar를 통해 3D애니메이션의 새로운 영역을 개척했으며 iTuns를 통해 음악분야를, iPHONE을 통해 mobile통신이란 새로운 세계를 창조한 것이다.

기업가정신은 성공한 기업가에게서 찾아볼 수 있는 공통적 특성으로 적극성, 몰입과 집중력, 결단력과 끈기, 위험평가와 대응력, 도전정신과 탁월성의 추구 등이다. 잡스의 기업가정신은 도전정신(challenge spirit)과 창의성(creativity)으로 압축된다. 그는 스탠포드대학 졸업식에서 졸업생들에게 "항상 갈망하고 우직하게 나가라(Stay Hungry, Stay Foolish.)"라고 언급했다. 도전만이 성취를 담보할 수 있다는 의미이다.

미국이 세계 최대의 경제대국으로 자리매김한 것은 사회적으로 '누구나 열심히 노력하면 성공할 수 있다'는 도전정신이 충만하기 때문이었다. 드러커의 언급처럼 한국의 기업가정신이 세계 최고인 것은 저변에 유교문화가 강하게 자리매김한 것으로 추정된다. '격물치지'(格物致知)를 지고의 선(善)으로 치부하는 유교는 교육을 매우 중요하게 여겼는데 교육을 많이 받을수록 성취욕도 제고되기 때문이다. 사회적으로 높은 교육열이 오늘날의 한국을 가능케 한 것이다. 일본, 대만, 싱가포르, 중국의 고도성장도 같은 맥락에서 이해된다.

기업가정신에 있어 또 하나 간과할 수 없는 것은 위험관리(risk-taking) 능력이다. 기업경영에는 크던 작던 언제나 위험이 따른다. 위험감수정신이 부족하면 경영은 불가능하다. 그러나 무모한 위험부담이 아닌 계산된 위험부담이어야 하며 위험을 관리해내는 능력이야말로 기업가정신의 매우 중요한 요소이다.

의사소통(effective communication)도 중요한 변수이다. 효과적인 의사소통은 상호간에 신뢰를 형성하고 신뢰는 의사소통을 원활하게 하는 선순환관계를 형성한다. 특히 창업기업에서는 구성원간의 비전 공유가 매우 중요한데 이는 의사소통의 전제하에서만 가능한 것이다. 효과적인 의사소통이야말로 리더십의 핵심이다.

스티브 잡스와 공동창업자인 스티브 워즈니악은 "맨손으로 시작했지만 세상을 바꿀 수 있다"는 비전(vision)의 공유를 통해 애플컴퓨터를 위대한 기업으로 일궈냈던 것이다. 나누스(Burt Nanus)는 비전을 '지식과 정보에 입각한 특별한 꿈'이라 정의했다. 몰입과 열정도 주목된다. 하워드 슐츠는 커피에 대한 열정(passion)과 몰입(commitment)으로 스타벅스를 만들었으며 빌 게이츠는 한번 일을 잡으면 끝장을 내는 성격의 소유자였다. 그는 ① 변화와 혁신 ② '할 수 있다'는 확신 ③ 소프트웨어가 하드웨어를 바꾼다는 신념 ④ 오늘보다 내일이 좋아진다는 확신으로 약관 20세에 창업한 마이크로소프트(MicroSoft)를 세계 최고의 기업으로 성장시킨 것이다.

열정은 몰입을 낳고 몰입은 탁월성(excellence)를 추구할 수 있게 해준다. 드러커(P. Drucker)는 '목표달성의 비결은 집중'이라 언급한 바 있다. 몰입은 탁월성을 실현하는 핵심요소이자 창조력의 근원인 것이다.

균형감각(balanced way of thinking)도 간과할 수 없다.

균형감각이란 단기적 관점과 장기적 관점, 부분과 전체의 균형을 유지하는 능력을 의미한다. 실패에 대한 두려움과 성공에서 오는 자만심간의 균형도 중요하다. 지나치게 두려운 나머지 성공에 대하 조급증이 기업가를 괴롭히기 때문이다. 자신의 성공경험에 대한 확신이나 자신감도 경계해야할 대상이다.

기회포착(get opportunity)은 기업가의 성공에 있어 또 다른 변수이다. 미국의 고성장 기업들 중에서 약 43%가 자신들의 직업에서 사업 아이디어를 얻었다고 한다. 아마존닷컴처럼 새로운 추세의 관찰로부터도 기회는 찾아온다. 또한 기회는 타인에 대한 연민에서도 오는 법이다. 켈로그의 시리얼 상품화나 나이키가 대표적이다. 다른 사람들의 고통에서 이를 완화하기 위한 사업기회를 얻은 것이다. 그러나 성공하는 기업가에게 가장 중요한 덕목은 근면성실과 책임의식이다. 그렇다고 이것만으로 모든 요건이 충족되지 않는다.

현대 기업가에 요구되는 대표적 능력은 첫째, 기업가정신과 둘째, 관리자정신 그리고 리더십을 겸비해야 하는 것이다.

기업가정신은 '현 상황에 만족하지 않고 스스로 문제를 찾아내어 변화시키고 혁신하는 것'을, 리더십은 '기업가정신과 관리자정신을 적절히 응용하는 능력'을 각각 의미한다. 반면에 관리자정신은 경영안정을 유지하고 조직의 효율성을 조절할 수 있게 하는 것이다. 즉 경영목표를 세우고 이 목표를 달성하기 위해 조직을 효율적으로 관리하는 능력을 뜻한다. 관리자정신은 일정한 틀 속에서 최적의 조건을 찾아 실천할 수 있는 능력으로 기업가정신과는 대조적이나 기업경영에는 기업가정신과 관리자정신 모두 필요하다. 실제 경영현장에서 사장은 기업가정신이 왕성하고 임원은 관리자정신이 왕성한 경우가 자주 확인되는데 대표적 사례가 GM이다.

몽상가이자 모험을 즐기는 빌리 듀란트(Billy Durant)가 1908년에 GM을 창업하고 깐깐하고 치밀한 성격의 소유자인 알프레드 슬로안(Alfred Sloan)이 관리자정신으로 일관한 결과 위대한 기업으로 자리매김할 수 있었던 것이다. "GM에 유익한 것은 미국에도 유익하다"는 말로 유명세를 탔던 슬로안은 1916년에 자신이 운영하던 베어링공장을 GM이 인수하면서 듀란트와 인연을 맺은 이래 1957년까지 최고경영자로서 재임했다.

슬로안은 세계 최초로 GM에 사업부제를 적용했다. 조직별로 업무 특성이 다르기 때문에 하나의 통제시스템으로는 효율적인 관리가 어렵다고 판단, 부서별로 소속된 시장의 특성에 따라 전체 업무를 네 개의 독립부서로 나누었던 것이다. 슬로안의 개혁 조치는 힘의 분산과 협력 분위기의 조성이라는 상반된 두 개의 개념으로 모양을 갖추어갔다. 조직구조야 말로 혁신효과를 증가시키는데 결정적 요소인 것이다. 이후 슬로안의 경영혁신에 대한 신조를 그대로 따른 회사들이 생겨났다.

'경영의 달인' 웰치(Jack Welch)의 업적도 주목된다. 1935년 매사추세츠주(州) 피바디에서 출생, 1960년에 일리노이대학에서 화학공학 박사학위를 취득했다. 같은 해 제네랄일렉트릭(GE)에 입사해 독특하면서도 뛰어난 경영 방식으로 승진을 거듭해, 1981년 최연소로 GE의 최고경영자가 되었다. 이후 '고쳐라, 매각하라, 아니면 폐쇄하라' 는 식의 경영혁신을 통해 10만 명 이상의 직원을 해고함으로써 '중성자탄 잭' (Neutron Jack)이란 닉네임을 얻었다. 또한 그는 '6시그마 · e비즈니스 · 세계화' 등의 전략으로 GE를 혁신해 세계 최고의 기업으로 성장시켰다.

기업가정신은 한마디로 혁신정신이다. 혁신은 경영자의 중요한 기능이나 기업의 유일한 목표는 고객창조(a create to customer)이다. 그러나 기업가정신은 자연발생적인 것도 아니며 창조적인 것도 아니다. 천부적 재능은 더욱 아니며 국내의 성공한 기업가들 간에 종종 회자되는 '운칠기삼' (運七技三)은 더더욱 아니다. 이것은 오직 기업가들의 노력의 결과인 것이다.

# III. 유교의 부활과 중·일문화권의 기업가정신

## 1. 중화권의 기업가정신

### 1) 호설암

유교사상을 경영에 접목시켜 성공했던 사례들은 동아시아지역의 기업들에서 자주 확인되는데 대표적 사례가 중국 최초의 홍정상인(紅頂商人)이자 중국인들이 가장 존경하는 기업가 호설암(胡雪巖, 1823~1885)이다. 홍정상인이란 자신이 번 돈으로 나랏일을 돕고 백성을 편안하게 하는데 크게 기여한 상인에게 주어지는 최고 명예의 관직으로 1품에 해당한다.

호설암은 청(淸)나라 도광(道光) 3년 안휘성(安徽省) 적계호리(績溪湖里)의 농가에서 태어났으나 워낙 가난했던 탓에 일찍 고향을 떠나 소규모 사금융기관인 전장(錢莊)의 점원으로 사업과 인연을 맺었다. 이 무렵 호설암은 항주 출신의 유생(儒生) 왕유령(王有齡)을 만났는데 그에게 아무런 담보 없이 500냥을 빌려주었다. 이후 왕유령은 출세길에 올라 절강성 순무(巡撫)[8]로 부임하면서 호설암에게 절강성의 재산관리는 물론 군량미와 병기납품업무를 맡겼다.

호설암이 관상(官商)으로 입신한 것이다. 이를 계기로 호설암은 부강(阜康) 전장을 오픈하고 금융업을 시작, 한때는 중국 전역에 26곳의 지점을 거느릴 정도로 급성장했다. 절강성의 군량미 운반과 병기 군납을 독점했으며 비단, 찻집, 음식점 등을 열어 절강성 일대의 거부가 되었다.

좌종당(左宗棠, 1812~1885)과의 인연도 주목된다. 좌종당은 1860년에 증국번(曾國藩, 1811~1872)의 천거에 의해 환남(皖南)에서 군무(軍務)에 종사했고 몇 차례의 민란을 진압한 공로를 인정받아 1862년에 민절(閩浙) 총독으로, 1869년에는 군기대신으로 신강 지역의 군무를 감독한 인물이다. 1877년 좌종당이 회족반란을 진압하기 위해 신강성으로 출병했을 때 호설암은 서양식 무기를 손수 구매해서 제공하고 자금까지 지원했다. 또한 1891년 태평천국군이 항주를 함락시켰을 때 좌종당에게 군수물자 일체를 제공하기도 했다.

호설암도 이 무렵 동양의 여느 성공한 상인들처럼 특권상인인 관상(官商)이 되었던 것이다. 그러나 그가 돋보이는 것은 다음의 내용 때문이다.

호설암은 항주에 '호경여당'(胡慶餘堂)이란 약국을 열었다. 좋은 품질의 약을 제조하기 위해 그는 약재의 조제과정을 직접 감독하는 한편 생산에서 출하 및 판매에 이르기까지 일관된 시스템을 구축했다. 상해의 '신보'(申報)를 이용해 대대적인 광고를 펼치는 등 현대적인 마케팅전략을 구사했을 뿐 아니라 당시로는 획기적인 배달에 의한 약 판매도 병행했다. 또한 상인으로는 최고의 영예인 홍정상인이 되었음

---

8) 지방장관

에도 그는 언제나 관복을 입고 직접 손님을 맞이했다. 아무리 지위가 높고 사람들의 존경을 받는다 해도 경영자의 본분을 지킨 것이다. 덕분에 그는 사업 10여년 만에 중국 최대의 재벌이 되었다. 호설암의 경영은 한마디로 고객들과의 신용에 있었다.

그는 인맥도 두터웠다. 상해의 대상인들과 교유했으며 프랑스, 독일, 영국 등 외국 상인들과의 거래도 빈번했다. 일찍이 양무(洋務)에 눈을 뜬 탓이었다. 양무운동은 19세기 후반에 증국번(曾國藩)과 이홍장(李鴻章) 등이 서양의 근대기술을 받아들여 중국의 근대화를 목표한 것이나 청일전쟁(1894~1895)의 발발로 실패하고 말았다. 또한 그는 민족정신이 강해 언제나 외국상인들과 당당히 맞섰을 뿐만 아니라 국가가 어려운 지경에 처했을 때는 물심양면의 협조도 불사했다. 중국 각지에서 수해나 가뭄이 일어나면 의복, 쌀, 금전 등의 구호물자를 아낌없이 보냈으며 어려운 사람이 있으면 결코 외면하지 않았다.

경영의 근본을 제세구인(濟世救人)에 두고 빈민구제에 솔선수범했던 것이다. 이를 계기로 호설암은 중국상인 최초로 1품 관료임을 상징하는 붉은 산호가 박힌 모자를 수여받았다.

호설암이 주목되는 또 다른 이유는 그의 경영철학인 "다른 사람을 속이지 않는다"(戒欺)와 "한 물건에 두 개의 가격이 없다"(眞不二價)이다. 상인이 돈을 벌기 위해서는 "칼날에 묻은 피도 핥아야 한다"[9]고 강조하였다.

그러나 경영자 자신은 물론 종업원들이 다른 사람에게 손해를 입히거나, 남을 배신하거나 국법과 규율을 어기면서까지 재물을 탐하는

---

9) 호설암의 어록 대목

것을 용납하지 않았다. 또한 이익은 기업이 취하는 것이 아니라 이익을 만들어낸 고객에게 줘야 한다는 신조로 경영에 임했다. 신의와 양심을 저버리면서까지 돈을 벌려하지 않았던 것이다.

중국의 대표적 유상(儒商)인 휘주상인은 정도경영과 고객만족경영을 통해 '선의후리'(先義後利)를 몸소 실천했다. 휘주상인들은 빈민을 구제하고 중국의 전통공연예술인 경극을 지원했으며 세금을 내지 않는 것을 매우 부끄럽게 여겼다. 또한 법을 준수하고 존중했다. 호설암은 휘상(徽商)의 전통을 계승했던 것이다.

호설암의 기업가정신에 대해 『상경』(商經, 2001)의 저자 스유엔(史源)은 첫째, 인재를 쓸 줄 아는 용인(用人)관과 둘째, 시세를 잘 활용할 줄 아는 시국(時局)관과 셋째, 정부를 자기편으로 만드는 관상(觀相)관, 넷째, 과감한 지모와 재빠른 행동을 앞세우는 모략관, 다섯째, 시장을 조정하고 만들어가는 영업관, 여섯째, 폭넓게 통찰해서 지리와 정세를 파악하는 처세관 등으로 요약했다. 그러나 호설암이 중국의 상성(商聖) 도주공(陶朱公)에 비견되는 아상성(亞商聖)으로 칭송되는 이유는 그가 상인으로서 갖추어야 할 네 가지 덕목인 '지인용신'(智仁勇信)의 화신이었던 것이다.

휘주상인의 귀감이었던 호설암은 말년에 이르러 뜻하지 않은 불운으로 파산했다. 그러나 그의 과실로 인한 것은 아니었기 때문에 아무도 그를 실패한 경영인이라 평가하지 않는다.

## 2) 광동(廣東)상인

예로부터 중국상인은 유태상인, 아랍상인, 인도상인과 함께 세계 4대 상인으로 치부되어 왔다. 중국인들의 상술이 세계적이란 의미이다. 오늘날에도 중국인들은 '장사에는 영원한 친구도 적도 없다'는 믿음이 강하다. 상인에게 있어 영리추구는 알파와 오메가로 돈벌이를 지고의 선(善)으로 여겼던 것이다. 오죽했으면 우리말의 '부자되세요'인 '공시파차이'(恭喜發財)가 중국인들의 최고 덕담이었을까. 중국이야말로 상인의 나라인 것이다.

중국에는 각 지역을 대표하는 상인들이 있었는데 으뜸으로 꼽는 존재가 절강(浙江)상인이다. 흔히 중국 제1의 상업도시하면 상해(上海)를 떠올리나 상해 사람들의 절대다수는 소비자일 뿐 상인들은 대부분 절강성 출신이다. 절강상인들은 "귀신을 만나면 귀신소리를 내고 사람을 만나면 사람 소리를 낸다"는 최고의 수완을 가진 상인이다. 이들 중 영파(寧波)상인은 중국의 유태인으로 불릴 만큼 총명하며 온주상인들은 개미군단이라 불릴 만큼 결속력이 강하다.

산서(山西)상인들은 중국최고의 금융전문가들로 불린다. 중국 최초의 은행인 산서표호(山西票號)를 만든 이들로 중국 고대 및 중세에는 최고의 상인으로 꼽혔다. 명청(明淸)대만 해도 산서성은 수도 북경과 화중지방을 연결하는 중심지역이어서 교역이 활발했던 것이다. 북경상인도 족보에 오른다. 그러나 광동상인들은 앞에선 밑지는 체하지만 뒤로 실속을 차리는 반면에 북경상인은 앞으로 남고 뒤로 밑지는 장사를 한다고 한다. 그만큼 북경상인들은 통이 크고 상도의를 중요시한다. 산동상인은 솔직하고 돈후하며 또한 관대하고 선량하다. 신용과 정직은 산동상인들이 사람을 평가하는 2대 기준이다. 산동상인의 비즈니스 2대 원칙은 첫째, 양심을 지키고 둘째, 친구에게 부끄러운 짓을 하지 않는 것이다. 산동상인들은 술책을 모르는 통 큰 장사꾼이다.

후진타오 주석의 고향이기도 한 안휘성 출신 상인인 휘주상인도 유명하다. 한때는 중국 최고의 반열에 오르기도 했던 것이다. 재미있는 것은 광동사람들은 관리가 되는 것보다 상인이 되는 것을 더 높이 평가한 반면에 휘주상인들은 돈을 벌면 벼슬을 사고 아버지가 상인이면 아들은 관료가 된다는 말이 있다.

그러나 발군의 존재는 아편전쟁(1840~1842)이 연상되는 광동(廣東)상인이다. 중국에서 서구자본주의를 가장 먼저 받아들인 지역의 상인답게 매우 세련되었을 뿐 아니라 대단히 민첩하고 계산에도 밝다. 전세계 화교의 절반이 광동출신일 정도로 '장사의 달인'들인 것이다. '돈이 된다면 하늘에 구멍이라도 뚫는다'는 광동상인을 두고 하는 말이다. 이들은 중국 최남단 연안지역에 위치한 탓에 일찍부터 서양의 선진문물을 받아들였던 것이다.

중국근대사에서 최고의 상인들로 평가되는 '광동 13행'이 광동상인의 효시이다.

중국은 명나라 개국(1368년) 이래 300여 년 동안 일관되게 해금(海禁)정책을 유지해왔다. 모든 것을 중국 내에서 자급자족할 수 있어 굳이 외부와의 거래 필요성이 없었던 것이다. 서구열강들의 교역을 빌미로 한 중국 침략기도도 염두에 두었다. 그런데 1865년에 청(淸)의 강희제(康熙帝, 1654~1722)가 해금정책을 폐지하고 바다를 열어 외부와의 통상을 개시했다. 동남부 연해에 월해관(粵海關, 광주), 민해관(閩海關, 하문), 절해관(浙海關, 영파), 강해관(江海關, 송강) 등 4개의 해관을 설치하고 외국상선이 입항해 무역을 할 수 있도록 허용한 것이다. 해관은 해안방위와 관세징수, 왕실 진상품 수입(輸入)을 전담하는 기관이었다.

주강(珠江) 인근의 광동, 복건(福建), 휘주(徽州) 등지에서 상인들이 광동으로 밀려들었다. 당시에는 이를 '주광'(走廣 ; 광주로 달려감)으로까지 묘사했다. 중국정부는 재력이 탄탄한 상인들만 엄선해서 외국상인들과 거래하는 독점권을 주는 대신 관세징수업무도 함께 부여했다. 관청이 상인을 관리하고 상인이 외국인을 관리하는 식인데 이는 청나라의 전통인 보갑제(保甲制)를 적용한 것이다.

이들을 양행(洋行) 혹은 행상(行商)이라 불렀는데 이는 서양의 길드(guild)와 같은 동직자조합이었다. 처음 지정된 13개 양행을 약칭 '13행'(行)으로 통칭했다. 그러나 '13행'은 실제 상점수와 일치하지는 않는다. 가장 많을 때는 26곳에 이르렀고 적을 때는 4곳뿐이기도 했던 것이다. 네덜란드, 스페인, 영국, 프랑스, 미국, 스웨덴, 벨기에, 오스트리아, 독일, 페루 등의 수많은 외국상인들에 13행과 거래를 개시했다. 유럽에서 출발, 무려 6~8개월이나 소요하며 광주로 몰려든 것이다.

중국의 주요 수출품은 비단과 차, 그리고 도자기였다. 처음에는 비단이 주거래 품목이었다. 중국의 비단은 색이 화려하고 윤기가 흐르며 매우 가벼워 유럽 상류사회의 최고 사치품이었다. 바다의 실크로드가 개설된 것이다. 중국차는 17세기 초에 처음 영국에 소개되었다. 차의 깊고 그윽한 향기가 영국인들의 입맛을 사로잡은 것이다. 당시 영국 가정에서는 연평균 가계지출의 10%정도가 중국차 구입비였다.

이후 차는 전 유럽인들의 기호품으로 자리매김하면서 차는 비단을 제치고 중국의 최대 수출품목으로 둔갑했다.

중국산 도자기도 유럽인들의 눈길을 끌었다. 실용가치와 예술적 가치까지 가미되어 상류상회의 소장품으로 인기가 높았던 것이다. 영국의 메리(Mary)여왕과 프랑스의 루이 14세는 중국산 도자기 수집광이었다. 또한 중국산 도자기는 무겁고 습기에 강해 배 밑창에 싣고 항해하면 배의 평형을 유지할 수 있을 뿐만 아니라 비단과 차의 훼손까지 방지할 수 있어 일거양득이었다.

13행은 대외무역을 독점함으로써 거부들이 되었다. 또한 13행은 청국 황실의 사금고(私金庫)이자 황실의 사치욕을 충족시켜주는 수입창구이기도 했다. 정부의 압력 탓이기도 했으나 행상들이 황실에 잘 보이기 위해 자진상납도 빈번했던 것이다. 덕분에 그들은 돈으로 벼슬을 사는 매관매직도 성행했다. 13행 주변의 수많은 상인들뿐만 아니라 인근지역의 수출품 제조업자들도 무역관련 비즈니스로 덩달아 막대한 부를 거머쥐었다.

광주가 광동상인의 메카로 부상한 계기는 서양 상선의 80%가 월해관으로 들어온 때문이었다. 또한 4곳의 항구를 개방한지 70여 년만인 1757년에 청국정부는 광주를 제외한 나머지 3곳의 해관(海關)을 봉쇄하는 '일구통상'(一口通商)정책을 편 것도 한 요인이었다. 이후 1840년대 초 아편전쟁이 발발할 때까지 80여 년간 대외무역은 오직 광주의 13행을 통해 이뤄졌다. 당시 광동은 "금으로 산을 만들고 진주로 바다를 메운다"는 말이 회자될 정도로 경기가 좋았다.

## 3) 세계 최고의 부자

13행 중에서 세계 최고의 거부가 출현했다. 대표적 인물이 1769년에 태어난 오병감(伍秉鑒)이다. '아시아 월스트리트저널'이 2001년에 게재한 '종횡(縱橫) 천년'이란 기사에서 지난 20세기의 세계 최고 부자 50명 명단을 발표했는데 미국의 록펠러와 빌 게이츠와 징기스칸, 쿠빌라이 등과 함께 중국의 오병감의 이름도 소개했던 것이다. 이 명단에는 호설암은 없다.

이 무렵 중국에는 3대 상인집단이 있었는데 양회(兩淮)지역에서 소금장사로 치부한 휘상(徽商)과 산서(山西), 섬서(陝西)상인인 진상(晉商), 그리고 광동상인이다. 산서성 출신의 진상은 19세기 초반에 전국 각 지역에 송금을 대행해주는 사설은행인 표호(票號)를 중국 최초로 개설했다. 치안이 불안하던 시절 상인들의 현금결제 불편에 주목했던 것이다. 명·청시기에 활약한 진상과 휘상은 국내상업을 경영하면서 신용을 바탕으로 성공했다. 진상은 14세기 중엽부터 20세기 초까지 5세기동안 중국 상업계를 리드했다. 휘상은 명나라 중기에 출현해서 청나라 말기까지 300년간 활동했다.

진상과 휘상은 전국 방방곡곡을 누빈 순순한 자유상인이었다. 반면에 광동상인은 중국정부의 해금(解禁)과 함께 혜성같이 등장, 대외무역을 독점해서 부를 축적한 신흥 상인집단이다. 자산규모로 보면 휘상이 으뜸이고 광주행상이 그 다음이었으나 그 중에서도 특히 많은 돈을 번 행상은 반진승(潘振承)의 동문행(同文行)이었다.

창업자 반진승은 1714년 복건 천주부(泉州府)에서 태어나 광동에서 상업에 투신했다. 그는 일찍부터 범선 3척으로 남양무역에 나서 많은 돈을 벌어 1744년 광주에 동문행을 설립했다. 외국어도 능통한데다 넓은 포용력과 인간적인 매력은 금상첨화였다. 또한 그는 품질관리에 특히 신경을 썼다. 서양의 바이어들이 운반과정에서 약간의 하자라도 발견하면 반진승은 그 즉시 새것으로 교체해 주었던 것이다.

외국상인들 간에 반계관(潘啓官)[10]은 절대 물건을 속이지 않고 성실한 자로 정평이 났다. 또한 반진승은 대외무역에서 가장 먼저 환어음을 사용한 상인이기도 했다. 환어음이 국제간의 무역거래에 본격 사용된 것은 1823년 미국에서부터인데 반진승은 이보다 무려 61년이나 앞선 1772년에 영국동인도회사가 생사거래대금을 런던은행 환어음으로 결제하겠다는 제안을 받아들인 것이다. 그는 권모술수에도 능했으나 거래에 있어 신의만은 철저히 지켰다.

1788년 반진승이 사망하면서 가업은 셋째 아들 반유도(潘有度)가 계승했다. 두뇌가 명석했던 그는 자신의 신분과 재력을 남에게 과시하지 않았을 뿐 아니라 매우 신중했다. 또한 그는 성실하고 신의를 추구했다. 동문행 상품은 비록 값이 비쌌음에도 소비자들의 신뢰가 두터워 사업이 번성했다. 신의경영으로 일관한 동문행은 19세기 전후의 광주 상업계를 주름잡았다.

동문행에 이어 19세기 광주 상업계를 주도한 이화행(怡和行)의 창업자 오국영(伍國瑩)이다. 그는 복건(福建)성 출신으로 동문행의 장방(賬房)으로 사업과 인연을 맺었다. 장방은 경리담당 직원을 뜻한다. 동문행에서 사업경험과 재력을 쌓은 후인 1783년에 영국 동인도회사의 도움을 받아 이화행을 창업한 것이다.

---

10) 정부에서 반진승을 우대하여 부르는 별칭

우여곡절을 겪기도 했으나 1801년에 아들 오병감(伍秉鑒)이 가업을 계승했는데 그는 1806년에 고위행상의 반열에 올랐다. 사업수완이 뛰어났던 것이다. 그는 주로 영국 동인도회사와 미국상인들로부터 돈을 벌어들였다. 동인도회사가 자금난을 겪을 때마다 오병감에게 자금을 융통할 정도였다. 영국과 중국간의 관계가 소원해지면서 그는 미국시장에 주력했다. 심지어 그는 단 한번도 가본 적이 없는 미국의 보험회사 및 철도사업에도 투자했다. 초기에는 실패도 했으나 독특한 안목으로 분산투자해서 큰돈을 벌어들였다. 풍부한 무역경험을 지닌 미국상인들에게 최대한 편의를 봐주는 한편 그들을 대리인으로 이용했던 것이다.

1807년에는 반유도의 뒤를 이어 13행을 대표하는 총상에 부임, 지도자로서의 역할도 병행했다. 서양인들은 오병감을 성실하며 친절하고 세심하면서도 통이 큰 인물로 평가했다. 보스턴의 한 상인이 오병감과 동업하다 실패해서 오병감에게 7만 2천 은원(銀元)의 빚을 졌을 뿐만 아니라 그 일로 귀국도 못하는 신세로 전락했다. 이 소식을 접한 오병감은 그가 보는 앞에서 빚문서를 찢어 버렸다. 당시 중형 선박에 화물을 가득 싣고 대서양을 건너야 10만 은원 정도를 벌 수 있었다.

이화행은 상품의 품질은 물론 시간까지 적확하게 맞췄다. 신용을 생명처럼 여긴 것이다. 기부도 잘 해『광주부지』(廣州府志)에는 "오씨가 모두 천만 원이 넘는 돈을 냈는데 그 액수는 국내 최고"라 기록하고 있다. 덕분에 오병감은 포정사(布政使)에 해당하는 2품 벼슬을 받아 부와 명예를 함께 가진 관상(官商)이 되었다.

오병감은 부동산과 차밭, 상점 등 부동산과 거액의 현금을 가지고 있었는데 1834년 당시 소유한 현금만 2,600만 은원(銀元)으로 청나

라 정부의 1년 재정수입에 절반에 해당했다. 미국 학자 모스는 오병
감을 '당시 세계에서 가장 돈이 많은 상인'이라고 했다.


## 4) 중국상업사의 또 다른 업적

광리행(廣利行)도 주목된다. 창업자 노관항은 광동 신회(新會) 출
신으로 처음에는 광주성에서 남의 점포를 관리하며 외국상인들의 재
고품을 대신 팔아주는 방법으로 치부했다. 재고품을 잘 팔아주었기에
외국상인들의 신임을 얻었던 것이다. 1792년에 월해관은 그의 행상
에 '무관'(茂官)이란 관명을 주어 노무관(盧茂官)이라 불렀다.

광리행의 성장배경에는 노관항의 아들 노문금(盧文錦)이 오병감의
조카딸과 결혼해서 인맥을 쌓은 것도 있겠으나 다른 행상들과의 돈후
한 의리가 결정적이었다. 노관항이 처음 행상을 시작할 때 만화행(萬
和行)의 채세문(蔡世文)이 보증을 서 주었을 뿐 아니라 그 이후에도
여러 번 도움을 주었다. 그러나 만화행은 빚으로 파산하고 채세문이
자살하면서 가족들이 뿔뿔이 흩어졌으나 노관항은 만화행의 모든 빚
을 청산해 주었다. 은혜를 끝까지 갚은 것이다.

천보행(天寶行)의 창업자는 양경국(梁經國)이다. 천보행은 중·영
관계가 악화되고 양행들이 도산하던 시기에 설립했다. 양경국은 13행
의 하나인 풍(馮)씨 양행에서 28년간 사원으로 일했다. 그는 풍씨가
해외에 나가 있던 10여 년동안 혼자 상점을 운영하며 이익을 남겼는
데 풍씨가 광주에 돌아왔을 때 양경국은 그동안의 장부를 하나도 빠짐
없이 보여주었을 정도로 매우 성실한 자였다. 풍씨의 도움으로 양경

국은 1808년에 천보행을 설립, 크게 성공했다. 당시 영국군이 마카오를 점령하는 사건이 발생하자 양경국은 광동 관리들을 도와 영국군이 철수하는데 일조했다. 덕분에 그는 2품 관직을 얻어 홍정상인이 되었다. 양경국은 근면성실과 정직, 애국정신 등으로 성공한 케이스였다.

당시 광주에서 30년을 살았던 미국 상인 헌터(William C. Hunter)는 『광주번귀록』(廣州番鬼錄, The Fankwae at Canton)에서 광동상인들은 "회계는 아주 총명했으며 민첩하고 계약을 잘 지키고 통이 크며, 예의바르고 친절했다. 쌍방은 상도덕과 성실, 속이지 않는다는 믿음을 가지고 있었는데 이는 세계 어느 지역, 어느 시기에도 볼 수 없었던 현상이다. 거래는 오직 구두계약뿐이었으나 상호간에는 충분한 신뢰가 이루어졌다"고 설명하고 있다.

그러나 13행의 상세(商勢)는 갈수록 위축되었다. 채산성이 점차 나빠진 때문인데 가장 큰 원인은 중국정부의 대외무역정책 부재였다. 당시 영국을 비롯한 유럽의 여러 나라들은 중상주의를 표방하며 무역상들에 재정금융상의 지원을 비롯한 각종 인센티브를 제공한 반면에 청(淸) 조정은 중농억상(重農抑商)의 기치 하에서 오히려 대외무역 규제를 강화했던 것이다. 청국 왕실 및 관리들의 가렴주구가 갈수록 심해진 것도 원인이었다. 왕실 진상품의 물량 증가는 당연하고 종류 또한 점차 다양화되면서 대금결제가 큰 부담이었던 것이다. 관리들의 수탈이 한몫 거들었으나 심지어 빚을 내서 진상품을 구입하는 사례도 빈발했다.

보갑제(保甲制)는 또 다른 족쇄였다. 외국상인들이 점증하면서 각종 사건사고가 빈발했는데 외국인관련 일체의 민형사상 책임을 13행이 감당해야했던 것이다. 중국 측의 피해액이 클수록 13행의 경제적 부담은 눈덩이처럼 불어났으나 그들은 가해 외국인으로부터 한 푼도 보상받지 못했다. 외교문제로 비화할 것을 우려한 중국정부가 외국인 대상 손해배상문제 해결에 대해서는 아예 외면했던 것이다.

광동상인의 모체인 13행의 활동은 1842년 아편전쟁을 계기로 끝났다. 활동기간은 1686년부터 1842년까지 166년으로 진상이나 휘상이 활동했던 기간보다 훨씬 짧으나 그들은 해양문화 특유의 개방성에다 중·서문화가 교차하는 지역에서 성장한 상인들답게 포용력과 융통성까지 겸비해 중국내 다른 상인들에 비해 훨씬 진취적이었다. 글로벌한 안목과 합리주의까지 구비했던 가장 자본주의적인 상인이었던 것이다. 전 세계 중국 화교들 중 광동출신이 절대적인 비중을 차지한 결정적 요인으로 추정된다.

광동상인들은 중국의 상업과 문화를 한 단계 업그레이드시켰다. 또한 광동상인에게서도 유상(儒商) 특유의 견리사의(見利思義) 정신이 간취된다. 신용과 정직을 최고의 가치로 여겼을 뿐 아니라 개인적 이익보다 국가나 사회발전을 우선시하는 경우가 자주 확인되는 것이다.


## 5) 유상(儒商)적 기업가정신

홍콩시민들이 가장 존경하는 기업가이자 세계 10대 재벌인 청궁그룹 창업자 리자청(李嘉誠)도 주목대상이다. 그는 1928년 중국 광동(廣東)성 차오처우(潮州)의 교육자 집안에서 장남으로 태어나 1941년에 홍콩으로 이주했다. 이듬해 부친이 사망하면서 그는 가족들의 생계를 책임지기 위해 초등학교 졸업과 동시에 생활전선에 뛰어들었다. 찻집의 심부름꾼을 거쳐 17세에는 플라스틱공장의 영업사원이 되었다. 사람들은 하루 여덟 시간 일하는데 그는 열여섯 시간이나 일을 했다. "별을 등에 지고 출근해서 땅거미가 등불을 켤 때 집에 돌아왔다. 그때 가장 큰 소망은 3일 동안 실컷 자 보는 것이다"고 술회할 정도였다. 그 자신의 학비는 물론 동생들의 교육까지 책임져야 했기에 많은 돈이 필요했던 것이다. 덕분에 그는 동료 영업사원보다 무려 7배나 높은 성과를 시현해서 20세에 부문장으로 승진했다. "리자청의 시계는 영원히 10분이 빠르다"는 어귀가 상징적이다.

또한 그는 누구보다 조국을 사랑했다. 초등학교 졸업이 전부인 그가 맨손으로 아시아 최고의 갑부로 성공했을 뿐 아니라 사업가로 성공한 후 고향 산터우에 대학을 설립하고 중국본토의 각 지역에 의료, 교육, 인프라, 문화 등 각종 분야의 지원에도 열심이었다. 중국인들이 존경할 수밖에 없었던 것이다.

그의 경영철학은 "성실하게 노력하자. 남들로부터 지혜를 구하고 새로운 것을 창조하자. 그리고 스스로에게는 인색하고 다른 사람에게는 아낌없이 베풀며 친구에게는 의(義)로 대하자"이다. 특히 그는 의(義)를 매우 중시, 좌우명을 "의롭지 못하게 모은 재물은 뜬구름과 같다"(不義而富且貴, 於我如浮雲)로 정했다. "진정한 부(富)는 번 돈을 사회를 위해 쓰려는 마음에 있다. 아무리 재산이 많아도 의(義)가 없는 사람은 세상에서 가장 가난한 사람이다"고 술회한 것이다. 그는 자신에게 매우 인색했다. 아시아 최고의 갑부가 되었음에도 "내 구두는 4백 위안짜리의 비닐제품이고 손목시계는 2백 위안짜리이지만 마음으로 만족하면 즐거운 것이다." 금욕적 생활이 몸에 밴 것이다. 신

독(愼獨)과 선의후리(先義後利), 인(仁)의 경영 등 유상(儒商)의 기
질에 확인된다[11].

1984년 연구원 11명으로 출발, 세계 3대 PC메이커로 부상한 중
국 렌샹(LENOVO)그룹회장 류찬즈(柳傳志)는 '이인위본'(以人爲
本)의 경영정신으로 일관했다. 류찬즈의 경영철학은 '홍의'(弘毅)이
다. 『논어』에 등장하는 단어로 '넓은 포용력과 강한 뜻'을 의미한다.
"기업이 작은 이익에만 연연하면 발전할 수 없다. 보다 크고 넓은 뜻
을 지향할 때 성장할 수 있는데 저는 이것을 의(義)라 생각한다. 의롭
게 이(利)를 추구해야 한다"고 하였다.

대만 6위의 재벌인 신광(新光)그룹 창업자 우훠스(吳火獅)는 유교
윤리를 사업에 접목해서 성공한 대만의 대표적 유상(儒商)으로 평가
되고 있다. 미국 애리조나 주립대학 틸만(Hoyt C. Tillman) 교수
의 "신광을 방문했을 때 직원들이 경영진을 아버지처럼 따르며 성실
하게 일하고 있었다"는 인상기(印象記)가 상징적이다.

중화권 기업가정신의 대표적 사례로는 도전정신과 위험감수성, 금
욕적 윤리정신과 공정경쟁, 정직과 신용제일주의, 온정주의와 가부장
주의, 봉사정신, 애국정신 등이다.

---

11) 따런, 『이자청에게 배우는 기업가 정신』, 2005

## 2. 일본의 기업가정신

일본의 경영자들은 근로자들을 자신의 가족원으로 인식할 뿐 아니라 조직 구성원들 또한 회사를 가족이 확대된 형태로 인식하고 있다. 협력업체에 대한 태도도 마찬가지이다. 도요타자동차와 협력업체들 간의 끈끈한 관계가 대표적인 사례이다. 후발국 일본이 단기간에 선진국들을 따라잡은 경쟁력의 원천이다. 산업화기 일본적 경영의 상징으로 대표되는 종신고용, 연공서열형 임금, 기업내 노조 등의 독특한 경영문화도 동일한 환경에서 형성되었다. 신용본위와 극진한 서비스 정신, 장인(匠人)정신, 근검절약 등도 주의를 끄는 요소들이다. 일본인들의 가족중시태도에 대한 해석을 둘러싼 다양한 설(說)들이 있으나 유교적 영향이 결정적이다.

유교에서는 인간을 공동체적 동물로 규정한다. 유가의 공동체주의는 집단의 가치를 중시한 나머지 개인의 가치가 집단의 가치에 복종해야 한다는 것을 전제한 때문이다. 개인의 가치는 단지 집단적 가치의 실현 가운데에서만 존재의의가 있다고 본 것이다. 유가의 공동체주의는 공공적 선(善)을 이상사회 건설을 위한 최고목표로 설정하고 있다. 따라서 모든 개인은 공공적 선의 실현을 우선해야 한다는 논리이다. 그러나 공동체의 이익이 개인적 이익보다 우선한다고 해서 개인의 자유와 권리를 배척하지는 않는다. 국가나 사회 또한 가정의 연장선으로 이해한 때문이다. 유교의 공동체주의는 국가적 공동체주의(state communitarianism)인 것이다.

즉 사람과 사람간의 관계와 연계는 혈연적인 친소관계 위에서 건립되며 전체적인 사회질서는 이러한 혈연관계를 모방해서 형성된 것이다. '국'(國)이란 '가'(家)보다 더 큰 공동체사회에 불과, 가정을 다스리는 원리나 국가를 다스리는 원리는 기본적으로 같을 수밖에 없다. 따라서 임금은 어버이로 간주한 탓에 군신(君臣)간의 관계는 부자(父子)관계로 이해되었다. 군주는 신하를 인(仁)으로, 신하는 군주를 충(忠)으로 각각 대할 것을 강조했다. 즉 신하는 군주를 '부모에게 효도하는 마음으로 나라에 충성을 다할 것'(移孝作忠)을 주장하는 것이다.

전형은 1891년에 메이지정부가 공포한 '교육칙어'이다. 국가에 위급한 일이 생길 경우 천황에게 모든 것을 바쳐 천황과 황실의 운명을 지키고 보호해야 한다는 내용이다. 일본 특유의 진충보국관이다. 군주를 부모 섬기듯 하는 태도가 도그마화해 그릇된 충(忠)을 낳은 대표적인 경우가 일본의 가미가제 특공대이다(『유교 아시아의 힘』, 2007).

일본 특유의 화(和)의 경영문화는 서구자본주의의 제도를 유교문화에 접목해서 형성한 독특한 형태의 경제문화이다.


## 1) 오사카(大阪)상인의 등장 배경

일본의 4대 상인은 교토(京都)의 후시미(伏見)상인, 시가(滋賀)현의 오우미(近江)상인, 사카이(堺)상인, 오사카(大阪)의 히라노(平野)상인 등이다.

교토를 대표하는 후시미상인의 역사는 1594년 새로 짓는 후시미성의 건축자재를 운반하기 위해 후시미항(港)이 개항되면서부터였다.

오사카, 나라, 오우미 등 인근 대도시에서 운하를 통해 교토로 올라오는 모든 물화가 이곳에 집중되면서 상업이 번성했던 것이다. 1611년 이후에는 동남아시아로 나가는 무역선들의 출항지이기도 했다. 일본의 은과 비단을 실은 무역선들은 오키나와, 필리핀, 인도네시아, 베트남, 버마, 태국에까지 진출했는데 귀국할 때는 동남아산 물소뿔, 상아, 향료, 토산품 등을 후시미항에 하역했다. 후시미 시장은 막부시대 일본의 수도였던 교토의 물화집산지였던 것이다.

후시미상인은 상인정신이 가장 투철하고 조상들로부터의 계승문화를 중시한 나머지 새로운 것을 싫어하며 파격을 두려워한다. 또한 교토는 무려 1200년 동안 일본의 수도였던 탓에 그곳 사람들은 자기 고장에 대한 긍지가 매우 강할 뿐만 아니라 오랫동안 붙박이생활을 한 터여서 서로 간에 인적네트워크가 거미줄처럼 얽혀 결속력도 강하다. 외지인들이 쉽게 융화되기 어려운 것이다.

후시미상인들에게는 불문율이 있다. "먼저 고객에게 신의를 지켜라. 이익은 그 이후에 생각하라"이다. 소비자들이야말로 상인들의 생계에 도움을 주는 만큼 '부모나 다름없다'는 생각의 발로이다. 좋은 물건을 최대한 싸게 팔뿐 아니라 손님을 절대 기만하지 않으며 또한 손님을 극진히 모셨던 것이다. 호설암의 상도경영과 흡사하다. 또한 후시미상인에게는 특이한 점이 확인되는데 주인이 게으르거나 사업에 몰두하지 않으면 점원이 이를 친척들에게 보고해서 경각심을 환기시키거나 심한 경우는 조기퇴직 시키는 것이다.

오우미상인은 일본에서 가장 넓은 호수인 비와코(琵琶湖) 근처의 하치반(八幡), 히노(日野), 고카이죠(五箇壯) 등의 출신 행상으로 상인 중의 상인이다. 일본 전국의 나루나 포구를 누비고 다녔던 것이다. 그들은 오로지 도보(徒步)로 1천 킬로미터 거리의 남쪽에 위치한 규슈까지 행상을 다녔다. 또한 북으로 1천여 킬로미터나 떨어진 홋카이도에 17세기부터 장사하러 다녔다. 이 무렵 그들은 베트남과 태국 등 동남아를 누비기도 했다. "한 푼을 위해 천리를 간다"는 말은 오우미 상인을 두고 하는 말이다. 그들은 박리다매로 전국의 상권을 장악했다.

또한 행상을 통해 축적한 자금으로 1615년에는 에도(江戶)의 니혼바시(日本橋)에 첫 지점을 낸 이래 오사카 번화가인 혼마치도리와 교토의 무로마치 등 일본 3대 도시에도 지점을 개설했다. 그곳에서 금융업, 양조업, 유업(油業), 주물업 등을 영위했을 뿐만 아니라 도쿠가와 막부를 비롯한 일본의 유력자들을 고객으로 끌어들였다. "상인이 화를 내면 천하의 제후가 벌벌 떤다"는 것도 오우미상인을 두고 하는 말이다.

오우미상인들은 거부가 되었지만 실제 생활은 근검 그 자체였다. "사치하는 자는 반드시 망한다"는 것이 그들의 지배적인 생각이다. 그러나 사업을 위해서는 과감하게 지출하곤 했다. 근검절약, 정직, 견실, 관용이 그들의 상도이다. 또한 그들은 일본에서 최초로 복식부기를 사용했다. 1700년대 호상(豪商)으로 활약했던 나카이(中井) 가문은 이 때부터 복식부기를 사용하고 있었다. 높은 교육열 때문이었는데 오우미지역에서는 일본에 서당인 데라코야가 생겨난 때보다 무려 200여년이나 앞선 1640년에 우메노야(梅西舍)를 설립, 운영했던 것이다.

오우미지역은 타 지역과는 달리 산술교육에도 각별한 공을 쏟았다. 오우미상인은 그들 스스로의 힘만으로 1907년 오우미에 간자키(神崎)상업학교를, 1925년에는 오우미(淡海)여자실업학교를 각각 설립했다.

굴지의 백화점인 세이부그룹, 다이마루백화점, 다카시마야백화점, 이토츄(伊藤忠), 마루베니(丸紅), 도멘, 일본생명, 여성내의 브랜드 와코루 등이 오우미상인의 후예들이다.

다음은 오사카 인근의 사카이(堺)상인이다. 호방한 성격의 사카이 상인은 주로 약품과 동남아산 수입품을 취급했다. 또한 사카이상인들은 전국시대에 세토 내해를 통해 전국에서 올라온 상품을 교토와 나라 지방에 팔면서 부를 축적했다. 무역을 통해 막대한 부를 축적하면서 사카이 상인들은 막번체제에 반기를 드는 한편 그들의 도시는 스스로 지켜나갔다. 자유무역도시를 지향한 것이다. 서양 중세시대의 자치(自治)도시가 연상된다. 1543년 포르투갈에서 총이 전래된 것을 계기로 포르투갈과의 무역을 독점함으로써 이들은 막대한 부를 축적했다.

히라노(平野)는 700년대부터 교통의 요충지로 오사카 시내 중심에 위치하고 있다. 동(東)으로는 나라, 남(南)으로는 오카야마로 가는 길목이어서 자연히 물화의 이동이 많아 이미 1000년 전에도 경세의 중심지였다. 그러나 히라노가 비약적으로 발전하기 시작한 것은 1600년대였다. 히라노상인들이 이 무렵부터 동남아를 상대로 무역을 한 것이다. 또한 잦은 전란(戰亂)으로 인한 부상자들이 속출한 덕분에 그들은 약초판매로 일본의 대표적인 상인으로 성장했다.

도요토미 히데요시(豊臣秀吉, 1536~1598)는 1590년에 천하를 통일하고 오사카를 거점으로 삼았다. 당시 그는 1583년에 오사카에 역대 최대의 성을 신축하고 천황이 있는 교토를 능가하는 경제권을 오사카에 형성하고 싶어 했다. 그래서 그는 후시미상인, 오우미상인, 사카이상인, 히라노상인 등 일본의 4대 상인을 오사카로 유치해서 쌀시장과 생선 시장, 야채 시장 등 3대 시장을 통해 오사카를 각종 산물의 집산지로 만들었다. 일본인들이 가장 자랑하는 오사카상인 정신의 출발점인데 이는 석문심학과 회덕당의 교육을 통해 완성된다.

## 2) 심학과 회덕당

이시다 바이간(石田梅岩, 1685~1744)의 이시다심학(石門心學)은 일본상인의 상도(商道)를 체계화한 것이다. 심학(心學)이란 '마음으로 반성해 몸으로 실천한다'는 의미이다.

이시다 바이간은 교토 근처의 가메오카라는 소도시에서 농부 이시다 곤에몬(石田權右衛門)의 차남으로 태어났다. 생계곤란으로 바이간은 여덟 살 때 교토의 작은 포목점 점원으로 들어갔으나 얼마 되지 않아 포목점이 망해 집으로 되돌아올 처지였다. 그러나 그의 부친은 "주인을 한 번 모시면 어버이라 생각하고 정성을 다해야 한다."며 귀가를 만류했다. 이후 어린 바이간은 가게에 남아 주인을 봉양했다. 23세 되던 때에 일류 포목점인 구로야나기(黑柳)의 수습사원으로 입사했다. 남들에 비해 턱없이 늦은 나이에 견습사원이 되었음에도 열심히 근무하는 한편 밤에는 유학, 불교, 신도(神道) 등을 학습했다.

견습생활 17년만에 드디어 지배인이 되었음에도 공부를 계속했다. 42세 때 은퇴한 후 교토의 구루마야초(車屋町)에 있는 그의 집에서 학교를 열고 사람들에게 심학(心學)을 가르쳤다. 이시다심학의 출발점인데 이는 바이간이 저술한 『도비문답』(都鄙問答)과 『제가론』(齊家論)을 합친 것이다. 일본최초의 체계화된 상도(商道)가 출현한 것이다.

당시 일본에서는 상인무용론이 팽배했다. 이에 대해 바이간은 "상인이 모두 농공(農工)이 된다면 물자를 유통시키는 사람이 없게 되고 모든 사람이 고생할 것입니다. - 상인이 물건을 매매하는 것은 세상에 도움이 됩니다"라며 상업의 필요성을 강조했다. 동시에 상인이 지켜야할 도리도 제시했다. "도(道)를 모르는 상인은 욕심만 부리다가 집안을 망칩니다. 상인이 도를 알면 욕심을 떠나 인(仁)을 명심해서 노력하므로 올바른 도에 합당하고 번영할 수 있습니다. 그것은 학문의 공덕입니다. - 물건을 팔아서 이익을 얻는 것은 상인의 도리입니다. -물건을 사주는 사람 때문에 자신이 먹고살게 된다고 생각하여 상대방을 소중히 여기고 정직하게 하면 대개의 경우 사는 사람도 만족을 얻게 됩니다. 사는 사람이 만족하도록 일에 열중하여 노력하면 생활의 걱정도 없을 것입니다. 그 위에 검약하고 종래 1관을 벌었던 이익을 900돈으로 낮추는 것이 좋습니다."[12]

바이간은 보상이 없더라도 일하는 것이 자신의 수양에 도움이 된다

---

12) 『都鄙問答』第二卷,〔미야타 야하치로, 『경영학 100년의 사상』(김영철 역, 2001), 384~385면〕

며 노동의 가치를 중요하게 여겼다. 또한 당시 일본인들은 상인들이 이익을 취하는 것은 상대방에 손해를 끼치는 것으로 생각했다.

프랑스 중농주의사상의 창시자 케네(F. Quesnay)의 '공정가격'(just price)이 연상된다.

바이간은 사치를 극도로 경계했다. 그는 수습생활을 하면서 일본인들의 사치를 직접 목격했던 것이다. 에도의 목재상인 기노쿠니야(紀國屋文左衛門)은 에도의 한 동네를 몽땅 구입해서 그곳에 혼자 거주했다. 또한 그는 손님이 한 번 앉았던 다다미(돗자리)는 모두 교체했는데 그 때문에 돗자리를 새로 까는 기술자들이 늘 7명씩 대기해야 할 정도였다.

상인들은 반드시 '인의예지신'(仁義禮智信)을 갖출 것을 강조했다. 인(仁)은 고객의 의사를 받아들이는 마음이며 의(義)는 바른 마음을, 그리고 예(禮)는 상대를 존중하는 마음이다. 지(智)는 좋은 상품을 만드는 마음이고 신(信)은 돈을 빌리면 반드시 갚는 마음이라는 것이다. 눈앞의 이익보다는 소비자를 이롭게 하는 것이 지속경영의 길임을 터득케 하기 위함이었다.

바이간의 '선의후리'(先義後利)의 경영철학은 오사카상인의 정신적 지주가 되었다. 또한 근면, 절약, 정성으로 상징되는 일본의 국민성까지 간취되는 대목이다.


1724년에 설립된 오사카의 회덕당(懷德堂)도 주목된다. 오사카상인들인 마쓰보시야 타케에몬(三星屋武右衛門), 도묘지야 키치자에몬(道明寺屋吉左衛門), 후나바시야 시로우에몬(舟橋屋四郎右衛門), 비젠야 키치베에(備前屋吉兵衛), 고노이케 마타시로(鴻池又四郎) 등이 장사꾼도 배워야 한다며 사재를 털어 세운 학교이다. 상업교육이 목적이었으나 정부로부터의 허가가 문제였다. 최하층의 천민에게 교육을 그것도 상업교육을 가르치려니 말이다. 초대교장 나가이슈만(中井甃庵)이 1724년 5월에 에도의 막부를 찾아 개교할 수 있도록 간청한지 5개월 만에 허가장을 얻었다.

회덕당은 가로 20m, 세로 36m의 규모로 당시에는 매우 큰 건물이었다. 상인들의 힘으로 설립한 일본 최초의 상업교육기관이었다. 회덕당에는 누구나 입학이 가능했으며 교실에서는 신분적 차별이 없었다. 무사출신의 자제들이건 상인의 아들이건 동일하게 대우한 것이다. 수업료로 부자집 자제에게는 은(銀)을 반돈 정도를 받았으나 가난한 학생들에겐 무상교육은 물론 오히려 학교에서 공짜로 학용품까지 제공했다. 교육내용은 주로 장사꾼에 필요한 지식 위주였으나 1954년부터는 주자학과 일본역사도 가르쳤다. 필요할 땐 해부학까지 가르쳤다. 체계적이고 실증적이며 단계적인 교육을 통해 사물의 본질을 터득케 하는 '격물치지'(格物致知)의 일환이었다.

회덕당은 1869년 폐교될 때까지 146년 동안 오사카상인들을 양성했다. 회덕당은 1916년에 다시 부활한다. 서양의 근대적인 교육도 오사카 상인정신은 가르치지 못한다는 비판 때문이었다. 회덕당의 교육목표는 형식이나 이론보다는 실제와 실천이었다. 스미토모(住友) 그룹은 오사카상인 특유의 실용주의교육의 산물이었다.[13]

---

13) 홍하상, 「오사카 상인들」 2004

## 3) 『논어(論語)와 주판』

오사카 상인정신의 근간인 바이간의 '선의후리'(先義後利)의 경영철학과 회덕당의 실용주의 교육이념은 '일본근대화의 아버지'로 일본인들의 추앙을 받는 시부자와 에이치(澁澤榮一, 1840~1931)에 의해 한 단계 업그레이드되었다.

그는 1840년에 사이타마현(埼玉縣) 후가야시(深谷市) 치아라이지마(血洗島)의 농가에서 태어났다. 그의 집안은 농사는 물론 염료의 제조판매와 양잠까지 겸업하는 대농가였다. 부친 시부자와 이치로우에몬(澁澤市郎右衛門)은 어용상인으로 성공했던 것이다. 6세 때부터 한학(漢學)을 공부한 그는 1854년 14세부터 가업을 돕기 시작했다. 덕분에 사업적 재능도 키울 수 있었다.

1853년 미국의 페리((Matthew C. Perry, 1794~1858)제독이 이끄는 구로후네(黑船)의 우라가만에 대한 함포사격과 전국적인 농민항쟁 빈발은 일본의 봉건정부를 동요케 했다. 정상(政商)인 미쓰이(三井), 스미토모(住友) 등은 막부와 번(蕃)을 상대로 사세를 키웠다. 불평등조약인 '미일수호통상조약'(1858)의 체결로 도쿠가와막부에 대한 국민적 공분이 팽배하던 1863년에 23세의 시부자와는 존왕양이(尊王攘夷)를 지지하며 막부토벌운동에 나섰다. 그러나 미수에 그친 후 1864년에는 도쿠가와 요시노부(德川慶喜)의 가신이 되었다.

막부 타도를 외치던 그가 오히려 막부의 가신으로 전락한 것이다. 도쿠가와 요시노부(德川慶喜)가 1866년에 제15대 쇼군에 오른 것을 계기로 시부자와는 1867년에 일행 30명과 함께 파리 만국박람회에 참여했다. 2년여에 걸쳐 유럽 곳곳을 방문하면서 시부자와는 우수한 선진문물을 체득했다.

1868년 12월 귀국 후부터 계몽운동가로 활동하다 1869년에 대장성 조세국장에 취임했다. 서구 자본주의에 대한 풍부한 지식에 근거해서 일본의 조세 및 화폐금융제도를 근대화했으며 그 업적으로 시부자와는 대장성 차관까지 승진할 수 있었다. 1873년 관료생활 청산과 함께 시중의 자금을 끌어들여 민간은행인 제일국립은행을 설립하고 초대 행장에 취임한 이래 1909년까지 시부자와는 일본우선, 왕자제지, 제국호텔, 삿포로맥주, 동경전력 등 무려 500여 개의 기업 설립 및 경영에 관여했다.

그는 한국과도 인연이 깊다. 1878년 6월에는 국내최초의 은행인 제일국립은행 부산지점을 설치했다. 1902년에는 제일국립은행으로 하여금 한국의 화폐주권을 장악케 하고 1904년 7월에는 황해도 겸이포일대 토지 3천 정보를 헐값에 사들여 한국 농업침탈의 첨병인 한국흥업주식회사[14]를 설립한 장본인이었던 것이다.

시부자와의 업적과 관련한 또 하나의 주목거리가 1927년에 출판한 『논어와 주판』이다.

그는 일본의 농민, 수공업자, 상인 등 생산계층이 오로지 이익만 추구하는 배금주의에 빠진 이유에 대해 그릇된 상공업천시관(士農工商)이 이들을 도덕적 규범밖에 방치한 때문으로 단정했다. 메이지유신(1868)때 일본문화와 교육의 패권을 장악했던 일본주자학은 '공자가 부귀를 악(惡)으로 간주'했다고 주장하며 상공업 천시관을 더욱

---

14) 1910년 조선흥업으로 개명

강화했다. 그러나 시부자와는 이는 일본 유학자들의 오독(誤讀)이라 주장했다. 주자학은 중국 남송시대에 성립한 새로운 유학(新儒學)으로 사농공상의 사회적 분업체계를 고수하려는 사상이다.

그는 공자의 "도리(道理)로 얻는 부(富)는 오히려 빈천보다 낮고 부끄럽지도 않다"는 의리합일(義利合一)설을 근거로 정당한 도리와 방법으로 얻은 이익은 그 자체가 선(善)이라 주장했다. 그러나 기업가는 영리추구 뿐만 아니라 사회적 기여와 공익성도 늘 염두에 두어야 한다고 했다. 기업가의 사회적 책임을 강조한 것으로 "개인의 이익추구가 결과적으로 국가와 공공의 이익으로 연결된다"는 스미스(A. Smith)의 『국부론』정신과 일맥상통한다. 또한 시부자와는 "도덕과 유리된 상재(商材)는 잔꾀에 지나지 않는다"며 기업가는 모름지기 사무라이정신과 상인의 재능을 고루 갖추어야 한다고 강조했다. 사무라이정신(武士道)이란 정의, 청렴, 정직, 의협, 패기, 겸양 등의 미덕을 뜻한다. 스미스(A. Smith)가 『도덕감정론』에서 '윤리 없는 경제는 악(惡)'이란 지적과도 부합한다.

그리고 『논어』(論語)를 개인윤리와 사회윤리가 조화를 이룬 최고의 수신서(修身書)이자 실용적인 경제 · 경영 교과서로 격찬했다. 『논어』는 윤리학과 실학을 통섭한 책이라는 것이다. 그는 "일생동안 『논어』를 처세의 금과옥조로 삼고 늘 나의 좌우에서 떠나지 않도록 했다"고 고백하기도 했다.[15]

시부자와는 도덕부재의 서양식 공리주의 이념을 철저히 배척했다.

---

15) 시부자와 에이치(澁澤榮一, 1840~1931), 『논어와 주판』, 2010

대신 합리주의(rationalism)를 견리사의(見利思義)와 결합해서 도덕경제합일설을 완성했다. 『논어와 주판』은 유교자본주의에 입각한 진정한 기업가정신으로 일본의 근대화에 결정적 공헌을 했다.


## 4) 일본적 경영 완성

유교적 경영철학은 마쓰시타그룹의 창업자 마쓰시타 고노스케(松下幸之助, 1894~1989)에 의해 실현되었다. 오사카의 빈한한 가정에서 태어나 어릴 적부터 남의 가게 사환생활로 잔뼈가 굵은 그는 근면성실과 검소로 일관하며 마쓰시타전기를 세계최고의 기업으로 키웠다. '배려와 겸손'의 상징인 마쓰시타는 단 한명의 직원도 해고하지 않는 등 종신고용으로 일관했다. 그리고 그는 생전에 '마쓰시타전기는 전기기구를 만드는 회사가 아니라 사람을 만드는 회사'란 말을 자주 했다. 1965년에는 일본기업 최초로 주 5일 근무제를 실시했다. 임직원들의 복지도 매우 중요하게 생각한 결과였다. 인(仁)을 몸소 실천에 옮겼던 것이다.

또한 그는 1933년에 발표한 '기업사명선언서'에 '산업보국'을 명시했다. 마쓰시타의 사회환원을 통한 제세구인(濟世救人)의 의지는 후일 마쓰시타정경숙으로 구체화되었다. 마쓰시타의 평생숙원은 가난한 사람들을 구하고 풍요로운 사회를 만드는데 일조하는 기업을 만드는 것이었다.

"1960년대와 1970년대 일본경제의 성장과 실질임금의 증가는 역사상 가장 빠른 성장 중의 하나였고 일본을 경제대국으로 부활시켰다.

장기고용, 기업별 노조, 연공서열형 임금제는 일본 경제의 부흥을 이룬 3대 보물(Three treasures) 혹은 3대 기둥(Three pillars)로 불렸다."[16]

가부장주의와 온정주의, 배려와 겸손주의, 정직과 신용, 근면과 검소정신 등이 간취된다. 산업보국관 내지 제세구인(濟世救人)에 기인한 격물치지(格物致知)도 유교문화권 국가들과 대동소이하다. 그러나 실용주의적 성향이 비교적 높아 동양권 여타 국가들에 비해 가장 서구 자본주의에 가깝다. 특히 주목되는 것은 배려주의와 '진인사대천명'(盡人事待天命)의 장인정신이다. 상인들은 모름지기 손님접대는 물론 제품 만들기에도 정성을 다해야 한다는 이시다 바이간의 상인관과 시부자와 에이치의 의리합일설(義利合一說)이 동시에 확인되는 것이다. 혼다자동차의 창업자 혼다쇼이치로(本田章一郎, 1906~1992)의 "제품은 거짓말을 못한다. 우리는 혼(魂)을 담아 제품을 시장에 내놓을 뿐이다"란 언급이 상징적이다.

---

16) 신수식 등, 『현대고용관계론』, 2008

# Ⅳ. 한국 기업가정신의 뿌리

1996년 미국 창업전문잡지 『잉크』(Inc.)의 겐드론(Gendron)이 드러커(P. F. Drucker)와의 인터뷰에서 "전 세계에서 기업가정신이 가장 왕성한 나라는 어디인가?"에 대해 그는 서슴없이 "한국이다"고 언급해서 세간의 화재가 되었다.[17]

불과 1세기 전 한국을 방문했던 외국인의 눈에 비친 우리나라 국민은 무지하고 더러우며 게으른 존재로 투사되었는데 어떻게 해서 세계에서 가장 주목받는 나라가 되었을까?

원인으로 첫째, 전통적 계급사회의 붕괴이다. 인도처럼 사회계층제 관습이 온존하는 사회에서는 낮은 신분의 사람들이 신분의 벽을 뛰어넘으려는 성취욕이 낮아 기업가활동이 위축될 수밖에 없다. 높은 신분의 사람들이 기득권에 안주하려는 성향이 강한 것도 걸림돌이다. 내세관을 강조하는 힌두교의 만연도 기업가활동에는 부정적이다. 또한 유교 특유의 안빈낙도와 청렴결백의 사회문화는 경제를 저급한 가치로 치부, 기업가정신을 천시하는 경향이 강하다. 그러나 한국은 식

---

17) 피터 드러커, 『New Society』, 현대경제연구원, 2007

민지지배와 6·25전쟁을 겪으면서 급격한 사회변동이 초래되었고 그 과정에서 계급사회 붕괴 및 유교적 가치 퇴조에 기인, 기업가정신이 고양되었다. 즉 경제적 성취는 사회적 신분상승을 초래할 수 있는 수단으로 인식되었던 것이다.

둘째, 높은 교육열이다. 교육을 매우 중요하는 유교문화가 교육열을 부채질한 것이다. 특히 고려, 조선조와 같은 전통사회에서 신분상승과 출세의 유일한 통로는 과거시험이었기 때문에 교육욕구가 유난히 강했던 것이다. 일제 강점기 이후 근대화과정에서는 더욱 심화되어 수많은 젊은이들이 고시공부에 올인했다. 양질의 일자리가 성적에 의해 결정되는 구조도 교육열을 부추겼다. 교육을 많이 받을수록 신분상승의 욕구와 성취욕이 높아지는 경향이 있다.

해방후 창업한 사람들은 대체로 높은 학력의 소유자들이었다. 일본에 유학하거나 기업에서 사업경험을 쌓은 고학력자들이 주로 기업가로 변신했던 것이다. 고도성장과정에서 교육받은 인적자원이 산업화에 참여함으로써 기업가정신을 고취시켰던 것이다.

셋째, 성장위주의 정부정책이었다. 해방이후 정부는 소득증대 및 일자리의 조속한 확보를 위해 성장일변도의 정책을 일관했는데 그 일환으로 기업인들에게 당근과 채찍(carrot & stick)정책을 사용했다. 한국의 고도성장을 견인한 재벌의 탄생은 정부의 인센티브정책의 산물이었다. 정부가 의도적으로 진입장벽을 형성해서 높은 이윤을 보장하고 이를 재투자해서 기업 및 산업의 덩치를 키웠던 것이다. 이런 구조가 정경유착문화를 조성했는데 결과적으로 정경유착은 기업의 과감한 도전을 가능케 한 환경으로 작용했다.

넷째, 동북아의 안정과 평화체제 정착이란 외생적 요인도 중요한 역할을 했다. 한국은 지난 60년간 한미동맹이란 지역안보체제 하에서 발전기회가 주어졌다. 미국은 사회주의권역의 외연적 확대저지를 목적으로 신생독립국들의 공업화에 필요한 물적, 제도적 지원을 확대했던 것이다. 미국은 새로운 지식과 기술의 흡수 및 인력양성에 중요한 역할을 했다. 또한 일본의 정부주도형 공업화성과는 한국공업화의 훌륭한 스승이었다.

그러나 가장 큰 요인은 헝그리정신(hungry spirit)을 도전정신(can do spirit)으로 승화시킨데 있다. 배고픈 자의 정신력을 '하면 된다'는 도전의식과 성취욕으로 전환시킨 것이다. 전쟁과 자연 재해 등으로 절대빈곤에서 시달리는 나라는 무수히 많으나 이를 긍정적으로 전환시키는데 성공한 나라는 많지 않다. 한국인들의 강인한 정신력이 역동적인 기업가정신으로 승화되었던 것이다.

한국의 자본주의는 이식된 자본주의이다. 1876년 개항에 즈음한 서구 자본주의문화와의 본격적인 조우를 계기로 이후 봉건적 경제체제에서 자본주의체제로 전환한 것이다. 그러나 이는 한국인들의 의지보다는 일본을 비롯한 외세에 의한 피동적인 근대화였다. 보다 더 큰 이윤을 획득하려는 세계자본주의의 영리욕 탓이었다. 그 와중에서 수많은 기업들이 생겨나면서 외래의 경영문화도 뿌리를 내렸다. 도전정신과 위험감수성, 가부장주의 및 온정주의, 스피드경영, 봉사정신(육영사업), 애국정신(사업보국관), 금욕적 윤리정신, 신의후리(先義後利)정신 등 한국의 기업가정신도 자연스레 형성되었다.

인간의식의 소산인 문화란 외부 자극에 의해 종래와는 다른 형태의 것으로 변화한다. 물리적 전환을 하던 혹은 화학적 융화가 되던 정도의 차이만 있을 뿐 처음의 것과는 모습을 달리하는 것이다. 긍정적인 의미의 진화이던 또는 퇴행이던 말이다. 외부적 충격이 강하거나 혹은 잦을수록 문화의 변이정도는 심해진다. 외부적 도전에 대한 내부적 응전의 강도가 변수이나 그런 변화는 어디까지나 외래문화와의 동질성 제고 내지는 아류화일 뿐 본질은 쉽게 변하지 않는다. 오늘날 세계 각국의 범(凡)자본주의문화 속에는 보편성(generality)과 특수성(specialty)이 함께 공존하고 있다.

인간의 의식세계도 마찬가지여서 교육이나 경험과 같은 외생변수들에 의해 종래와는 다른 형태의 가치관으로 변화할 수는 있으나 고유의 특성마저 사라지는 것은 아니다. 한국의 기업가정신 또한 유구한 세월동안 서구자본주의문화의 지속적인 자극을 받아 점차 글로벌 스탠다드화하는 등 질적으로 많이 변용되었음에도 여전히 한국인 특유의 체취가 느껴진다. 장구한 역사과정 내지는 지적학적 특성 등에 의해 형성된 문화요소들은 쉽게 불식되지 않는 때문이다. 여기서는 산업화기 한국의 기업가정신의 뿌리를 추적해 본다. 한국기업가정신의 정체성(identity)을 확인하기 위함이다.


## 1. 유상(儒商)의 흔적

국내에서 유교적 경영사상의 오래된 흔적은 잘 확인되지 않는다. 고대 이래 조선조에 이르기까지 일관된 상업천시정책 탓으로 이해된다. 정부가 적극적으로 중농억상(重農抑商)정책을 편 결과 상인은 백정과 함께 최하층민들이 마지막으로 선택하는 업종으로 치부되었던 것이다. 이런 구조 하에서 상업이 제대로 발전할 수 없고 덩달아 흔적도 확인되지 않는 것이다.

그러나 상업이 발달했던 고려조에서 당시 경영사상의 편린을 엿볼 수 있다. 고려의 수도인 개경의 시가지 중심 간선도로는 십자로(十字路)였다. 상설시장인 시전가(市廛街)는 고려 건국 이듬해인 919년에 조성했는데 남쪽으로 뻗은 십자로 간선도로 주변에 밀집 배치되었다. 개경에는 중앙시장인 십자대로의 시전가 외에도 곳곳에 상설점포들이 위치했다. 개경의 서쪽에 위치한 선의문(宣義門)에서 동쪽의 숭인문(崇仁門)으로 뻗은 대로변 인근에는 종이를 파는 지전(紙廛), 그 옆 하천변에는 말을 거래하는 마전(馬廛), 십자로 남쪽에는 돼지를 파는 저전(猪廛) 등이 각각 위치했으며 자남산(子南山) 기슭에는 기름을 파는 유시(油市)가 있었다. 소규모 상점거리와 시장은 물론 곡물과 채소 등 생활용품가게도 다수 존재했다.

시간이 경과하면서 개경에 수많은 사람들이 운집하고 물화 또한 증가한 탓에 1208년(희종 4) 7월에 시전거리를 대대적으로 증축했다. 광화문(光化門)에서 십자로거리까지 1,008개의 기둥을 세워 장랑(長廊)을 건축한 것이다. 서긍(徐兢)의 『고려도경』(高麗圖經, 1123)에는 광화문에서 관부(官府) 및 오늘날의 고급호텔에 해당하는 객관(客館)에 이르기까지 모두 긴 장랑을 세움으로써 백성들의 주거지를 가렸다고 기록되어 있다. 개경에는 상업이 매우 발달했던 것이다.

또한 개성 광화문에서 부급관(府及館)에 이르는 장랑(長廊)에 영통(永通), 광덕(廣德), 홍선(興善), 통상(通商), 존신(存信), 자양(資養), 효의(孝義), 행손(行遜) 등의 단어들이 확인된다. 강만길 교수는 이들을 장랑 내에 있는 시전(市廛)의 상호로 비정했다. 공창석도 그의 『한국의 상인』(2007)에서 명칭이 풍기는 이미지와 연관시켜 볼 때 다점(茶店), 주점(酒店)이거나 혹은 숙박업소 등의 상호일 것으로 추정하고 있다. 반면에 홍희유는 5부 방리(坊里)의 방명(坊名)으로 관청으로 들어가는 문 또는 8개 상업지구를 표시하는 현판이라 해석했다.

서성호도 『한국 중세의 도시와 사회』(2000)에서 시전 점포의 명칭이 아니라고 주장했다. 그러나 이들이 저자거리와 주택가를 구분하는 표지라 하더라도 상업구역에서 확인되는 것으로 보아 당시 상인들의 경영사상이 간취된다. 즉 어짐(德), 착함(善), 믿음(信), 효도(孝), 의리(義), 겸손(遜) 등에 주목할 때 유교가 고려시대의 상거래에도 어느 정도 영향을 미치고 있음을 확인할 수 있다.


## 2. 개성(開城)상인

조선은 개국 초부터 지나칠 정도의 억상(抑商)정책을 폈다. 상업의 역할을 최소화하는 한편 극히 일부 상인에 한해 제한적으로 상행위를 허용했던 것이다. 정도전(鄭道傳, 1342~1398)은 상공업이 성장하면 본업인 농업이 훼손되므로 농민의 상공인으로의 전직을 극력 억제해야 한다고 역설했다. 상공업자들이 부를 축적할 수 없도록 세금을 과도하게 물려야 한다고도 했다. 심지어 태조는 재위기간 내내 새로 천도한 한양에 시전 건립조차 허용하지 않았다.

무역과 장사로 돈을 번 상인들을 사대부 중심의 신분제 사회를 위협하는 세력으로 간주한 때문이었다. 한양에 시전이 생겨난 것은 정종(定宗, 1398~1400)대의 일이었다. 혜정교(서울 종로 1가)에서 창덕궁(종로 3가 부근)까지의 대로(大路) 양측에 800간의 상가를 조성한 것이다.

덕분에 개성시전도 된서리를 맞았다. 태종이 즉위한 후부터 개성상인들을 강제로 한양으로 이주시키려 했던 때문이다. 개성에 잔류한 자는 조선에 충성하지 않는 자로 간주해서 철저히 탄압했다. 개성에 머물고 있는 자들에게는 농사지을 토지조차 나눠주지 않았을 뿐 아니라 벼슬길에도 나갈 수 없도록 과거시험에 응시할 자격도 주지 않았다. 시전 또한 강제로 폐쇄시키는 등 상인들의 생업을 원천봉쇄하려고도 했다. 그 결과 개성의 인구는 종래 10만 명에서 3만 명 이하로 대폭 축소되었다. 조선의 개성탄압은 개성시전 재개를 허용한 1409년(태종 9년)까지 계속되었다.

개성시전의 복원작업은 시전상인들의 끈질긴 노력 덕분이었다. 당시 개성에 남아 있던 상인들은 대부분 영세상인들로 반(反) 조선성향이 강했다. 오사카상인들의 반(反) 도쿠가와막부 정서보다 훨씬 강도가 높았을 것으로 추정된다. 강제로 한양에 이주한 개성상인들마저 조선에 대한 반감을 갖는 것은 마찬가지였다. 경작할 토지가 없음은 물론 관리가 되는 길마저 막힌 탓에 수공업에 종사하거나 혹은 먼 곳으로 행상을 다니며 장사할 수밖에 없었던 것이다. 중국의 주(周)나라가 상(商)나라를 멸망시켰을 때 주나라가 상나라 사람들에게 경작할 토지를 주지 않아 상나라 사람들이 생계를 위해 행상을 떠난 경우와 흡사했다.

그럼에도 이들은 강한 생명력을 유지, 도처에 상호부조의 공동체조직인 송방(松房)을 두고 전국을 무대로 맹활약했을 뿐 아니라 중국, 일본과의 무역에도 적극화하는 등 조선조 말에는 서울상인과 쌍벽을 이룰 정도로 성장했다. 열악한 환경이 개성상인들의 도전정신과 개척정신을 키웠던 것이다.

조선조의 개성상인들은 중국 휘주상인처럼 지식수준이 매우 높았다. 조선정부가 반체제성향이 높은 개성사람들을 의도적으로 중용하지 않은 탓이다. 출세길이 막힌 개성의 유생(儒生)들이 생계를 유지하기 위해 생활전선에 뛰어들 수밖에 없었다. 개성인들에 대한 과거금지방침은 1470년(성종 원년)에 해제되었다. 그러나 개성인들이 설혹 과거시험에 합격해도 청직(淸職)이나 현직(顯職) 진출은 여전히 봉쇄되고 낮은 직위만 주어졌다.

그런 이유때문인지 개성상인들은 셈에 아주 밝았을 뿐 아니라 서양보다 무려 200여년이나 앞선 11, 2세기부터 복식부기인 사개송도치부법(四介松都治簿法)을 사용하는 등 투명경영을 실천했다. 정직성 또한 뛰어나 1811년(순조 11)에 발발한 홍경래난(洪景來亂)에 가담했던 추도(楸島)의 송상(松商) 진영순(陳永順)이 관군에 쫓긴 나머지 물품과 돈을 송방(松房)에 그대로 둔 채 몸을 피했다가 난이 진정된 후에 돌아와 보니 물건들이 그대로 남아 있었다고 진술할 정도였다. 객주(客主)기능을 했던 송방의 특성상 동료상인들이 수시로 드나들었음에도 남의 물건에는 전혀 손을 대지 않았던 것이다.

개성 수공업자들이 만든 상품의 품질도 뛰어났다. 이익(李瀷)이 『성호사설』(星湖僿說, 1740)에서 "개성에는 기술 있는 백성이 많아 그곳 물건의 편리함이 나라 안에서 제일"이라 칭찬할 정도였다. 대표적 사례가 선조 때의 한순계(韓舜繼)이다. 조부와 부친이 각각 효력

부위(效力副尉)와 과의교위(果毅校尉)를 지낸 무반출신의 양반에다 그 자신도 유생(儒生) 출신이었다. 그러나 너무 가난해서 관료의 길을 포기하고 유기(鍮器) 제조기술을 배웠다. 낮에는 유기를 만들어 팔고 밤에는 책을 읽었다. 그가 만든 유기는 품질도 좋은데다 값도 저렴해 매우 인기가 있었다. 그는 유기 제조판매로 큰돈을 번 후에도 양반의 길을 포기하고 끝까지 유기제조업에 종사했다.

개성상인들은 신의(信義) 측면에서도 돋보였는데 신용이 확실한 자에게는 신용만으로 대출해주는 시변제(時邊制)가 대표적이다. "큰 믿음에는 별도로 약속이 필요없다"(大信不約)을 몸소 실천한 것이다. 또한 밀무역이나 매점매석 등 의롭지 않은 상행위는 하지 않았다. 개성상인들은 근검절약이 몸에 배어 자린고비라 불렸으나 공익사업과 직원복지에는 아끼지 않는 등 종업원을 가족으로 간주해서 종신고용에도 철저했다. 제세구인(濟世救人) 및 견리사의(見利思義)의 정신이 엿보인다.

개성 지식인들의 상업에의 진출은 상업기술을 한 단계 업그레이드 했을 뿐 아니라 상업천시관을 둔화시키는데도 순기능했다. 역사적 특수성은 개성인들로 하여금 '돈이 최고'라는 인식을 잉태시켰다. 또한 개성인들에게 있어 출세는 장사를 해서 돈을 많이 버는 것이다. 그들은 상업을 자손 대대로 물려줄 과업으로 여겼고 차인제도(差人制度)를 통해 후계 상인을 훌륭히 길러냈다. '상업이 최고이고 관리는 그 다음'이란 중국 광둥상인의 직업관과 너무 닮아 있다.

## 3. 보부상의 상관습

### 1) 보부상(褓負商)

상인은 한 곳에 붙박이로 점포를 마련한 좌상(坐商)과 '장꾼'으로 상징되는 행상(行商)으로 구분된다. 행상에는 배를 이용하는 수상(水商)과 육로를 왕래하며 상행위를 하는 육상(陸商)으로 양분되는데 『경국대전』(經國大典)에는 육상을 보부상(褓負商)이라 칭했다.

보부상은 보상(褓商)과 부상(負商)으로 구분하는데 보상은 주로 기술적으로 발달된 정밀한 세공품이나 값이 비싼 사치품 등의 잡화를 취급한 데 반해 부상은 조잡하고 유치한 일용품 등 가내수공업품을 위주로 하였다. 또한 보상은 보자기에 싸서 들거나 질빵에 걸머지고 다니며 판매하였고, 부상은 상품을 지게에 얹어 등에 짊어지고 다니면서 판매하였다. 이에 따라 보상을 '봇짐장수', 부상을 '등짐장수'라고 불렀다.

보부상은 삼삼오오 무리를 지어 이동하는 행상으로 전국의 시장을 순회하며 각지의 물화(物貨)를 유통시켰다. 그러나 그 중에서도 규모가 큰 보부상들은 수운(水運)과 우마차로 다량의 상품을 일시에 운반, 판매하기도 하였다. 우리나라는 산지가 상대적으로 많은 지형적 특성이 있는데다 조선조 말까지 국내의 교통여건이 매우 열악한 탓에 물화 유통에서 보부상들이 차지하는 비중이 매우 컸다. 보부상단은 상호부조단체로 단결력이 매우 강했을 뿐 아니라 자신들의 상업구역 내에서 외부인들의 상행위를 규제하는 길드(guild)적 성격도 있었다. 자신들의 상거래 영속성을 담보할 목적 때문이었다. 또한 엄한 규칙으로 구성원들의 일탈행위를 규제했다.

보부상의 역사는 고조선시대부터 비롯되었다. 기자조선(箕子朝鮮)시대에 정부는 부상(負商)을 동원해서 버드나무(柳木)를 심게 함으로써 백성들의 강성(强性)을 부드럽게 하는데 이바지했으며 신라시대에는 성곽 보수에 이들의 노동력을 징발했던 것이다.[18] 백제가요 '정읍사'(井邑詞)에서는 행상을 떠난 남편의 안부를 근심하는 아내의 애절한 마음이 읽혀진다.

또한 석왕사(釋王寺) 관련설도 있다. 조선 태조 이성계(李成桂)가 무학대사의 은혜를 갚고자 안변(安邊)에 석왕사를 신축하면서 강원도 삼척에서 500나한(羅漢)의 석물(石物)을 운반해야 했는데 이 때 황해도 토산출신의 백달원(白達元)이 장정 80명을 동원해서 성사시킨 것이다. 이성계는 그 공로로 이들에게 어(魚), 염(鹽), 목물(木物), 토기, 수철(水鐵) 등의 전업권을 주었고 백달원은 이를 계기로 전국에서 수십만 상인들을 모아 보부상단을 결성했다는 것이다.

또 다른 설은 고려말 이성계가 함경도에서 여진족과 전투할 때 상처를 입고 도망치던 중에 황해도 토산출신의 행상 백달원이 이성계를 구해주었다는 것이다. 이성계는 조선건국과 함께 은혜를 갚고자 백달원의 소원인 팔도의 소자본행상 구제를 목적으로 전국 주군(州郡)에 임방을 설치케 하고 이들의 침식, 질병치료, 장례 등의 편의를 제공하게 했다.

---

18) 『혜상공국』(惠商公局) 서문

이성계가 조선을 건국할 때 그의 고향출신 행상들을 많이 활용한 때문에 보답으로 팔도를 아우르는 상인단체 설립을 허가했다는 설도 있다. 이외에도 여러 설들이 있으나 보부상들이 역사의 전면에 부상한 것은 조선조의 등장부터이다. 이때부터 전국적인 조직을 구축하고 체계적인 활동을 개시한 것이다.


## 2) 보부상의 상인정신

조선조의 최대 규모의 행상조직인 보부상의 이념구조는 대국가이념인 충의(忠義)와 대고객이념인 신의(信義), 대사회이념인 예의(禮義), 대내적 이념인 정의(情誼) 등의 융화를 통한 구성원들간의 대동단결이다.

그중에서 으뜸은 충의로 행동강령은 진충보국(盡忠報國)과 부탕도화(赴湯蹈火)이다.

보부상은 사농공상의 사민(四民) 중에서 가장 곤궁한 자들로서 행상을 하며 동가식(東家食), 서가숙(西家宿)하는 처지로 굶기를 밥 먹듯 했다. 이동 중 질병에 걸려도 치료는 언감생심이고 사망을 해도 장례조차 변변히 치를 수 없는 매우 열악한 처지에 있었다. 그럼에도 그들은 "충효는 인도(仁道)의 기강이다. 우리 상민은 치우치게 나라의 은혜를 입고 있으니 추호라도 소홀히 할 수 있겠는가. 나라를 위해서는 끓는 물에도 들어가고 불속에 뛰어든다 해도 나라 은혜의 만분의 일이라도 갚도록 한다."[19] 『혜상공국』(惠商公局) 서문에도 '우리 동지들은 소리(小利)에 뜻을 두지 않고 오로지 충의를 위해 생명을 바칠 것'을 명확히 하고 있다. 국가를 부모와 같은 존재로 치부한 것이다.

임진왜란 때 권율(權慄) 장군이 군량(軍糧)이 끊어져 전투는 언감 생심이고 군사들이 아사직전에 있을 때 수천 명의 부상(負商)들이 자진해서 진지에 식량을 공급했다. 왜군과의 치열한 전투과정에서 부상들도 함께 순절(殉節)했다. 병자호란 때 적군이 남한산성을 포위함으로써 성내의 수많은 군민들이 식량부족으로 빈사지경에 있을 때 보부상들은 은밀하게 성내와 밖을 연결하는 지하터널을 뚫고 낮에는 양식을 구해 모았다가 야밤에 성내에 운반하는 식으로 성을 구출하기도 했다.

수원성 축조 때에는 석재 운반은 물론 돌을 다듬고 쇠를 불려서 장안성(長安城)을 완성했으며 19세기 초의 홍경래난과 동학농민전쟁(1894) 때에는 스스로 무장하고 진압에 앞장서기도 했다. 병인양요(丙寅洋擾, 1866) 때는 멀리 강화도로 원정가서 보국했으며 고종 재위시 경복궁 중건에도 수고를 아끼지 않았다. 오로지 나라를 지키는 것이 보부상들의 지상과제였다. 보부상은 개인적인 이해보다 국가와 사회에 대한 봉사를 우선했던 것이다. 보부상들의 대의정신(大義精神)은 개항(1876) 이후 보보상단이 상무사(商務社)로 개편될 때까지 유지되었다.

보부상은 유무상통(有無相通)과 상도준수(商道遵守)의 신의(信義) 경영의 실천에도 주력했다. 믿음이야말로 인간의 사회적 행동의 기본이라 여긴 것이다. "생업이 사방팔방에 산재하고 있다곤 하나 오로지

---

19) 忠孝乃是人道之紀綱 而況我商民之偏被洪恩者乎, 如有爲國之事 雖赴湯蹈火 一令齊到期間萬一之報是矣, '判下商理局節目', 1885

신의로서 법도를 세워야 한다"[20]며 강매 및 폭리를 취하거나 장물취급을 엄금했다.

동료간은 물론 생면부지의 소비자들에게도 철저하게 신의(信義)로 일관했다. 처음 접하는 객주와의 외상거래가 가능했을 뿐만 아니라 차용증이 없이도 상품을 공급받을 수 있었다. 일단 구두로라도 약속을 하면 어김없이 그 약속을 이행한 때문이다. 물건배달사고는 아예 없었다. "보부상단의 단원은 염결정직(廉潔正直)하기로 이름 나 있고 그들의 손을 거쳐 송달되는 상품 등은 어느 곳으로 보내더라도 지정한 장소에 정확하게 도착된다."고 했다.[21]

보부상들은 예의(禮義)에도 매우 엄격했다. 그들은 동서남북 사방의 민중들에게 예의로 대하면 천도(天道)가 올바르게 순환하고 성인(聖人)의 가르침이 다시 밝아져서 아랫사람들이 이를 본받게 된다는 신조를 가지고 있었다. 비록 그들은 가진 것이 없고 학식이 부족해 행상에 종사하고 있으나 자신들의 직업을 비천하게 생각하지는 않았다.

따라서 그들은 예의준수에 매우 신경을 썼는데 첫째, '불손한 언어 사용 금지'(勿亡言)이다. 불친절하거나 예의에 벗어난 행동을 할 때는 엄한 규율로 다스렸다. 심한 경우에는 단원 자격이 결여된 것으로 간주해서 제명처분하기도 했다. 윗사람을 공대하는 것은 물론 심지어 동료들을 호칭할 때에도 아무렇게나 부르지 않고 반드시 '동무'로 호칭했다.

---

20) 盖其生業散在東西 其法專立信義, '判下商理局節目', 1885
21) 露國大藏省編, '韓國誌'(日譯), 315면

다른 사람을 멸시하거나 약자에 위해를 가하면 제명처분했다(勿悖行). 음란한 행동을 목격하면 단원이 아니라도 자치법으로 다스리거나 관청에 신고(勿淫亂)하기도 했다. 또한 그들은 상애상휼(相愛相恤), 환난상구(患難相救), 경사상참(慶事相參) 등 구성원들 간에 서로 돕고 동고동락 하는 등 공동체정신으로 일관했다. 보부상들이 철저하게 인의경영으로 무장했던 이유는 평소의 엄한 교육 내지는 규율 위반시 제명은 물론 평생 보부상을 할 수 없도록 엄중하게 처벌하는 장문법(杖問法)을 적용한 때문으로 추정된다. 보부상들은 유상(儒商) 특유의 용(勇), 인(仁), 의(義), 신(信), 예(禮), 손(遜)을 상도(商道)로 삼았던 것이다. 보부상은 '견리사의'(見利思義)의 유교이념을 가장 철저하게 지킨 상인집단이었던 것이다.

## 4. 유교자본주의 완성

### 1) 지도자형 기업가정신

한국에 최초로 근대적인 기업들이 출현한 것은 1876년 개항 직후 일본계 기업들이 진출하면서부터였다. 미쓰이쿠미(三井組)와 고니시키쿠미(小錦組)의 등장을 비롯해서 1878년에는 국내최초의 은행인 일본 제일국립은행(第一國立銀行) 부산지점이 설치된 것이다. 이 은행은 '일본근대화의 아버지'로 칭송되는 시부자와 에이치(澁澤榮一, 1840~1831)에 의해 설립된 순수 민간은행이다. 이후부터 일본인,

중국인, 서양인들이 국내에서 경쟁적으로 기업을 설립했다.

한편 회사조직을 갖춘 민족계 기업들이 출현하기 시작한 것은 1880년대 중반 이후부터이다. 1883년 한영 통상조약 체결을 계기로 외국 상인들이 개항장을 벗어나 지방소도시까지 직접 진출하자 이에 위협을 느낀 객주, 여각, 보부상 등 전통적 상업조직들이 외국상인들에 효과적으로 대응할 목적으로 사업조직 및 방법의 혁신을 모색했던 것이다. 서양의 과학기술과 제도 도입을 통한 근대화를 주창했던 김옥균(金玉均), 홍영식(洪英植), 서광범(徐光範), 박영효(朴泳孝), 유길준(兪吉濬) 등의 계몽과 정부의 식산흥업정책도 한몫 거들었다.

그러나 민족계 기업들이 본격적으로 생겨나기 시작한 것은 1890년대 중반부터이다. 청일전쟁(1894~1895)을 전후하여 일본, 중국 등 외국 상업자본들의 경제침탈이 격화되자 이에 자극받은 토착자본가들이 합종연횡형태로 자본을 결합하여 산업 각 부문에서 왕성한 기업설립활동을 전개했던 것이다. 1894년의 제1차 김홍집(金弘集)내각의 수립을 계기로 촉발된 식산흥업정책의 강화도 한몫 거들었다. 민족경제 건설을 촉진하는 황성신문, 대한매일신보 등 언론매체들의 계몽운동도 순기능 했으나 더 큰 요인은 토착기업인들의 자세전환이었다. 외국에서 수입된 근대공장제품들이 도시는 물론 농촌까지 점령한 터여서 상인들은 불이익을 감수하고 일상(日商) 등과 손을 잡을 수밖에 없었으며 수공업자들도 외국상품과의 경쟁에서 살아남기 위해서는 선진기술의 도입이 요구되었던 것이다.

민간기업인들이 제일 먼저 진출한 분야는 방직공업이었다. 개항 이후 외국산 면직물에 대한 대중적 수요가 나날이 점증하는 와중에 1896년 인천에서 발족한 일본상인단체인 계림장려단(鷄林奬勵團)이

지방까지 진출, 소매행위에 나섬으로써 한국인 포목상들을 코너로 몰았던 것이다. 계림장려단은 경쟁관계의 한국상인들을 폭력과 위협, 공갈, 회유 등으로 대응했을 뿐만 아니라 사기 등으로 소비자들을 낭패케 했다. 이 무렵 전국 요지에 등장한 일본상인들의 행태도 이들과 별반 다르지 않아 한국 민중의 배일(排日)의식은 점차 커졌다.

근대기업에 깊은 관심을 가졌던 선각자적 관료 안경수(安駉壽, 1853~1900)는 일제 면직물을 국산품으로 대체코자 1897년에 대한직조공장을 설립했다. 국내기술자 양성 및 면직공업 보급목적으로 설립한 것이다. 1899년에는 서울 종로 포목상들이 일상(日商)들의 면포 수입독점에 대항코자 종로직조사를, 기술자출신의 김덕창(金德昌)은 1902년에 종로 장사동에 자본금 1만원(圓)의 직포공장을 각각 설립했다. 미국유학 후 귀국했던 윤치호(尹致昊)는 외국 감리교선교사들과 함께 1904년 개성에 한영서원을 설립하면서 학생들의 실습목적으로 직조공장을 병설했다. 이 실습장은 빈곤한 학생들의 학비조달을 위해 제품생산도 겸했다. 품질이 우수해서 호평을 받았는데 후에 송고(松高)실업장으로 거듭났다.

통역관출신의 관리 박기종(朴琪淙, 1839~1907)은 1876년 강화도조약 체결과 함께 수신사일행으로 일본에 두 차례나 방문하면서 근대화에 깊은 인상을 받았다. 그는 사재(私財)를 털어 1895년 부산 영주동에 초등 및 중학교 과정인 개성(開成)학교[22]를 설립, 운영하는 한편 1898년에는 국내 최초의 철도회사인 부하철도회사(釜下鐵道會社)를 설립했다. 부산과 하단포 간 6km의 경편철도 부설 및 운영이 목

---

22) 부산상고의 전신

적이었다. 철도만큼은 우리 손으로 직접 건설, 운영해야 한다는 신념의 발현이었다. 1899년에는 국내유지들과 협력해서 서울~원산~경흥 간의 경원선 및 함경선 철도부설을 목적으로 한 대한철도회사를 발족했으며 1901년에는 마산~삼랑진 간 철도부설을 위해 영남지선철도회사 설립을 주도했다. 그러나 박기종의 시도는 자본조달 애로 및 일제의 조직적 방해로 인해 미수에 그치고 말았다.

1912년에 설립된 부산 구포은행은 국내 최초의 민족계 지방은행이었다. 구포지역의 상인 및 지주 등과 함께 지사형 기업가인 윤상은(尹相殷, 1887~1984)이 설립한 것이다. 구포의 대지주 윤홍석(尹洪錫)의 5남 중 3남으로 태어난 그는 박기종의 사위이기도 했다. 을사조약(1905) 체결 이듬해인 1906년에 감리서의 관리생활을 청산하고 구포로 돌아와 지방유지의 도움을 받아 구포초등학교의 전신인 사립 구명(龜明)학교를 설립, 운영하기도 했다.

구포은행은 1915년에 본점을 부산으로 이전하고 상호도 경남은행으로 변경했는데 이 은행은 당시 해외 및 국내의 독립운동자금 공급처로 활용되기도 했다. 경남일대의 지주들이 토지를 저당하고 경남은행으로부터 자금을 대부받아 독립운동을 지원했던 것이다. 경남은행은 1928년 7월에 대구은행과 합병해서 경상합동은행으로 거듭났다.

안희제(安熙濟 1885~1943)는 보성전문을 거쳐 양정의숙을 졸업한 인테리로 1907년 이후 부산 구포의 구명학교(龜明學校), 고향인 경남 의령의 의신학교(宜新學校), 창남학교(刱南學校)를 잇따라 설립, 운영했으며 1909년에는 신민회에 참여하는 한편 김동삼, 서상일 등과 함께 대동청년단을 조직, 국권회복운동을 전개했다. 1914년에는 독립운동자금 조달과 민족경제발전을 위해 부산에서 백산상회(白

山商會)를 설립했다.

1919년 5월에는 자본금 100만원(圓)의 백산무역주식회사로 재발족했다. 이 회사는 대구, 서울, 원산, 중국 봉천 등지에 지점을 설치할 정도로 사세가 확장되면서 안희제는 부산일대의 거물 기업가로 부상했다. 당시 백산무역은 상해임시정부 운영자금의 60%를 담당한 것으로 추정되고 있다. 1921년에는 경영난에 직면, 경주지방 최대의 지주인 최준 사장이 자신 소유의 재산을 저당 잡혀 회생시켰으나 1928년에 해산되고 말았다. 일제의 집요한 감시와 통제로 사업영위가 불가능했던 것이다.

독립지사 정재완(鄭在浣, 1881~1964)의 기업가활동도 주목된다. 정재완은 경남 하동군 금남면 물치리에서 유학자이자 만석군의 지주 정규영의 장남으로 태어나 평생 동안 독립운동과 기업가활동을 병행했는데 그가 민족기업가로 입신한데는 부친의 영향이 컸다. 정규영은 1919년 3월 김창숙, 곽종석 등 영호남 유림들이 주동되어 세계에 일본침략의 부당성을 고발한 '제1차 유림의거'(파리장서사건)에 깊숙이 관여했을 뿐 아니라 1909년 4월에는 대치리에 4년제 현산학교(현 김양초등학교)를 설립, 운영한 선각자였다. 정재완은 당시 자금총책인 김창숙에 부친을 대신해서 수백원(圓)을 전달한 것을 계기로 독립운동에 가담하기 시작했다.

이후 정재완은 민족계 기업경영에도 앞장서 1919년에 안희제가 설립한 백산무역의 주요 주주(500주 소유)로 참여했으며 동아일보 설립에도 주주로 가담했다. 그는 논 수백 마지기를 처분해서 1920년대 초에 부산 동래 온천장에 산해관(山海館)이란 여관 겸 요정을 설립, 운영했는데 목적은 상해임시정부와 독립군에 자금전달 및 독립투사들에 숙식 등 편의를 제공하는 것이었다. 산해관은 비밀리에 운영되었으나 후일 일제에 발각되어 폐간되었다.

또한 정재완은 논 2천 섬거리를 동양척식에 담보를 잡히고 자금을 확보해서 경영난에 직면한 독립신문의 회생에 투입했으나 끝내 폐간됨으로써 막대한 손실을 입기도 했다. 하동 최대의 갑부 정재완은 자신의 노력(勞力)과 부(富)의 대부분을 조국독립과 민족경제 건설에 소진했으며 이로 인해 그의 가문은 끝내 폐절(廢絶)되고 말았다.

국내 최장수 제약회사인 동화제약은 1897년에 당시 궁중 내의원출신의 민병호(閔竝浩)가 설립한 동화약방(同和藥房)의 후신이다. 민병호의 장남 민강(閔橿, 1884~1931)은 1912년에 가업을 계승해서 동화약방을 더욱 발전시켰다. 비방(秘方)인 부채표 '활명수'가 공전의 히트를 기록한 것이다. 그 와중에서 독립운동에도 적극 가담해서 1919년 3·1독립운동 때에는 최남선, 함태영 등 민족지도자들과 함께 독립선언문을 기초하는데 참여했으며 상해 임시정부 수립 및 물산장려운동에도 가담했다.

1923년 4월에는 조선물산 장려, 무역 및 위탁판매를 목적으로 공칭자본 100만원(圓)의 대흥사(大興社)의 설립에도 참여했다. 동사는 방규환, 김원벽, 최창선, 이승훈, 신장희 등 명망 있는 자산가들에 의해 설립된 것이다. 그 와중에서 그는 상해임시정부에 수시로 군자금을 제공했을 뿐 아니라 국내연락책으로 활동하는 등 독립운동에 적극 가담했다. 동화약품을 상해임시정부의 국내거점으로 활용했다. 이로 인해 그는 경찰에 검거되어 혹독한 고문과 옥고를 치루기도 했다. 덕분에 동화제약이 다른 사람에 인수되었으며 그의 집안 또한 몰락했다.

이승훈(李昇薰, 1864~1930)은 평안북도 정주의 가난한 집안에서 태어났으나 어려서 부모를 잃은 탓에 학업은 유년기 3년 서당공부가 전부였다. 그가 사업과 인연을 맺은 것은 1873년에 북선지방 유기(鍮器)제조공업의 중심지인 납청정(納淸亭)에서 유기제조 및 판매를 겸하는 상점의 사환으로 취직하면서부터였다. 1879년에는 보부상이 되어 평안도 및 황해도 일대를 전전하며 모은 자금으로 1887년 청정(淸亭)에 유기제조와 판매를 겸하는 상점을 개설했다.

공장주로 변신한 그가 제일 먼저 시작한 것은 공장종업원들을 위한 노동환경을 개선한 것이다. 공장 내부의 청결은 물론 임금을 올려주고 매일 일정시간 동안 휴식을 갖도록 했다. 또한 종업원에 대해서는 온정으로 일관했다. 생산은 물론이고 판매 또한 잘 되 단기간에 평양에 지점을 설치하는 등 승승장구했다. 청일전쟁(1894~1895)으로 사업터전이 폐허화되는 등 시련도 겪었으나 사업을 재개, 평양과 진남포에 지점을 새로 개설했다. 사업이 안정궤도에 진입한 1901년에는 평양에서 새로 무역상을 열어 인천과 서울 등을 오가며 석유, 양약(洋藥), 지물 등을 취급해서 큰돈을 벌었다.

그러나 러일전쟁(1904~1905)무렵 몇 차례 사업실패를 경험한 후 외세의 침략이 정치는 물론 서민들의 경제생활에도 영향을 미침을 실감했다. 그 와중인 1906년 6월 평양에서 도산 안창호(安昌浩)와의 조우를 계기로 기업가활동과 독립운동을 병행한다. 1907년에는 서선지방 최초의 소학교인 강명의숙(講明義塾) 및 4년제 오산학교(五山學校)를 설립하는 한편 신간회에 가담했다. 1908년에는 평양의 유지들과 합자해서 평양도자기회사를 창업하고 같은 해에 별도로 태극서관(太極書館)을 설립했으나 그가 투옥되면서 평양도자기회사의 경영권은 일본인 회사에 넘어가고 말았다.

이 무렵 민족계 기업설립활동을 주도한 자본가계층은 귀족, 관료, 지주 및 상인출신들이었다. 귀족, 관료출신 기업가들 중에는 친일파 인사들이 절대다수였다. 그러나 이용익, 안경수, 박기종, 윤상은 등 관료출신들은 민족경제 건설 염원에서 근대기업 설립운동에 적극 동참했다. 안희제와 최준, 정재완, 윤상은, 동화약품의 민강 등은 조국 독립이 이윤동기보다 우선한 사례였다. 또한 이들은 후진양성에도 적극적이었다. 가진 자들의 의무이기도 했으나 육영사업을 통한 민족자강(自强)운동의 일환이었다.

당시 민족계 기업가들이 설립한 기업들은 거의 대부분 설립초기 단계에서 도산했다. 경영경험이 미숙한데다 자본부족이 가장 큰 원인으로 지적된다. 일제의 조직적 방해와 견제는 또 다른 이유였다. 그러나 이들의 기업가정신이 돋보인다. 이윤동기보다 민족주의와 이인위본(以人爲本), 견리사의(見利思義) 등 유상(儒商)정신이 우선했던 것이다. 이들은 민족독립을 위해 몸소 앞장서는 한편 경제근대화를 통한 국권회복을 도모했던 지사(志士)형 기업가들로써 한국기업가들의 사명(使命)을 제시한 지도자형 기업인들이었다.


## 2) 한국형 유교자본주의 완성

한국의 유교자본주의를 대표하는 기업가가 인촌(仁村) 김성수(金性洙, 1891~1955)이다. 1891년 전북 고창의 대지주집안의 장남으로 출생, 1910년 일본 와세다대학(早稻田大學) 정경학부에 입학, 1914년에 졸업했다. '신문화에 의한 민력배양(民力培養)을 바탕으로 한 민족독립'이라는 신조를 갖고 졸업 무렵에는 일본의 문물을 시찰한 후 귀국했다. 귀국과 함께 그는 민력배양의 일환으로 인재양성과 민족자본 육성, 언론활동을 통한 민족의식 고취 등을 활동목표로 정하고 1915년 4월 운영난에 시달리던 중앙학교(中央學校)를 인수해서 교육사업에 나섰다. 또한 1919년 10월에는 경성방직회사(京城紡織會社)를 창립했다. 동사는 공칭자본 100만원(圓)으로 당시 국내 방직공장들 중 일본인 소유의 조선방직에 이어 두 번째로 큰 근대적 방직공장이자 민족역사상 제1호의 근대적 제조기업이었다.

이 무렵 국내에는 일본 동양방직(東洋紡織)산 수입광목이 시장을 석권하고 있었다. 국내적으로 근대적인 방직기술이 일천했음에도 김성수는 "우리의 옷은 우리의 손으로 짜서 입자"와 "우리도 해낼 수 있다"는 진취적 도전정신으로 회사를 설립하는 한편 경성방직을 '한국사람들의 기업'으로 뿌리내리고자 전국을 순회하며 '1인 1주 갖기' 운동을 전개했다. 그 결과 총 188명이 응모했는데 50주 미만의 소액주 주수가 59.5%였으며 500주 미만은 무려 95.7%였다.

경성방직은 처음부터 한국인만 직원으로 채용했다. 또한 그는 1920년 4월에 동아일보를 창간해서 1922년부터 전개된 물산장려운동의 전국적 확산에 노력하는 등 민족의식 고취에도 앞장섰으며 1932년에는 경영난에 허덕이던 보성전문학교를 인수해서 고려대학으로 재발족하기도 했다. 노블레스 오블리즈를 몸소 실행에 옮긴 것이기도 했다.

현대자본주의의 기저에는 공리주의(utilitarianism)가 자리잡고 있다. 이기심에 따라 경제행동을 하는 자들이 많을수록 사회적 복지도 향상된다는 논리이다. 그러나 그럴수록 물신주의의 만연에 따라 정의가 힘을 발휘하지 못하고 균형성마저 약화되어 사회전체의 건전한 발전은 담보되지 않는다. 대안으로 스미스(A. Smith)는 이타심(sympathy)를 강조했다. 사익(私益) 추구와 공공안녕과의 합치를 희망한 때문이었다. 베버(M. Weber)는 지나친 영리욕 때문에 자본주의정신 -이(利)와 의(義)가 조화된 정신- 이 실종되었다며 자본주의체제의 위기를 경고하기도 했다. 유교는 수천 년 동안 서로 모순관계에 있는 개인(利)과 사회(義)와의 균형을 모색해왔다. 개인적으론 경제가 극히 중요하나 여기에 너무 치중할 경우 모두가 원하지 않은 상태로 변화되는 때문이었다. 핵심은 선의후리(先義後利)와 선리후의(先利後義)간의 논쟁이다. 마치 닭이 먼저냐 달걀이 먼저냐 하는 시비인 것이다. 바람직한 해답은 경제와 도덕의 일치인 의리합일(義利合一)이다.

김성수의 기업가정신에서 유교자본주의(confucian capitalism)의 완성된 모습이 확인된다. 서양식 합리주의에다 도전정신과 위험감수정신, 민족주의와 선공후사(先公後私)의 의리합일(義利合一)정신이 그것이다. 중화권과 일본이 서구자본주의의 압박에 대응해서 특유의 유교자본주의로 전화했듯이 한국은 식민지체제하에서 일본경제의 종속경제화 강요란 보다 척박한 환경 속에서 유교자본주의로 진화했던 것이다. 임원택 교수는 김성수의 경영철학을 '2천 5백 년 동안 간직해 내려오던 일반윤리로서의 유교를 충실히 계승한 경제윤리'로 평가하고 그를 '한국자본주의의 개조(開祖)'[23]로 비견했다.

---

23) 임원택, 『한국인의 경영윤리』, 1992

# 제 2 부

## Ⅴ. 한국 기업가정신의 전형(典型)

'아시아적 가치'(Asia value)는 여전히 유효한가에 대해 국내 경영학계의 대체적인 시각은 부정적이다. '글로벌 스탠더드' 혹은 '아메리칸 스탠더드'가 대세인 점을 들어 한물간 관점이란 것이다. 그러나 2009년 9월 중국 다롄(大連)에서 열린 하계 다보스포럼(WEF)에 참석한 세계 경제인 130명 중 70%가 "2020년 이전에 아시아가 세계경제에서 가장 큰 영향력을 발휘할 것"이라 응답했다. 글로벌 금융위기 이후 아시아 경제가 무섭게 성장하며 세계 경제의 중심으로 다가오고 있는 것이다. 세계 경제를 주무르는 유명 기업가들 및 경제 전문가들의 지적이어서 설득력이 높다.

그 중심에 일본과 중국이 위치하고 있다. 그러나 일본 경제가 20년째 장기불황에 시달리는 터여서 주목대상이나 세계 최대 인구대국인 중국의 약진은 계속되고 있다. 중국은 1978년 개혁개방 이후 30여년 이상 지속적으로 연평균 9%의 고도성장을 시현하고 있는 것이다. 국민소득수준 또한 빠른 속도로 상승해서 인당GNP가 2006년 2,000

달러에서 2011년에는 5,450달러로 불과 5년 만에 무려 2.7배나 급증한 나머지 중국은 2010년에 일본을 제치고 세계 2위의 경제대국으로 부상했다. 앞으로가 문제이나 대다수 중국전문가들은 중국은 향후에도 연평균 8% 이상의 고도성장을 지속할 것으로 전망했다.

2010년 현재 세계 국가경쟁력 8위국인 대만을 비롯한 홍콩, 싱가포르 등 '아시아의 네 마리 용'(龍) 국가들의 성적표는 예전만 못하나 여전히 평균이상의 실적을 기록하며 순항중이다. 특히 대만은 양안(兩岸)간의 긴장이 점차 완화되면서 더 큰 중국특수가 기대되어 경제전망이 밝은 편이다. 홍콩, 싱가포르 등도 중국경제의 외연적 확대로 향후 전망이 어둡지는 않다.

한국의 약진이 특히 주목되었다. 한국은 1997년에 '아시아 4룡' 국가 중 유일하게 외환위기란 엄청난 폭탄을 맞았다. 외환위기 수습과정에서 국내 상위 30대 그룹의 1/3이 좌초하는 등 22,000여 개의 기업이 도산했다. 그 중 7,000여 기업들은 흑자였음에도 유동성위기로 비극을 맞이했다. 덕분에 250만여 명이 일자리를 잃었다. 6·25전쟁 이래 최대의 국란(國亂)이라 치부할 만했다. 이후부터 고용의 질이 갈수록 악화되면서 양극화가 심화되고 청년실업률 또한 높아졌다. 그럼에도 한국은 오뚜기처럼 재기해서 2010년에는 국민소득 2만달러를, 2012년 6월에는 인구수 5천만 명을 각각 돌파함으로써 세계에서 6번째로 '20~50클럽' 국가로 거듭났다.

2011년에는 '무역 1조 달러' 국가로 부상, 'G10' 실현의 꿈이 한층 가까워졌다. 그 와중에서 삼성전자가 일본의 소니를 제치고 세계 1위의 전자업체로 부상했으며 LG전자, SK에너지, 현대자동차, 현대중공업, 포스코 등은 글로벌기업으로 탈바꿈했다. 국내기업들의 약진이 초래한 개가였다.

가부장적이고 권위주의적이며, 인치(人治)와 인정(仁政) 사상에 바탕을 둔 아시아적 가치는 여전히 위력을 발휘하고 있는 것이다. 한국 특유의 기업가DNA에 대한 세계인들의 궁금증이 다시 클로즈업되고 있다.

기업가정신(entrepreneurship) 혹은 기업가 지향성(entrepreneurial orientation)이란 기업경영자들의 '변화를 탐구하고 변화에 대응하며 변화를 기회로 이용하려는 정신'과 마음가짐(entrepreneurial mind), 그리고 행동 일체를 의미한다. 기업가정신을 구성하는 요소는 도전정신과 집중력, 결단력과 끈기, 위험감수성과 탁월성 추구 등으로 요체는 혁신성(innovativeness), 진취성(proactiveness), 위험감수성(risk-taking)이다. 베버(M. Weber)의 금욕적 윤리정신, 포드(H. Ford)의 봉사정신, 슬로안(Alfred Sloan)의 애국정신 등은 또 다른 변수이다. 사회적 책임경영정신과 기업이윤의 사회환원 정신 또한 중요한 고려요소이다.

란데스(David S. Landes)는 동일한 기업가활동이라도 지역이나 국가에 따라 다소 차이가 있음을 확인한 바 있다. 기업가정신은 더더욱 그러하다. 한날한시에 태어난 쌍둥이조차 사고(思考)나 행동양식에 차이가 있는 때문이다. 인간들의 사고방식이나 행동패턴은 생물학적 내지는 지역적, 문화적 환경에 따라 각각 다르게 나타나는 법이다. 그러나 이를 과학적으로 규명해낸다는 것은 거의 불가능하다. 현재론 추론을 통한 가설적 유형화만이 가능하다. 따라서 각양각색의 기업가정신론이 제시되고 있는 것이다.

기업가정신 또한 인간 의식의 소산으로 사람에 따라 혹은 지역이나 문화에 따라 차이가 있음은 부정할 수 없는 사실이다. 그 중에서도 특히 중요한 점은 환경요인이다. 맹모삼천지교(孟母三遷之敎)가 상징적이다. 사람들이 어떠한 문화환경 속에서 성장했는가에 따라 사회적 성향이 다르게 나타나는 탓이다. 그렇다고 환경이 인간들의 의식세계와 행동양식을 완전히 바꿀 수는 없다. 인간으로서의 고유한 속성(generality)과 환경에 의해 형성된 후천적 성질인 차별성(specialty)이 병존하고 있는 것이다. 기업가활동에서 '아시아적 가치'가 주목되는 이유이다.

한국의 기업가정신은 무엇인가? 일본경제신문은 한국의 기업가정신으로 ① 위험감수성(risk-taking), ② 무모할 정도의 기발한 아이디어, ③ 캔두(can do)정신, ④ 탑다운(top-down)시스템, ⑤ 따라잡기(catch up)정신 등을 들었다. 기업가정신의 핵심인 위험감수성과 도전정신 외에 한국 특유의 기발한 아이디어와 황제경영주의, 빨리빨리 등을 적시했다. 그러나 이 뿐만은 아니다. 온정주의와 신용제일주의, 봉사정신과 사업보국관 등이 함께 간취된다. 한국이란 특수한 역사문화 환경이 낳은 산물인 것이다.

온정주의와 신용제일주의, 봉사정신과 사업보국관은 인의예지신(仁義禮智信)에 뿌리를 둔 것이다. 한국기업 여명기(19세기말20세기초)의 지도자적 기업가들이 웅변으로 증명하고 있다. 캔두(can do)정신과 따라잡기(catch up)정신, 무모할 정도의 기발한 아이디어는 헝그리정신과 군사문화가 복합적으로 어우러진 결과이며 황제경영(top-down)은 권위적 가부장주의로써 동양적 전제주의의 잔재로 이해된다. (이한구)

# 1. 사업보국

기업의 사업보국 정신은 기업이 경제활동을 함으로써 얻어진 결과 (이익)에 대해 국가와 국민(소비자)에 대한, 문자 그대로 보은(報恩) 의 의미가 최우선의 동기일 것이다. 기업이 이만큼의 수익을 내고, 그 결과 이만큼의 성장을 이룩한 데는 국가의 경제시책은 물론 이에 동조 하고 협조한 국민들의 덕분이기에 여기에 보답해야 한다는 순수하고 합리적인 발상이다. 그러나 국민(구매자인 소비자)의 입장에서는 자 기에게 필요한 재화를 구매할 수 있도록 생산, 공급해 주는 생산자(기 업가)의 역할이 없었다면 그들의 생활이 얼마나 불편하고 옹색했을까 를 생각해 보면 기업가의 역할이 더할 수 없이 고마운 것이다. 그래서 기업의 사업보국 활동은 소비자(고객)의 기업가에 대한 충성도를 높 이게 되고, 기업은 기업대로 고객의 충성도를 고정 또는 제고시키기 위해 사회적 책임 활동을 강화하게 된다. 기업의 사업보국 활동의 또 하나의 성과는 종업원들의 회사와 일에 대한 신뢰와 충성도를 높이는 효과를 유발한다. 기업에 대한 소비자의 신뢰도와 충성도가 높아지면 소속된 종업원들의 회사에 대한 충성심도 동시에 제고됨으로써 원만 한 노사관계에도 긍정적인 영향을 미치게 된다.


## 1) 민족자본 육성과 독립운동 지원

북청 물장사 출신 이용익(李容翊, 1854~1907)은 20세 때 고향을 떠나 보부상과 물장수로 떠돌다가 우연히 투자한 갑산금광에서 돈을 크게 벌어 부자가 됐다. 민영익의 도움으로 왕실재산을 관리하는 내장원경이 되어 애국적 업적을 많이 남겼다. 인삼전매제를 실시, 황실이 직접 인삼거래를 관할하도록 해 당시 침투하는 외세로부터 민족경제를 보호하려고 애썼다. 내장원경에 이어 나라의 재정운영권과 군권까지 손에 쥔 탁지부대신·군부대신·헌병사령관에 올랐다.

이용익은 인천, 원산 등 개항장의 상인들이 외국상인들의 거대자본에 눌려 생업권을 잃어가는 상황에 대항해서 우리 영세상인들이 조합을 만들어 이에 맞서도록 힘을 보태주었다. 동시에 상선·한강나룻배 회사·양잠·공업전습소를 개설, 염직·사기그릇·금속공업·토목공업 기술자를 양성했다.

1903년에는 무기를 생산하는 총기제조소를 세우고, 프랑스 철도기술자를 데려다가 경의선과 경원선 등 철도를 직접 우리가 개설하려고 노력했으나 일제의 방해로 뜻을 이루지 못하고, 청일전쟁을 빌미로 철도부설권을 일본에 빼앗기고 말았다.


박기종(朴琪淙, 1839~1907)은 일찍이 상업에 종사하면서 주로 일본인 상인들과 거래해 일본어에 능통했다. 1875년 수신사의 통역관으로 일본에 갔을 때 선진화된 산업시설·제도에 감명을 받아, 뒤에 우리나라 산업개발을 위한 철도건설 사업과 교육제도 근대화에 힘썼다. 박기종은 평생소원이었던 철도건설사업을 실현하기 위해 1898년 부하(釜下)철도회사를 설립, 부산에서 하단포까지 약 6km의 철도부설 허가를 받았으나, 자금부족 등으로 사업을 계속하지 못했다. 그 뒤 다시 영남지선철도회사를 설립, 삼랑진과 마산을 잇는 삼마철도의 부설권을 얻어 공사에 착수했으나, 일본의 집요한 방해로 자금

조달이 어려워 결국 뜻을 이루지 못했다.

안희제(安熙濟, 1885~1943)는 독립운동자금 조달에 평생을 바친 독립운동가이자 지사형 기업가다. 1911년 독립투사들과 함께 북간도와 연해주 등지에서 유랑생활을 하다가 1913년 귀국해 독립운동에 필요한 자금을 조달하기 위해 가진 땅을 모두 팔아 부산에서 '백산상회'를 열었다. 안희제는 1920년대 물산장려운동과 1926년부터 전개된 협동조합운동에도 적극 참여했다. 이런 이유로 백산무역주식회사는 일제의 탄압에 견디지 못하고 1927년 해산됐다.

LG그룹 창업자 구인회(具仁會, 1907~1969)는 구멍가게나 다름없는 구인회상점 시절, 일제탄압의 위험을 무릅쓰고 할아버지의 친구인 독립운동가 안희제에게 당시로서는 거액인 1만원의 독립자금을 헌납했다. 태평양전쟁이 막바지로 치닫던 상황에서 독립자금의 헌납은 목숨을 건 모험이나 다름었었다.

일제강점기 이전까지의 우리나라 자본형태는 개인이나 소규모 집단의 상업자본의 범위를 벗어나지 못했다. 일찍이 근대화된 서양문물을 수용한 일본에서 이미 현대적 개념의 주식회사가 일반화된 상황을 목격한 일본 유학생들이 이 후진적 통념을 타파하려고 애썼다. 그 대표적인 인물이 1914년 일본 도쿄의 와세다대학 정경학부를 졸업한 김성수(金性洙, 1891~1955)였다.

김성수는 자본금 1백만 원으로 1919년 경성방직(현 경방)을 설립했다. 당시 부산에 있던 일본 미쓰이재벌 계통의 조선방직주식회사가 대량으로 생산해내는 광폭면직물에 대항해 우리의 방직기업을 세워야 겠는 민족의식의 발로였다. 외국기술을 도입하지 않고 순수 우리 자본, 기술로 우리 옷감을 만들자는 신념으로 출발한 기업이었다. 그러나 문제는 국민들로부터 주식을 모집하는 일이었다.

김성수는 가족회사가 아닌, 전체 민족이 동참하는 우리 회사를 만들고 싶었고, 민족자본을 산업자본으로 돌리기 위한 계몽차원에서 주식을 보급하고 싶었다. 그는 전국 13개 도를 자신이 직접 돌아다니며 1인1주 방식으로 주식의 계몽과 모집에 나섰다. 그는 노력 끝에 188명의 주주를 모을 수 있었다. 500주 미만의 주주가 전체의 96%에 달했고, 그 주식 수가 전체의 63.5%였으므로 경성방직은 출발부터 공개법인이요, 한국인만으로 주식분산을 이룬 민족기업이었다. 그의 애국정신이 많은 국민에게 감동을 주었고, 따라서 투자한다는 생각보다는 독립자금을 희사한다는 생각으로 주식을 샀기 때문에 이런 결과를 가져온 것이다. 1956년 대한증권거래소의 출범과 동시에 경성방직이 제1호로 주식시장에 상장돼 회원번호 001번을 받았다.

경성방직이 1923년 4월 첫 제품을 생산했을 때 상표가 문제였다. 태극기의 중심인 태극마크를 중앙에 두고 8도를 상징하는 여덟 개의 별이 둥그렇게 둘러 싼 원형의 '태극성' 상표를 일제당국이 문제삼은 것이다. 경방측은 가운데 태극마크는 영어 'spinning'(방직)의 첫 글자 S를 도안한 것이라는 임기응변으로 화를 모면했다.

1924년 김성수의 아우 김연수(金季洙, 1896~1979)가 전무로 취임한 뒤 일본의 큰 방직회사 제품과 경쟁 속에서도 경성방직은 꾸준히 성장, 만주 봉천(현재 심양) 등에 자회사까지 설립했다. 사내 기술직에 일본인을 일체 채용하지 않아 회사내부에 기술이 축적됐고, 이때 숙련된 기술자들은 광복 직후 일본인들의 철수로 초래된 방직기술의 공백기에 크게 기여했다.

최준(崔浚, 1884~1970)은 1592년 임진왜란 때 경주지역을 중심으로 의병을 일으켜 왜군을 무찌르고, 1636년 병자호란 때에는 공주감영 영장(營將)으로 남한산성으로 달려가 흠천전투에서 장렬히 전사한 정무공(貞武公) 최진립(崔震立, 1568~1636)장군의 후손이다. 12대에 걸쳐 진사를 지낸 만석꾼인 경주 최부잣집 마지막 후계자 최준은 안희재의 종용으로 비밀 항일결사조직 대한광복회에 가담해 거액의 독립자금을 지원했다. 최준은 안희재와 함께 이 단체의 연락 본부인 백산상회를 설립했는데, 겉으로는 곡물무역상이었으나 지하 항일투쟁의 거점으로, 상해임시정부에도 자금을 보냈다.

최부자 가계는 12대 400년 동안 지켜오던 만석꾼의 모든 재산을 조국독립과 후세교육 사업에 헌납한다. 정무공의 14세손이며 최부잣집 종손 최염(80)은 2013년 현재 서울에서 살면서 중앙종친회장직과 성균관 고문으로 재직하고 있다. 그는 "만석꾼보다는 연금 25만원을 받는 독립유공자 자손인 것이 더 자랑스럽다"고 말한다.

임시정부가 환국한 후 경교장에서 백범 김구가 제일 먼저 보고 싶어 한 사람이 최준이었다. 임시정부를 움직여 온 막대한 자금이 최준으로부터 왔기 때문이다.

민병호(閔竝浩), 민강(閔橿, 1884~1931) 부자가 1897년 한국 최초의 제약회사 동화(同和)약방을 설립한 것은 "좋은 약을 국민에게 널리 이용할 수 있게 하겠다"는 애국심에서 출발한 것이었다. 구한말 궁중의 선전관(宣傳官)을 지낸 민병호(閔竝浩)는 전의들과의 교류로 알게 된 궁중비방을 이용해 조제한 '활명수(活命水)'를 만들었다. 양약을 널리 보급한 아들 민강은 약방경영보다는 조국의 독립운동에 힘을 쏟았다. 이미 국운이 기운 1909년 김가진 · 안희재 · 김홍량과 함께 독립운동 단체인 대동청년단을 조직해 지하공작을 통한 독립운동을 벌였다. 그는 국내 대동단과 상해임시정부가 국내 비밀행정부서로 설치한 서울연통부(聯通府, 1995년 광복절에 서울시가 순화동 동화약품 본사에 연통부 기념비를 제막)의 거점으로 동화약방 공장을 활용했다. 활명수 판매수익은 대부분 독립운동 자금으로 상해임시정부에 전달되었다.

민강은 1924년 상해로 건너가 교민단이사회의 학무위원으로서 교포계몽과 후세 교육에 전념하는 등 항일투쟁의 선봉에서 활약하다가 체포돼 1931년 48세에 옥중에서 순국했다.

민강이 독립운동에 깊숙이 관련하면서 동화약방의 사세는 기울어갔다. 민강이 순국했을 때 그의 부친인 창업자 민병호는 84세의 고령인데다, 2세는 너무 어렸기 때문에, 당시 독립운동과 빈민 구휼사업에 힘쓰던 윤창식(尹昶植, 1890~1963)에게 회사를 맡겼다. 창업 40년만인 1937년 동화약방은 창업자 민씨로부터 윤씨 일가로 경영권을 넘긴 것이다. 윤창식은 국산품 애용과 민족경제 자립을 목적으로 1915년 조직된 항일비밀결사 조선산직장려계(朝鮮産織獎勵契)를 조직하고 총무로 활동하다가 옥고를 치렀으며, 국내 독립운동 단체인 신간회의 간부를 맡기도 했다.

## 2) 좁은 국토 넓히기

경성방직의 김연수는 1921년 교토제국대학 경제학부를 최초의 한국인 학생으로서 졸업하고 귀국했을 때 이 나라의 기본명제는 경제구조의 근대화임을 통감했다. 그는 일제 평양부가 주관하는 만주시찰단의 일원으로 약 한달 간 봉천 등 만주를 여행하면서 광활한 평야와 일제가 개발해 놓은 광산의 현대적 기계화를 보았다. 그리고 가난에 시달리는 우리 백성들이 이 넓은 땅으로 이주하여 농장을 개간하고, 공장을 지어 지역광물자원을 이용한다면 지금보다는 훨씬 풍요롭게 살 수 있겠구나 하는 생각을 했다. 이 때의 감동은 뒷날 농지개간 · 해안간척 · 농장조성 · 공장건설로 현실화했다.

1926년 일제총독부는 제2차 산미증식계획에 따라 김연수에게 간척사업을 권유해왔다. 처음에는 거절했으나 일본정부의 지원(20~50%)을 받아 국토를 확장하고, 농토가 없는 농민들에게 땅을 줄 수 있다는 생각에서 이 제안을 뒤늦게 수락했다. 전남 함평군 소불면 앞바다 340정보를 매꿔 농토를 만드는 이 사업은 1931년 9월 착수해 3년의 공사 끝에 손불(孫佛)농장으로 재탄생했다. 이어 전라북도 고창군 심원면과 해리면 200만 평을 매꾸는 간척공사에 착수, 해리농장을 완공했다. 새로 조성된 간척지에는 주변지역 농민 188가구를 이주시켜 집을 지어주고 영농비를 선불해 주었다.

금광사업으로 거부가 된 최창학(崔昌學, 1891~1959)은 1938년 100만 원을 투자해 압록강 하류 1,800여 정보를 개간했다. 평안북도 양서면과 북중면에 걸친 압록강 하류는 상습 홍수피해 지역으로 농작

물의 피해는 물론이고, 한때는 400여명의 주민들이 홍수에 휩쓸려가 땅에 묻히는 참변을 겪은 곳이다. 이 지역에 둑을 막고 토지개량사업을 정비하기 위해 다시 압록강토지개량회사가 1933년 본격적인 개간에 착수했는데, 당시의 예산은 200만 원이었다. 이 가운데 절반은 조선총독부가 출자하고 나머지를 최창학이 부담했다.

정주영(鄭周永, 1915~2001)의 현대건설이 충남 서산 앞바다 매립면허를 받은 것은 1979년이다. 쌀의 자급자족이 되지 않았던 당시로서는 농사를 위한 농지확장이라는 시급한 국가적 필요에 따른 결단이었다. 대역사가 시작된 것은 1982년부터였고, 1995년까지 13년에 걸쳐 완성된 우리 역사상 최대의 방조제 공사였다. 정주영의 도전정신과 기발한 아이디어로 성공한 1984년 '유조선공법'(일명 정주영공법)에 의한 물막이로 A, B지구 방조제가 완성되면서 1만 5,409ha의 광활한 간척지가 그 모습을 드러냈다.

성창기업 창업자 정태성(鄭泰星, 1899~1986)은 소년 시절부터 독립가의 꿈을 꾸며 자랐다. 그가 16세에 뒤늦게 들어간 대구농림학교의 유일한 한국인 교사 정한표(鄭漢表)가 가르친 애림사상에 깊은 감명을 받은 것이다. 정 교사는 기회있을 때마다 우리 한국민족은 옛날부터 장작 등 목재를 땔감으로 쓰고 있어 우리의 산림이 황폐해 가고 있다고 개탄하고, 한그루의 나무라도 이 땅에 더 심어야 한다고 역설했다. 이 가르침이 후일 그가 독립가·합판생산업자로 대성하는 바탕이 됐다.

정태성은 28세 때인 1926년 봉화군 내성면에서 정미소를 경영하다가 청량산 자락에 있는 일인소유의 헐벗은 임야 약 2,000정보를 사들여 1937년부터 본격적으로 조림사업을 시작했다. 1939년에는 관내에 있는 춘양목제회사를 인수, 성창임업주식회사를 설립해 훗날 성창기업의 토대를 마련했다. 성창임업 설립의 목표에는 목재의 제재뿐만 아니라 조림업도 포함돼 있었다.

일제에 의해 대동아전쟁이 일어나자 조선총독부는 임산물 수급조정이란 명분으로 각 도별로 총독부가 강력한 산림통제에 나섰다. 황폐해 가는 산에서 70~80년 자란 춘양목들이 일인들에 의해 수없이 잘려나가는 것을 보면서 그는 작은 힘이나마 정성을 다해 우리 산야를 다시 푸르게 하기로 결심했다.

8년 동안 춘양목과 낙엽송 등 약 90만 그루를 심어 잘 자라고 있었으나, 다시 수난을 당했다. 인근에서 일인이 개발한 중석광산의 광맥이 그가 조림해 놓은 산에까지 뻗어있어 상당 면적이 광산개발로 훼손된 것이다. 한국전쟁 직후에는 숲속에 숨어든 공비를 소탕한다는 이유로 경찰이 이미 수십 년이나 무성하게 자란 나무들을 베어버렸다. 그래도 남아있는 나무들이 울창한 숲으로 자라, 낙동강 상류 내성천 일대를 해마다 황폐화 시켰던 토사의 유입과 홍수피해가 사라지게 됐다.

정태성은 1948년 합판공장 성창기업을 창업했다. 그러나 그는 항상 농림학교 시절 은사의 얘기를 잊은 적이 없었다. 자본의 회임기간이 길고 여러 가지 제약조건이 많지만 조림사업에 보다 적극적으로 투자하고 채산을 맞추어 보자는 궁리를 계속해 왔던 것이다. 정태성은 1966년 성창임원개발주식회사를 설립하고 본격적인 조림사업에 착수했다. 이미 갖고 있던 봉화의 임야와 기타 산판을 모두 출자하고, 거제·울주·양산·동래의 헐벗은 야산을 손닿는 대로 사들였다. 그리고 한 해에 적게는 수천만원 씩, 많게는 수억원 씩 끈질기게 나무심기에 투자했다. 사업목표는 울창한 산림을 조성해, 충분한 임산자원을 확보하고, 환경림으로서도 활용해 사람들이 관광과 휴식을 취하도록 하자는 것이었다.

그 중에서도 집중 투자한 곳은 양산의 일광임원(40만m²)과 동래의 금강식물원(1만 2,000m²)이었다. 정태성은 1966년 조림사업에 기여한 공로로 정부로부터 동탑산업훈장을, 1967년부터 1974년까지 잇달아 6차례나 수출의날 기념식에서 은탑산업훈장과 대통령표창을 받았다. 그가 사망한 후인 1993년 정부는 조림유공산업포장을 추서했다. 이후에도 창업주의 유훈에 따라 성창 그룹은 '녹색성장'이라는 슬로건 아래, '자연을 닮은 공간 창출, 인간을 배려한 친환경 제품의 개발, 미래의 숲 가꾸기' 사업을 실천해 가고 있다.

삼성의 이병철(李秉喆, 1910~1987)이 1968년 '용인자연농원' 조성사업에 착안한 것도 우리 민족이 후세에 남길 자연유산을 가꾸자는 의지에서였다. 해외여행을 할 때마다 비행기에서 내려다본 우리 산하가 너무 헐벗어 있는 것을 보면서 마음속에 다짐해 온 구상이었다. 국토개발의 시범사업으로 식목을 위해 묘포를 마련하고, 묘목 육성에 불가결한 퇴비의 공급원으로 양돈을, 묘포와 양돈에 필수적인 물은 저수지를 축조하고 지하수를 개발해 확보했다.

농원에 심을 나무는 밤·살구·호도 등 유실수를 선택, 식량과 가공식품의 원료로 사용하여 수익성을 높이도록 함으로써 토지의 효율을 배가하는 시범이 되게 했다. 이 국토사업을 국민들이 직접 체험하고 즐길 수 있도록 놀이터를 만들어 오늘날의 '에버랜드'로 발전한 것이다.

SK의 최종현(崔鍾賢, 1929~1998)은 지방 사업장을 헬리콥터로 둘러보며 전국의 산에 산재해 있는 수많은 묘지를 보고 우리의 잘못된 장례문화 전통을 시정하겠다고 결심했다. 그는 매장 대신 화장이 국토의 효율적 이용률을 높이는 유일한 방법이라고 생각하고, 사회지도층 인사들이 화장을 솔선수범해야 이 문제가 해결될 수 있다고 주장했다. 최종현이 사망하자 유족들은 고인의 유지에 따라 화장으로 장례를 치렀다. "훌륭한 화장시설을 만들어 사회에 기증하라"는 그의 유언에 따라 2010년 SK는 최신설비를 갖춘 장례문화센터를 준공해 세종시에 기증했다.

SK의 조림사업은 최종현이 '인재를 키우듯 나무를 키우는 것이 나라를 사랑하는 일'이라는 유지를 받들어 1972년부터 충북 충주에 있는 인등산에 조림을 시작해 지금까지 이어오고 있는 기업문화 차원의 사업이다.

동양시멘트 창업자 이양구(李洋球, 1916~1989)는 짚으로 덮던 지붕을 슬래트로 개량하고 대신 짚을 땔감으로 활용하면 산을 푸르게 가꿀 수 있다고 주장했다. 그의 이 아이디어가 박정희 대통령에게 전달돼 새마을운동으로 발전하는 계기가 됐다.

## 3) 생필품 물자공급으로 국민생활 개선

완고한 지주 집안의 후손 구인회는 서울중앙고등보통학교를 중퇴하고 고향인 경남 진양(현 진주) 승산마을로 내려와 소비협동조합을 조직, 1929년 조합장을 맡았다. 당시 상권을 장악하고 있던 일본인 무라카미(村上)의 독점폭리에 맞서 석유, 비누, 광목, 비단 등 생필품을 싼 값으로 공급했다. 여기에서 상품의 유통구조를 터득한 구인회는 부친의 반대를 무릅쓰고 1931년 25세 때 동생 철회(喆會)와 함께 경남 진주에서 자본금 3,800원으로 포목상 구인상회를 열고 장사의 길에 들어섰다.

구인회의 사업신조는 "돈을 버는 것이 기업의 속성이라 하지만 물고기가 물을 떠나 살 수 없듯이 기업이 몸담고 있는 사회의 복리를 먼저 생각하고, 나아가서는 나라의 백년대계에 보탬이 되는 것이어야 한다. 그러기 위해서는 우리도 기업을 일으킴과 동시에 사회에 도움이 되는 일을 찾아야 한다. 그런 기업만이 영속적으로 대성할 수 있다"는 소신을 지니고 있었다.

구인회는 1947년 해방정국의 혼란기에 부산에서 락희(樂喜, Lucky)화학공업사를 창업했다. 그가 제조업을 시작하던 때는 1인당 국민소득이 겨우 40달러에도 미치지 못하는 처지에서도 외제가 모든 소비재 시장을 장악하던 시대였다. 이러한 상황에서 구인회는 화장품 럭키크림을 비롯해 치약, 플라스틱 그릇, 머리빗, 칫솔 등 국민생활에 편의를 주는 소비재 생산에 주력했다. 럭키치약이 시장에서 인기가 높아지자 "값을 올려 돈을 벌자"는 간부들의 의견을 구인회는 단호히 일축하며 "국민을 위해 일하다 보면 락희의 신용이 소비자의 머리 속에 남게 되고, 그러면 우리가 버는 것"이라고 설득했다.

1950년대 말 전자회사 금성사를 설립하고 국산라디오를 처음으로 생산했다. 이를 시발로 외제에만 의존하던 전화기, 선풍기, 냉장고, 흑백TV, 에어컨, 세탁기에 이르기까지 가전제품의 국산화에 성공함으로써 밀수품 근절에 의한 외화절약과 국민의 생활개선에 크게 이바지했다.

구인회는 1960년대 우리나라에 아직 노사문제에 대한 기본적 인식도 쌌트기 전에 락희화학과 금성사에 노사협의회를 발족시키고, 직원들의 대우와 복지향상을 도모했다. 기업은 개인이 아닌 '직원들과 함께 이룬 재산이자 사회에 기여하는 수단' 이라는 인식을 바탕으로 한 구인회의 사업철학에서 나온 결과였다.

창업 23년만에 기업을 공개한 락희화학은 주식의 대중화 시대를 선도한 국민기업으로 다시 태어났다. 1969년 구인회가 타계하기 직전 락희화학을 기업공개할 때, '회사를 팔아 먹는 일' 이라며 반대하는 임원들에게 "기업도 이만큼 성장했으면 기업을 키워준 사회에 대해 기여해야 한다. 기업이란 특정 개인의 재산이 아닌 우리사회, 모든 인류가 함께 누릴 수 있는 재산이라는 인식이 있어야 한다."며 소신을 꺾지 않았다. 락희화학의 기업공개는 잇따라 다른 회사들의 동조로 이어져 기업공개념의 기폭제가 됐다.

1970년 증권의날 기념식에서 기업공개에 의한 자본시장 육성의 공로로 구인회에게 대통령 표창이 추서됐다.

삼성 창업자 이병철의 사업보국 정신은 5·16군사정변의 수장이던 박정희와의 첫 대면에서 명확히 들어난다. 정변 직후 부정축재 혐의로 연행돼 박정희 최고회의의장 앞에 섰을 때 밝힌 그의 기업철학이다. 서슬이 시퍼렇던 박정희에게 주장한 자신의 소신을 그는 『호암자전』에서 이렇게 밝히고 있다.

"기업하는 사람의 본분은 사업을 일으켜 많은 사람들에게 일자리를 제공하면서 그들의 생계를 보장해 주고, 세금을 납부하여 그 예산으로 국토방위·정부운영·국민교육·도로와 항만시설 등 국가경영을 뒷받침하는 데 있다고 생각한다. 이른바 부정축재자를 처벌한다면 그 결과는 경제위축으로 나타날 것이며, 이렇게 되면 당장 세수가 감소돼 국가운영이 타격을 받을 것이다. 오히려 경제인들에게 경제건설의 일익을 담당하게 하는 것이 국가에 이익이 될 줄 안다."

한국전쟁 직후 물자부족을 해결하고 외화를 절약하기 위해 제일제당(1952년)에 이어 제일모직(1954년)을 창업했고, 1960년에는 식량증산을 위해 세계 최대의 단일비료공장 한국비료를 세웠다. 제일제당이 생산한 설탕이 수입품의 절반도 안되는 값으로 시장을 장악하게 되자, 값을 올려 회사의 이윤을 높이자는 간부들의 의견이 나왔다. 이병철은 "제일제당을 세운 것은 삼성물산에서 번 돈으로 제조업에 투자해 국민경제에 이바지하겠다는 뜻이지, 독과점 업자로서 사리사욕을 채울 생각은 전혀 없다"며 말문을 막았다. 그는 제일제당과 제일모직을 건설한 뒤, "나도 비로소 국가를 위한 떳떳한 사업을 이룩해 놓았다는 자부심을 느꼈다"고 술회했다(『재계회고』, 한국일보사, 1985).

전중윤(全仲潤, 1919~ )은 잘나가던 보험회사 사장 자리를 그만두고 1961년 이름도 낯선 '라면' 공장을 차렸다. 전중윤은 강원도 철원 출신으로 1957년 중소기업인 7인의 합작으로 동방생명보험회사를 설립해 부사장으로 일하다가, 1961년 이를 삼성에 넘기고, 같은 해 제일생명보험(현 알리안츠생명) 사장을 맡았다. 그러던 어느 날 그는 서울 남대문시장을 지나다가 남루한 차림의 사람들이 길게 줄을 서있는 걸 봤다. 알고 보니 미군부대에서 나온 음식찌꺼기(잔반)를 끓인 5원 짜리 '꿀꿀이죽'을 사먹으려는 행렬이었다. 충격을 받은 전중윤은 이 배고픈 국민들을 위해 뭔가를 해야겠다고 결심했다. 그는 일본 출장 중 구수한 냄새로 기억하고 있던 값 싼 라면을 생각해냈다. 그리고 이것으로 배곯는 국민의 허기를 면해주기로 결심했다.

일본 라면 생산업체인 묘조(明星)식품과 어려운 설득과 교섭 끝에 설비와 기술을 이전받기로 하고, 소요자금 5만 달러를 확보하기 위해 당시 권력의 핵심이던 김종필 중앙정보부장을 친구의 소개로 만났다. 정부보유 외화가 겨우 15만 달러에 불과했던 시절이라 권력의 특별한 배려가 필요했던 것이다. 한국인의 딱한 사정을 들은 묘조식품 오후이 사장의 배려로 2만 7천 달러로 깎아주었다. 나머지 외화를 모두 정부에 반납한 일화는 전중윤의 '정직과 신용'이라는 경영철학의 단면으로 후일 널리 회자됐다. 이것을 다시 시장에 내다팔면 원금보다 많은 이익을 볼 수 있었던 시절이었다.

1961년 삼양(三養)식품이 설립되고, 1963년 성북구 월곡동 공장에서 국내 최초로 라면을 생산하기 시작했다. 1967년 공장을 도봉동으로 옮길 때도 강남 이전하자는 주장을 물리치고 도봉동으로 확장 이전했다. 가난한 사람들이 몰려 사는 곳에서 이들에게 일자리를 주자는 것이었다. 그리고 그는 도봉동 주민 1가구당 1명씩을 고용해 생계를 돕도록 했다. 삼양라면에 고춧가루를 넣어 얼큰한 맛을 내게 된 것은 박정희 대통령의 건의에 따른 것이었다. 라면에 쇠고기를 넣기 위해 1972년에는 강원도 대관령의 1,980㎡(약 600만 평)에 삼양목장을 설립했다.

홍두영(洪斗榮, 1925~2010)이 1964년 남양유업을 창업한 것은 전쟁 후에 피폐해진 국가경제 때문에 아기들에게 제대로 먹일 것이 없던 현실을 안타까워해서였다.

충청남도 천안에 공장을 지은 지 3년만인 1967년 순 국내기술로 유아용 조제분유 '남양분유'를 처음으로 출시해 산모들의 환영을 받았다. 특히 남양유업이 1971년에 시작한 '전국우량아선발대회'는 '내 아기를 건강하고 튼튼하게'라는 구호를 내걸어 국민의 관심을 모았다. 첫 대회에는 대통령 부인 육영수가 참석했으며, 합격한 아이와 엄마들을 청와대에 초청해 다과를 베풀기도 했다. 이 대회는 그 뒤 '임신육아교실'로 이어지면서 임신과 출산문화에도 많은 도움을 주었다.

홍두영은 평소 "기업하는 사람은 기업만 바라봐야 하고, 그것이 바로 애국이다"고 강조했다. 그는 남양유업을 초우량 무차입 기업으로 유지하면서도 "생산설비와 연구개발에 집중해 내실을 다지는 것이 중요하다"며, 현재까지도 사옥조차 마련하지 않을 정도로 검소하고 올곧은 기업인의 길을 걸어왔다.

천우사 창업자 전택보(全澤珤, 1901~1980)는 북간도 용정에서 태어나 광복 후 월남했다. 당시 미군정청 경무부장 조병옥(趙炳玉, 1894~1960)의 권유로 재무부 이재과장을 맡았던 전택보는 1947년 무역회사 천우사(天友社)를 설립했다.

1960년대 초 정부가 본격적으로 경제개발계획을 추진할 때, 그는 국가재건최고회의에 출석해 우리의 당면문제는 기업을 새로 시작하는 것보다 기존 중소기업 시설을 이용한 '보세가공무역'을 일으켜 휴·폐업 중인 수많은 기업들을 살려내고 실업자들에게 일자리를 줘야 한다고 주장했다. 사회혼란기에는 넘쳐나는 실업자의 구제가 최우선의 국가적 책무라고 역설했다.

최고회의는 즉석에서 이를 국가시책으로 결정했다. 이것이 우리나라 보세가공무역의 단초가 된 것이다. 그는 부산의 17개 피복공장과 계약을 맺고 일본과 수출계약을 채결해 보세가공무역을 처음 시작했다.

그러나 보세가공수출이 해당기업에게는 수지맞는 사업이 아니었다. 전택보는 보세가공사업에서 누적되는 적자를 대성목재와 조선피혁 등 2개 직영공장에서 나는 수익으로 매꿔가고 있었다.

전택보의 천우사는 60년대 수출드라이브 정책의 총아였다. '보세가공'이라는 말을 유행시키면서 국내 최초로 조화·스웨터·의류·성냥까지도 수출해 수출 1위를 기록했다. 전택보가 기업의 수익성보다는 수출증대와, 그것이 가져오는 고용효과에 의한 실업자 구제를 기업의 최우선 목표를 삼은 결과였다(『설봉 전택보전기』, 설봉문화재단설립준비위원회, 1981).

## 4) 수익성 못지않은 사회공헌

조선은행(현 한국은행) 행원이던 두산그룹 초대회장 박두병(朴斗秉, 1910~1973)이 구한말 전국을 떠돌던 봇짐장사 아버지 박승직(朴承稷, 1864~1950)이 설립한 박승직상점을 정리하고 일본인 경영의 소화기린맥주(OB맥주의 전신)의 주주로 참여한 것은 1933년이다. 그는 한국전쟁 후 국고로 귀속된 이 맥주회사를 인수해 두산그룹의 토대를 마련했다.

박두병은 "정당하게 이윤을 추구하되 번 돈은 양심껏 유익하게 써야 한다. 이익도 도의를 밑바탕으로 할 때 정당한 것이 되며, 무리하게 이익을 탐하면 오히려 재산을 상실하고 화를 초래한다"고 가르쳤다. 박두병은 단 한 번도 부도를 낸 일이 없으며, 회사에 부과된 세금은 물론 개인의 재산세나 소득세를 체납한 적도 없다. 납세는 국가를 부강하게 하며, 국민이 세금을 안 낸다면 국가 재정은 파탄할 것이라는 생각이었다. 그는 기업경영을 합리적으로 발전시킴으로써 값싸고 품질좋은 상품을 소비자에게 공급하는 것 자체가 곧 기업인의 사회적 책임의 이행이라고 했다.

동양그룹 창업자 이양구(李洋球, 1916~1989)는 어린 시절부터 행상에 나서야 했고, 1931년 뒤늦게 15세에야 초등학교를 졸업했다. 진학을 포기한 그는 함흥물산이라는 일본인 식료품도매상에 들어가 돈벌이를 하면서 '정직과 신용'이라는 상도의를 몸에 익혔다. 이때 나라 잃은 설움을 체험했고, 이 어린 체험은 이후 그가 기업을 일으켰을 때 개인의 이익보다는 국가와 사회에 기여해야 한다는 신념으로 발전했다.

설탕과 제과로 돈을 번 이양구가 1956년 적자투성이로 업계가 모두 외면하는 삼척시멘트를 인수하려고 할 때 그의 휘하에 있던 동양제당 경영진들은 한결같이 반대했다. 동업자였던 이병철 · 배동환을 설득해 1억환에 사들인 삼척시멘트는 인수 후 반년도 안돼 다시 적자를 내자 동업자들도 모두 손을 뗐다. 그런 상황에서도 이양구는 당시 전쟁의 폐허에서 도로 · 항만 · 주택 등 모든 분야의 건설에는 시멘트가 필수적이라고 생각해, 만난을 무릅쓰고라도 이를 위해 생애를 바치겠다고 다짐했다. 기업의 사회공헌에 대한 이양구의 투철한 신념이었다. 마침내 1958년 동양시멘트는 우리 민간기업 최초로 미국의 유상원조 DLF차관을 받아 재기했다.

한화그룹 창업자 김종희(金種喜, 1922~1981)가 화약과 인연을 맺게 된 것은 일제 때 한국내 화약류 판매를 전담하던 조선화약공판에 1941년 입사하면서 부터다. 광복이 되자 미군정청에 귀속된 이 회사의 지배인이 된 그는 전국 31개소의 화약고와 이를 운영하는 주체가 됐다. 그는 미군정청을 상대로 판로를 개척하면서 '다이너마이트 김'이라는 애칭으로 불리기도 했다. 한국전쟁 후 국가재건을 위해 싼 값으로 화약을 공급했고, 화약국산화에 총력을 기울인 결과 1956년 국내 최초로 초안폭약을 생산, 아시아에서는 일본에 이어 두 번째로 자체기술에 의한 화약생산국이 됐다.

1977년 전북 이리역에서 대규모 폭발사고가 발생하자 피해복구비로 90억원에 이르는 전 재산을 내놓아 사고를 수습했다. 그가 후유증을 극복하고 재기해 1970년대 말에는 국내 10대 그룹, 세계 500대

기업으로 성장할 수 이었던 것은 국가재건을 위한 산업화의 첨병으로서 책임을 다하겠다는 그의 기업가적 신념의 힘이었다.

1961년 11월 박정희 대통령은 김종희를 불러 볏짚펄프 공장을 건설하도록 권유했으나 사업성과 장래성이 불투명해 기업으로나 국가적으로 이익이 없다는 이유를 들어 거절했다. 두 차례나 대통령의 요청을 거절하자 한국화약이 독점사업을 기화로 부당이득을 취했을 것이라는 짐작으로 보복성 조사를 했으나, 아무런 근거가 없음이 밝혀졌다.

광복과 한국전쟁 등 혼란기에 소비재 산업에 주력하자는 주변의 주장도 있었으나 김종희는 이를 모두 묵살하고 국가재건을 위해서는 무엇보다 기간산업에 우선순위를 둬야한다는 생각으로 소신을 굽히지 않았다. 그가 1964년 처음으로 인수한 것은 당시 만성적자에 허덕이고 있던 신한베어링공업이었다. 그가 앞으로 10년간의 적자를 각오하면서도 베어링회사를 인수한 것은 그것이 국가 기간산업이라는 이유에서 였으며, 그가 앞으로 기계공업에도 진출해 국가에 기여하려는 복안에서였다.

소비재 산업에는 관심이 없던 김종희가 1973년 식품생산업체인 대일유업을 인수한 것은 본인의 뜻이 아니라 부실기업을 구제하라는 정부의 강력한 권유 때문이었다. 당시 대일유업은 부실의 늪에 빠져, 젖소농가가 모두 도산할 위기에 있었던 것이다. 고통받는 농가를 구제한다는 차원에서 마지못해 인수한 대일유업은 그 후 '빙그레'로 상호를 바꾸고, 국내 최초로 휴대용 아이스크림을 생산하면서 사세를 회복했다.

세계적 종합물류 기업 한진그룹의 창업주 조중훈(趙重勳, 1920~2002)은 한평생 수송보국의 길을 걸었다. 육·해·공 수송로에서 세계를 재패한 그의 경영철학은 당초부터 수송보국이었다. '한진(韓進)'이라는 상호 자체가 '대한민국의 진보'를 위해 수송외길에 진력하겠다는 창업주의 의지가 함축돼 있다.

동양제철화학 창업자 이회림(李會林, 1917~2007)은 14세에 점원으로 사회에 첫발을 내딛으면서 신용·근면성실·근검절약을 중시하는 개성상인 정신을 이어받았다. 1937년 건복상회를 운영하면서부터 본격적인 사업가의 길에 들어섰다. 그는 1950년대 개풍상사를 설립, 한때 1, 2위를 다툴 정도로 수출실적을 올리기도 했고, 1955년 대한탄광을 인수했다. 1956년 대한양회를 설립하고, 같은 해 한국유리의 최태섭과 함께 서울은행을 창립했다. 1958년 이회림은 소다회와 관련제품의 제조 판매를 목적으로 동양화학주식회사를 설립하고, 1968년 인천시 학익동 앞바다를 매립, 2264만㎡의 공단부지에 소다회 공장을 세웠다. 당시 불모지였던 화학산업을 국내 최초로 개척한 것이다. 1979년 익산공장, 1980년 인천 정밀화학공장, 1990년 군산공장을 잇달아 건설했다. 2001년 상호를 동양제철화학으로 바꿨다.

이회림이 창업후 40여년간 오직 화학산업 분야에만 매진해온 결과 동양제철화학은 무기·정밀·석유·석탄화학 분야에서 카본블랙·핏치·과산화수소·과탄산소다·소다회·TDI 등 40여 종의 다양한 화학제품을 생산하는 글로벌 화학기업으로 성장했다.

그는 또 한국과 프랑스간의 경제외교활동에 기여한 공로로 프랑스 정부로부터 기사작위(1989년)와 국민훈장(1991년)을 받았다.

　한때 재계 5위의 위상을 점했던 쌍용그룹 창업자 김성곤(金成坤, 1913~1975)은 "돈 버는 것도 중요하지만 어떻게 쓰느냐도 중요하다", "공생공사(共生共死) 동고동락(同苦同樂)하자, 조국과 민족을 위하여", "부귀영화도 나라가 존재한 후에 존재한다"는 말을 자주 강조했다. 그가 기업경영의 좌표로 삼았던 '일하자, 더욱 일하자, 한없이 일하자, 조국과 민족을 위하여'에서도 애국과 애족의 정열이 넘쳐났다. "국익을 위해 기업이윤의 사회적 환원에 힘쓰고, 공생공사 정신으로 열심히 일하면 빈익부 부익부(貧益富 富益富)가 성취된다"는 믿음이 강했다.

　김성곤의 민족주의적 사상은 그의 학창시절부터 싹트기 시작했다. 대구고보 2학년 때 일어난 항일운동에서 그는 네 사람의 주동학생에 끼어 퇴학처분을 받았다. 그 후 보성고보에 편입해 학업을 계속하면서 민족의식이 더욱 강해졌고, 보성전문 시절에는 김성수의 민족주의 이념에 깊이 감화됐다. 그래서 그가 사업을 할 때도 단순한 축재보다는 국가나 민족에 유익한 사업이 무엇인가를 먼저 생각했다.

　김성곤은 일제가 전쟁에 광분하던 1941년 삼공유지합자회사를 설립해 생필품인 비누를 만들기 시작했고, 1948년 옷가지가 없어 헐벗을 때 금성방직주식회사를 설립해 옷감을 생산하면서 기업적 기반을 확립했다. 금성방직은 한국전쟁 중 잿더미가 됐으나, 수복후 국내 최고의 방직공장으로 거듭나 의류공급에 기여했다. 본격적인 경제개발계획이 추진되면서 시멘트의 수요가 폭발적으로 늘어날 때 그는 잘나가던 금성방직과 태평방직을 과감히 처분해 1962년 쌍용양회를 설립했다. 당시 그는 여당인 자유당의 재정위원장이자 당무위원으로 금융 특혜를 받을 수도 있었으나, 사업이 잘되는 자기 기업을 처분해 시멘트사업 자금을 마련할 만큼 올곧은 애국정신의 소유자였다. 그는 아무리 이윤이 높고 경영할 수 있어도 유통사업에서 부를 축적할 생각은 하지 않았다. 경영이 어렵더라도 국가기간산업 부문에 투자하는 것이 국익을 위하는 길이라는 신념에서였다.

포스코(POSCO) 창업자 박태준(朴太俊, 1927~2011)은 '제철보국'이라는 확고한 경영철학으로 포항제철의 창업·건설·경영에 평생을 바쳤다. 그는 1963년 육군소장으로 예편하고, 1년 뒤 대한중석 사장으로 일하면서 부정부패와 만성적자에 허덕이던 회사를 1년 만에 정리해 흑자로 바꿔놓는 탁월한 경영능력을 발휘했다. 1968년 철강회사를 창립하라는 박정희 대통령의 특명을 받고 포항제철 초대 사장으로 임명됐다. 그 후 1992년 명예회장으로 추대되기까지 25년간 영일만의 황량한 모래 언덕에 포항제철을 세우고 이끌어 세계 제3위의 철강회사로 성장시키는 주역을 해냈다. 그는 "박정희 대통령이 포항제철을 작곡하셨고 제가 그분의 작곡에 따라 연주자들을 지휘했을 뿐이다"고 겸손하게 말한 적이 있다.

박태준은 모든 사생활을 포기하고 밤낮으로 공장건설에 매달렸다. 임직원들에게도 "목숨을 걸자. 조상의 피값(대일청구권)으로 짓는 것이다. 실패하면 우리 모두 사무실에서 똑바로 걸어나와 우향우한 다음 영일만 앞바다에 몸을 던져야 한다"고 독려했다. 그 뒤 '우향우'는 포항제철정신을 상징하는 표어이자 전통이 됐다. 사장을 비롯한 모두가 가족과 사생활까지 멀리한 채 공장건설 현장에서 침식을 함께하며 전력투구한 결과 103만 톤 규모의 1기 설비는 예정보다 한달 앞당긴 39개월 만에 완공했다.

박태준은 1978년 3월 28일 직원들을 위한 연수원 특강에서 "창업 이래 지금까지 제철보국이라는 생각을 잠시도 잊은 적이 없습니다. 철은 산업의 쌀입니다. 쌀이 생명과 성장의 근원이듯 철은 모든 산업의 기초소재입니다. 따라서 양질의 철을 값싸게 대량으로 생산하여 국부를 증대시키고, 국민생활을 윤택하게 하며 복지사회 건설에 이바지하자는 것이 곧 제철보국입니다. 우리는 국민과 인류에게 복락을 줄 수 있는 제철산업에 종사하고 있다는 것을 무한한 영광으로 생각해야 합니다."

박태준은 포항제철을 건설하기 위해 세계은행에 차관을 신청했을 때 경제적 타당성이 없다는 보고서를 썼던 국제제철차관단의 J. 지퍼 박사는 1986년 박태준을 다시 만나자, 그는 이렇게 말했다. "당시 내가 쓴 보고서는 정확했다. 다만 나는 한가지 실수를 했을 뿐이다. 그때는 한국에 박태준이 있다는 사실을 몰랐다. 당신이 상식을 초월한 일을 하는 바람에 내 보고서가 엉망이 된 것이다." 1978년 중국의 실권자 등소평이 일본의 제철소를 둘러보면서 "이런 제철소를 중국에 지어줄 수 없느냐?"고 물었을 때 불가능하다는 대답을 하면서 "중국에는 박태준이 없지 않느냐"고 덧붙였다고 한다.

유일한(柳一韓, 1895~1971)은 부친의 뜻에 따라 1904년 9세의 어린나이에 미국유학길에 올라 네브라스카에서 초·중등 과정을 마치고, 고학으로 미시간대학 상과를 졸업한 뒤 남가주대학(SCU)에서 경영학석사(MBA) 학위를 받았다. 세계적 기업 제네럴 일랙트릭

(GE)에 동양인으로서는 최초로 회계사로 취업했으나, 이내 퇴사하고 중국식품점 '라초이'를 경영하면서 4년 동안 50만 달러를 벌었다. 그는 1925년 29년여 만에 귀국, 북간도에 사는 부모형제들을 상봉하고 다시 미국으로 돌아갔다. 그때 유일한은 가난과 의학적인 후진성 속에 살고 있는 우리민족의 비참한 현실을 눈여겨 보고 "건강한 국민만이 주권을 되찾을 수 있다"는 신념을 굳히고 다시 귀국했다.

미국에서 독립운동을 함께 했던 서재필(徐載弼, 1863~1951)이 귀국하는 그에게 버드나무 목각품을 선물로 주면서 "민족이 편히 쉴 수 있도록 버드나무 같은 큰 그늘이 되라"고 당부했다. 뒤에 이 목각품이 버들표 유한양행의 상표가 됐다.

민족의 장래를 위한 교육사업을 하기 위해서는 우선 자금이 필요하다는 현실에 직면한 유일한은 연희전문학교 초빙교수직을 거절하고 기업인의 길을 택했다. 그는 1926년 종로 2가에 제약회사 유한양행(柳韓洋行)을 설립했다. 국내 최초의 근대적 제약공장이었다. "이익이 없더라도 좋은 제품을 만들어야 한다"는 것이 그의 신념이었다. 그는 설립 초기 인기가 있던 드링크제를 만들자는 제안에 대해 '국민의 건강을 좀먹어 가면서 돈이나 뜯어내는 것은 강도보다 나쁜 짓'이라며 거부했다. 미국 유학에서 배운 선진 경영기법을 응용한 유한양행은 한국전쟁 기간을 빼고는 항상 흑자를 냈다.

1936년 유한양행은 주식을 공개했다. 당시로서는 매우 획기적인 일이었다. 상당수 주식을 종업원들에게 공로주 명분으로 액면가의 1/10 가격에 배당했다. '기업은 궁극적으로 개인이 아닌 사회와 종업원의 소유'라는 유일한의 소신에서 비롯된 결단이었다. 훗날 국내에서는 최초로 종업원 지주제를 실시한 것도 같은 맥락이다. "이윤의 추구는 기업성장의 선행조건이지만 개인의 치부를 위한 수단이어서는 안 된다" 는 유일한 기업철학의 실천이었다.

'기업이윤의 사회 환원'이란 이정표를 세운 유일한은 1971년 76세를 일기로 사망하면서 그의 재산을 자식들에게는 극히 작은 일부만 물려주고 대부분을 공익법인 '한국사회 및 교육원조 신탁기금'에 기증했다. 그는 유언장을 통해 당시 7세인 손녀에게는 대학 졸업 때까지 학자금 1만 달러, 딸에게는 땅 5천 평을 물려주면서, "울타리 없는 유한동산으로 꾸며 누구나 마음대로 드나들 수 있게 가꾸라"고 당부했다. 아들에게는 "대학까지 졸업시켰으니 앞으로는 자립해서 살아가라"는 말만 남겼다. 아내에게도 한 푼도 주지 않고 다만 딸에게 어머니를 돌보아 주기를 당부했을 뿐이다. 기부한 기금은 유한재단으로 발전해 유한양행의 최대 주주(25% 보유)가 됐다.

유일한은 사망 2년 전 유한양행에 전문경영인 체제를 확립해 놓았다. 재산의 대물림이 관례화 돼있는 우리사회에서 전문경영인 제도의 실천은 당시로서는 획기적인 일이었다. 이 제도는 지금도 변함없이 실천되고 있어 1,200여명의 유한양행 임직원 중 유일한의 2세나 친인척은 단 한명도 없다.

유일한의 사업보국 정신은 사후에도 국민으로부터 계속 존경의 대상으로 추앙받고 있다. 후손 가운데 누구도 경영에 참여하지 못하게 한 유지에 따라 40년 넘도록 전문경영인 체제를 유지하고 있다. 현재 대주주는 유한재단(15.6%), 국민연금공단 (7.9%), 유한학원 (7.6%) 등이지만 전문경영인이 모든 것을 결정하고 대주주들이 경영에 간섭하는 일은 없이 소유와 경영의 분리체제가 유지되고 있다. 최고경영자도 평사원 출신 중에서 뽑아 3년 임기를 돌아가며 맡는다.

그러다 보니 경영이 공격적이기보다는 수세적인 경향이 있다는 지적
도 있다.

　신용호(愼鏞虎, 1917~2003)가 1958년 대한교육보험주식회사
(현 교보생명)를 창립할 때의 사업이념은 국민교육진흥과 민족자본
형성이었다. 대한교육보험의 주요 상품은 자녀의 교육자금을 보험금
으로 지급하는 세계 최초의 보험상품이었다. 교육열이 높았던 국민정
서와 맞물려 교육보험은 1970년대까지 이 회사의 주요상품으로 자리
잡았고, 1964년 신용호는 제1회 저축의날 최우수 저축기관으로 선정
돼 대통령표창을 받았다.
　신용호는 개인보다 국가와 민족을 먼저 생각했다. 국민의 교육기회
를 확대하고 교육수준을 높이기 위해 그가 창안한 교육보험제도는 세
계역사에서 유례가 없는 독창적인 상품으로 평가받아 1976년 세계대
학총장협의회(IAUP)가 신용호에게 왕관상을 수여했으며, 1983년
세계보험협회(IIS)는 세계보험대상(일명 보험노벨상)을 수여했다.
같은해 미국 엘라바마대학은 그를 세계적으로 뛰어난 보험인으로 선
정, '보험의 대스승(Insurance Mentor)'으로 추대한데 이어,
1994년에는 최고영예교수로 추대했다. IIS는 그가 '세계 최초로 교
육보험제도를 창안하고, 이를 시범적으로 경영해 보험산업 발전의 새
로운 모델을 제시한 공적'을 기려 1999년 '신용호세계보험학술대상
(Shin Research Excellence Awards)을 제정, 해마다 시상하고
있으며, 이에 앞서 1996년에는 세계보험전당월계관상을 시상했다.
세계재보험컨퍼런스(IRC)는 2009년 아시아 최고보험사로 교보생명
을 선정했다.

국민을 먼저 생각하는 신용호의 경영철학은 그의 사후 경영권을 이어받은 2세 신창재(愼昌宰, 1953~ ) 교보생명 회장(주식지분 33.6%)이 고스란히 실천하고 있다. 그는 우선 선친 사망 후 2006년 유족들이 국세청에 상속세와 증여세 1,830억 원을 자진 납부해 당시 사상 최고액을 기록했다.

"맨손으로 아름드리 참나무에 구멍을 뚫어라"는 창업자 신용호의 강인한 실천의지를 나타내는 말이며, "기업의 이윤 추구는 사회적 책임을 수행하기 위한 수단에 불과하다"는 것이 그의 기업가 정신이다. 그러한 정신은 교보생명의 체계적이고 지속적인 사회공익사업과 다양한 문화사업을 통해 잘 나타나 있다. 교보가 설립해 운영하고 있는 3개 공익문화재단과 다솜이사회봉사단, 그리고 그 밖의 여러 사업에서 보이는 인간중시 사상의 구현이 그것이다.

출판인 정진숙(鄭鎭肅, 1912~2008)이 광복된 해의 간지(干支)를 상호로 해서 을유(乙酉)문화사라는 출판사를 창립한 것은 집안 어른인 정인보(鄭寅普, 1893~1950)의 조언을 따른 것이다. '우리말 우리글 우리민족의 혼을 되살리는 유일한 문화적인 사업이 출판'이라는 말이었다. 당시 문맹자가 많았던 현실을 개선하기 위해 1946년 한글 글씨본『가정글씨체첩』이 을유문화사가 처음 내놓은 책이다.

이어서 출판한 것이『조선말큰사전』이다. 이 책은 조선어학회(현 한글학회)가 10여년에 걸쳐 집필한 것으로 일제에 의해 압수당했던 원고 2만 6,500여 장을 1945년 9월 서울역 조선통운 화물창고에서 기적적으로 찾아낸 것이다.『조선말큰사전』제1권이 1947년 을유문화사에서 나오자 판매에 대성공을 거두었다. 사회적 혼란에도 불구하

고 판매성공을 거두는 것에 감명을 받은 미군정청의 주선으로 미국 록
펠러재단의 도움을 받아 1957년 전 6권을 완간하게 됐다. 그 여세를
타고 『한국사』를 출간한 데 이어 국내 최초의 문고판 『을유문고』 시리
즈를 발행해 아직도 이 출판사의 간판 브랜드 역할을 하고 있다.

정진숙의 60여년에 걸친 출판인생은 좋은 책이라면 수지타산을 따
지지 않고 출간하는 소신으로 일관했다. "어려운 여건 속에서도 나는
내야할 원고라고 판단이 서면 수지타산을 생각하지 않고 책을 출판했
고, 그렇지 않으면 냉정하게 거절했다. 수천 부 수만 부가 팔려야 좋
은 책이고 1년에 10권도 팔리지 않는다고 해서 그 책을 과연 불필요
한 책이라고 말할 수 있을까!"(『출판인 정진숙』, 을유문화사, 2007).


## 5) 재일동포 기업인들의 보국

구한말부터 1910년 한일합방 이전까지 한국에 머무르던 일본인은
17만명 정도였으나 병탄이 이루어지고 10년 뒤 식민지 수탈의 첨병
으로 한국에 건너온 일인 수는 34만, 20년 뒤인 1930년에는 50만 명
이상으로 급증했다. 한국인의 일본 이주자의 증가도 비슷한 추세였
다. 병탄 전에는 외국인인 한국인의 일본 입국이 제한적이었으나, 이
후에는 군수물자 조달과 광산개발 등에 소요되는 노동인력을 한국에
서 강제동원한 데다가, 선진적인 일본문물을 배우기 위한 유학생과
취업 희망자들이 관부연락선 아니면 밀항선을 타고 자발적으로 일본
에 건너간 숫자도 적지 않았다.

전후의 참상 속에서도 귀국하지 않고, 이국땅에서 심한 민족적 차

별과 편견을 견뎌낸 이들의 삶은 매우 힘든 것이었으나, 그 역경을 이겨내면서 학문적으로, 또는 사업에 성공한 사람들은 광복 후 고국에 투자해 보국의 손길을 내밀었다.

방림방적 서갑호(徐甲虎, 1915~1976)는 1928년 13살에 단신으로 고향 경남 울주를 떠나 일본으로 건너가 오사카에서 베짜는 기술을 배웠다. 1945년 종전 후 군수물자 매매로 큰 돈을 모은 그는 폐기처분된 방적기들을 수집해 1948년 사카모토(阪本)방적을 설립했다. 이어서 1950에는 센난(泉南)시에 있던 가와사키(川崎)중공업을 사들여 오사카방직을 설립했다. 때마침 일어난 한국전쟁의 특수로 그의 방적공장은 급성장했다. 여세를 몰아 55년에는 히타치(常陸)방적을 매입, 1961년에는 1,500명의 종업원과 18만 추의 설비를 갖춘 대기업으로 성장해, 한때는 일본에서 소득세 납세 순위 1위를 기록할 정도였다.

서갑호는 축적된 재산을 고국과 재일 한인사회를 위해 쓰는 데 매우 적극적이었다. 1955년 오사카 주재 한국총영사관을 설립할 때 아무런 조건없이 한국 정부에 2,000만 엔을 기부했으며, 오사카 민단에는 매년 500만 엔씩 찬조금을 냈다. 또한 재일한국인 자녀교육을 위해 오사카에 한국인학교를 설립하고, 이사장직을 맡아 연간 2,400만 엔씩 기부했다. 도쿄 아자부(麻布)의 최고급 주택가에 있는 당시 싯가 50억 엔짜리 토지를 사들여 주일한국대사관을 짓는 데 사용하도록 한국정부에 기증했다.

1961년 박정희 정부가 경제개발을 추진하자 서갑호는 고국에 대한 투자를 본격화했다. 그는 당시 산업은행 관리 아래에 있던 국내 최대의 방적공장 태창방적을 사들여 판본방적을 설립했다. 1963년에는 서울 문래동에 방림방적을 새로 설립, 115억 엔을 투자해 재산반입 형식으로 방적기 14만추와 섬유기계 4,700대를 들여오고, 1965년 다시 방적기 3만 추를 증설했다. 그는 이듬해에는 171억 원을 추가로 투자해 구미공업단지에 윤성(潤成)방직을 설립하고, 면과 화학섬유를 혼합한 혼방직물을 우리나라에서 최초로 생산하기 시작했다. 1979년 일본으로부터 들여온 자본을 모두 내국자본으로 전환하고, 홍콩·일본·미국·독일에 지사를 개설했으며, 1989년 증권거래소에 주식을 상장했다.

그러나 1974년 조업 직전에 구미에 설립한 윤성방적공장에 화재가 발생해 방적기 대부분이 타버렸다. 서갑호는 공장을 처분하려고 정부에 협조를 요청했으나 반응은 냉담했다. 자금융통에 실패한 서갑호는 조국에서 철수할 수밖에 없었다. 여기에 국제적 석유파동까지 겹쳐 서갑호의 사카모토그룹은 640억 엔이라는 섬유업계로서는 전후 최대의 부도를 내고 결국 도산하고 말았다. 1975년 서갑호는 다시 귀국해 재기를 노렸으나 성공하지 못하고 1976년 사망했다. 정부는 국민훈장동백장을 추서했으며, 생전에도 동탑산업훈장과 국민훈장모란장을 수여했다.


기아자동차의 창업자 김철호(金喆浩, 1905~1973)는 경북 칠곡 출신으로 1923년 18세 때 일본으로 건너갔다. 그는 처음 오사카에서 막노동으로 생계를 잇다가 성실성을 인정받아 철공소 직공으로 취업, 기계에 대한 경험을 쌓았다. 7년간 철공소 일을 하면서 습득한 기술과 경험을 밑천으로 독립해 1930년 '삼화제작소'라는 자전거 부품과 볼트 넛트를 제조하는 작은 공장을 운영했다. 당시 일본은 대륙침략

을 본격화하던 시점이어서 김철호의 기계제작소는 특수를 누리면서
많은 돈을 벌었다. 광복 직전인 1944년 귀국해 삼천리자전거를 생산
하고, 오래지 않아 기아산업을 창업해 한국 자동차산업의 초석을 다
졌다.

경남모직의 김한수(金翰壽, 1922~1982)는 고향 경남 김해에서
초등학교를 졸업하고 13세 때 일본으로 건너가 오사카의 고노하나(此
花)고등상업학교를 졸업한 뒤 포목상을 경영해 돈을 모았다. 1944년
귀국할 때는 1,500만 엔이라는 당시로서는 거액을 갖고 들어와 경남
모직을 설립했다. 그 뒤 1964년 한일합섬주식회사를 설립해 국내 최
대의 섬유회사로 성장해, 1973년 국내 업계 처음으로 1억 달러 수출
탑을 받았다. 1954년 고향인 김해 오지면에 경일중학교를 세웠으며,
1974년 학교법인 한효학원을 설립하고 부회장에 취임했다. 이 학원
산하의 한일여자실업고등학교는 마산공장의 근로자들을 대상으로 설
립됐는데, 그 뒤 대구와 수원까지 확장해 국내 최대의 실업학교로 성
장했다.

이같은 공노로 김한수는 교육부문 5·16민족상을 받았다. 그는 또
경남 함양에 안의의원을 설립, 의료시혜를 넓히는 데도 공헌했다.

코오롱의 이원만(李源万, 1904~1994)은 28세 때 단신으로 일본
에 건너가 신문팔이를 하다가 알루미늄 공장에 취업해 모은 돈으로
'아사히공예'라는 광고용 모자가게를 운영하고, 이를 계기로 태평양
전쟁 중에는 피복공장을 경영해 전쟁특수를 누렸다.

이원만은 1956년 재일한국인무역협회를 만들어 회장직에 취임했

다. 그는 첫 과제로 우리 동포기업가들이 전용할 은행을 설립키로 의견을 모았다. 기업가들이 사업을 하자면 무엇보다도 은행과의 거래가 중요한데, 일본은행들은 우리 동포들의 예금은 무한정 받으면서도 대부에는 매우 인색했다. 그는 일본정부를 상대로 은행설립 교섭에 나섰다. 일본정부는 우리 교포에게 은행설립은 불가하고, 대신 신용조합을 만들라는 대안을 제시했다. 민단측 동포들이 신용조합 설립준비를 하고 있는데, 이를 알게 된 친북좌익 동포들도 역시 신용조합을 설립하겠다고 나섰다. 결국 한국인 교포들이 두 개의 신용조합을 신청한 결과가 되자, 일본정부는 난색을 표명하면서 두 개를 하나로 합치도록 요구했다. 어쩔 수 없이 합작에 동의하고 '동화신용조합' 이라는 이름으로 발족하게 됐다.

그러나 조합장 선출에서부터 의견충돌이 일어나, 결국 민단측 인사를 조합장으로 선출하는 대신 조합사무실은 자기네들의 공산청년회관 안에 두자고 주장했다. 결국 협상은 결렬되고 남은 건 무력행사뿐이라고 이원만은 판단했다. "동화신용조합 간판을 우리동우회 건물에 달자"는 구호를 외치며 공산청년회관으로 쳐들어갔다. 상대방도 이에 맞서 멱살잡이, 칼질, 총질을 하며 격투를 하는 바람에 부상자가 속출하는 등 유혈사태가 한달동안이나 계속됐다. 이 사태가 수습이 불가능하다고 판단한 일본정부는 신용조합을 하나 더 인가했다. 그래서 탄생한 것이 한성신용조합이었다. 민단측이 동화신용조합에 낸 출자금의 반환을 요구했으나 그들이 거절해 결국 포기하고 말았다.

한성신용조합은 은행과 동일한 기능을 수행했다. 동포들은 일본은행에 예금을 해도 대출을 해주지 않기 때문에 모두 한성신용조합으로 예금 계좌를 옮겼다. 그 뒤 한성신용조합은 도쿄에서 큰 은행이 되어 있으나 발족 당시엔 출자금과 동포 실업인들의 예금으로 운영하는 소규모였다. 가난한 동포들에겐 생계비와 장사 밑천을 융자했고, 실업인들에게는 기업자금을 대부했다.

롯데제과의 신격호(辛格浩, 1922~ )의 한국에 대한 투자는 1967년에 롯데제과를 설립하고, 1969년 시흥에 껌공장을 세우는 것부터 시작했다. 2012년 현재 식품·유통·관광·건설·석유화학·금융 등 거대 그룹을 형성하고 있다. 신격호는 한국에서의 사업 결과 얻어진 이익은 일체 일본으로 가져가지 않고 한국에 재투자하는 원칙을 고수하고 있다.

제주도 출신 안재호(安在祜, 1914~?)는 고향에서 초등학교를 졸업한 뒤 13세 때 어머니를 따라 일본으로 건너가 오사카 조토상업학교를 졸업했다. 1930년 16세에 오사카합성수지화학연구소에 취직해 4년 동안 배운 기술로 1947년 야스모토화학공업소를 창업, 독자적으로 합성수지가공업을 시작하면서 본격적으로 석탄산수지와 요소수지, 멜라민수지 등을 생산했다. 한눈팔지 않고 합성수지 외길에 충실해 일본 업계에서도 신뢰 받는 기업인이 됐다.

조국이 광복되자 안재호는 가족과 공장의 기계들, 그리고 여비가 없어 고향으로 돌아가지 못하는 동포들을 함께 태우고 귀국하기 위해 100톤짜리 낡은 기범선(機帆船) 1척을 사들였다. 약 200명의 동포와 기재를 싣고 부산을 향해 출항했으나, 도중에 급유를 위해 접안하다가 전쟁 때 침몰한 배 위에 얹혀 배 밑창이 부서지는 바람에 좌초되고 말았다. 다행히 인명피해는 없었으나 실어놓은 기계류 등 화물들은 모두 물에 젖어 못쓰게 되고, 다른 배를 빌려서 다시 부산으로 향했다. 그러나 이 배마저도 고배의 와다(和田)곶을 지나다가 침몰하는 바람에 겨우 목숨만 건지는 불운을 당했다.

귀국계획은 수포로 돌아갔고, 경제적으로도 무일푼의 난관에 부닥쳤다. 그동안 쌓아 놓았던 신뢰 덕분에 과거의 단골이나 친지들로부터 융통한 돈으로 1946년 간신히 합성수지공장인 야스모토전기제작소를 설립해 새출발했다. 사업이 잘 돼 1952년 단추 전문 메이커인 일본단추공업주식회사를, 1956년엔 유리수지와 멜라민수지 등을 제조하는 도쿄유키주식회사, 1960년 닛산화학공업주식회사, 1965년 칠기소지와 일반 성형가공을 하는 호쿠리쿠화성공업을 잇달아 설립했다. 이 밖에도 1972년까지 사업영역을 넓혀 재일 한국인으로서는 성공한 기업인이 됐다.

1956년 말 제주도를 방문한 안재호는 계속된 흉년으로 곤란을 겪고 있는 고향 가시리 마을에 거액을 희사했으며, 일본에 돌아가서는 동향동포들에게 고향의 참상을 널리 알려 돕기에 나서도록 했다. 안재호의 애향심을 기리기 위해 고향사람들은 1957년 '안재호선생구휼기념비'를 세웠다. 그 뒤로도 안재호의 고향사랑은 계속돼 주민들은 1976년 다시 가시리 동사무소에 안재호의 동상을 건립했다. 그의 도움은 가시리 뿐만 아니라 제주도 전체로도 확대돼, 1976년 제주도는 그에게 '제주도공익상'을 수여했다.

안재호의 애국심은 고향 제주도에 한정된 것은 아니었다. 한일국교 정상화를 계기로 1967년 서울 양천동에 대한합성화학공업주식회사를 설립, 요소수지와 멜라민수지를 생산했으며, 칠기와 멜라민식기, 유리식기를 생산했다. 1973년에는 외자도입법에 따라 일본유기화학공업과 합작회사를 만들어 연간 300만 달러 이상의 대일 수출에도 성과를 올렸다.

박병헌(朴炳憲, 1928~2011)은 경상남도 함양에서 태어나 12세 때 세 형들과 함께 일본 도쿄로 건너갔다. 그는 셋방살이를 하면서 야간학교에 진학하고 펄프공장에도 취직했다가 나사를 만드는 공장으로 직장을 옮겼다. 종전 후에도 귀국하지 않고 도쿄에 남아 많은 동포청년들과 함께 민족단체를 결성하는 데 참여했다. 당시 재일동포 사회는 친북좌익계의 재일본조선인연맹(조총련)과 이에 대항하는 세력으로 재일본조선거류민단(민단)이 결성돼 두 세력으로 갈라져 있었다. 박병헌은 6·25전쟁이 터지자 재일학도의용군으로 참전했다가 종전 후 다시 일본으로 돌아가 우익 민단조직에서 활동했다. 그는 메이지(明治)대학교 재학시절에는 한국학생동맹을 결성해 중앙본부 부대표로 활약했으며, 민단중앙본부 총무국장, 재정국장, 경제국장, 사무차장 등을 역임했다.

1970년 오사카에서 열린 박람회 'EXPO 70' 때는 한국관 설립에 참여하고, 본국의 가족초청사업에 앞장서 1만 2,000여 가족을 초청했다. 1974년 민단중앙본부 부단장에 이어 1985년에는 단장으로 선출돼 1991년까지 활동했다. 단장 재임 중 88서울 올림픽 때는 모금활동을 벌여 525억 원을 지원했다.

박병헌은 민단조직 뿐만 아니라 기업인으로서도 조국에 기여했다. 1973년 그는 형 병대(炳大)와 함께 서울 구로공단에 전기전자 부품회사인 대성전기를 설립, 대표이사로 취임했다. 선반, 도금, 금형 등 생산 품목을 다양화해 1988년 공업진흥청으로부터 국제인증규격을 획득했다. 1999년 외환위기 때도 대성그룹은 정보통신기기 수출로 위기를 넘기고, 1998년 1억 달러수출탑과 금탑산업훈장을 받았다.


## 6) 인류에의 공헌

기업활동이 국제적으로 확산됨에 따라 기업이익의 사회환원 활동도 글로벌화 하는 것은 당연한 추세다. 많은 기업들이 그들의 영업대상 지역은 물론 국제적 도움이 필요한 제3지역에 대해서도 현지민의 생활개선 내지 지구환경보호 차원에서 글로벌 기여 · 봉사활동을 활발히 전개하고 있다. 현지인들과의 원만한 관계가 비지니스의 성패를 가르는 핵심요소이고, 이들의 마음을 사로잡으며 파이를 나눠 갖겠다는 분명한 의사표시 또는 행동 없이는 접근부터가 불가능하고 뿌리를 내릴 수 없기 때문이기도 하다.

삼성의 사회공헌 활동은 국내뿐만 아니라 국제적으로도 활기를 띠고 있다. 필리핀마닐라에 현지법인을 세우고 스마트폰 부품을 만들고 있는 삼성전기는 라구나주 칼람바시 빈민촌 마을을 대상으로 2006년부터 학습봉사를 하고 있다. 현지 교육청의 정규수업이 끝난 뒤 삼성전기 직원들이 한 주일에 4시간씩 2회 보충수업을 하고, 장학금도 주고 있다. 이보다 앞서 2002년부터는 펌프 설치로 사회공헌 활동을 시작했으며, 칼람바시와 자매결연을 맺고 탁아시설과 도서관을 지어주고 TV와 책상 등 학습시설 기증, 급식봉사, 집 지어주기에도 나서고 있다. 필리핀 정부가 주는 사회공헌 분야 최우수 기업상을 4년째 연속 받아 2011년에는 '명예의 전당'에 올랐다.

삼성전자의 중남미 사업을 총괄하는 브라질 법인은 아마조나르주 정부와 협력해서 2011년 삼성아마존학교를 세웠다. 삼성전자가 제공한 컴퓨터와 프린터, 식당, 장거리 통학학생을 위한 기숙사, 스마트 TV 등을 갖추고 있다. 삼성전자는 또 브라질의 마라톤 영웅 반데를레이 리마가 불우청소년에게 축구와 육상을 가르치는 리마재단을 후원하고 있다.

GVW(Posco Family Global Volunteer Week)는 포스코가 한국을 포함한 전 세계 20개국에서 자신들의 사업장을 중심으로 지역 특성에 맞는 봉사프로그램을 개발·참여하는 글로벌 사회공헌 활동이다. 2010년 처음 개최된 GVW에는 4만 5천여 명의 포스코 패밀리가 참가해 글로벌 이웃들과 함께 마음을 나눴다.

포스코는 대학생들의 봉사정신을 강화하고 나눔문화를 확산시키기 위해 2007년 '포스코 대학생 봉사단 - Beyond'를 창단했다. 대학생 봉사단은 각 기수마다 100명을 선발해 국내외 여러 곳에서 봉사활동을 벌인다. 청년봉사단은 일본·중국(재난구조), 말레이시아(환경정화), 미얀마(양노원·도서관 건립), 인도네시아(극빈층학교·지진긴급구호), 인도(AIDS·보육원·폭우피해 지원), 터키(빈민아동 지원), 폴랜드(보육시설 지원), 슬로베니아·슬로바키아(식목활동), 파키스탄(지진·수해복구), 아이티(지진피해 성금), 미국(노숙자 급식봉사), 멕시코(장애인학교 지원) 등 세계 각지에서 봉사활동을 벌였다.

필리핀 수도 마닐라에서 승용차로 2시간 거리에 있는 산이시드로 마을에는 현대건설 임직원들이 세운 커뮤니티센터가 있다. 이들이 2009년부터 급여의 끝전을 모은 돈 5억 3,000만 원의 일부로 2011년 9월부터 짓기 시작한 건물이 다음해 말에 완공된 것이다. 이 커뮤니티센터에는 일용직 근로자를 위한 직업교육 시설과 지역주민을 위한 의료시설, 아이들 교육을 위한 케어센터 등이 운영되고 있다.

2012년 8월에는 대학생과 현대건설 임직원 봉사자로 구성된 현대건설 힐스테이트봉사단 28명이 카자흐스탄 카라간다 지역에서 교육복지센터 건립지원(벽돌쌓기·배수로작업·공사장 주변 환경정화) 및 의료품 전달 등 봉사활동을 폈다. 이 센터는 현대건설이 한국국제협력단(KOICA), 국제구호 NGO인 기아대책과 연계해 총 3억 원을 지원하기로 했다. 이 센터는 이 지역 빈곤아동·청소년들을 위한 교육의 장으로 활용된다.

현대기아차는 2004년부터 슬로바키아의 질리나시에서 165만 평의 자동차공장이 공사를 시작한지 2년 8개월 만에 문을 열자 지방주민 3,000여 명이 이 공장에서 일하며 생계를 꾸려가고 있다. 슬로바키아 정부는 프라하와 질리나시를 잇는 항공편을 개설하고, 현대기아차와 부품공장 현대모비스 사이에 고속도로를 건설해 주었다.

현대기아차그룹의 사회공헌 프로그램은 '해피무브(Happy Move)'가 대표적이다. 2008년 창단된 '해피무브 글로벌청년봉사단은' 한 해 여름과 겨울 두 번 해외봉사단을 파견한다. 각 회마다 500명을 선발해 중국·인도·브라질·아프리카·라오스 등지에 파견해 주거환경 개선을 위한 건축활동과 사막화되는 지역을 찾아가 조림을 하는 등 환경보호 활동, 의료취약 지역에서는 의료봉사 활동도 벌인다. 특히 해피무브봉사단으로 국내의 기초생활 수급대상, 소년소녀가장, 교통사고 유자녀 등에게 가산점을 주어 선발함으로써 사회공헌의 의의를 보다 넓게 살리고 있다.

현대기아차는 이밖에도 장애인·노약자 등 교통취약자들에게 편안한 교통이용에 도움을 주고, 어린이들의 교통안전교육과 도로환경개선 등 선진적 교통환경의 구축을 선도하는 '세이프 무브'(Safe Move), 토양의 사막화가 진행중인 중국 내몽골 지역에서 사막화 방지활동을 전개하고 있는 '그린 무브'(Green Move)봉사단 활동을 벌이고 있다.

현대기아차는 브라질 상파울루주 피라시카바시에 짓고 있는 자동차공장 준공을 앞두고 마련한 사회공헌 활동의 하나로 2012년 5월 이 지역 킹지스타디움에 '현대차유소년축구교실'을 열었다. 현대 축구팀 코치와 선수들이 초등학생들에게 축구를 지도하고, 시정부는 이를 정규 체육과목으로 수용했으며, 현대차는 전체적인 프로그램을 짜고 비용을 대는 구조로 운영되고 있다.

현대기아차 인도법인은 현지에서 교통봉사대를 운영하고 있다. 인도는 2011년 한해만도 교통사고로 16만여 명이 사망한 교통질서 최악의 국가다. 인도에서 현대차의 시장점유율 19%를 넘어 해외국가별 시장점유율 1위다. 현대기아차인도재단(HMIF)은 2006년부터 델리, 첸나이 등 교통난이 심한 지역에서 400명 규모의 대학생 교통봉사단을 운영, 하루 3시간씩 교통질서를 유지하면서 봉사원 1인에게 월 1650루피(한화 약 3만 7,000원 상당)의 장학금을 지급하고 있다. HMIF가 있는 쳄바람바람 고등학교에는 책·걸상 200개를 전달했으며, 2007년부터 5년 동안 2만 개를 이 지역 각급학교에 기증했다. 1998년 첸나이에 현대자동차 공장이 설립되면서 주민 200여 명을 공장에 취업시켰고, 2010년에는 가난한 여학생을 대상으로 간호사 육성 프로그램을 시작, 수료자들을 병원에 배치해 취업을 도왔다.

LG상사는 2008년부터 필리핀 마닐라 동남쪽으로 375km 지점에 있는 오지 라푸라푸섬의 인구 약 200명 어촌 산타바바라에서 2008년부터 비철금속 광산을 개발중이다. 이 사업이 공해를 유발한다는 이유로 개발에 반대하는 주민들의 여론을 무마하기 위해 LG상사는 인근 지역에서 800명을 개발사업에 고용했다. 이 사업 종료 이후 주민들의 지속가능한 생존을 위해 돼지를 기증해 사육하게 하고, 부업용 국수공장도 지어 기증했다. 마을 고등학교의 교사채용 비용과 장학금, 4년제 대학 건물 건축, 마을성당 신축 등도 지원했다.

LG복지재단은 캄보디아 수도 프놈펜에 당뇨병센터를 건립하고 의료진을 교육시킨다는 내용의 '한국-캄보디아 트윈 프로젝트 지원협정'을 2012년 7월 체결했다. 캄보디아에서는 당뇨병이 심각한 국가적 과제로 대두되고 있으나 열악한 의료환경 때문에 많은 환자들이 방치돼있는 상황이다.

멕시코에 판매법인과 가전제품 생산기지를 두고 있는 LG전자는 멕시코시티 동쪽 4시간 거리에 있는 베라크루스주의 산골마을 믹스틀라데일타밀라노에서 탱크 설치작업을 하고 있다. 이 산간 빈촌마을은 영세농업이나 막노동으로 하루 1달러 정도로 생계를 이어 간다. 상수도나 우물시설이 전혀 없어 2시간 이상 걸리는 산아래 마을에서 물을 길어다 최소한의 수요를 해결하고 있다. LG전자와 현지 '평화재단'

이 공동으로 2011년부터 추진하고 있는 물탱크 설치작업은 지금까지 용량 1만 1,000L짜리 28개(개당 설치비용 1,040달러)를 설치했고, 2012년 말까지 학교와 공공장소를 중심으로 17개를 추가 설치할 계획이다. 이 정도면 겨울철 건기 3~4개월 동안 비가 안 와도 식수·목욕·세탁은 해결될 것으로 보고 있다. 이 물탱크는 지붕 위에 빗물을 받을 수 있는 수관을 설치해 놓고 이 물을 지상에 있는 탱크로 모이게 하는 구조다. LG멕시코법인은 2011년부터 세탁기를 가지고 다니면서 빈민가의 빨래봉사도 하고 있다. 이러한 사회공헌 활동 덕분에 2011년 멕시코 시장에서 LG냉장고의 점유율은 53%, 드럼세탁기는 50%로 다른 메이커를 제치고 최고를 기록했다.

SK건설은 2009년 에콰도르의 청소년들이 스포츠를 즐길 수 있도록 16개 고등학교에 축구화와 공 등 축구용품 1억 3,000만 원 어치를 지원했다. SK건설이 이 해부터 에콰도르 국영정유공장 개·보수를 위해 진출해 있는 에스메랄다시는 파견된 현지직원들이 일과시간 외에도 외출을 못할 정도로 치안상태가 열악하고, 상수도의 수질이 불량했다. 또 외세에 배타적인 노동계는 SK를 '먹튀자본' 쯤으로 오해하고 매우 비협조적이었다.

SK건설은 현지에서 작업을 시작하면서 사무실과 공사장에 현지주민 1,000여 명을 고용해 지역 실업난을 해결해 주고, 장애인 전용버스 기증, 순직경찰 유가족에게 생필품 지원, 초등학교에 교복과 학용품을 지원하는 등 적극적인 봉사활동을 벌인 결과 상당히 우호적인 분위기로 개선됐다.

포스코는 1992년 호치민시에 포스코 최초의 해외생산법인인 컬러강판 생산공장 포스비나를 설립해 베트남과 특별한 이연을 맺었다. 2011년 베트남에서 가난한 마을 떤호아읍과 자매결연을 맺고 하수도 정비, 환경청소, 집짓기(1채에 약 245만 원씩 지원) 작업을 하고 있다. 포스코의 베트남 현지법인 포스코베트남은 호치민시 동남쪽 90km 지점의 바리어붕타우성 떤호아읍의 빈민촌 프엑히업에서 2012년 '사랑의 집짓기' 운동의 하나로 집 5채를 지어주었다. 포스코베트남은 2009년 5억 2,000만 달러를 들여 바리어붕타우에 자동차와 전자제품용 강판을 만드는 연산 120만 톤의 냉연공장을 세웠다. 베트남에서는 최대 규모다. 포스코베트남은 현지마을과 자매결연을 맺고 봉사활동을 하고 있다. 이 성 인민위원장은 '한국의 새마을 운동을 베트남에 도입하고 싶다'는 뜻을 밝히기도 했다.

포스코는 멕시코 푸에블라 주 산타아나 마을에 2006년 철강가공 공장을 건설해 가동하면서 현지 장애인학교에 휠체어·목발·각종 교육소품을 전달했다. 푸에블라주에 한국의 마리아수녀회가 1990년 세운 기술학교 '소녀의 집'에도 PC 50대와 영어시청각실을 만들어 기증했다. 포스코는 호주 로이힐 광산 지분 12.5%를 인수하고 현지 개발공사를 완공해 2014년부터 매년 철광석 700만 톤을 채굴해 들여오기로 했다.

두산의 베트남 현지법인 두산비나가 글로벌 사회공헌사업으로 90만 달러를 들여 안빈섬에 만드는 해수담수화설비를 2012년 5월 착공, 완공된 8월부터는 이 지역 주민들이 전기와 수돗물을 마음대로 쓸 수 있게 됐다. 2009년부터 꽝응아이섬에서 공장가동을 시작한 두산비나는 그동안 벌인 다양한 사회공헌활동을 통해 이 지역 주민들의 삶을 바꿔가고 있다. 베트남 64개 시·성 가운데 하위 10위권이던 이 섬은 두산비나 진출 이후 상위 10위권으로 발전했다. 불치병 어린이를 한국에 보내 건강을 되찾게 하고, 집짓기, 학교설비 개선 등 봉사활동을 계속 진행중이다. 두산비나는 안빈 섬에 기증한 해수담수화 설비를 2012년 5월 착공했다.

건설업체 부영의 사회봉사활동은 해외에서 더욱 명성이 높다. 2003년부터 캄보디아·라오스·베트남에 600여건의 학교시설을 건축해 기증했으며, 같은 해부터 베트남과 인도네시아에 각각 1만 대씩의 디지털 피아노와 3만 개의 교육용 칠판을 기증하고, 에티오피아·방글라데시·미얀마에 모두 4만여 대의 피아노를 기증했다. 부영은 또 이들 국가들에 학교와의 석별을 아쉬워하는 한국식 졸업식 문화를 전파해 현지인들로부터 큰 호응을 받았다. 부영은 2007년 캄보디아 정부로부터 국왕 수교훈장, 2010년 캄보디아 국왕 대십자훈장을 수상했으며, 2011년에는 동티모르 공훈훈장을 수상했다.

2008년부터 볼리비아의 표고 4,100m의 오지 코로코로자치주에서 구리를 채광하고 있는 한국광물자원공사는 현지인과 합작법인 미네라 코로코브레를 설립하고, 현지마을과 자매결연을 맺었다. 제국주의 시대 스페인의 식민지배와 20세기 서구열강에 의한 피해의식이 강한 볼리비아인들과 화목하기 위해 직원들은 현지 언어·노래·춤까지 배우며 어울리고 있다.

1999년 대우그룹 몰락 이후 워크아웃에 들어갔으나 다섯 차례나 매각에 실패한 대우전자는 대표이사 이성(李盛, 1951~ )의 지휘 아래 운영되고 있으며, 회사이름도 대우일렉트로닉스로 바꿨다. '대우'라는 상호와, 세탁기 등 일부 품목에 대한 전성기의 인기가 아직도 유지되고 있다. 2004년 페루의 리마에 지점을 다시 개설한 대우일렉은 시내 빈민가 포라마이에르 초등학교에 세탁기 3대를 기증했다. 이 학교는 세탁기를 주민들에게 유료로 활용해 생긴 수입을 학생들의 급식·교재비 등으로 사용하고 있다.

대우일렉은 거리에서 구걸하는 아이들을 학교에 다니도록 학비를 지원하고, 중단 위기에 있던 청소년 배구대회도 다시 열도록 해 주민 단합에 도움을 주고 있다. 시합이 있을 때는 상품으로 대우의 가전제품을 제공한다. 한국계 한차마요(한국명 정홍원)시장의 협조로 현지민들과의 관계는 원만한 편이다. 이 같은 현지 사회공헌활동 등에 힘입어 2009년 매출액은 1,600만 달러로 전년보다 56.4%가 증가했다. 그 중에서도 현지주민들의 의견을 반영해서 구조를 개선한 전자렌지의 경우는 매출액이 112%나 늘었다.


한화는 2008년부터 탄자니아·케냐·우간다 등 아프리카의 저개발 빈곤국가를 대상으로 직업훈련센터와 학교교사 건축, 식수 개발 등 교육과 위생관련 지역개발 사업을 벌이고 있다. 2011년 중국 영하자치구에서 진행되고 있는 사막화현상과 황사발생을 방지하기 위해 태양광발전을 이용한 사막녹지화 사업을 진행하고 있다. 일본 지진피해에 대한 복구지원에도 나섰다. 이재민에 대한 구호물품·건축자재 지원, 전력망이 파괴된 동북지역에 태양광 발전설비도 적극적으로 지원했다.

코린도그룹은 팜유사업을 하는 파푸아주 응구티면의 4개 마을 원주민들에게 앞으로 4년에 걸쳐 지역발전기금(DPD) 300억 루피아(한화 약 36억 5천만 원을 지원하기로 하고, 1차분 53억 루피아를 2012년 7월 주민대표에게 전달했다. 코린도그룹은 이전에도 자사의 공장이 들어서는 인도네시아 각 지역에 이슬람사원과 학교를 건립해 주고, 코린도장학재단을 설립, 해마다 대학생 4명씩을 선발해 한국으로 유학을 보내고 있다. 본국에 돌아온 이들은 각 분야에서 지도자급 인재로 활동되고 있다.

## 7) 국가위기관리와 민간외교

한국의 기업인들의 사업보국 정신은 본업인 경제활동은 물론이고 정치·외교 등 다른 연관분야에도 발휘해 국익을 위하는 일이라면 외면하지 않고 솔선해 많은 기여를 해왔다.

한국화약 창업자 김종희는 사업초기인 미군정청 시절부터 한미친선협회 이사로 활동하면서 미국 정·재계 인사들과 폭넓은 인맥을 구축해 다양한 외교활동을 펼쳤다. 그 인연으로 워커 전 주한미국대사와 헨리 키신저 전 국무장관 등이 미국내 한화그룹의 고문직을 맡은 적이 있으며, 부시대통령 취임 때는 국내 그룹총수 중에는 유일하게 김종희가 초대대상이 되기도 했다.

그는 1968년부터 그리스 명예총영사를 맡아 오면서 한국·그리스간의 경제 · 문화 교류에도 힘을 기울여 왔다. 그 공노로 1972년 그리스 콘스탄틴 왕으로부터 금성십자훈장을 받았으며, 1984년 그리스 명예총영사직을 이어받은 후계자 김승연 회장도 1998년 그리스 정부로부터 명예대훈장과 휘닉스훈장을 받았다. 1993년에는 그리스 정부의 공기업 민영화사업에 참여해 인수한 아테네은행을 조기에 정상화시켰다. 당시 미국 경제신문 월스트리트 저널은 "그리스에서는 상상도 할 수 없는 변화와 기적이 일어났다"고 논평했다.

김용주(金龍周, 1905~1985)는 젊은 시절 은행원과 수산 · 해운 · 무역업을 거쳐 정계에도 투신했다. 전남방직 · 신한제분 · 신안해운 사장, 대한해운공사 회장 등을 거친 뒤 한국경영자총협회 회장, 한국생산성본부 명예회장, 전국경제인연합회 이사 · 고문 등을 두루 거쳤다. 그는 1950년 한국전쟁이 일어나기 직전인 5월 초 주일특명전권공사로 당시 도쿄의 주일대표부에 부임했으며, 부임 몇 일만에 북한공산군의 기습남침으로 한반도에 전쟁이 터졌다.

서울중앙방송(현 KBS 한국방송)은 6월 27일 밤 10시를 기해 전파발신을 끝냈다. 그리고 이튿날 밤부터 다시 시작된 첫 방송이 북한의 '적기가'였고, 이어서 북한의 선전구호와 연설 등이 이어졌다. 북한군이 방송국을 점령한 증거였다. 김용주는 그 순간 이에 맞서 우리 방송을 해야 된다는 생각이 번개같이 떠올랐다. 서울 대신 도쿄에서 우리 방송을 하는 것 밖에 방법이 없었다.

김용주는 다음날 아침 주일미군사령부 정보관계 주무당국인 G2의 윌로비 소장을 찾아가 그의 의견을 설명하자, 그도 이에 동조하면서 적극협조를 약속했다. 결국 당시 일본의 반관영방송이었던 NHK와 전파사용에 합의하고, 당장 그날 밤 9시부터 방송을 시작하기로 스케줄을 잡았다. 우리말을 하는 아나운서를 갑자기 구할 수 없어 김용주 자신이 아나운서역을 하기로 했다. 물론 원고와 큐시트의 작성에서 PD 역할까지 모든 과정을 그가 맡아야 했다.

1950년 6월 29일 일본 NHK에 급조된 한국어방송 '자유의 종'이 밤 9시부터 30분 동안 전쟁에 휘말린 한국 국민을 향해 첫 전파를 보내기 시작했다. 먼저 애국가가 울려 나왔다. 미군사령부 군악대를 동원해 그날 부랴부랴 연주해 녹음한 것이었다. 이윽고 애국가가 끝나자 "여기는 일본 도쿄입니다. 서울방송을 대신해서 일본 동경에서 대한민국의 자유방송을 시작하게 됐습니다." 그의 목소리는 떨리고 있었다. "나는 대한민국 주일대표부 특명전권공사 김용주입니다"라고 그의 신분을 밝힌 뒤 이어서 서울시민과 후방국민에게 보내는 위로문과 주일대표부 정무부에서 작성한 한국전쟁에 대한 세계 각국의 동향, 시사해설 등을 방송했다. 약 한달 동안 한국전의 전황과 우방국들의 지원상황 등 국제동향 해설 등을 전하던 '자유의 종' 방송은 이후 미군사령부로 이관됐고, 유엔도쿄방송으로 개칭돼 우리말 방송을 계속했다.

김용주는 전쟁 중에 '자유의 종' 방송에 이어 '대한신문'(大韓新聞)도 도쿄에서 발행했다. 전지 반절 크기의 4면 주간(週刊)으로 발행부수 2만 부 정도였던 이 신문은 지령 30호를 끝으로 자금난 때문에 폐간됐다. 이 신문은 편집의 중점을 시사해설에 두고 전황과 자유 우방들의 한국에 대한 원조내용을 보도함으로써 한국인과 재일동포들의 대공 전의를 고취하는 역할을 했다.

전쟁을 겪고 있는 본국 사정을 직접 알게 된 것은 전쟁이 터진지 1

주일이 지난 7월 2일이었다. 김용주의 동생 김용성이 부산에서 미군용 전화선을 이용해 형에게 전화를 걸어온 것이다. 그 통화로 그는 한국은행의 행방을 알 수 없고, 통화의 공급이 끊겨 후방도 이중의 혼란에 빠져 있다는 것을 알게 됐다. 전쟁수행에 가장 필수적인 것은 물론 무기와 병력이 우선이겠지만 화폐 또한 전력의 유지와 보강에 불가결의 요소였다.

김용주는 일본에서 한국화폐를 제작해보자는 생각을 하고 당시 한국은행 도쿄지점 주재 김진형 부총재와 이 문제에 대한 긴급협의를 했다. 그 결과 원칙에는 합의했으나 본국정부와 한국은행 본점의 사전 승인을 얻을 수 없어 꺼리는 눈치였다. 그러나 합법적인 절차가 불가능한 상황이고 사태는 급박했기 때문에 사후 양해를 구하기로 하고 화폐를 제작하기로 결정했다.

이에 따라 새 지폐는 1,000원과 100원권 등 2종류로 결정하고, 미군사령부와 일본 정부 대장성에 협력을 요청하자 이내 양쪽에서 다 새 지폐 제조에 적극 협력하겠다는 답신을 보내 왔다. 화폐의 도안은 1,000원권에는 전시국민의 일치단결이 필요하므로 이승만 대통령의 초상을, 100원권에는 광화문 전경을 넣기로 했다. 당일 아침 부산과의 통화에서 준비작업을 끝내는 데 소요시간이 겨우 5시간에 불과했다. 지폐는 오다와라(小田原)시에 있는 일본 대장성 조폐국에서 주일 내표부와 한국은행 도쿄시점 직원들의 엄중한 관리·감독 아래 인쇄를 마쳤다. 인쇄된 지폐는 미군용기 편으로 부산으로 수송됐다. 수일 후 부산에 내려온 한은총재로부터 전화로 정식승인을 받았고, 이승만 대통령도 직접 전화를 걸어 김용주의 긴급한 상황에서의 화폐발행 조치를 뒤늦게 승인하고 비상상황에서의 그의 과감한 결단을 칭찬했다.

인천상륙작전에 성공한 UN군은 이어 서울탈환을 위해 진격하기 전 북한군을 괴멸시키기 위해 서울전역에 공중폭격을 감행할 계획을 세우고 있었다. 이를 사전에 예상한 김용주는 맥아더 사령관을 찾아가 서울에 있는 우리의 역사유물과 문화재에 대해서는 폭격하지 않도록 호소한 결과, 이들이 파괴를 피할 수 있었다.

1961년 정권을 잡은 박정희는 국가재건최고위원회 의장으로 경제 개발 5개년 계획을 입안할 때 의견을 듣기 위해 경제계 지도자들을 초청했다. 이 자리에서 재일동포 기업인 이원만은 일본에서의 체험을 기본으로 약 2시간 동안 여러 가지 안을 제시했는데, 그 가운데 실재로 채택돼 시행된 것은 다음 3가지였다. ① 수출전용 공업단지를 조성할 것, ② 가발을 제조해서 수출할 것, ③ 전국 각지에 세워져 있는 전봇대의 소재를 나무에서 시멘트로 모두 교체할 것 등이었다. 그 결과 1967년 서울에 구로공단이 설립돼, 초대 위원장에 이원만이 취임했다.

그는 이정림과 함께 일본 전역을 돌며 동포실업가들을 설득해 우선 8개 업체의 구로공단 유치에 성공했다. 70년대 후반에는 약 11만 명의 근로자들이 이 공단에서 일했고, 80년대부터는 중공업산업단지로 변경됐고, 2000년대 들어 정부 주도로 IT산업단지로 육성하기 시작하면서 이름도 서울디지털산업단지로 바뀌었다. 2012년현재 6천600여개 업체에서 10여만 근로자가 일하고 있다.

전국의 전봇대도 시멘트로 교체됐다. 당시 전기와 전화 등의 보급이 확산됨에 따라 전봇대의 수요가 커지자 산에서 나무를 배어다 전량을 충당했고, 그 결과 무분별한 벌채 때문에 산림자원이 심하게 훼손

됐다. 이원만의 제안은 산림보호운동의 일환으로 이뤄진 것이다.

이원만은 1961년 4·19 직후에 7·29 국회의원 선거에서 경북 참의원으로 당선됐다. 재임기간 동안 산업분과위원회 소속으로 벌채금지·산림녹화·수출진흥·가축사육진흥에 앞장서 노력했다. 그는 산림의 훼손이 심한 것은 난방과 취사연료가 모두 나무에 의존하기 때문이라고 지적하고, 우선 도시의 가정연료만이라도 무연탄·전기·프로판가스로 대체할 것을 계속해서 주장했다. 이 주장도 박정희 대통령에 의해 강력히 추진되는 바람에 산림보호와 산림녹화로 결실했다.

김지태(金智泰, 1908~1982)는 1927년 동양척식주식회사에서 불하받은 울산의 땅 2만 평으로 자본가의 반열에 올랐다. 1946년 3월 일본인들이 남겨놓고 떠나버린 아사히견직(旭絹織)의 종업원들의 추대로 그는 그 회사의 관리직을 맡았다. 부산 경제인으로서 광복 직후 좌우진영간의 소용돌이 속에서 우익진영을 지원해 지명도가 높았던 그에게 구원의 손길을 원했던 것이다. 폐업위기에 있던 회사를 회생시켜 달라는 호소였다. 미군정과 경남도에서도 요청이 있어 김지태가 아사히견직의 관리를 맡게된 것이다. 그는 과거에 부산진직물공장을 경영했던 경험을 되살려 우선 거액의 투자를 단행, 그 재원으로 직원들의 임금을 올리고 시설을 보강하면서 새로운 직기를 사들여 생산능률을 올리는 한편, 새로 부지 2만 평을 늘여 가공공장과 넓은 운동장을 확보했다. 종업원의 수를 400명에서 1,800명으로 크게 늘리고, 회사 이름도 조선견직공장으로 바꿨다.

이를 계기로 김지태는 부산직물조합 이사장에 취임했다. 그는 더욱 투자를 늘려 인견직물공장을 본견비단공장 시설로 바꿔 숙고사·양단 등 고급 비단을 개발함으로써 일본으로부터의 밀수를 막고, 오히려 일본·미국·캐나다에 수출하는 데 성공했다. 좌익극렬분자들이 여러 차례 이 공장에 방화를 시도했으나 미리 설비해 놓은 30척 높이의 H형 철근콘크리트 방화벽으로 불상사를 막을 수 있었다. 김지태는 이어 고급직물을 생산하기 위해 염색가공공장 건설을 계획하고, 능률이 좋은 기계를 서독에 주문하는 동시에 400여 평의 공장건물 건설에 착수했다. 그러나 공장에 파견돼 있던 미군 감독관이 뜻밖에도 반대하고 나섰다. 그 이유는 미국 아닌 서독제 기계를 주문한 것과, 적산공장의 시설을 군정당국의 승인없이 개체하는 것은 부당하다는 이유였다. 김지태는 공장의 필요성을 역설하고 기업가로서 공장의 발전을 위해서는 당연히 해야 할 일이라고 반박하면서 예정대로 공사를 강행했다. 이에 격분한 미군감독관은 군정당국과 협의한 뒤 김지태에게 파면명령이 내렸다면서 새로운 관리인 3명을 데리고 와서 사무인계를 요구했다.

김지태는 이에 굴하지 않고 그 사실을 각 일간지에 알려 여론화하고, 미군정 당국에 그 부당성을 탄원하는 동시에 입법원에 진정서를 제출했다. 두 기관에서 합동조사단이 내려와 조사한 결과 '절차에는 미비한 점이 있으나 기업가로서는 당연히 해야할 건설공사'라는 조사보고서가 채택돼어 그는 복권되고 해당 미군 감독관은 파면됐다.


한국전쟁 중 전국에서 밀려든 피난민과 국군·UN군 부상병, 거기다 수십만 제2국민병까지 겹쳐 부산은 큰 혼란에 빠졌다. 국회의원이며 부산상공회의소 회장이던 김지태는 김일환(金一煥, 당시 육군 소장. 국방부 경리국장)과 구용서(具鎔書, 당시 한국은행 총재) 등과 손을 잡고 4억 환을 제공해 국군 후원기관인 승리공사(勝利公社)를 운영했다.

광복 직후 좌익들이 들끓었던 부산에서 과감한 반공운동을 폈던 김지태는 흔들리지 않고 조선견직을 확장하고, 국군장병들에게 타올·비누·칫솔 등을 공급하는 한편 그가 소유하고 있던 몇 군데 공장부지를 군부대에 제공했고, 부산상공회의소 회원사의 운휴공장건물과 대지를 국군부대에 제공하도록 했다.

이를 높이 평가한 이승만 대통령은 여러 차례 그를 불러 치하하고, 비상각의에도 객원으로 참석토록 했다.


임문환(任文桓, 1907~1993)은 대유증권과·조선상선·동하제지를 경영했고, 무역협회·해운조합연합회·전국경제인연합회 부회장을 지냈다. 그가 농림부장관 자리에 있던 1951년 무초 주한미국대사가 갑자기 농림부장관 임문환의 파면을 요구하고 나섰다. 이승만 대통령에게 보낸 서한에서 무초대사는 "임 장관은 미리 전국 읍면장들에게 이번 가을 쌀 생산을 실수확 예상량보다 줄인 허위보고를 제출하게 한 다음 허위집계를 기초로 800만 석의 부족량을 미국에 무상원조를 요구해 왔으므로 이런 생떼를 쓰는 인물과는 상대할 수 없다"는 것이었다.

이 서한의 사본을 그에게 보여준 장면총리는 무초대사를 달래기 위해 저녁식사에 초대할 테니 함께 가자는 제의를 임문환은 한마디로 거절했다. 그는 전국 읍면장들에게 명령을 내린 사실도 없고, 그 보고량을 그가 집계한 적도 없으므로 사실을 밝혀야겠다는 결의를 보였다.

그가 농림부 장관으로 부임하면서부터 초여름 3개월에 걸쳐 심한 가뭄이 계속됐다. 모내기를 한 면적은 전체 논의 8할에도 못 미쳤기 때문에 이를 근거로 1,200만 석의 수확고를 추정한 것이었다. 전쟁중인 데다가 식량부족까지 겹치면 중대한 사태가 일어날 것이라는 판단에서 약 2,000만 섬으로 추산되는 국민의 연간 1인당 쌀 소비량을 1섬으로 보고 모두 2,000만 섬 중에서 부족분인 800만 섬을 무상원조해 달라고 미국정부에 공식 요청한 것이다. 이에 대해 무초대사는 거절의 명분으로 통계가 허위라고 몰아부치면서 장관의 파면을 요구하고 나선 것이다.

이 문제에 결론을 내리는 회의는 장면총리가 주제하고 한미양국 관계자들이 참석했다. 무초대사가 제시한 예상수확량이 아무런 현장조사에 의한 근거도 없이 사무실에서 막연히 추산한 것이라는 것이 입증됨으로써 한국측 요구가 관철됐다.


동양시멘트 창업자이자 한국경제인연합회 창립멤버였던 이양구(李洋球, 1916~1989)의 집은 항상 각계 저명인사들로 북적거렸다. 루마니아의 노벨문학상 수상자 콘스탄티 게오르규를 비롯해서 이어령, 강원룡, 강영훈, 백영훈, 이동원, 이기택, 이영호 등 학자·종교인·예술가 등 당대의 다양한 지성들로, 이들을 세칭 '이양구학파'라 했다. 이들의 주요 대화내용은 국가의 장래였다. 이양구가 그들과 교류한 것은 그들이 나라의 장래를 위해 일하는, 또는 일할 엘리트들이기 때문이었다.

실제로 이양구학파는 국익을 위해 중요한 역할을 했다. 1962년 우리나라가 최초로 독일에서 차관을 도입할 때의 일이다. 첫 독일 유학생이었던 백영훈이 차관교섭단 정부측 부단장, 이양구가 업계측 부단장으로 함께 교섭에 나선 것이다. 이양구의 아이디어로 라인강에 유람선 1척을 띄워 놓고, 독일 정·재계 지도자 100여 명을 초대해 4시간 동안 왕복하면서 이들을 설득했다. 그 결과 1964년 1억 8,000만 마르크의 차관 도입에 성공했다.

항공사 경영을 통해 맺은 국제적인 인맥으로 조중훈은 민간외교가로서의 역할을 톡톡히 해냈다. 88올림픽 개최를 유치하기 위한 관련 국간의 경쟁이 치열했던 1981년 국제올림픽위원회(IOC)가 개최된 바덴바덴에서 조중훈은 우리에게 비우호적이던 프랑스와 아프리카, 남아메리카 등 제3세계 국가 IOC위원들을 막후에서 설득하는 역할을 자청해 맹활약을 폈다.

조중훈은 프랑스와의 외교관계를 위해 갓 개발돼 프랑스에서조차 구매를 꺼리던 에어버스 항공기 6대를 전격 구입함으로서 프랑스와의 관계를 두텁게 했다. 에어버스로 맺어진 인연을 더욱 강화한 것은 여객기 유럽노선 첫 취항지를 파리로 잡은 조치다. 이것이 인연이 되어 조중훈은 1973년부터 20년 동안이나 한불경제협력위원회 위원장을 맡아 한국과 프랑스간 경제협력·민간외교 교류에 기여했다. 프랑스 정부는 그 공로로 외국 국가원수에게 최고의 영예로 주는 훈장 '레종 도뇌르 그랑 오피시에'를 비롯 4차례나 훈장을 조중훈에게 주었다. 조중훈은 기타 민간외교활동으로 독일·오스트리아·네델란드·벨기에·몽골로부터도 20여년 동안 9개의 훈장을 받았다. 1992년 몽골에는 아무 조건없이 보잉727 항공기를 기증해 몽골정부로부터 최고 훈장인 북극성훈장을 받으면서 한국과의 경제교류에 물꼬를 트기 시작했다.

조중훈에 이어 그의 아들 조양호도 2018년 평창동계올림픽 유치에 30억 원을 지원하고, 민간외교인으로 직접 현장에서 뛰는 등 총력을 기울였다. 이에 앞서 2010년에는 동계올림픽이 열린 캐나다 벤쿠버에 개설된 코리아하우스 개관식에 참석, 이곳을 찾아온 국제올림픽위원회(IOC)와 국제연맹 관계자들에게 평창이 다음 동계올림픽 개최지로 적합하다는 것을 홍보했다.

## 8) 기업이윤의 사회환원

우리 기업가들은 기업경영에서 생긴 이윤을 사업의 지속과 확장을 위한 비축과 재투자 뿐만 아니라 그 이윤의 발생동기를 제공해준 소비자, 즉 국민에 대한 봉사에도 게을리 하지 않았다.

전국경제인연합회가 발표한 2010년 『한국기업, 기업집단 사회공헌백서』에 따르면 조사에 응한 기업·기업집단은 교육·학술연구 분야에 75%가 참여해 가장 활발한 것으로 나타났다. 사회복지와 문화체육분야는 각각 50%와 29.7%를 차지했다. 특히 사회복지 분야에 대한 참여율은 2008년 이후 큰 폭으로 증가하고 있고, 글로벌 경영의 확대로 인한 국제구호와 교류활동(6.3%), 응급재난구호(3.1%), 환경보호(3.1%) 분야에 대한 참여도 점차 증가하는 추세다. 집행금액으로 보면 의료보건 분야가 89.8%로 가장 높고, 학교·교육·학술연구가 4.3%, 문화예술·사회복지(2.7%), 환경보호(0.3%), 국제구호·교류활동(0.1%) 순이었다.

경북 경주시 내남면 이조리에는 옛날부터 '활인당(活人堂)'이라는 터가 있다. 교리(校理) 최부자의 후손들이 대대로 "사방 100리 안에 굶어죽는 사람이 없도록 하라"며 죽을 끓여 빈민들을 연명시킨 자리다. 1671년 삼남에 흉년이 들어 굶어죽는 사람이 많았다. 당시 최부자는 사옹원 참봉을 지낸 3대 최부자 최국선(崔國璿, 1631~1682)이었다.

그는 과감히 곳간을 열어 대대적인 삼남의 빈민구휼에 나섰다. '풍년의 기쁨을 함께 누리면 흉년의 아픔도 이웃과 함께 극복하는 것이 부자의 도리'라 했다. 최국선의 묘비에는 "사람들이 어렵고 급한 사정으로 공에게 담보잡힌 문서들이 책상 가득했다. 공이 문서를 태워버리고 더는 묻지 않으니…"라는 글이 적혀 있다. 각종 담보문서를 불태움으로써 피담보인들의 불안을 덜게 해준 것이다.

최부잣집 가훈에는 "흉년에 땅을 사지 마라"는 내용도 있다. 흉년의 어려움을 견뎌내려고 가산을 팔아야 할 형편이면 제값을 받기가 어려울 것이고, 이걸 기회로 싼값으로 땅을 산다면 이는 정당한 거래가될 수 없다는 뜻으로, 재산증식의 도덕성을 강조한 것이다. 소작은 "만 석 이상 하지 마라"는 가훈도 있다. 토지가 좁은 영남지방에서 만석 이상의 소작료는 누군가의 원성을 살 수밖에 없는 일이었다. 소작료를 만석으로 제한하자 땅이 늘면 늘수록 최부잣집 소작료는 낮아졌다. 최부잣집이 부유해지면 소작인의 곳간도 덩달아 불어나는 상부상조의 독특한 경제형태를 선도한 것이다. "어렵고 힘들 때 이웃과 함께하라". 이것이 바로 최부잣집의 명성을 널리 알리고, 12대 400년간 부를 유지할 수 있었던 비결이다.

김만덕(金萬德, 1739~1812)은 조선조 정조와 순조조에 제주에서 활약했던 여인 거상이다. 1750년 전국을 휩쓴 전염병으로 12세에 부모를 잃고 기녀의 수양딸이 된 뒤 제주도 관부의 기녀가 됐다가 본인의 의사에 따라 다시 양인으로 복귀했다. 그 후 그녀는 돈을 벌어 세상에 도움을 주겠다는 일념으로 객주를 차려, 제주 특산물인 귤·미역·말총·우황·진주·양태 등을 서울 등 본토육지에 팔거나, 상류층 부녀자의 옷감·장신구·화장품과 교환해 판매하는 유통업에 종사하면서 만덕의 객주집은 곧 무역거래소가 되어 많은 돈을 벌었다.

1790년에서 1794년(정조 14년~18년)까지 5년 동안 제주도에 큰 흉년이 들어 주민들이 굶주림에 죽어가는 데다가 조정에서 보낸 구휼미마저 풍랑으로 바다에 수장되는 바람에 큰 곤경에 빠졌다. 이 때 김만덕은 사재 1천금을 내놓고 육지로 건너가 양곡을 사오도록 하고, 사들인 양곡을 모두 관가에 맡겨 구호곡으로 쓰게 했다.

김만덕의 선행 소식을 들은 정조는 그녀를 궁궐로 불러들여 선행을 크게 치하하고, 특별히 내의원의 의녀반수의 벼슬을 내렸다. 이것은 당시 평민으로는 임금을 배알할 수 없었으므로 만덕이 입궐할 수 있도록 하기 위한 조치였다. 정조는 "제주도 사람은 제주도를 벗어날 수 없다"는 당시의 규율을 깨고 김만덕을 서울로 불러 친견하고 그녀의 소원에 따라 금강산을 유람하도록 특전을 베풀기도 했다.

그녀는 엄격한 유교적 사회질서 속에서 독신녀로서 주변의 시선에 굴하지 않고 해상을 이용한 유통업에 뛰어든 여성기업인으로, 창의적인 선각자로 높이 평가받았다. 김만덕이 사망한 뒤 형조판서를 지낸 이가환은 그를 기리는 시를 지어 헌정했고, 영의정 채제공은 『만덕전』이라는 전기를 써서 그의 선행을 널리 알렸다.

현재 제주에는 만덕묘가 성역화되고, 기념관과 기념비가 세워져 있으며, 만덕기념사업회는 만덕봉사상을 제정해 시상하면서 지금도 그녀의 유업을 기리고 있다.

　　황해도 신천의 부농에서 태어난 왕재덕(王在德, 1858~1934)은 29세에 과부가 됐으나, 유산으로 받은 약 200여석지기 토지를 밑천으로 근검절약과 재산증식에 힘써 만년에는 대지주가 됐다. 그녀는 흉년이 들 때면 소작료를 감해주고 극빈자에게는 곡식을 나눠줘 배곯는 사람이 없도록 했다. 독립운동가들에게도 비밀리에 군자금을 대주고 비밀연락을 맡아주었다. 1929년 신천농업학교를 설립하고 운영비도 지원했다. 1934년에는 재산을 기부해 신천에 교회를 세웠다. 그녀는 딸을 안중근의 친동생 안정근과 결혼시켰다.

　　금광사업으로 거부가 된 최창학은 그가 추진하는 압록강 하류 개간사업이 진행되던 1933년 3만여 주민들이 굶어죽을 지경에 이르렀는데, 이 때 그는 이들에게 3만 원을 무이자로 빌려줘 구제했다.

　　보부상과 금광사업으로 거금을 모아 구한말 반일투쟁에 앞장섰던 이용익은 1901년 대흉년이 들자 안남미 30만 석을 수입해 백성의 쌀기근을 해결했다. 그 공로를 기려 그 이듬해 청계천 입구에 내장원경 이용익불망비(內藏院卿李容翊不忘碑)가 세워지기도 했다.

　　조선 후기 평안북도 의주 출신 무역상 임상옥(林尙沃, 1779~1855)은 그의 나이 43세 때 변무사를 수행해 청나라에 가면서 인삼을 대량으로 가져가 종전보다 10여배나 비싼 값으로 팔려고 했다. 그러자 중국 상인들이 불매운동을 벌이면서 압력을 가해 왔다. 그는 이에 굴하지 않고 "인삼에 불을 질러 태워 버릴망정 값을 깎아 팔지는 않겠다"고 맞섰다. 이에 중국 상인들이 기가 꺾이는 바람에 모두 부르는 대로 비싼 값을 받아 큰 돈을 벌었다는 일화가 전해진다. 그는 그렇게 번 돈으로 가난한 사람들을 구휼하고, 뒤에 의주지방의 물난리 때에는 사재를 털어 수재민을 도왔다. 그러한 공으로 곽산군에 이어 구성 부사에 오르는 등 벼슬도 했다. 그러나 어느날 갑자기 벼슬을 내던지고 촌노로 은거하다가 시인으로 다시 태어나 문집 『가포집』(稼圃集)과 『적중일기』(寂中日記)를 남겼다.

그의 어록으로는 "장사란 이익을 남기기보다는 사람을 남기기 위한 것이며, 사람이야말로 장사로 얻을 수 있는 최고의 이윤이고, 따라서 신용이야말로 장사로 얻을 수 있는 최대의 자산이다" 등이 전해진다.

(1) 육영 · 교육 · 장학사업

19세기말 명치유신으로 서구문물을 한발 앞서 도입한 제국주의 일본이 강해진 국력을 배경으로 한국침탈 의도를 노골화했다. 우리의 선각자들은 우리 역사의 폐쇄성을 반성하면서 "아는 것이 힘, 배워야 산다"라는 진취적 구호아래 현대적 민족교육에 앞장섰다. 당시 국내 기업인(거상)들도 많은 재력을 투척해 신식학교를 세우기도 하고 가정형편이 어려운 학생들에게는 학비를 대주면서 신교육운동을 적극 추진했다.

구한말 일본어 역관을 지낸 박기종(朴琪淙, 1839~1907)은 기업가로서 이윤추구는 당연하나, 일신의 안락을 위한 것이 아니라 국가와 민족에 봉사해야 한다는 신념이 강했다. 역관신분으로 일본을 왕래하며 선진문물을 접한 그는 신문화교육을 확산하기 위해 1896년 부산개성학교(현 개성고등학교)를 설립해 주로 기술·경영·일본어 교육에 힘썼다. '국가를 부강케 하는 데는 상업이 제일이며, 상업을 흥왕케 하는 것은 철도가 제일'이라는 신념으로 상업교육과 더불어 국내 철도부설을 위해 노력했다.

구한말 원산재판소 판사·정부참서관·중추원의관을 지내고, 해운·직조·건축·토목·주조업 등 팔방미인격 사업가였던 김익승(金益昇, 1848~?)은 자기 집안에 야학 배영의숙(培英義塾)을 열고 신교육 운동에 앞장섰다. 그는 또 원산항 감리로 있을 때 영국인 펜웨이에게 원산 감할촌 일대의 땅 수십정보를 빌려주면서 과수농업을 시범하도록 했다. 이것이 우리나라 최초의 본격적 과수농업이 됐다.

1905년 을사늑약으로 일본의 지배가 본격화되자 이에 대한 저항으로 민족교육의 필요성을 절감한 민족주의자들인 개인기업가·유지·종교인 등 각계 선각자들이 전국 각지에 사립학교를 설립하고 나섰다. 일제통감부는 1908년 사립학교령을 제정해, 애국사상의 온상인 사립학교에 대한 감시를 강화하고, 신설을 강력히 규제했다.

일제강점기에 금광사업으로 거부가 된 최창학은 1920년대 말 정주의 오산학교가 운영난에 빠지자 이사장을 맡으면서 당시로서는 거금인 5만 원을 희사해 학교를 살렸다. 1934년 송온(松穩)장학회를 설립해 장학금을 기부하고, 경성광업전문학교(현 서울공대)와 현 경동 중·고등학교, 무학여자중·고등학교 등에도 많은 기부금을 희사했다. 그의 고향 평북 구성군에는 초등학교 4개를 설립했다.

경주 최부잣집 후손인 최준은 한일합방이 되자 가장 먼저 할 일이 민족의 애국심을 일깨우는 계몽이라고 생각하고, 경주 향교를 빌려 간이학교를 열고 인근 백성들과 아이들을 모아 무료로 한글을 가르쳤다. 광복이 되자 그는 대학을 설립해 인재를 양성하려고 노력했다. 1945년 10월 최준은 대구 유지들을 모아 종합대학설립준비위원회를 발족시키고 경북종합대학 기성회를 구성했다.

그해 11월 최준은 미군정청으로부터 대구국립종합대학 설립인가를 받았다. 계획은 당초보다 축소돼 단과대학 수준에 그쳤으나 대구대학(현 영남대학교)이 정식으로 인가된 것이다. 그 때 최준은 현금 40만 원과 조상 대대로 물려온 많은 장서와 문화재 1만여 점을 학교에 기부했다. 이 가운데는 신라·고려·조선시대 1,000여 명의 친필첩을 비롯해 우리 선현들의 유묵첩 등 국보급의 귀중한 도서가 포함돼 있었다. 이 도서들은 현재 영남대학교 중앙도서관에 최준의 아호를 따서 '문파(汶坡)문고'로 보존돼 있다.

최준과 함께 부산에 백산상회라는 무역회사를 경영하면서 독립운동 자금을 지원하던 안희제는 한때 만주로 이주해 독립군을 돕다가 1933년 발해의 도읍지였던 동경성에서 발해농장을 개간하고, 그 안에 발해학교를 세워 교포들의 생활안정과 2세 교육에 나서 민족사상 고취에 힘썼다. 같은해 말에는 영남 유지들과 협동으로 을미육영회를 창설했다. 유망한 청소년을 선발, 해외에 유학시켜 구국의 동량으로 양성하기 위한 것이었다.

창업 때부터 독립운동 자금을 대고 있던 동화(同和)약방의 민강은 1910년 경술국치를 당하게 되자 남대문 밖에 사립 소의(昭義)학교를 설립하고 직접 교장을 맡아 후세들의 민족사상 교육에 힘을 기울였다.

구한말 인삼장사와 금광 경영으로 거부가 된 이용익은 정치적으로 친로반일(親露反日)의 입장을 고수했기 때문에 러일전쟁 중 구금돼 일본으로 압송됐다. 이 때 일본의 개화 문물을 보고 현대적 국민교육의 필요성을 절감했다. 1905년 을사늑약 채결로 사태가 절박해지자 그는 인재양성을 통한 교육구국을 목적으로 보성(普成)학원을 설립하고, 당시 한성부 중구 박동(현재 서울 종로구 수송동)에 사립 보성소·중학교·전문학교(현 고려대학교)를 개교, 장차 국가의 동량이 될 인재육성에 힘썼다. 그는 또 일본에서 귀국할 때 사들여온 인쇄기로 인쇄소 보성관(普成館)을 설립해 민족계몽에도 적극 나섰고, 3·1 만세운동 때는 독립선언서를 인쇄하기도 했다.

국권이 박탈되고 이른바 일본의 보호정치가 시작되자 이용익은 고종의 밀서를 가지고 대한제국의 구원을 요청하기 위해 프랑스로 가다가 중국 옌타이에서 일본 관헌에게 발각됐다. 그 뒤 해외를 유랑하면서 구국운동을 계속하다가 블라디보스토크에서 객사했다. 그는 죽기 전 고종에게 남긴 유서에서 '학교를 널리 건설하고 인재를 교육하여 국권을 회복하시라'고 호소했다.

1910년 국권을 잃게 되자 당시 학교경영을 맡고 있던 이용익의 손자 이종호(李種浩)가 해외로 망명하자 학교가 경영난에 빠지게 됐다.

천도교에서 학교경영을 인수했다가 호남 거부 김성수가 다시 인수해, 일제 때는 전문학교로, 광복 후에는 고려대학교로 이름을 바꿔 이어져 오고 있다.

일제가 사립학교령과 교과용도서검정규정 등을 만들어 우리 교육을 탄압하자 이에 대응하기 위해 설립된 국민교육회, 서우학회, 관동학회, 대동학회 등 각 학회는 1면 1학교로 통폐합하는 등 효과적으로 학사를 관리했다. 이 때 설립된 사립학교는 학교를 신축한 경우도 있지만 개인집 사랑방이나 창고 등을 교사로 사용하기도 하고, 종래의 한문서당을 근대식 학교로 개편한 경우도 있었다.

일제 강점기에 우리나라와 만주·러시아를 잇는 국제 무역업과 루불화 환투기, 땅투기 등으로 축재했던 김기덕(金基德, 1892~1953)은 "돈이란 1, 2천 원이나 1, 2만 원일 때는 개인 재산이지만 100만 원이나 1,000만 원이 되면 사회의 공재(公財)를 관리하는 데 불과하다. 자손에게 많은 재산을 물려주는 것은 불찬성이며, 교육과 인격을 줄 일이지, 돈을 줄 일은 아니다"는 소신을 가진 인물이었다.

'천만장자' 라는 별명을 듣던 김기덕은 고향 청진에 청덕학교와 청덕전기학교를 설립하는 등 고향의 교육발전에 돈을 아끼지 않았다. 서울에서는 운영난에 빠진 한성실업학교를 인수해 운영했다. 그의 동생 김기도 역시 일본 와세다대학을 나온 지식인으로 돈을 많이 벌었으나, 형과는 달리 많은 돈을 독립운동자금으로 헌납, 일본 경찰의 요시찰 인물로 지목돼 핍박을 받았다. 조선의 3대 거부 중 1인이었던 김기덕은 한국전쟁 때 그 많던 재산을 북에 두고 월남해 고려흥업주식회사를 설립하고 재기를 시도했으나 성공하지 못했다.

구한말에 러시아와의 소(牛)무역으로 거부가 된 최봉준은 러시아 한인사회의 항일독립운동을 지원하는 데 아낌없이 돈을 썼다. 1905년 을사늑약이 체결된 뒤 한국국민회를 조직하고 '해조(海潮)신문'을 창간하는 등 독립운동에 나섰다. 그는 1906년 막대한 재산을 블라디보스톡의 계동(啓東)학교에 희사하고 그 밖에도 연해주 여러 곳 한인촌에 학교를 세워 민족교육과 인재양성에 힘을 기울였다.

그는 "나라를 구하려면 힘이 있어야 하고, 힘을 기르려면 많이 배워 인재를 길러야 한다"는 소신이었다. 최봉준은 필화로 황성신문에서 물러난 장지연(張志淵)을 해조신문의 주필로 초빙하여 항일 애국 논설을 계속 집필토록 했다. 의사 안중근(安重根)이 자서전에 쓴 '인심결합론'(人心結合論)도 이 신문이 게재했다. 그는 안중근이 이토 히로부미를 사살하고 체포돼 재판을 받는 동안 변호사 비용은 물론 유족들의 생활비를 지원하는 등 만주와 러시아에서 활동하는 독립운동가들의 대부 역할에도 앞장섰다.

유기그릇 등짐장사에서 시작해 무역업으로 성공, 거부가 된 이승훈은 일제의 탄압으로 고통받는 민족의 현실에 눈을 돌리면서 구국을 위한 항일독립운동에 나섰다. 그 방법의 하나로 교육사업에 앞장서 서적의 출판·공급을 목표로 태극서관을 경영하고, 1906년 경성고아원에 큰 돈을 기부했다.

1907년 평양에서 도산 안창호의 애국적 연설을 듣고 깊은 감명을 받은 이승훈은 고향에 돌아와 서당을 고쳐 신식 초등교육기관인 강명의숙(講明義塾)을 개설하고, 이어 4년제 중등교육기관 오산학교를 설립, 교장으로 취임했다. 그는 기울어 가는 나라를 바로 세우기 위해서는 민족교육과 신교육이 최우선이라는 신념으로 근대적 학교를 설립한 것이다.

우리나라 최초의 가톨릭 신자이기도 한 이승훈은 교육사업에 헌신하면서 1911년에는 '안악사건'에 연루돼 제주도에 유배됐다. 같은 해 가을에는 독립운동 단체 신간회의 '105인 사건' 연루 혐의로 제주도에서 다시 서울로 압송돼 윤치호와 함께 징역 10년을 선고받았으나, 1915년 가출옥 했다.

이승훈은 그 후 3 · 1독립운동의 33인 중 기독교 대표로 참가했다가 투옥됐다. 학생들이 만세운동을 벌이자 일제당국은 이에 대한 보복으로 교사를 불태우고 폐교했다. 그러나 당시 이사장이던 김기홍과 교장 주기용 등의 노력으로 교사를 신축하고 1920년 9월 다시 개교했다. 이 무렵 교사로는 이광수 · 염상섭 · 김억 · 장지영이 재직했다.

1922년 7월 출옥한 이승훈은 오산학교 경영에 심혈을 기울이던 중 1924년 김성수의 간청으로 동아일보 사장을 1년 동안 맡기도 했다. 이 시기에 물산장려운동과 민립대학 설립운동에도 참여했다. 그 후 다시 오산학교로 돌아왔는데, 조회시간마다 운동장에 모인 학생들에게 학업에 분발할 것을 강조하면서 찌렁찌렁한 쇳소리로 '이 젊은 놈들아, 정신 차려라'며 애국심을 일깨웠다.

이승훈은 1930년 67세를 일기로 사망하면서 유언에서 "유해를 생리표본으로 만들어 학생들을 위해 쓰도록 하라"고 당부했다. 그의 비석에는 다음과 같은 글이 새겨져 있다. '일생 남을 위해 살았고, 자기를 위해서는 아무것도 한 일이 없는 이승훈'. 그의 동상이 서울 어린이대공원에 세워져 있다.

구한말 인삼과 비단 무역으로 돈을 번 오희순(吳熙淳, 1845~?)
은 청일전쟁의 참화로 유기공장을 불태워버린 이승훈에게 아무런 댓
가 없이 거금을 내주어 재기하도록 도움을 준 평안도의 거부다. 그는
1907년 안창호, 윤치호 등이 중심이 돼 평양에 중등교육기관 대성학
교를 세울 때 5천 원(현재 가치로는 약 3억 원)의 거금을 희사했다.
1939년 선천의 신성학교 재단을 설립하는 데도 오희순을 비롯한 평
안도 철산 오씨 문중에서 64만 원을 내놓아 폐교의 위기에서 구출했
다.

김원근(金元根, 1886~1965)은 개화기에 보부상으로 출발, 상업
자본 축적에 성공하면서 기업이윤을 사회에 환원시킨 입지전적 기업
가요 육영사업가다. 동학혁명의 와중에서 가족이 풍비박산된 김원근
은 8세의 어린나이에 청주를 중심으로 기름·성냥 등 잡화행상을 하
다가 보부상이 돼 영·호남과 멀리 함경도까지 활동무대를 확대해 가
면서 돈을 모았다. 19세 때 그는 조치원 중심가에 김원근상회를 열고
곡물수출업자로 정착했다.

그러나 사업을 시작한지 2년 만에 대홍수로 모든 재산을 잃고 산속
에서 지내며 돈이 인생의 목표가 될 수 없다는 결론을 내렸으나, 보람
된 일을 하기 위해서는 돈을 벌어야 한다고 다시 결심했다. 그는 조치
원에 있는 일본인의 오쿠라상회를 인수하고 광산과 땅에도 투자, 크
게 성공해 갑부가 됐다.

김원근은 "기업가는 보람있게 쓰기 위해 돈을 벌어야 하고, 철저하
게 사회에 환원시켜야 한다고 생각했으며, 그러기 위해서는 검소한

생활을 해야 한다"고 주장했다. 즉 낭비는 죄악이라고 생각하며, 근검절약을 솔선수범했다. 그의 절제와 검소한 생활은 일제 강점기 교과서에까지 소개될 정도였다.

김원근은 30세부터 육영사업에 나섰다. 1916년 조치원에 연청(燕靑)학원을, 1924년 청주에 사립 대성보통학교를 설립해 무료교육에 나섰다. 청주상업학교(1935년)와 청주여자상업학교(1945년)를 설립, 가정형편이 어려운 학생들을 위한 직업교육을 실시했다. 광복 후 1947년 그가 설립한 청주상과대학은 1951년 청주대학으로 개편된 후 종합대학으로 발전했다. 1975년 현재 대성학원 산하에는 청주대학교 · 청주상업고등학교 · 대성여자상업고등학교 · 청석고등학교 · 대성중학교 · 대성여자중학교 · 대성초등학교 등 6개 학교가 있다.

호남의 대지주 출신 기업가 · 언론인 · 정치가였던 김성수는 육영사업가이기도 했다. 1908년 일본에 건너가 도쿄 와세다대학 정경학부를 졸업할 때까지 일본에 머무는 동안 선진문물을 접한 그는 귀국 후 1915년 재정난에 허덕이던 중앙학교를 인수해 교장에 취임, 육영사업을 본격적으로 시작했다. 서울 종로구 화동에 있던 중앙학교는 당초 민족운동 우국지사들이 운영하던 영세한 조직체로 경영난에 빠져 있었는데, 김성수가 인수해 1922년 중앙고등보통학교(중학교)로 개편하고, 학교건물도 현재 중앙고등학교가 있는 계동으로 옮겼다. 폐교 직전의 중앙학교를 근대적 민족 중등교육기관으로 육성한 것은 그의 강렬한 육영의지의 결과였다.

김성수는 1932년에는 천도교가 경영하던 보성전문학교를 인수해 안암동에 새 캠퍼스를 지어 1934년 이전했다. 그의 육영사업 자금은 주로 부유한 친부 김경중과 양부 김기중 등 형제와 동생 김연수, 많은 유지들의 출연에 의존했다. 1946년 재단법인 보성전문학교를 해산하고, 그 재산을 중앙학원에 완전 흡수시켜 미군정청 문교부로부터 고려대학교 설립인가를 받았다.

김성수의 동생 김연수도 기업이윤의 사회환원으로 육영사업에 힘썼다. 재단법인 중앙학원에 거액의 현금과 토지 29만여 평을 기증한 것을 비롯해 각종 교육사업에 기여했다. 그는 1939년 사재 34만 원으로 국내 최초의 민간장학재단 양영회(養英會)(현 양영재단, 2010년 자산총액 486억 원)를 설립, 가정사정이 어려우면서도 학업성적이 우수한 모범학생과 해외유학생들에게 장학금을 지급했다. 양영회는 한국전쟁으로 활동이 한동안 중단됐다가 1962년부터 다시 기능하기 시작했다. 이 장학금의 수혜자에는 국내 이학박사 1호 이태규(李泰圭,1902~1992), 월북 핵물리학자 이승기(李升基, 1905~1997), 초대 원자력연구소장 박철재(朴哲在, 1905~1970) 등이 포함돼 있다.

만주에 설립한 남만(南滿)방적에는 공장 안에 초·중등학교 과정을 개설해, 최복현(崔福賢, 뒤에 서울시 교육감 역임)을 책임자로 두고 교사는 경성방직 간부사원들이 맡았다. 여공들의 위생문제를 해결하기 위해 의료시설도 갖췄는데, 담당자는 김두종(金斗鍾, 뒤에 숙명여대 총장 역임)이었다.

1929년은 3·1독립운동 정신의 흐름을 타고 청년운동이 활기를 띠었다. 전남방직 사장과 신한제분 회장을 지낸 김용주가 부산상업학교를 갓 졸업하고 식산은행에 재직중 포항청년회의 지육(智育)부장을 맡은 적이 있다. 그는 열성적인 청년들을 모아 독서회를 조직하고 야학을 개설해 문맹퇴치에 힘쓰다가 일제의 치안유지법 위반으로 구금되기도 했다. 김용주는 이를 계기로 식산은행을 그만두고 포항에 '삼일상회'를 차리고 철도화물 운송 · 수산물 위탁 · 무역사업을 했으나 일제 당국이 '삼일'이라는 상호를 트집잡아 협박을 계속하는 바람에 문을 닫았다.

이 무렵 김용주는 학교가 부족해 취학연령의 어린이들이 제대로 교육을 못받는 현실을 보고 학교를 설립했다. 교회 안에 부설돼 있던 영흥국민학교를 사재를 털어 교사를 신축해 독립시키고 스스로 교장에 취임해 훈육에 나서기도 했다. 1948년 그는 집을 서울로 옮기면서 이 학교의 운영재단과 함께 일체를 정부에 헌납했다.

김용주가 경상북도 도의원으로 재직 때의 일에서도 그의 민족교육에 대한 열정을 엿볼수 있다. 1936년 경주 부자 이채우(李採雨)가 3천 석 지기 농토를 희사해 건설 중이던 사립학교 경주중학교에 대해 도당국이 돌연 사립학교 인가를 취소하고 공립학교 설립인가로 변경했다. 비슷한 시기에 똑같은 사례가 안악에 설립되던 중학교에서도 발생했다. 총독부가 사학의 설립을 일체 금지해버린 것이다. 민족교육에 잔뜩 기대를 걸었던 국민들의 분노가 높아지자 김용주는 도 학무당국에 강경한 항의를 제기했으나 효과가 없자, 일본으로 건너가 야당인 사회대중당의 아베(安部) 당수를 만나 호소했으나 결국 아무 소득이 없었다.

광복 직후 사회적 혼란과 빈곤, 이에 겹친 전쟁 속에서도 국민들의 자식에 대한 교육열은 일제강점기 못지않게 고양됐다. 조국이 외세에 침탈당한 울분이나 낮은 사회적 지위로 무시당하던 여성들의 각성이

상승작용을 일으킨 데다가 젊은이들의 향학열까지 가세했다. 농촌에서는 논밭이나 소를 팔아서라도 자식을 상급학교에 진학시키려 했고, 사회는 국가의 발전을 위해 많은 고급인재의 육성이 필요해 국민의 교육열을 부추겼다. 여기에 경제인들도 가세해 많은 학교와 장학제도가 우후죽순처럼 쏟아졌다. 사회가 안정되기 시작한 1970년대에 들어서는 기업인들이 일반 장학사업은 물론 전문적 연구와 문화사업에도 지원의 손길을 내밀게 됐다.

광주에 있는 전남제사공장의 화재로 회사가 빚더미에 앉았던 때 금호그룹 창업자 박인천은 불타버린 여공들의 기숙사 자리에 학교를 세우기로 했다. 그는 "기업을 하다보면 돈은 항상 모자라는 법이다. 돈을 벌어서 좋은 일 하자는 말만큼 어리석은 말은 없다. 좋은 일은 돈으로 하는 것이 아니라 뜻으로 하는 것이다. 학교가 부족하거나 가정형편이 어려워 못 배우는 사람이 생기는 걸 하나라도 막는 것이 내 소원이다"고 입버릇처럼 말했다. 박인천은 1959년 선친의 아호를 따서 죽호(竹湖)학원을 설립하고, 이듬해에 광주에 중앙여중·고등학교를 설립했다. 그 후 10년이 지나 금호고등학교를 설립했다.

유한양행 창업자 유일한이 미국유학을 마치고 귀국해 제약회사를 설립한 목적은 빈약한 국민건강을 개선하겠다는 목적 이외에도 사업으로 번 돈으로 국민을 교육시키겠다는 포부가 강렬했다. 그는 "교육을 받은 사람은 능력이 개발돼 사회에 기여할 수 있으나, 교육을 받지 못하면 잠재된 능력도 빛을 보지 못하고 시들어 버린다"며 인재양성에 힘썼다.

유일한은 사재를 털어 1952년 경기도 소사에 고려공과기술학원을 설립, 전교생에게 무상으로 직업기술교육을 실시해 기능공을 양성했다. 이 학교는 1964년 서울 영등포로 옮겨 유한공업고등학교로 발전하고, 1967년 유한중학교를 병설했다.

1963년에는 개인소유 유한양행 주식 1만 7천 주를 연세대학교와 보건장학회에 장학기금으로 기증했다. 1977년 경기도 소사에 유한공업전문대학(현 유한대학교)을 설립하고, 교내외 장학금을 38%의 학생들에게 지급하고 있다.

유일한은 기업의 성공요인으로 인재를 중요시했다. 인간성이 좋고 능력이 있다고 판단되면 끝까지 밀어주었지만, 혈연·인척·친분관계에 의한 인재 등용은 배척했다. 그는 기업의 사회적 기능에는 유능하고 유익한 인재를 양성하는 교육까지도 포함돼야 한다는 생각으로 기술교육을 일관되게 추진했다.


쌍용그룹 창업자 김성곤의 육영사업은 1959년 국민대학의 인수로부터 시작됐다. 광복 직후 상해에서 귀국한 신익희(申翼熙, 1894~1956)는 국가인재를 양성하기 위해 고등교육기관이 절실하다는 판단으로 1946년 국민대학을 창설했다. 그러나 그가 1955년 대통령 선거유세 도중 갑자기 사망한 뒤부터 국민대학은 재단의 부실화로 폐교의 위기에 몰렸다. 그 때 김성곤은 주변의 만류를 무릅쓰고 이 대학을 인수했다. 그가 평소에 바라던 육영사업을 실천한 것이다.

김성곤은 학교를 인수하자마자 방치돼 있던 창성동 교사를 신·증축하고 해마다 1억 환씩 운영자금을 지원하다가, 1971년 현재의 정능캠퍼스를 신축해 옮겼다. 김성곤은 대학운영은 학교자율에 맡기고

재단측의 관여를 일체 배제했으며, 이 방침은 지금도 유지되고 있다. 김성곤은 국민대학에 이어 1964년 고향인 대구 달성군에 구암학원을 설립하고 부실에 빠져있던 현풍중·고등학교를 인수해 교사를 신축하는 등 활기를 불어넣었다.

1927년 부산상업학교를 졸업한 김지태는 학교 추천에 의해 동양척식주식회사 부산지점에 입사하자마자 바로 부산 정묘(丁卯)야학교를 열었다. 부산진 정공단(鄭公壇) 옆에 있는 낡은 집을 빌려서 어렸을 때부터의 꿈을 실천한 것이다. 어릴 때 할아버지가 운영하던 육영재(育英齋)의 교육사업을 보고 감화된 결과였다. 가정형편이 어려워 취학하지 못한 청소년들을 모아 퇴근 후 3~4시간씩 그가 직접 수업을 맡았다. 그는 1946년 부산상공회의소 회두(회장)로 있을 때 사재 7천만 원을 투척해 장전동에 국립부산대학교를 설립했다.

1973년 LG창업자 구인회의 뜻에 따라 2세 구자경이 설립한 LG연암학원은 인재육성과 과학기술진흥의 취지로 천안축산고등학교를 개교했다. 이 학교는 1977년 연암축산원예대학으로 승격하고, 2003년에는 천안연암대학으로 이름을 바꿨다. 연암학원은 1984년 연암공업대학을 설립했다.

재일동포 기업인으로서 고국에 거액을 투자했던 방림방적 창업자 서갑호는 국민교육에도 열성을 기울였다. 재일한국인 교육을 위해 금강교육재단을 설립해 한국에 기증했으며, 1973년 동명상업고등학교를 설립해 가정이 어려운 근로자들에게 무상교육의 기회를 제공, 배우면서 일하는 산학협동의 모범을 보였다.

동국제강 창업자 장경호는 1970년 장학재단을 설립하고 장학금을
지원했다. 2대 회장 장상태(張相泰, 1927~2000)는 1996년 100억
원을 출연해 창업자의 아호를 붙인 대원(大圓)문화재단을 설립해 이
공계 대학생의 장학금과 독거노인 돕기 등 사회공헌 사업을 해오다가
2001년 자신의 아호를 붙인 송원(松圓)문화재단(2010년 현재 자산
총액 372억 원)으로 이름을 바꿔 봉사활동을 확대했다.

평시에 항상 수출증대를 최고의 가치로 여기며 산업현장에서 뛰었
던 동명목재 회장 강석진(姜錫鎭, 1907~1984)은 1977년 대지 11
만 평을 출연해 학교법인 동명문화학원을 설립하고 기술인력 양성을
위한 교육사업을 평생의 과업으로 설정했다. 이듬해 동원공업고등학
교를 개교하고, 1979년 다시 동원공업전문대학을 개교했다.

한화 창업자 김종희는 대학을 설립하라는 주변의 권유를 뿌리치고
1976년 북일학원을 설립하고, 충남에 천안북일고등학교를 개교했다.
당시로서는 유례없는 수세식 화장실과 난방용 라디에이터를 설치하
고, 시청각교육실·어학실습실·옥외수영장·기숙사를 갖춘 초현대
식 학교로 화제가 됐다. 우수교사를 확보하기 위해 주택·해외여행·
연간 600%의 보너스 등 파격적인 대우를 제공했다. 학생들의 심신
단련을 위해 야구부를 창설, 창단 3년 만에 2개 전국고교야구대회에
서 우승했다. 한화 2대 회장 김승연도 1997년 천안북일여고를 개교
했다.

효성그룹의 창립자 조홍제는 사업만큼이나 인재육성도 중요시 했다. 그는 국가의 미래를 위해서는 무엇보다 교육이 중요하다는 신념으로 우수한 인재를 발굴·육성하는 일에 헌신적이었다. 사업을 시작한 후, 전쟁으로 파괴된 고향 경남 함안의 군북초등학교를 재건하고, 영남장학회를 설립해 장학금을 지급했으며, 배명학원을 인수하고 이사장을 맡아 후학들을 육성했다. 특히 배명학원 이사장 시절에는 동양나일론 건립으로 사업자금이 부족한 형편인데도 학생들을 위해 교사를 신축하고 실습기자재를 지원했다. 그는 인재를 키우는 것이야말로 국가·사회에 기여하는 길이라고 생각했다.

그는 1976년 재정난에 빠진 동양학원의 이사장직을 맡아 임종의 순간까지 정성을 다했다. 조홍제는 "몸에 지닌 작은 기술이 천만금의 재산보다 낫다"는 철학으로 기술교육을 강조했고, 그런 열정으로 재건된 동양공고와 동양공업전문대학(현 동양미래대학)은 오늘날 국내 굴지의 기술인력 양성기관으로 인정받고 있다.

조홍제의 교육정신은 2세 조석래(趙錫來, 1935~ )에게로 이어져 1985년 동양공전에 사무자동화학과를 신설하고 장학금을 지급하면서 정보화시대에 알맞은 인력을 길러내고 있다. 이 밖에도 기계공학부·로봇자동화공학부·전기전자통신공학부·전신정보학부·디자인학부생명화공과 등 첨단실용 부문 학과들을 설치해 산학협동 체제로 운영되고 있다. 미국의 밀워키 에어리어 테크니컬 칼리지, 뉴질랜드의 오클랜드 인스티튜트 오브 테크놀로지, 일본의 기후공업고등전문학교와 자매결연을 맺고 있다. 학원은 자율적으로 운영돼야 한다는 원칙 아래 재단은 관리만 할 뿐 운영에는 일체 간섭하지 않는다.

LG그룹 구자경(具滋曒, 1925~  )은 교육을 통한 사회봉사에 적극 참여하기 위해 1973년 학교법인 연암학원을 설립하고 천안연암축산대학(1974년)과 연암공업대학(1984년)을 개설했다. LG그룹은 2010년 'LG 사랑의 다문화학교'를 개설하고, 2년 코스의 언어인재과정과 과학인재과정을 운영하고 있다. 해마다 3~6월 봄학기와 9~12월 가을학기로 2년간 계속되는 이 과정은 초등학교 4학년에서 중학교 2학년 다문화가정에서 학생 30명씩(과학인재 온라인과정은 50명)을 선발해 한국외국어대학과 KAIST가 교육을 주관한다. 언어인재양성 프로그램은 언어능력 향상을 위한 언어교육과 미래의 지역전문가와 글로벌 리더로서 갖춰야할 인성과 소양교육이 병행되며, 과학인재양성 프로그램은 기초과학, 문화기술, 글로벌 리더십 등 미래사회 창의인재로 육성하기 위한 전문교육 과정이 제공된다.

동양화학(현 동양제철화학 OCI) 창업자 이회림은 1979년 재단법인 회림육영재단(현 송암문화재단)을 설립해 학술 · 문화부문 연구비 지원활동을 했다. 1982년에는 인천 송도학원 이사장으로 취임해 송도중 · 고등학교를 운영했다. 그가 1950년대 대한탄광을 경영할 때 직원자녀들에게 장학금을 지원하면서부터 장학사업이 시작된 셈이다.

금호그룹 창업자 박인천이 1977년 2억 원을 출자해 설립한 장학재단은 1982년 문화재단으로 확장해 매년 30억 원을 문화사업에 투자하고 있다. '영재를 기르고 문화도 가꾸고'라는 구호 아래 금호미술관과 금호아트홀, 금호리사이틀홀을 운영하면서 문화행사를 후원하고 있다. 1990년 창단된 금호현악4중주단은 세계 70여 개국을 순회

연주활동하면서 한국문화의 우수성을 홍보하다가 2002년 해체됐다. 1993년부터 금호문화재단은 국제무대에서 주목받는 유명 음악가들에게 수십만 달러씩 하는 고가의 명품악기를 연주활동 기간 무상대여하는 혜택을 주고 있다.

삼성꿈장학재단(2011년 현재 자산총액 7,800억 원)은 삼성그룹 회장 이건희가 사재를 출연해 2006년 설립했으며, 삼성과는 별도로 개인 민간재단으로 활동하고 있다. 주요사업으로는 소외계층의 교육기회 확대를 위한 장학사업과 복지친화적인 교육여건 조성사업을 실시, 개인·지역·계층 간 교육격차를 해소하고 사회통합을 목표로 멘토링 꿈 장학사업, 리더육성 장학사업, 배움터교육 지원사업, 글로벌 장학사업 등을 하고 있다.

포스코의 창업자 박태준이 건설 초기부터 사전에 사원주택과 교육기관을 함께 갖추게 한 것은 우수한 철강인재육성을 목표로 한 사전배려였다. 주택문제가 해결되자 도시에서 멀리 떨어진 위치에도 불구하고 내집마련이라는 꿈을 안게 된 직원들의 큰 호응은 물론 우수한 인재들이 모여 들었다. 박태준은 한걸음 더 나가 철강인재의 양성을 위해 1985년 포항공과대학 설립에 착수했다. 미국의 스탠포드와 MIT, 하버드, 조지아 텍, 영국의 셰필드 등 세계적인 공과대학들과 벤치마킹한 결과 캘리포니아공과대학을 모델로 삼았다. 전교생 장학금은 물론 기숙사 무료제공 등 최고의 교육조건을 계획했다. 1986년 문을 연 포항공대는 짧은 연륜에도 불구하고 오늘날 세계수준의 명문 공과대학으로 자리를 잡았다.

회사의 이념인 '인재육성 · 창의 · 봉사'를 계승해 사회공헌을 지속적으로 실현하기 위해 포스코는 2005년 기존 포항제철장학회를 확대 개편해 공익재단 포스코청암재단을 새롭게 출범시켰다. 이 재단은 학술 · 문화교류 사업과 장학사업으로 아시아국가간의 협력을 추구하는 '아시아펠로십'과, 포스코의 기업정신을 적용한 '차세대 인재육성', '사랑과 나눔의 실천' 등을 3대 전략사업으로 선정, 현재 10개 사업을 진행중이다. 박태준은 1971년 재단법인 재철장학회를 설립한 이후 초 · 중 · 고교 14개교를 설립했고, 이 가운데 포항제철초등학교는 1987년 개교돼 1995년 경영우수학교로 교육부장관 표창을 받았고, 2001년에는 교육헌장 수범사례로 교육부장관상을 수상했다.

한진 창업자 조중훈은 1954년 하와이교포들이 세운 재단법인 인하학원을 1968년인수, 종합대학으로 확장, 발전시켰다. 조중훈의 기업가 정신을 기릴 때 빼놓을 수 없는 것이 교육에 대한 남다른 헌신이다. 인하대 학술정보관 로비 벽에는 '종신지계 막여수인'(終身之計 莫如 修人, 한 평생을 살면서 가장 뜻있는 일은 인재를 키우는 것이다)이라는 관자(管子)의 글귀가 새겨져 있다. 조중훈은 평소에 "기업이 사회를 위해 기여할 수 있는 방법 중에서 가장 보람있는 일은 바로 인재양성"이라고 말해 왔다. 그는 1979년에는 한국항공대학을 인수해, 고등학교에서 대학까지의 항공교육을 계열화하고 항공기 정비기능공 양성을 위해 자신의 아호를 붙인 정석공고를 설립했다.

2002년 사망하기 전 조중훈은 사재 1,000억 원을 공익재단과 그룹 계열사에 기증하면서, 그 중 500억 원은 수송 · 물류 연구발전과 육영사업 기금으로 기부했다. 21세기한국연구재단은 1991년 한진그룹이 출연해 설립한 공익재단으로, 국내외 장학·학술연구·언론인 해외연구 지원사업 등을 하고 있다.

허창수(許昌秀, 1948~  ) GS그룹 회장이 기업이윤의 사회환원이라는 선친 허준구(許準九, 1923~2002)의 유지를 받들어 사재를 출연해 2006년 설립한 남촌재단(2011년 자산총액 320억 원)은 사회소외계층을 위한 의료지원과 장학사업, 학술연구지원사업을 하고 있다. 2008년 미국 경제지 '포브스'(Forbes)는 허창수를 '아시아 이타주의자 48인'으로 선정했다.

바다식량을 개척한다는 벤처정신으로 1969년 원양어업을 시작한 동원그룹 회장 김재철(金在哲, 1935~  )은 교육을 통한 사회공헌에 남다른 관심과 애정을 갖고 1979년 장학재단 동원육영재단을 설립, 인재육성에 힘쓰고 있다. 1977년 자신의 고향인 전남 강진군 관내의 중·고등학생을 대상으로 장학금을 지원해 오던 강진동원장학회를 발전적으로 확대 개편한 것이다. 동원육영재단은 설립 후 2011년까지 4,700여명의 초·중·고등학생들에게 장학금을 지원해 왔다.

동원은 대학과 연구기관에 재정적 후원도 꾸준히 해오고 있다. 1980년 서울대 사회과학연구소에 대한 연구비지원을 비롯해 고려대·연세대·한국외국어대·전남대·부경대·국립수산연구소·국제사법연구원·광주과학기술원에 약 150억 원을 지원했다. 또한 서울대 동원생활관 건축비 지원, 고려대 글로벌리더십센터, 부경대 동원학술연구재단과 전남대 동원장학재단, 한국외국어대 동원그룹리더십 장학재단을 설립하고, 고려대 글로벌리더십센터의 건축비 기부, 부경대 동원장보고관 건립 등 대학 발전을 위한 각종 후원활동을 했다.

이밖에도 아동도서 지원, 저소득층 가정에 책보내기 사업 등을 계속하고 있다. "인재를 키우는 방법 중에는 독서교육이 가장 효과적이고 근본적이다"는 전제 아래 2007년부터 만 6세 이하 어린이를 대상으로 '책꾸러기' 캠페인을 벌이고 있다. 동원그룹은 미래의 축구 국가대표가 될 꿈나무를 육성하는 데도 열성을 쏟고 있다. 동원은 2001년 대한축구협회와 공동으로 한국축구의 장기적인 발전에 대비하자는 취지로 '동원컵 초등축구리그'를 출범시켰다. 이 축구대회는 전국 초등학교 학생선수가 참가하는 경기로는 규모가 가장 큰 것으로 2011년의 경우 260여개에 이르는 팀이 참가해 리그제로 기량을 겨뤘다. 또한 2010년부터는 어린 선수들이 학업에 지장을 받지 않도록 주말 리그제로 바꿔 운영하고 있다. 동원컵대회를 거친 많은 선수들 가운데는 성인이 된 국가대표선수 이승렬, 김보경, 석현준, 남태희 등이 국내외에서 뛰고 있다.

동원육영재단은 앞으로 세계를 경영할 젊은이들에게 넓은 안목을 배양할 기회를 주기 위한 해외탐험 프로그램 '동원 글로벌 익스플로러(Global Explorer)'를 해마다 공개 모집, 실시하고 있다. 참가자들은 2인 또는 4인이 1조가 돼 여름방학 기간인 7월 중 2주간을 희망하는 나라에서 배낭여행을 하게 되며, 모든 탐험활동비를 재단이 지원한다.

교보생명은 국내에서는 유일하게 2002년부터 대안학교에 대한 지원사업을 하고 있다. 공교육에서 발생하는 여러 가지 문제를 극복하고 새로운 대안을 찾기 위해 노력하는 대안학교와 현장교사들을 지원하는 사업으로, 2011년 현재 총 158건에 10억 3,000만 원을 꾸준히 지원했다. 교보생명 창업자 신용호는 2000년 전국에 산재한 대안학교의 현장을 실사한 결과, 홍성풀무원농업고등기술학교 등 8개 학교를 골라 재단에서 6천만 원씩 지원하도록 했다.

어렸을 때 신병으로 건강하게 뛰어놀지 못했던 신용호는 평소에 체육인구의 저변확대가 나라를 건강하게 한다는 소신으로 대한체육회에 저변화 종목의 추천을 의뢰해 비인기 종목인 육상, 수영, 체조, 양궁, 유도, 테니스, 탁구, 핸드볼, 빙상, 스키 등 10개 종목을 추천 받았다. 신용호는 이들 비인기 종목으로 전국초등학교체육대회를 열어 '교보생명컵'을 주고 체력과 기량을 육성하도록 했다. 이 대회는 매년 한 차례씩 각 지방도시를 순회하며 열린다. 1995년에는 중국, 일본 등 동아시아 탁구 강국 7개국의 초등학교 선수들을 초청해 국제탁구대회를 열기도 했다. 그동안 6만여 명이 참여, 50여 명의 국가대표 선수가 선발됐다. 신용호는 1987년 충남 천안시 유량동 태조산 자락 38만 6,000여㎡에 인력양성센터 계성원(啓性院)을 건립해 사원 업무 교육과 외부 위탁교육의 장으로 활용하고 있다.

종근당제약 창업자 이종근(李種根, 1919~1993)이 1973년 고촌재단(현 종근당고촌재단, 2010년 자산총액 366억 원)을 설립할 때는 사내에서 종업원들에게 최소한의 교육기회를 주겠다는 소박한 취지였다. 그러나 기업이윤과 사재를 사회에 환원하기를 원했던 그의 뜻이 장학사업을 통한 인재양성으로 이어진 것이다. 이 재단은 2012년까지 36년 동안 대학생 5천 900여명에게 238억여 원의 장학금을 주고, 학술지원 사업으로는 2009년 현재 99개 단체 5,796명을 지원했다. 학비조달이 어려운 지방출신 대학생들은 서울 동교동에 마련한 기숙형 생활관인 종근당고촌학사에 입주시켜 학업에 전념하도록 하고 있다.

롯데그룹 회장 신격호의 동생 신춘호(辛春浩, 1932~ ) 농심회장이 롯데그룹 부회장으로 있을 때인 1955년 설립한 화암장학회는 1984년 그가 직접 이사장에 취임하면서 그의 아호를 따서 이름을 재단법인 율촌(栗村)장학회(2010년 자산총액 742억 원)로 바꿨다. 그는 인재육성을 위한 장학사업을 하면서 자연과학인재의 발굴·지원과 학술연구기관을 지원하고 있다.

신춘호는 특히 1989년부터 정부의 국한문혼용 운동에 적극 앞장서면서 초·중·고등학교 국어 교과서를 국·한문 혼용으로 제작해 무료로 배포했다. 그는 또 해외동포 자녀나 외국인, 해외입양아들이 한국말과 문화를 배우고 익힐 수 있도록 한국어 학습 CD-ROM을 제작·보급하고 학습사이트를 개발해 운영하고 있다. 2006년 Korean Lab 영어·일어판을 개발해 보급하고 비즈니스한국어 교재를 제작, 배포했다. 2009년부터는 전통문화의 계승·공연을 지원하고 있으며, 한자교육 촉구를 위한 1,000만 인 서명운동을 후원하고 있다. 외국인의 한국어 말하기 대회와 전국 외국인 백일장도 열고 있다.

(2)문화사업

기업 이외의 영역에서도 사회에 직접 공헌할 수 있는 길을 모색하던 이병철은 1965년 삼성문화재단(2010년 자산총액 6,241억 원)을 설립했다. 여유자본을 출연해 육영·문화·복지 등 사회공익에 기여하자는 생각에서였다. 그 해 5월 중앙일보를 창간했고, 이에 앞서 1년 전에는 동양방송(TBC-라디오와 TBC-TV)을 개국했다. 당시 경영난에 빠져있던 대구대학과 성균관대학교를 인수, 확장하고, 삼성문화문고를 발간해 각급 학교와 공공도서관에 무상으로 기증했다. 호암미술관을 건립, 운영하여 국보급 문화재에서 현대작품까지 다양한 장르의 미술품을 소장, 일반인에게 전시하고 있다.

이병철은 "전 생애를 통해 나의 기업활동에서 배우고 확인할 수 있었던 것은 기업의 존립기반은 국가이며, 따라서 기업은 국가와 사회의 발전에 공헌해야 한다는 점이다. 나는 인간사회에서 최고의 미덕은 봉사라고 생각한다. 인간이 경영하는 기업의 사명도 의심할 여지 없이 국가, 국민 그리고 인류에 대해 봉사하는 것이어야 한다"는 신념으로 평생을 일관한 기업인이었다.

LG 창업자 구인회는 병석에 있던 1969년 기업이윤의 사회환원과 인재양성을 위해 연암문화재단(현 LG연암문화재단, 2010년 자산총액 1조 9,000억 원)을 설립해 장학·육영·문화·사회복리사업, 도서관 운영·교육기관 지원 등 우리나라 학문발전과 문화예술진흥을 위한 사업을 벌였다. 대학원생 장학금 지원과 교수 해외연구비 지원 등 장학사업과 LG아트센터를 통한 국내외의 다양한 공연문화를 소개하고 있다. 국내 최초의 디지털도서관 LG상남도서관을 통해 과학기술관련 정보를 제공하며, 무료 디지털 음성콘텐츠를 제작해 소외계층의 정보화에도 기여한다.

1995년 2세 구자경이 설립한 LG상남언론재단은 언론인의 저술·

출판·학술연구·해외연수를 지원한다. 한편 서울대학교와 공동으로 전세계 3,000여 개 언론 관련 인터넷 사이트를 연결해 언론정보를 상세히 소개해 주는 종합언론정보사이트 'SNU - LG프레스 펠로우십 프로그램'은 세계 여러 국가들과의 언론·문화교류를 확대하고 있다. 1997년 설립한 상록재단은 자연환경보호와 국토의 효율적 이용을 위한 장묘문화 개선과 동식물보호 사업을 한다.

교보생명 창업자 신용호는 1980년 서울의 심장부 광화문 네거리에 대형서점 교보문고를 열어 국민의 지적인 쉼터로 제공했다. 그는 1990년 공익사업을 추진하기로 결정하고 자산평가 차액 300억 원을 공익사업기금으로 적립했으며, 1994년 미지급 배당금 37억 3천만 원을 재출연해 기금을 늘렸다.

그가 처음 관심을 기울인 공익사업은 농촌을 위하는 일이었다. 전문학자들과 상의한 결과 농촌을 위해 애쓰는 사람들에게 상금이나 연구비를 주기로 결정했다. 이 결정에는 자신이 어렸을 적 병약했기 때문에 시골 고향에 아무것도 기여하지 못한 한에 대한 보상의 의미도 포함돼 있었다.

1991년 50억 원(2011년 현재 자산 110억 원)을 출연해 자신의 아호를 붙인 대산(大山)농촌문화재단을 설립했다. 한국 최초의 민간 농업지원 공익재단으로 연구비 지원, 농업 해외연수, 장학금 지급, 국제 농업과학 심포지엄, 농업 우수논문 시상, 농촌문화상 시상 등 심도 있고 다채로운 사업을 벌이고 있다. 이 재단의 목적은 '농촌과 농업의 가치를 높여 모든 사람이 풍요로운 삶을 누릴 수 있도록 돕는다'는 데 두고 있다.

신용호는 1992년 기금 26억 3천만 원으로 대산문화재단을 설립했다. 이듬해 기금을 55억 원으로 늘려 기본재산 154억 6천만 원으로 한국문학과 한국학에 대한 지원을 확대했다. 재단의 사업으로는 대산문학상 · 대산청소년문학상 · 문예캠프 · 창작지원 · 한국문학번역사업 · 전국청소년연극제 등을 운영하고 있으며, 수시로 세계 저명 문학인들을 초청해 강연과 세미나 등을 개최한다. 신용호는 외국대학에서 한국학을 연구하는 부설기관에 대한 지원을 1994년부터 시작해 해당 학자들은 물론 한국학 관련 도서의 번역 출판, 한국학 관련 학술회의, 한국학 관련 교수의 유학 등을 지원한다.

이 재단은 특히 서구문화 일변도로 치닫는 문화적 위기를 극복하기 위해 굿을 비롯한 우리 고유전통문화 행사의 유지 · 발굴 · 재현에 지원을 아끼지 않는다. 그 혜택을 받은 지방문화재로는 태백 태백제, 순천 팔마제, 영월 단종제, 인천 제물포제 등 130여 종에 이른다. 전통문화뿐만 아니라 해외문화의 접목에도 관심을 기울여 광주비엔날레와 휘트니비엔날레를 지원하고, 호남오페라 등 영세한 예술단체의 공연도 돕고 있다.

신용호는 1997년 다시 60억 원을 들여 교보생명교육문화재단(2011년 총자산 15억 원)을 설립했다. 이 재단은 '생명의 가치가 존중되는 사회, 배움의 기회가 공평하게 실현되는 사회, 더불어 삶의 희망을 나누는 사회'를 만들어 가고자 하는 신용호의 뜻에 따라 교육 · 환경 · 문화사업을 펼치고 있다. 해마다 각 분야에서 시민환경의식 고취와 환경친화적 사회의 실현에 기여한 유공자를 선정해 교보생명환경대상을 시상하고 있다. 국내 환경교육 활성화를 통한 건강한 환경의식 확산과 환경친화적 사회의 실현에 기여하는 교육, 해외연수 등을 실시한다. 특히 교보환경문화상은 환경연구 · 운동 · 언론 · 문화예술 등 5개 분야로 나누어 시상한다. 또 장애인, 극빈자 등 어려운 사정에서도 희망을 잃지 않고 공부하는 청소년들에게는 교보생명 회망다솜장학금을 지급한다.

이 밖에도 교보다솜이간병봉사단 운영, 소아암 어린이를 위한 교보생명 어린이병원학교 운영, 헬스케어 심포지엄 '건강한 사회, 함께하는 세상' 후원, 대한암학회 대국민 홍보 '암, 희망은 있다'를 후원, 은퇴생활 지원 프로그램 '교보생명 푸른 숲 안내교실' 운영, Hi - Seoul실버취업박람회 후원, 보육원 퇴소 청소년을 위한 '교보생명 희망 장학금' 운영, 소년소녀 가장 돕기 결연 프로그램 '사랑의 떠잇기' 전개, '대학생 동북아 대장정', 기타 지역 전통문화행사 등을 지원하고 있다.

1996년 연세대학교 상경대학 경영학과 학생들이 뽑은 '기업의 사회적 임무를 수행한 가장 존경하는 기업인'으로 신용호가 선정돼 제1회 기업윤리대상을 수상했다.

신용호는 1981년 광화문사거리에 교보빌딩을 건축하면서 지하에 대형서점 '교보문고'를 열었다. 수익성 높은 상가로 활용하자는 주변의 건의를 일축하고 지하 1층 8,952m$^2$(약 2,800평)에 서점을 차린 것은 신용호의 결단이었다. 북클럽 회원 수는 1,000만 명으로 국민 5명 중 1명은 교보문고 회원인 셈이다.

두산그룹은 박두병의 유지를 받들어 1978년 6,350만 원을 기본재산으로 연강재단(2010년 현재 자산총액 1,155억 원)을 설립했다. 순수기초학문과 문화재보존관리 · 해외학술시찰 · 중국학연구지원 ·

해외동포에게 도서보내기사업을 하고 있다. 재단은 1993년 연강홀을 개관하여 예술·문화활동을 펼치고 있다.

두산은 1985년 부실기업 동아출판사를 인수해 1996년『동아원색 세계대백과사전』개정판 총 30권의『두산세계대백과사전』을 출간했다. 그 뒤 백과사전의 내용을 담은 CD-ROM과 그 내용을 인터넷으로 서비스하는 사이트 EnCyber로 바꿨다. 2010년 현재 종이책과 CD-ROM판은 출간을 중단하고, 'Doopedia두산백과'로 이름을 바꿔 인터넷으로만 무료로 제공하고 있다. 두산은 2011년 지주회사 두산에 사회공헌팀을 신설하고 그룹차원의 활동을 위해 연강재단과 그룹 계열사에서 추진해오던 공익사업을 통합해 효율성을 높이고 있다.

전 쌍용그룹 후계자 김석원(金錫元, 1945~ )은 평창동계올림픽의 숨은 공로자다. 1974년 그는 선친으로부터 '스키에 미친놈'이라는 비난을 들으면서도 국내에서 처음으로 강원도 용평에 스키장을 건립했다. '자식에게는 절대 유산을 물려주지 않겠다. 그러면 돈은 돈대로 없어지고 자식은 자식대로 버린다'는 신념을 가졌던 선친 김성곤에게 김석원은 상속이 아니라 투자를 해줄 것을 간청했다. 그래서 받아낸 2억 원으로 우선 강원도 평창에 520만 평의 땅부터 사들였다. 땅을 샀다는 말에 선친은 부동산 투기를 한 것으로 오해하고 '쌀 때 사고 비싸지면 파는 것은 천하의 반역자'라며 대노했다. 나머지 설비인 리프트·제설기·설상차(스노모빌) 등은 20만 달러의 차관을 얻어 사들였다. 김석원은 당시 서울 인근의 대모산에도 스키장을 하나 더 지을 생각이었으나 선친 앞에서 땅을 산다는 말을 다시 꺼낼 수 없어 포기했다.

한진그룹 창업자 조중훈은 생전에 모은 사재 1,000억 원을 공익재
단과 그룹 계열사에 기부했는데, 그 중 500억 원은 수송·물류 연구
발전과 육영사업 기금으로 기부했다. 21세기한국연구재단은 1991년
한진그룹이 출연해 설립한 공익재단으로, 국내외 장학사업·학술연
구 지원사업·언론인 해외연수 지원사업 등을 하고 있다.

현재 프랑스 루브르 박물관·영국 대영박물관·러시아 에르미타주
박물관을 방문하는 한국인들이 우리말로 작품안내를 받을 수 있는 것
은 한진그룹 후계자 조양호가 한국어 멀티미디어 가이드서비스를 후
원한 덕분이다

코오롱은 '마라톤 경영', '등산식 경영'이라는 용어를 쓰는 데서 엿
보이듯이 스포츠 정신을 경영철학으로 자주 내세운다. 특히 비인기
종목인 마라톤과 골프 육성에 많은 노력을 기울인 결과, 고교구간마
라톤 대회와 오픈골프선수권대회를 직접 주최, 꿈나무 육성과 경기력
향상에 기여하고 있다. 1992년 바르셀로나 올림픽에서 금메달을 딴
황영조도 1990년 코오롱 마라톤팀에 입단해 훈련을 받은 선수다.

1954년 태광산업사를 설립한 이임용(李壬龍, 1921~1996)은 동
양합섬주식회사를 합병하고 흥국생명보험과 대한화섬을 인수, 석유
화학에도 진출하는 등 기업그룹을 이끌었다. 그는 1990년 일주학술
문화재단(2011년 총자산 692억 원)과 일주학원, 선화예술문화재단
(2011년 총자산 646억 원)을 설립해 장학과 문화예술 지원사업을 하

고 있다. 일주학술문화재단은 문화예술 발전을 위한 일주아트와 아카이브 운영 등 2011년 현재 총 311억 원 규모의 사업을 수행하고 있다. 창업자의 건학이념을 실천하기 위해 1977년 설립한 일주학원은 산하에 세화여자중·고등학교와 세화고등학교 등을 개교해 미래의 인재양성에 힘쓰고 있다.

(3)사회·복지사업

효성그룹 창업자 조홍제는 중앙고등보통학교(현 중앙고등학교) 재학 때(1926년) 6·10만세사건에 가담해 옥고를 치루고 중퇴한 후 일본에 건너가 도쿄대학 경제학부를 졸업(1935년)했다. 조홍제는 대학시절 학업성적이 우수해 교수로부터 대학원 진학을 종용 받았으나 졸업 후 바로 귀국해 고향 농민들의 이익을 대변하기 위해 경남 함안군 군복면 금융조합장을 맡았다. 고향 농민의 자작농 창출을 추진하겠다는 사명감을 가졌던 것이다. 1939년 마침 서울에 사는 부재지주의 농지 17만 평이 매물로 나오자 이를 매입해 3년 분할상환 조건으로 100여 가구의 원소작인에게 분양했다.

이병철이 1982년 설립한 삼성생명공익재단은 1994년 산하에 삼성의료원(현 삼성서울병원)을 개원하고 최첨단 의료시설과 의료진을 확보, 우리나라 의료서비스의 질을 크게 혁신하는 계기를 마련했다.
사회복지활동 기구로서는 삼성복지재단과 삼성사회봉사단, 환경보전 활동에서는 삼성지구환경연구원이 사람과 자연을 존중하는 환경친화기업으로서 녹색경영운동을 실천하고 있다. 삼성경제연구소와 삼성언론재단은 새로운 발상과 긍정적인 자세로 시대의 흐름과 미래의 변화를 연구해 사회의 새로운 방향을 제시한다. 삼성법률봉사단은 법의 보호를 재대로 받지 못하는 사람들을 위해 삼성소속 변호사들이 자발적으로 법률상담과 변론활동을 지원한다. 삼성복지재단에서는 전국 23개 도시에 어린이집을 건립, 저소득층 가정을 위한 보육사업을 하고 있다.

제일제당 · 세한 · 한솔 · 신세계 · 삼성 등 이병철의 5개 가족사들이 기금을 공동 출연해 1997년 설립한 호암재단(2010년 현재 자산총액 381억 원)은 삼성 창업주 이병철이 생전에 추진했던 사업보국과 인류사회에의 공헌정신을 계승, 발전시키기 위해 발족한 것이다.

호암재단은 삼성복지재단에서 운영해 오던 호암상 시상을 이관받아 1997년부터 시상하고 있다. 호암청년논문상 시상, 학술연구 지원사업, 출판사업, 전시시설의 설립 · 운영 사업도 하고 있다.

1975년 박정희 대통령은 기업의 사회적 책임을 강조하고 105개 대기업에게 기업을 공개하라고 권장한 것은 우선 현대건설이 기업공개를 솔선수범해 줄 것을 겨냥한 것이었다. 당시 현대건설은 수익률이 가장 높은 업체 중의 하나였다. 그러나 정주영은 이를 거절하면서 "주식을 공개하면 주식을 살 수 있는 사람들은 이익을 배당받아 돈을 벌 수 있지만 그렇지 못한 가난한 사람들에게는 아무런 도움을 주지 못한다. 여유있는 사람들에게 더 많은 이익을 주는 방식의 기업공개는 진정한 의미의 사회환원이나 기업의 사회적 책임의 수행도 아니다. 그보다는 보다 많은 이익을 남겨 벽지 농어민이나 가난한 사람들에게 복지를 베푸는 것이 더 실리적이고 공평한 것이다"라는 반론이었다.

그로부터 2년 뒤 현대건설 창립 30주년을 맞아 정주영은 자신의 개인소유 주식 50%와 사재 500억 원을 출연해 아산사회복지재단(이사장 정몽준, 2010년 자산총액 1조 9천억 원)을 설립했다. "우리 사회의 불우한 이웃을 돕는다"는 설립 취지에 따라 의료·복지사업을 주로 하는 이 재단은 설립과 동시에 의료시설이 빈약하던 영덕·보령·보성·정읍·울산·금강·홍천·정읍·강릉에 종합병원을 건립하고 서울에도 서울아산병원을 개원, 양질의 의료서비스를 제공하고 있다. 경제사정이 어려운 서민과 농민들의 건강을 위한 무료순회진료 사업과 노인·아동·장애인복지시설 등 각종 사회복지단체를 지원, 학문 연구개발 사업, 우수인재와 불우청소년 장학사업 등을 하고 있다. 2011년에는 300억 원을 출연해 아산의학발전기금을 설립했다.

정주영의 사업보국 정신은 88서울올림픽 유치위원장으로서의 활동에서도 발휘됐고, 1998년 6월의 '소떼몰이 방북'으로 절정을 이루었다. 북한동포들의 평생소원이 '이밥(흰쌀밥)에 고기국을 먹는 것'이라는 보도는 북한 주민들의 궁핍한 생활상을 입증하는 것이었고, 북한의 강원도 통천 아산마을이 고향인 정주영에게는 가슴아픈 소식이었다. 남북관계가 해빙무드로 완화되던 무렵인 1989년 정주영은 44년 만에 고향을 방문, 그들의 피폐한 생활상을 직접 목격했다. 그로부터 9년 뒤 500마리의 소떼를 몰고 휴전선을 넘어 고향을 찾아감으로써 국내외 언론들의 스포트라이트를 받았다. 그것은 남북화해의 이벤트이자 정주영 개인에게는 소 판 돈 70원을 훔쳐 떠나온 고향에 대한 뒤늦은 사죄와 보상이라는 의미도 큰 것이었다.

2011년 8월 창업자 정주영 사망 10주기를 맞아 현대가 오너들의 공동참여로 설립한 아산나눔재단은 우리사회의 양극화 현상을 해소하기 위한 복지실현, 청년들의 창업지원, 해외인턴 파견 등 사업을 실시하고 있다. 이와는 별도로 현대자동차그룹 회장 정몽구는 2007년 해비치사회공헌문화재단을 설립, 교통사고 피해가정과 순직한 교통경찰관 가족교육, 문화공연관람, 예술전공 고등학생 교육지원 사업을 벌이고 있다. 현대건설은 2010년 임직원들이 참여하는 '초록나무희망나래자원봉사단'을 발족하고, 전국 건설재해 유자녀(약 300가구) 돕기에 나섰다.

자동차부품 업체 현대모비스는 2010년부터 3년 동안 전국 120개 초등학교 아동들에게 해마다 비닐투명우산 10만 개씩을 나눠주는 '투명우산 나눔 캠페인'을 벌이고 있다. 해마다 국내에서 13세 미만의 어린이와 관련된 교통사고가 1만 4,000여건씩이나 발생하고 이 가운데 어린이 보호구역 안에서만도 800여건에 달한다. 이들 사고가 비오는 날에 집중하는 이유는 우산이 시야를 가리는 데 있다는 사실을 감안해 사고예방책으로 이 캠페인을 시작했다.

1991년 설립한 LG복지재단은 전국 14개 지역에 복지관을 건립해 해당 지방자치단체에 기부하고 운영은 전문복지법인에게 맡겼다. 2007년부터 보육시설을 건립해 아동·노인·장애인 복지를 지원하고 있다.

SK텔레콤은 1999년부터 장애청소년 정보검색대회를 열고, 해마다 전국 100여개 특수학교에서 200여개 팀이 참가해 사이버 공간에서 자신의 기량을 펼치는 축제의 장을 마련하고 있다. SK텔레콤은 또 2000년 소년소녀가장 5,210 세대에, 다음해에는 830세대에 PC를 보급하고, 2002년에는 응급의료기기를 갖춘 이동진료버스를 2억 원을 들여 제작해 민간의료봉사단체인 글로벌케어에 기증해 의료시설이 불비한 지역 주민을 대상으로 무료의료활동을 하는 데 사용하도록 했다. SK는 창업자 최종건의 지극한 애향심을 기리는 뜻으로 1995년 250억 원을 들여 1,400석의 열람실을 갖춘 도서관을 건립해 그의 고향 수원시에 기증했다.

한화는 복지시설에 태양광발전 설비를 지원하는 'Happy Sunshine 캠페인'을 벌이고 있다. 2003년부터 한화는 각 사업장별로 대표이사 책임아래 윤리경영을 실시한 뒤 연간평가를 거쳐 대표이사의 경영성과 평가에 반영하고 있다.

태평양화학 서성환은 1960년대 중반 주부인력을 동원한 화장품 방문판매제도를 도입해 화장품 유통에 전기를 마련했다. 이 제도는 주부노동력 활용으로 가내소득을 향상시키는 데도 기여했다. 1973년 태평양장학문화재단을 설립, 인재육성을 위한 장학사업과 학술연구 지원사업, 여성생활문화를 개척하는 논문공모사업을 시작했다. 학교법인 태평양학원과 태평양박물관을 설립하고, 별도로 복지재단을 설립, 사회공헌활동을 복지분야까지 넓혔다. 2000년 설립한 한국유방건강재단은 유방암 퇴치사업을 벌이기 위해 전액을 출자한 비영리 공익재단으로, 유방암 조기검진 캠페인과 학술연구비 지원 등 사업을 벌이고 있다. 또한 여성 암환자에게 희망과 행복감으로 채울 수 있도록 다양한 화장법을 보급한다.

CJ그룹 회장 이재현(李在賢, 1960~  )은 2006년 CJ나눔재단과 CJ문화재단을 설립했다. 나눔재단은 활동을 도너스캠프·푸드뱅크·재능나눔봉사 사업으로 분리해 시행하고 있다. 도너스캠프는 교육을 통해 가난의 대물림을 방지하고 미래의 인재를 육성한다는 목표로 온라인 기부사이트를 운영하고 있다. 2012년부터는 학교폭력과 왕따 근절을 위한 교육지원으로 영역을 확장했다. 도너스캠프를 통해서는 대학생 인성지도자(멘토) 50명을 양성, 전국 100곳의 공부방에 파견해 소외계층 아동들을 위한 인성과 사회성 함양 프로그램을 펼치는 인성멘토단을 운영한다. 재능나눔봉사는 자사 임직원이나 명사, 일반인 기부자 등이 개인의 능력을 발휘해 봉사하도록 주선한다.

CJ문화재단은 음악·영화·뮤지컬 등 대중문화의 창작지원과 미래의 문화산업을 이끌어갈 젊은예술터그룹 안에 재해지원팀을 구성해 재해가 발생할 때마다 국내외를 가리지 않고 인명구조를 지원하고 있다.

건설업체 부영 회장 이중근(李重根, 1941~  )은 2012년 기준으로 284개동 22만 세대의 아파트를 건축했다. 그는 1994년 대표이사 취임 후 대학기숙사 63건을 비롯 도서관과 각급학교 등 공공교육시설 88개소와 노인회관, 복지주택 등 복지시설 14건을 건설해 기증했다. 이중근은 2012년 7월 서강대학교 마포캠퍼스 안에 지상 7층, 지하 2층 규모의 학생회관 '부영관'을 신축하기로 하고, 건설공사비 100억 원을 기부했다. 이러한 사회공헌 활동으로 부영은 국내에서는 대통령 산업포장(1988년)을 비롯해 금탑산업훈장 국민훈장 동백장(1995년), 국민훈장 무궁화장(2001년)과 한국주택문화상 종합우수상(2001년), IMI경영대상 사회공헌부문대상(2009년)을 수상하는 등 수많은 표창과 훈장을 받았다.

동양제철화학이 2006년 시작한 소외계층을 지원하는 '천사 (1004)운동'은 임직원들이 자율적으로 신청한 구좌(구좌당 1004원) 액수만큼 급여에서 공제하고, 회사 지원금을 더해서 사회복지단체나 소외된 이웃에게 전달한다. 임직원들은 1004봉사대를 조직해 시각장애인 마라톤 도우미와 사랑의 연탄 나누기 등 다양한 봉사활동도 하고 있다. (노계원)


## 2. 캔두이즘(Can-doism)

동서고금을 막론하고 성공 기업가의 DNA에는 Can-doism이 강하게 내재되어 있다. 한국 기업가에게서는 그 캔두이즘에 '무모'와 '뚝심'을 볼 수 있다. 일제 강점기에는 "조센징은 안 된다"는 일본인에 맞섰고 해방 후에는 수출과 건설을 통해 "나도 할 수 있다"는 뚝심을 보였다. 그리고 지금은 세계 1등 기업이 되겠다는 의욕이 넘친다.


### 1) 조선 사람, 우리도 할 수 있다

일본 강점기에 일본은 조선에 대해 철저한 우민정책을 펴왔다. 조선 사람들은 원래 게으르고 무능력하다는 점을 계속 각인시키며 민족의 자긍심을 훼손하는 일에 매진했다. 조선 사람들은 일본의 논리적인 우민 정책에 세뇌되어 스스로 무능하다는 자조감을 갖는 분위기 속에서 일본 기업들과 당당히 맞서 어깨를 나란히 하는 뛰어난 기업가들이 출현하여 조선 사람도 할 수 있다는 것을 증명해 보였다.

　1917년 미쓰이 물산이 부산에 최신 기계 설비를 갖춘 조선방직을 설립하였다. 그런 가운데 조선인들이 옷을 해 입기 위해 한 해 동안 일제 광목을 구입하는 데 총 2700만 원(『재계회고 1』, 한국일보사, 1984)을 쓴다는 사실을 알게 된 김성수는 '우리 옷감은 우리 손으로'라는 창립 이념을 갖고 1919년 3·1운동 직후 전국 각 지방의 유지들로부터 1인 1주 공모방식으로 자본금을 마련하여 경성방직을 설립하였다.

　경성방직 설립 허가 과정에서 일본 측은 이 핑계 저 핑계로 허가를 지연시키며 제풀에 지쳐 사업을 포기하도록 유도했다. 이러한 방해 작전을 넘기 위해 당시 명망가였던 박영효를 전면에 내세우기도 했다. 공장 건설 단계에 이르자 일본인들은 조선인 손으로 근대적인 공장을 건설할 수 없을 것이라고 비아냥거렸다. 우여곡절 끝에 김성수는 5천여 평의 영등포 공장을 건설하여 직기 200여대를 설치하고 실제로 직원도 조선인만 채용한다는 방을 공장 정문에 붙였다. 회사의 경영진도 김성수 자신과 같이 일본에서 공부하고 돌아온 젊은 유학파들로 구성하였다. 1923년부터 매월 광목 5천 필을 생산했으나 판매가 부진했다. 국내 면직물 시장은 일본의 동양방적과 이미 국내에 진출한 조선방직이 장악하고 있었다.

　경험 미숙과 과욕으로 막대한 손실을 안고 회사가 침몰 위기에 처하자 김성수는 가문의 자산을 담보로 하여 식산은행으로부터 융자를 얻어 위기를 모면하기는 했으나 추가 출자에 대해 주주들이 소극적 태도를 취하자 자신의 가문이 주식을 인수하였다. 전국적 규모의 주주 구성에서 가문으로 단일화되어 경영 안정을 되찾은 경성방직은 면사로 짠 직포 생산이 수익성이 좋지 않자 방적으로 사업을 확대하면서 수익이 좋아지기 시작했다. 방적공장을 갖추게 된 경성방직은 점차 경쟁력을 회복하면서 일본인이 경영하는 조선방직, 도요방적, 가네가후지방적과 함께 조선 4대방(大紡)으로 자리 잡는데 성공했다. 이 4대방은 원면에서 면사를 생산해 최종 제품까지 제조하는 일관생산 체제를 갖추고 있는 본격적인 근대적 면방직 공장들이었다.

우리나라 최초의 백화점 왕이었던 박흥식은 29세 때인 1931년 지물로 번 큰돈으로 금은방이면서 잡화와 양복을 함께 팔고 있던 화신상회를 인수하면서 백화점 경영에 발을 들여 놓게 되었다. 화신상회를 인수한 박흥식은 후에 동아상회였던 동화백화점을 인수하여 정식으로 화신백화점으로 재단장하고 일본 백화점들과 본격적으로 경쟁하기 시작했다. 박흥식은 신문광고에 민족 감정에 호소하는 광고 문안으로 고객의 마음을 사로잡는 전략을 쓰는 한편 갖가지 새로이 저가 판매수법을 구사하여 고객을 끌어들였다. 그는 오사카에 거점을 마련하고 현지에서 각종 상품을 생산업체로부터 직접 납품 받아 저렴하게 상품을 구매한 뒤 이를 백화점에서 대대적인 할인 행사로 파는 방법을 썼다. 일본 백화점들도 너무 싼 가격에 아연실색했다.

그리고 당시에는 전혀 없던 상품권도 만들었다. 그것도 현금으로 교환 가능한 상품권을 발매하여 뇌물을 주고 뒷거래를 하고자 하는 수요층을 빨아들였다. 그러나 1935년 설날 명절을 몇 일 앞두고 백화점 옆에서 노점상을 하던 상인의 실수로 화재가 일어나 백화점이 불에 타 없어졌다. 박흥식은 즉각 긴급 복구공사를 하도록 하여 명절 전에 다시 개업할 수 있었다. 한편 화신백화점 화재보험금과 자신의 재산을 함께 투자하여 신관을 짓는데 조선의 신진 건축가에게 설계를 맡겼다. 후일 1967년 4월호 월간『공간』지는 이 건물에 대하여 "피압박 민족 중의 자산가가 처음 하는 큰 역사를 더 이름이 있었을 외인(外人)한테 하지 않고 동족의 젊은 건축가에게 맡겼음은 확실히 의의 깊은 일이다"라는 기사를 게재하였다.

화재 사건 이후 2년 3개월이 지난 1937년 11월 조선인 자본으로 조선인 건축가가 설계한 지상 6층 지하 1층의 전관이 완성되었다. 새로 지은 건물은 엘리베이터와 에스컬레이터 시설도 갖추고 밖으로는 네오사인과 깜빡이는 전구로 장식을 하여 사람들 마음을 설레게 하는 서울의 명소가 되었다. 이러한 건물의 위용과 화려함으로 무장한 화신백화점은 미츠코시, 죠지야 등 일본계 백화점들을 누르고 서울에서 가장 큰 백화점이라는 명성을 누렸다.

자신의 꿈을 이루면서 새로운 한국을 개척하는데 공헌한 사람도 있다. 한국에 최초의 항공회사를 세운 신용욱이다. 호남의 부농 집안에서 태어난 그는 비행사 되는 것이 꿈이었다. 휘문고등학교를 나와 일본에 건너가 항공학교를 수학하고 1930년에 사재로 여의도에 조선비행학교를 설립, 운영하면서 일본에서 제작된 4인승 비행기를 들여와 유료로 서울 상공을 일주하는 항공 사업을 시작했다.

그 뒤 그는 1933년에 다시 미국으로 건너가 헬리콥터 조종사와 국제 조종사 자격증을 따고 귀국하여 1936년에 조선항공사업주식회사를 설립하였다. 조선항공사는 서울~울산 간 정기 노선을 개설하여 조선인으로서는 처음으로 민간 항공사를 정식으로 운영하게 되었다. 당시의 항공 노선은 1929년 일본이 도쿄~대련 간 노선을 운영하면서 중간 기착지로 대구와 서울, 평양, 신의주의 항공로가 개설하였고 다시 국내 단독 노선으로 그 해 6월에 서울~울산이 있는 상황으로 항공산업은 전부 일본이 쥐고 있었다.

1944년 일제는 신용욱이 갖고 있던 비행기를 전부 전쟁용으로 몰수하고 그에게는 항공기를 제작하도록 하여 일본과 신용욱이 각각 50%씩 출자하여 부산에 조선항공기공업을 설립하였다. 해방이 되자 신용욱은 1946년 조선항공공업사를 대한항공공사(KNA, Korea National Airlines)로 개편함으로써 한국 최초의 민간 항공회사가 탄생하였다. KNA는 적극적으로 국내 노선을 개척했다. 우선 서울~부산을 시작으로 서울~강릉과 서울~공주, 서울~옹진 노선을 개설하였다. 다시 1953년에는 회사 형태를 공사에서 주식회사로 바꾸고 국제선용으로 72인승 항공기를 도입하여 우선 서울과 부산 간 노선에 투입하였다. 1954년에 서울~대만~홍콩 간 노선을 개설함으로써 민간항공회사로서는 처음으로 국제선을 개척했다.

## 2) 나도 할 수 있다

1945년 일본의 패전으로 해방된 이후 곧 이어진 6·25전쟁 등 사회적 혼란 속에서도 사업적 감각을 갖고 있던 사람들은 기회를 붙잡아

각자가 갖고 있는 사업가적 기질을 발휘하면서 나도 할 수 있다고 생각했다. 거의 무에서 출발한 한국의 기업가들은 원자재 수출과 주둔 군인 미군에서 파생되는 사업기회를 놓치지 않고 잡아내면서 차츰 수입에만 의존하던 생필품을 국산화하는데 나서기 시작했다.

　건설업계에서는 정주영이 이제껏 경험하지 않았던 영역도 겁내지 않고 뛰어 들어 독특한 해결방법을 찾아내 자신의 입지를 다지며 성장했다. 아이젠하워 미국 대통령 당선자 한국 방문 숙소 공사 수주도 그러하다. 휴전 직전인 1953년 1월에 아이젠하워가 미국 대통령 당선자 신분으로 한국을 방문할 예정이었다. 숙소는 구한말 대원군의 사저였던 전통 한옥 운현궁으로 정해졌다. 문제는 한옥에 있는 재래식 변소를 보름 안에 양변기로, 곳간을 목욕탕으로 바꾸는 일이었다. 정주영에게 그 업무가 떨어졌다. 시한은 15일간으로, 기간 안에 공사를 끝내면 공사비를 갑절로 주지만 그렇지 못하면 위약금을 배로 물어야 한다는 계약 조건이었다. 정주영은 양변기도 스팀난방도 서양식 샤워기도 써본 경험이 전혀 없는 상태였다. 그는 계약서에 서명하자마자 용산 적산가옥부터 시작해서 서울 시내 고물상을 뒤지기 시작했다. 주인들이 모두 피난 가고 없는 고물상을 뒤져 보일러통과 파이프, 세면대, 욕조, 양변기 등을 찾아내 차용증서를 남기고 가져다가 철야작업을 강행하여 약속했던 15일보다 3일 앞서 공사를 끝냈다. 공사 대금을 받으러 간 정주영에게 미군들은 "현다이 넘버원(HYNDAI No.1)!"하며 엄지손가락을 치켜세웠다.

　이어서 미군은 조성된 지 얼마 되지 않아 뻘건 흙이 아직 그대로인 부산의 UN군 묘지 녹화공사를 정주영에게 발주했다. 닷새 후에 UN

참전국 사절단이 내한하여 묘지를 참배할 계획이었다. 정주영은 촉박한 기일과 아이디어 값으로 발주금액의 3배를 요구하여 공사 계약을 맺었다. 미군측은 3배가 아니라 10배라도 줄 기세였다.

문제는 땅이 꽁꽁 얼어 있는 한겨울인데다가 전시에 잔디가 있을 리가 없다는 점이다. 정주영이 묘지가 풀만 파랗게 나있으면 되는 것이냐고 물어보자 미군측은 그렇다고 했다. 정주영은 낙동강 변에 파랗게 싹이 돋은 보리밭을 떠올리고는 트럭 30대를 사방에서 끌어 모아 보리밭을 통째로 사들여 파란 보리를 떠서 묘지에 덧입혔다. 순식간에 뻘건 흙투성이 묘지가 푸르게 바뀌었다. 미군 관계자들은 '원더풀, 굿 아이디어!' 라면서 눈을 휘둥그레 뜨고 감탄해 마지않았다.

"대개의 사람들은 좀 어렵다 싶은 일은 해보겠다는 시도도 않고 미리 그냥 간단하게 '불가능하다' 로 끝내 버리고 만다", "그러나 나는 상식에 얽매인 고정관념의 태두리 속에 갇힌 사람으로부터는 아무런 창의력도 기대할 수 없다고 생각하는 사람이다. 내가 믿는 것은 '하고자 하는 굳센 의지' 를 가졌을 때 발휘되는 인간의 무한한 잠재능력과 창의성, 그리고 뜻을 모았을 때 분출되는 우리 민족의 엄청난 에너지 뿐이다." 정주영이 그의 자서전에서 한 말이다.

이원만은 한국 합성섬유 산업시대를 연 개척자였다. 일본에서 처음으로 챙이 달린 모자를 만들어 큰 돈을 번 그는 해방이 되자 한일 간 교역이 활발해 질 것으로 보고 1951년 도쿄에서 무역회사 삼경물산을 설립하였다.

1953년에 일본 동양레이온사의 나일론 원사 한국 독점 판매권을 얻어 1954년 현재의 코오롱 그룹의 모태인 개명상사를 설립하여 국내 최초로 나일론을 들여왔다. 예상한 대로 국내 수요가 폭발적으로 늘어났다. 이원만은 다시 1957년 4월 대구에 한국나이롱주식회사(현재의 코오롱)를 설립하면서 스트레치사 생산 공장을 세웠다. 스트레치사를 국내에서 생산하게 되자 그 다음 단계로 나일론 원사까지 생산하는 계획을 세우고 1961년 2월 현안이었던 기술용역을 미국 켐텍스사와 계약하여 1963년 여름 공장을 준공하고 일본인 기술자들의 지도하에 공장 가동에 들어갔다. 박정희 국가재건최고회의 의장이 임석한 가운데 그 해 8월에 공장 준공식을 갖는 자리에서 이원만은 다음과 같은 말을 했다.

"이 세상에 태어나서 남의 도움을 많이 받았으니 나도 도움을 주어야겠다고 항상 생각하고 있습니다. 나는 우리 동포들에게 의복을 주자고 결심했습니다. 헐하고 질긴 의복을 동포에게 입히고 부녀자들을 빨리 고통에서 해방시키고, 양말 뒤꿈치를 꿰매는 고역의 생애를, 그렇게 하지 않고 편하게 살 수 있는 생애로 전환시키려 했습니다. 그래서 나는 한국에서 처음으로 나일론 원사를 생산했습니다. 옛날부터 전해 내려오는 말 그대로 인간 생활에선 의복이 날개입니다. 우리 민족도 잘 입고 떳떳이 밖으로 나가 다른 민족과 경쟁해서 이겨야 합니다"(『재계회고 Ⅴ』, 한국일보사, 1984년).

1964년 초 이원만은 '코오롱'(KOLON)이라는 브랜드로 나일론 원사를 생산하기 시작했다. 이어 국산 나일론으로 만든 가공품들이 생산되기 시작했다. 특히 질기고 값이 싸서 이를 가지고 양말을 만드는 생산업체가 100여개에 이르렀고 이들 업체가 생산하는 양말은 연간 2천만 켤레에 이르렀다. 수출도 호조를 보였다. 연간 300만 달러를 수출하는 실적으로 쌓는 등 수요가 폭발하자 품귀사태까지 일어났다. 이에 동양나이론, 한일나이론 등이 새로이 시장에 진입하여 경쟁하기에 이르렀다.

한국에서 가장 먼저 나일론을 생산한 한국나일롱은 1960년대 말 당시에 또 다른 '꿈의 섬유'로 불리던 폴리에스터 섬유 생산에 성공함으로써 한국 섬유개발사에 큰 획을 긋는 역사적 역할을 맡았다. 동사는 1977년 한국나이롱과 한국포리에스텔의 상호를 코오롱으로 변경하고 이후 의류 · 석유화학 · 건설 · 교육 · 문화 · 유통 · 보험 · 정보통신 등으로 사업다각화를 이루었다.

삼성의 이병철은 해방 이후 무역업으로 큰 돈을 벌면서도 언제까지 일상생활에 필요한 물품들을 수입에만 의존할 수 없을 것이라고 생각했다. 우선 설탕제조에 눈을 돌린 이병철은 1953년 전쟁이 휴전회담 진행으로 막바지로 치닫고 있던 4월 삼성물산 안에 제일제당창립사무소를 개설했다. 당초 일본회사 다나카기계에 제당기를 구입하려는 계획은 당시 이승만 대통령의 강한 반일정책의 벽에 부딪혀 좌절됐고 뒤에 원심분리기를 서독에 발주했으나 거절당했다. 기계의 조작이나 수리가 한국인들의 기술로는 불가능하다는 것이었다.

다나카기계 측에 자초지종을 이야기하고 한국에서 자체적으로 조립할 수밖에 없음을 설명하였지만 다나카기계 측은 자신들이 한국에 들어와 직접 기술지도하지 않으면 곤란하다고 난색을 보였다. 한국 사람이 해낼 수 없을 것이라는 불신감의 표현이었다. 그러나 이승만 대통령의 일본인 입국금지는 움직일 수 없는 원칙이었기 때문에 이병철은 차선책으로 자신이 직접 공장장을 대동하고 일본에 가서 기계공장과 제당공장을 돌아보며 벼락치기 공부를 하는 쪽을 택했다. 서둘러 공부하고 한국에 돌아와 기계조립 용역회사와 더불어 기계 조립에 들어갔다.

기계 조립 과정에서 기술 부족으로 발생하는 제반 문제들은 수시로 이병철을 괴롭혔다. 그때마다 일본에 연락해서 기술 지도를 받아가며 생산설비를 완성했다. 1954년 10월 28일 역사상 처음으로 국산 설탕이 생산되기 시작했다. 누구나 불가능하다고 고개를 가로저은 일을 해낸 것이다. 이병철은 훗날 자서전에서 '비로소 나도 국가를 위한 떳떳한 사업을 이룩해 놓았다는 감회에 젖었다'고 회고했다.

이병철은 제당사업 다음으로 섬유사업에 관심을 가졌다. 처음에는 면방직을 생각했지만, 정부가 면방직보다는 모직 쪽을 권했다(『재계회고 I』, 한국일보사, 1984년). 모직은 면방직에 비해 막대한 자본과 고도의 기술이 필요한 분야로 모포 등 굵은 실로 제조하는 쪽은 비교적 업체가 좀 있었으나, 정부가 권한 얇은 양복감을 제조하는 이른바 소모방(梳毛紡) 분야는 거의 황무지였다. 소모직(梳毛織)은 면방보다 제조하기가 더 어렵고 까다로워 전량 수입에 의존하고 있었다.

1954년 9월 제일모직을 정식으로 설립하였다. 모직에 관해서는 불모지였던 당시 한국은 하나부터 열까지 새로 연구해야 했다. 첫 단계인 원료도입도 국내 기술자가 없어 어떤 것을 수입해야 할지 가려낼 사람이 없었다. 또한 원료에 맞는 기계도 다년간의 경험과 원료에 대한 해박한 지식을 터득해야만 결정할 수 있는 문제였다. 우선 가까운 일본에 가서 모직업계를 둘러보고 협조를 구하려 했으나 일본 모직업계는 비협조적인 태도를 보였다. 제일제당으로 인해 한국의 설탕 시장을 빼앗긴 것도 작용했다. 그러나 대일본모직(大日本毛織)이 비교적 협조적인 태도를 보이며 제일모직 공장의 레이아웃까지 작성해주었다. 물론 기계는 모두 일제를 도입해야 하는 것이었다. 이 레이아웃을 가지고 정부에 기계도입 신청을 하자 대통령 비서실측에서 일제 기계보다는 독일제 기계를 도입하는 것이 더 좋겠다는 의견을 내놓았다. 사실 이 시기에 정부는 국내 수요 모직을 수입에만 의존할 수 없다고 판단하여 관주도의 생산업체를 설립할 계획을 갖고 이미 독일 함부르크의 스핀바우에 기계를 발주해 놓고 있었다. 물론 정부는 이 사업에 착수한 다음 기회를 봐서 민영화할 계획이었다. 할수 없이 독일제 기계를 중심으로 영국, 이탈리아, 프랑스 등지에서 우수한 기계들을 선별하여 들여오는 것으로 계획을 바꾸었다.

이병철은 설비 도입을 위해 미국 원조 당국과 상의했으나 예상대로 우리 기술의 낙후성을 이유로 부정적인 응답이었다. 우리 돈으로 외화를 사들여 쓸 수밖에 없었다. 결국 제일모직 공장건설에 필요한 외화 60만 달러를 미대외원조처(FAO)를 통해 매입하고 기계 수입 신용장을 개설했다. 발주한 지 반년이 지나자 선발대로 도착한 독일인 기술책임자는 본국에서 기술요원 60명을 데려와 적어도 1년 동안 작업해야 기계를 설치할 수 있다고 주장했다. 60명이면 1인당 최저 임금 450달러를 지불한다 해도 독일 기술자 인건비만 1년에 약 30만 달러 이상 소요된다는 계산이 나온다.

이병철은 설계도만 있으면 기계 조립 등은 우리 기술로 해결할 테니 염색, 가공 등의 공정 기술자는 제외하고 오직 직조 기술자만 보내달라고 했다. 여러 번의 의견조정 끝에 결국 이병철의 주장이 관철되었다. 이병철은 직접 경북 대구시 북구 첨상동 공사 현장에서 근로자들과 숙식을 함께하면서 건설을 진두지휘하여 1956년 5월에 기계 설비를 끝내고, 곧바로 조업에 들어갔다. 제일모직은 골덴텍스 상표로 첫 해 1년 동안 5만 벌 분을, 1벌당 1만 환에 판매했다. 마카오제 복지가 당시 7만 환이었으니까 약 300억 환 상당의 외화를 절약한 셈이었다.

여성용 화장품을 만들어 팔던 LG의 구인회는 1952년 깨지지 않는 화장품 용기 뚜껑의 필요성에서 플라스틱 사업을 시작했다. 플라스틱으로 칫솔, 비누곽, 머리빗 등을 생산하면서 칫솔을 만드니 치약도 만드는 것이 좋겠다는 발상에서 치약 개발을 시작했다. 당시에는 일제 강점기 때부터 분말로 된 치분을 사용하고 있었고 미국산 콜게이트 치약이 시장을 휩쓸고 있던 시대였다.

1953년부터 각종 기술 정보를 수집하고 연구하기 시작했다. 사업에 착수하면서 원료와 기계도입을 동시에 진행시키기로 하고 미국에 원료 배합기 1대를, 독일에는 충전기(充塡機), 튜브 제조기 각 1대씩 주문했다. 미국의 콜게이트 치약 성분을 분석하고 여러 가지 실험을 거듭했지만 입안에서 느끼는 부드러운 감촉과 색상, 향긋한 향의 비율 등 치약 제조기술을 알아낼 수가 없었다.

동생 구평회에게 미국에 가서 치약 제조기술을 알아가지고 오라는 지시를 내렸다. 미국에 간 구평회는 콜게이트사를 방문하여 제조관련 자료를 요청하였지만 보기 좋게 거절당하고 말았다. 구평회는 다른 방법을 찾았다. 콜게이트와 거래하는 납품업체나 외곽 연구소 등을 찾아가 기술적인 것을 귀동냥하여 대략적인 것을 파악하여 보고서를 만들어 한국에 보냈다.

이를 바탕으로 치약을 만들기 시작한 구인회는 드디어 콜게이트 치약과 거의 비슷한 치약을 만드는데 성공했다. 1954년 주문한 기계들이 속속 들어오고 이를 부산 연지동 공장에 설치하여 1955년 1월 초 시험가동에 들어가고 3월에는 '럭키' 상표를 붙인 치약을 시판할 수 있었다. 치약의 국산화에 성공한 것이다. 기술이전 거부에도 좌절하지 않고 관련 기술을 곁눈질로 습득한 뒤 이들을 퍼즐 조각같이 맞추고 모아서 도전한 결과였다.

구인회는 치약 칫솔에만 머물지 않았다. "우리는 아무것도 못한다는 엽전의식이 문제다. 한민족, 재주 많은 민족 아닌가. 우리도 머리 싸매고 땀 흘리면 남처럼 못살 게 없는 것이다"(『연암 구인회』, 연암기념사업회, 1980년). 구인회가 1958년에 금성사를 설립하고 한국 최초로 라디오를 개발하여 출시했을 때 이를 국산품이 아니라 일제 부품을 조립해서 만든 것으로 내용은 거의 일제라는 소문이 퍼지고 있었을 때 구인회가 한 말이다.

플라스틱 사업이 빗, 칫솔 생산에서 몇 년 사이에 건설관련 자재나 시설재로 발전하기 시작했다. PVC파이프, 전선, 수도관을 비롯하여 농업용 비닐, 업무용 비닐 등 수요가 증가하기 시작한 것이다. 락희화학은 플라스틱 사업이 다양하게 확장되자 시설확충을 계기로 하여 열경화성수지(熱硬化性樹脂)를 제조 및 가공하는 금성산업을 설립하여 전기 소켓, 플러그 등 전기부품과 식기류 생산을 전담하도록 했다. 전자회사 금성사(현재의 LG전자)의 전신이다.

구인회는 금성산업의 주생산품인 식기류와 전기 부품 중 장래가 더 유망하다고 본 전기 부품 쪽을 주 생산품목으로 정했다. 금성산업이 전자 부품 쪽으로 주력하는 데는 윤욱현 상무의 조언이 크게 작용했다. 그는 구인회에게 전자 부품으로 시작하여 장차 라디오, 선풍기까지 만들 수 있을 것이라는 조언을 했다. 1958년 11월부터 4개월간 윤욱현과 함께 유럽과 미국의 산업시설을 견학한 구인회는 선진공업에 대해 크게 감동받아, 1959년 2월 귀국 하자마자 즉시 금성사를 설립하여 전자공업의 첫 발을 내디뎠다.

금성사를 설립하고 당시 최고의 라디오 기술자 김해수를 채용했다. 김해수는 일제시대 일본에서 전기관련 기술을 배운 뒤 미군 PX에서 라디오 수리업을 하며 금성사의 '고급 기술간부 모집' 광고를 보고 지원하여 수석으로 입사했다. 구인회는 금성사 설립 첫 작품으로 라디오를 생산하기로 하고 우선 기술 자문역으로 국내에 있던 독일인 헨케를 영입하고 김해수 외 2명의 기술진과 라디오 국산화를 추진했다.

기술적 우여곡절 끝에 1959년 11월 15일 국산라디오 제 1호인 A-501호가 출시되었다. 초기 생산량은 87대, 가격은 2만 환이었다. 당시 미군들 PX를 통하거나 밀수품으로 들여온 외제 라디오 가격은 3만 3천환 정도로 외제 보다는 가격이 낮았지만 소비자들이 신뢰하지 않았다. 더구나 라디오 국산화는 대량생산 체제를 갖추는데 필요한 기술 기반이 전혀 없어 부품 불량문제가 끝없이 불거져 나와 생산성에서 많은 차질이 빚어졌다.

가장 큰 난관은 외제 밀수품 라디오가 시장에 넘쳐나고 있어 국산 라디오가 외면당해 생산 중단 위기에 처하게 된 점이었다. 그런데 1961년 초가을 라디오 공장이 거의 가동을 멈추고 있던 시기 박정희 장군이 라디오 공장을 방문했다. 그는 라디오 생산에 대해 여러 질문을 했고 공장 책임자는 밀수품으로 인해 어렵게 개발한 국산 라디오가 발을 붙이지 못하고 있다는 그간의 사정을 설명하였다. 그런 일이 있은 뒤 일주일 만에 '밀수품 근절에 관한 최고회의 포고령'이 발표되었다. 한편 혁명 정부는 자신들의 시책이 전국에 골고루 알릴 수가 없다는 고민을 안고 있던 차에 구인회의 제안으로 공보부가 각계의 성금으로 '전국의 농어촌에 라디오 보내기 운동'을 전개하게 되었다. 이를 계기로 금성사 라디오는 생산과 판매에서 수익이 나기 시작하면서 경영도 안정되기 시작했다. 이후 금성사는 선풍기, 냉장고, 텔레비전 등을 생산하여 국민적 신뢰를 얻는 회사로 성장할 수 있게 되었다.

외제 상품 때문에 기를 펴지 못한 것은 화장품 업계도 예외가 아니었다. 해방이 되자 미군부대 PX에서 흘러나온 미제 화장품과 배편으로 밀수된 일제 화장품이 시장을 장악하고 있던 시기에 국산 화장품이 신뢰를 얻기란 하늘에서 별 따기처럼 쉬운 일이 아니었다. 그러나 그런 가운데 뛰어난 아이디어와 품질로 소비자를 끌어당긴 화장품이 있었다. 1951년 태평양화학(현재의 아모레 퍼시픽)이 시장에 내 놓은 남성용 머릿기름 'ABC 포마드'였다. 기존의 포마드가 광물성 기름을 사용한 반면 ABC 포마드는 식물성 기름을 원료로 하였기 때문에 윤기가 더 잘나고 머리를 감은 뒤에도 기름기가 남지 않아 인기가 좋았다. 향료도 한국인들이 선호하는 것으로 넣고 포장과 용기도 일본에 주문 제작하였다. 고급화 이미지를 심는데 성공하여 당시 밀수품이 넘치던 화장품 시장에서 외제를 물리치고 최고의 인기상품이 되었다.

## 3) 우리도 잘 살 수 있다

5·16군사정변 이후 '잘 살아 보세'라는 노래와 함께 우리도 잘 살 수 있다는 분위기가 팽배했다. 당시 1인당 국민소득은 100달러도 안

되었다. 이제는 '나'에서 한발 더 나아가 국민 전체인 '우리'도 할 수 있다고 생각하기 시작한 것이다. 기업가들은 정부의 수출주도 정책에 적극 호응하면서 세계로 뻗어나가기 시작했다. 때마침 다가온 베트남 특수와 중동 특수를 절호의 기회로 삼아 기업가뿐만 아니라 일반 국민들까지 단군 이래 최대 역량을 발휘하는 드라마틱한 시대를 만들어 갔다. 여기에서 우리 기업가들은 세계에 유례가 없을 정도의 무모함과 뚝심으로 무장하고 전 세계를 누비면서 한국적 기업가 정신을 유감없이 발휘했다.

1948년 전택보는 오징어 수출 대금을 받기 위해 홍콩을 들렀다가 홍콩의 활기에 놀라게 된다. 물까지 수입해서 먹어야 할 정도로 물자가 부족해야 할 홍콩이 어떻게 이렇게 활기가 넘치는가 궁금해진 전택보는 홍콩이 외국에서 원자재를 수입하여 이를 가공하여 다시 수출하는 보세가공으로 먹고 산다는 것을 확인하고 원자재 모두 부족한 한국이 먹고 살길도 여기에 있다고 생각했다. 전택보는 우리나라를 세계 제일의 보세 가공국으로 만들 수 있고 이를 통해 경제도 부흥시킬 수 있다는 그의 생각을 정부에 전달하자 정부도 이를 적극적으로 받아 들였다. 전택보는 피복가공을 선택하여 일본에서 원단과 포장재를 수입하여 와이셔츠, 속옷 등을 만들어 미국에 수출하여 1964년에는 수출 기업 1위를 달성하는 성과를 올렸다.

1962년 봄, 정부가 한국이 나아가야 할 방향을 두고 농업입국인가 아니면 공업입국인가를 두고 결론을 내리지 못한 상황에서 열린 경제인협의회에서 많은 사람들이 지하자원 등 부존자원이 부족하고 인구가 많은 한국은 농업을 발전시켜야 한다고 주장했다. 그러나 한국나이롱주식회사의 이원만은 조그만 국토에서 많은 인구를 먹여 살리기도 벅찬데, 좁은 농토를 가지고 농업입국을 한다는 것 자체가 무리라고 생각했다.

일본에서 모자 제조업, 무역상 등 사업으로 성공하며 일본의 사정을 잘 알고 있던 이원만은 의장에게 발언권을 얻어 자신이 일본에 살면서 관찰한 바를 설득력있게 피력하기 시작했다. "아까 어느 분이 지하자원이 없으니 아무것도 못한다 하셨습니다. 천만의 말씀입니다. 지하자원이 없어도 얼마든지 해 나갈 수 있습니다. 가까운 예로 일본을 봅시다. 일본이 지하자원이 있어 저렇게 발전하고 있습니까? 일본에는 지하자원이 없습니다. 석유도 없고 철광도 없습니다. 그런데 세계가 놀라 자빠질 정도로 발전하고 있습니다. … 일본인들은 두뇌를 써서 돈을 벌고 있습니다. 일본인은 인적 자원밖에 없습니다. 우리 국민은 두뇌가 일본인보다 나았으면 나았지 못하지 않습니다. 과거 역사가 증명하고 있지 않습니까? … 그런 우리 국민인데 우리나라엔 인적 자원이 많습니다. 그 인적지원을 활용하면 얼마든지 외화를 획득할 수 있어요. … 우리나라 산천은 이게 모두 돈입니다. 모래 한 알, 자갈 한 개, 조개껍질 하나, 돈 아닌 게 없습니다. 전부가 황금빛입니다. 우리나라 공중에 황금이 주렁주렁 달렸습니다. 달러가 우리나라에 앉으려고 꿀벌처럼 빙빙 돌고 있습니다. 꿀벌이 앉을 곳을 찾을 때 우리는 바가지라도 엎어 놓고 꿀벌이 앉도록 해야 합니다"(『재계회고 V』, 한국일보사, 1984년).

2백 명 가까운 사람들이 일시에 소리를 내어 웃자 박정희 의장이 이를 제지하며 더 경청하라는 손짓을 했다. 그는 이어서 구체적인 예를 들었다. 일본은 양식기의 쟁반, 스푼, 포크는 물론 옛날 우리 선조한테서 배운 도자기 기술을 이용하여 접시를 비롯한 서양 식기는 물론 수세식 위생도기를 만들어 전 세계에 수출하고 있다는 점, 이러한 것들을 만드는 데 특별한 기술이 필요한 것도 아니며 기계로 찍어낸 것을 손으로 마무리하면 제품이 완성되는 간단한 것으로 우리도 충분히할 수 있는 것들이라는 점 등을 설득력 있게 주장했다. 그 뿐만 아니라 가발, 인조 속눈썹, 안경 등 가내 수공업적인 제품들도 만들기만하면 수출상품이 된다고 주장하면서 그 자리에서 자신이 가지고 온 헌타이어로 만든 장난감 뱀과 개구리, 칼 등을 꺼내 보이며 하찮은 재료로 만든 것들이 수출되어 달러를 벌어들이고 있는 일본의 실제 예를들어 보였다. 머리만 잘 쓰고 노력만 하면 이러한 상품 개발은 무궁무진하다고 했다.

이원만의 발언에 동감한 박정희 의장은 후에 이원만을 따로 불러구제적인 추진방법을 물었다. 이원만은 공업을 하는 데는 우선 이를효율적으로 관리할 수 있는 공업단지 조성이 필요한 점을 설명하고 서울 근교에 백만 평 정도 땅을 확보하여 단지를 조성하여 우선 재일동포 중 돈이 많고 외국 시장을 갖고 있는 사람들을 공업단지에 유치하면 돈과 기술과 시장이 함께 따라 온다는 점, 이들 뿐만 아니라 외국인도 이곳에서 보세 가공하도록 하면 된다고 했다. 구체적 아이디어에 목말라 했던 박정희 의장은 이를 곧 바로 실천에 옮기기 시작했다. 1964년 구로동에 육군이 활용하다가 남겨둔 백만 평 정도의 토지에수출산업공업단지를 조성하기로 했다. 명칭은 유창순의 제안을 받아들여 한국수출공업단지로 정하고 단장에 이원만이 취임했다.

정부는 공단을 조성하면서 특히 재일교포들이 경영하는 중소기업

유치에 힘을 썼다. 이를 위해 진출하는 기업들에게는 세금감면 및 금융편의는 물론 공단 안에 세관, 은행, 우체국을 두어 수출을 위해 일괄적으로 업무가 가능하도록 배려했다.

이원만은 다시 일본으로 건너가 재일교포 실업가들에게 한국에 투자해 조국발전에 기여하자고 호소하고 다녔다. 이원만의 조국 투자를 지켜보던 재일교포 실업가들은 정부의 장려책에 호응하여 조국에 투자하기 시작했다. 초기에 유치된 재일교포 기업은 주로 의류, 완구, 가죽제품, 자전거, 광학제품, 화학약품, 화장품, 화학제품, 잡화 등을 생산하는 업체들이었다.

대기업을 이끌던 교포 실업가들도 정부의 적극적인 유치에 호응하여 한국에 진출하였다. 대표적인 사업가로서 정규성, 서갑호, 신격호 등이 조국에 투자했다. 일본 방직 업계에서 이미 확고하게 자리를 잡고 있었던 서갑호는 도쿄의 요지에 있던 토지를 재일 한국대사관 부지로 정부에 기증까지 했던 갑부였다. 1963년에 해외교포 재산반입 형태로 태창방직을 인수하여 판본방적을 설립하였고 이후 1967년에 방림방적으로 회사명을 변경하며 최신 방적설비를 들여와 면섬유와 혼방직물을 생산하여 섬유수출의 일익을 담당하였다.

정규성은 6·25전쟁이 끝나자 일본에 건너가 무역업과 부동산업으로 돈을 벌어 5·16 이후 귀국하여 삼양수산을 설립하고 북양어업 분야를 개척했다. 한편 일본 제과업계에서 성공한 신격호는 한국에 진출하여 1967년 롯데제과를 설립하였다. 신격호는 제과업으로 시작한 국내 사업을 10년 만에 식품, 호텔, 유통, 건설, 전자, 관광, 중화학

분야로 다각화하는데 성공하였고 현재는 50개 이상의 계열사를 거느리는 대기업집단을 이루고 있다.

1964년 한국이 베트남 파병을 결정하면서 정부는 이 기회를 최대한 경제적인 기회로 활용하고자 했다. 미국 측과 교섭을 통해 한국정부는 파월병력 유지비용을 한국 정부에 지불하도록 했고, 주한 미군용 물자 상당 분분을 한국에서 조달하는 것을 비롯하여 주월 한국군과 미군 및 월남군 소요물자 중 일부 품목은 한국에서 구매하도록 했다. 또한 월남의 건설 사업에 한국 업체도 응찰 자격을 갖도록 하는 등 일련의 경제적 장치들을 마련하였다. 경제계는 이를 통해 소위 말하는 베트남 특수를 맞이하게 된다.

베트남 특수를 통해 가장 성공한 기업은 한진이다. 한진은 조중훈이 1956년 미8군 군수품 수송 용역으로 시작한 기업이었다. 베트남 파병 이후 사업기회를 잡기 위해 조중훈은 베트남을 방문하러 간다. 비행기에서 내려다 본 베트남 항구에는 군수물자를 가득 싣고 입항한 화물선으로 입추의 여지가 없었다. 이 기회를 놓쳐서는 안 된다는 생각이 들었다. 그는 국내 미군 군수품 수송 사업을 통해 알게 된 미군 장교 인맥을 정성스럽게 관리해오던 터였다. 그가 베트남 수송 용역권을 따내기 위해 미국의 국방성을 방문하자 그가 그동안 알고 지내던 미군 장교들이 대부분 미국방성 요직에 포진하고 있었다.

조중훈은 이를 최대한 활용하여 수송계약을 따내는데 성공하였다. 첫 번째 계약은 베트남 중부지역의 한국군과 미군 3개 사단 5만여 명의 전략 물자와 식료품 등을 수송하는 것으로 계약 금액은 725만 달러였다. 조중훈은 자사 하역항인 퀴논 항을 정비하여 접안시설을 늘려 선박이 외항에서 기다리지 않고 하역할 수 있도록 하여 신속하게 일처리를 했다. 하역이 끝난 물자는 곧바로 각 부대로 전달되어야 하는데 베트남 전쟁은 게릴라전으로 전선이 불분명하여 언제 어디서 총알이 날아올지 모르는 상황이었다. 수송 작업은 언제나 목숨을 담보로 하는 작업이었다. 기습공격을 받아 인명 피해도 있었다. 조중훈이 묶고 있던 호텔근처에 민간인 복장을 한 베트콩 게릴라들이 시한폭탄을 장착한 차를 돌진시켜 폭발한 사건도 있었다. 그야말로 총알을 뚫고 다니는 상황의 연속이었지만 각 부대에 지시한 기일에 맞추어 물품을 제때에 수송하는데 총력을 기울였다.

이러한 피나는 노력으로 미군의 신뢰를 얻은 한진은 1971년까지 5년 동안 약 1억 5천만 달러를 벌어들였다. 1971년 당시 한국의 외환보유고가 5억 6천만 달러 수준인 것을 감안한다면 엄청난 규모였던 것은 물론 이것이 물자 수출이 아닌 수송용역으로 벌어들인 것이라는데 더 의미가 있다. 한진은 이렇게 벌어들인 돈으로 당시 유일한 항공사였던 국영기업인 대한항공공사를 1967년에 인수하여 현재의 대한항공으로 발전시켰다.

수출입국을 부르짖으며 대부분의 기업들이 수출에 매진하게 되자 제품의 원활한 수송을 위해 수출항인 부산까지 이어지는 고속도로의 필요성이 절실해졌다.

1967년 정부는 경부고속도로 건설계획을 발표한다. 단군 이래 최대의 토목공사라 했던 경부고속도로는 처음부터 모두가 불가능하다고 반대한 공사였다. 한국의 산업 발달 상 아직 시기상조라는 세계은행의 반대와, 이를 등에 업고 학계는 물론 야당도 현대판 만리장성이라 비난하면서 결사반대하였다.

당시 기획원 예산국장을 맡았던 김주남은 "경부고속도로 건설 당시 우리의 경제규모가 작고 어려운 상황이어서 사실은 나도 반대 입장이었다. 도저히 재원을 댈 수 없는 상황이었다. 찬성한 사람들이 거의 없는데도 박 대통령이 고집스럽게 밀어붙였다. 기획원 내부에서도 반대파가 많았지만 대통령이 워낙 강하게 나오니 그저 따라간 것이다. 그 때 차관 붐이 한창 일어났지만 외국에서도 고속도로 건설에 차관을 줄 리가 없었다. 타당성 조사에만도 몇 년이 걸릴 일이었다. 그런데도 대통령은 이런 문제점들을 완전히 무시하고 밀어붙였다"(『영욕의 한국경제』, 김흥기, 1994).


정주영은 1965년 9월, 국내 업체로는 처음으로 태국고속도로 공사를 수주한다. 이를 통해 정주영은 고속도로건설에 관한 기술부터 시공 관리, 설계 개념 등 많은 기술을 축적하게 된다. 태국에서 공사를 마무리 하고 한국에 돌아오니 경부고속도로 공사가 정주영을 기다리고 있었다. 정부는 경부고속도로에 소요되는 비용을 산출하기 위해 관계기관에 공사비 견적을 의뢰했다. 건설부 700억 원, 서울시 170억 원을 비롯하여 감사원, 재무부 300억 원 등등 각 기관마다 달랐다. 공사비 산정이 제 각각이라 박정희 대통령은 어느 안을 믿어야 할 지 모르는 상황이었다. 박정희는 미8군 비행장 활주로 공사 경험과 더불어 태국 고속도로 건설 경험으로 이미 관련 기술을 축적하고 있었던 정주영에게 공사비 견적을 내보라고 지시했다.

정주영은 한 달 동안 5만분의 1 지도를 들고 서울과 부산을 연결하는 산과 강은 물론 들판까지 직접 답사한 끝에 280억 원의 공사비를 산정하여 박 대통령에게 보고했다. 1967년 10월 정주영이 공사비 산정에 대한 브리핑을 하자 박정희 대통령은 "이제 감이 잡히는군"이라는 말을 했다고 한다.

드디어 공사비는 300억 원에 예비비 30억 원을 더하여 330억 원으로 3년 내에 총 428km에 이르는 고속도로를 완공한다는 건설안이 채택되었다. 경부고속도로는 1968년 2월 1일 착공하여 1970년 7월 7일 전 구간이 왕복 4차선 도로로 준공되었다. 현대건설이 맡은 구간은 서울에서 오산 까지 105km와 대전에서 옥천 간 28km로 총 133km 지역으로 전 구간의 2/5에 해당하는 길이다. 나머지는 15개 국내 건설업체와 육군건설공병단 3개 대대가 참여했다.

정주영의 현대건설이 맡았던 구간 중에 특히 대전~옥천 구간은 어느 건설사도 맡으려 하지 않았던 난공사 구간이었다. 옥천 당제터널은 다른 건설사들이 공사를 완공할 때까지도 진척을 보지 못하고 사건이 매일 터지는 난공사가 이어졌다. 충청북도 옥천군 이원면 우산리와 영동군 용산면 매금리 사이의 소백산맥에 4km의 터널을 뚫는 '당제터널' 공사는 암석과 토사가 섞여 있는 지역이어서 당제계곡에서 20m쯤 파들어 가는 순간 흙벽이 무너지고, 바위를 들어내면 용솟음치는 지하수에 밀려 인부가 10여미터나 떠내려가는 사고도 비일비재했다.

이런 사고가 빈번히 일어나 하루에 겨우 30cm~2m 정도 밖에 진척을 보지 못하고 생명에 위험을 느낀 인부들이 현장에서 떠나버리는 일까지 벌어졌다. 무려 13차례의 낙반 사고를 겪으면서 590m의 당제터널 공사는 공기를 두 달 앞두고 겨우 350m에서 더 나가지 못하고 있었다. 결국 정주영은 공기 안에 공사를 끝내려면 비싼 조강시멘트를 사용해야 한다는 현장 소장의 건의를 받아 들여 적자를 각오하고 비싼 조강시멘트를 쓰기로 했다. 조강시멘트는 값은 훨씬 비싸지만 굳는 시간이 보통 시멘트보다 20배 빨라 12시간이면 다음 발파를 할 수 있다는 것이었다.

단양시멘트는 그날부터 조강시멘트 생산 체제로 돌입한다. 현대건설은 단양에서 당제까지 190여km를 전국 현대건설 공사장의 모든 트럭을 총동원해서 수송하고, 작업조를 2개에서 6개로 늘리고 500여 명의 인부들이 개미처럼 달라붙어 당제터널의 최대 난공사를 끝냈다. 당제터널 완공으로 경부고속도로는 1970년 7월 7일 전 구간이 왕복 4차선 도로로 준공되었다.

건설사들과 함께 공사에 참여한 육군 공병장교 김병희는 "자본과 기술이 없던 시절 서울부터 부산까지 모든 구간이 무에서 유를 창조한 현장이었다"('건설경제', 2010년 7월 8일자 기사)고 했다. 경부고속도로의 가장 큰 선물은 관련자 모두에게 '하면 된다'는 자신감을 갖게 했다는 점이다. 경부고속도로는 위로는 대통령부터 아래는 노무자들까지 신들린 듯 공사에 매달려 완성한 '대한민국판 할 수 있다'의 표본이다.


경부고속도로와 함께 정부가 강력하게 추진한 사업은 종합제철소 건설 사업이었다.

'제철은 산업의 쌀'이라고 했다. 제철소 건설은 이미 지난 정부에서도 여러 차례 그 필요성을 인식하고는 있었으나 자금문제에서 번번이 좌절되었다. 이번에는 달랐다. 정부는 자금 확보가 되기 전에 먼저

1968년 4월 포항종합제철주식회사를 설립하였다. 사장은 당시 대한 중석을 맡아 뛰어난 경영실적을 보여준 박태준이 겸임하였다. 종합제 철소 건설 사업을 위한 자금 조달문제는 범정부 프로젝트로 경제기획 원, 상공부 등 정부 관련 부처 모두가 달려들어 차관을 얻어오는데 모 든 역량을 집중했다.

그러나 세계은행이나 유럽 미국에서는 한국의 제철소 건설에 비협 조적이었다. 한국이 제철소 건설을 계획할 때 미국이나 일본은 자국 의 철강을 가져다 쓰면 더 경제적이라는 것으로 한국을 설득했다. 규 모면에서 한국이 철강을 자체 생산하는 것은 비경제적이라는 점도 역 설했다. 정부가 구체적으로 제철소 건설을 계획하고 차관교섭을 진행 할 때 세계은행(IBRD)의 당시 총재 유진 블랙은 세계은행과 국제통 화기금 연차 총회에서 "개발도상국에는 세 가지 신화가 있다. 첫째는 고속도로 건설, 둘째는 종합제철소 건설, 셋째는 국가 원수 기념비 건 립이다." 라고 발언하면서 부정적인 답변을 우회적으로 표현했다. 사 실상 이 발언은 그다지 과장된 것은 아니었다. 인도를 비롯하여 터키, 멕시코, 브라질 등이 제철사업에서 모두 적자경영을 면치 못하고 부 실경영 상태에 빠진 상태였기 때문이다.

실제로 세계은행은 1968년 11월에 한국의 제철소 건설 계획을 심 사하여 결국 포항체철 건설에 대해 부정적인 평가를 내렸다. 이에 따 라 유럽 제국들의 차관교섭도 물 건너가게 되었다. 1969년 4월 마닐 라 총회에서 IBRD가 정식으로 부정적 의견을 내놓은데 이어 미국 수 출입 은행도 1969년 5월 정식으로 차관공여를 거부했다.

미국과 유럽 각국에서 차관을 조달하려는 노력이 수포로 돌아가 절망에 빠져 있던 중 정부 내부에서 대일 청구권 자금을 전용하자는 아이디어가 나왔다. 이 아이디어에 모든 희망을 걸고 1969년 8월에 제3차 한일 각료회의를 앞두고 한국 정부는 대일청구권 자금 전용에 대해 일본 정부 의사를 타진하는 한편 박태준 사장, 김학렬 경제기획원장관 등 정부 관련부처 관계자들은 각개격파식으로 일본 유관부처 정책 결정자들 설득작업에 나섰다. 일본 철강업계를 설득하던 박태준 사장은 결국 일본의 대표적인 철강업체인 야하타제철, 후지제선, 일본강관으로 구성된 이른바 일본 그룹(JG)의 협조 각서를 받아내는데 성공했다.

1969년 12월 내외자 2억 달러를 들여 연산 103만 톤의 종합제철소를 건설하기로 했다. 외자 1억 2,370만 달러 중 대일 청구권 자금 6,370만 달러, 일본 수출입은행 차관 5,000만 달러를 조달하기로 일본과 합의했다. 일본으로부터 자금 조달에 성공한 정부는 제철소 건설비용을 줄이기 위해서 항만 부두 건설을 비롯한 급수시설, 도로 정비 등 기반시설을 정부가 건설하기로 하였고 '철강공업지원법'을 제정하여 세금을 감면하는 등 행정적 지원도 아끼지 않았다.

1970년 4월 포항제철 착공식이 거행되었다. 박태준은 주야를 가리지 않고 공사현장을 누비며 독려하였고 박정희 대통령도 건설 현장을 13번이나 방문하여 진행사항을 확인하였다. 박태준은 공사를 진행하는 한편 원료 확보를 위해 1971년 호주로 날아가 어렵사리 장기 공급계약을 체결하였다. 1973년 석유위기로 전 세계 원료 가격이 폭등했으나 포항제철은 장기계약으로 이에서 빗겨날 수 있었다. 1973년 6월에 포항제철이 첫 번째 쇳물을 쏟아 내었다. 포항제철의 조강 생산 비용은 톤당 251달러로 당시 대만 업체 667달러, 일본 업체 629달러의 약 40% 정도에 불과한 수준으로 국제적인 경쟁력을 충분히 갖추고 있었다. 포철은 가동 초 년도부터 흑자를 기록하여 현재까지 흑자 경영의 기조를 이어가며 세계 최고의 경쟁력을 자랑하고 있다. 세계은행을 비롯한 유럽과 미국이 한국은 종합제철소를 건설하고 운영할 능력이 없다고 단언했던 불가능을 한국은 해낸 것이다.

수출제일주의 경제 속에서 혜성과 같이 나타난 회사가 있었다. 김우중이 이끄는 대우였다. 정부의 수출 진흥책에 가장 적극적으로 대응하여 성장한 기업은 대우였다. 지금은 사라진 기업집단이기는 하지만 김우중이 그 시대에 꿈을 키우던 젊은이들에게 끼친 영향은 지대하다. 김우중은 31세 나이에 한성실업 무역부장에서 독립하여 1967년 자본금 5백만 원의 대우실업이라는 작은 무역회사를 창업했다. 그는 수출금융 시스템의 본질을 잘 이해하고 있는 천재적인 세일즈맨이었다. 당시 은행 대출금리가 20~25%, 시중금리는 40%에 이르고 있던 시기에 수출금융 금리는 7~9%였다(『재벌과 정치』, 박병윤, 1982년).

수출 주문만 받아 와도 저리의 값싼 수출금융을 이용할 수 있는 혜택이 주어졌다. 김우중은 메리야스, 스웨터, 완구, 가발, 자전거 등 팔수 있는 제품은 모두 수출하여 수출금융지원을 받았고 이 지원을 받기 위해 다시 수출하였다. 특히 그가 크게 도약할 수 있는 기회를 잡은 것은 70년대 미국이 조만간 섬유류 수입을 제한할 것이라는 정보를 입수하고 이에 대비하면서부터다. 미국이 수입 쿼터제를 실시할 것이라는 분위기를 감지한 김우중은 미국이 쿼터제를 실시하기 전 해인 1971년 적자를 불문하고 무조건 수출하는 물량작전을 폈다. 타 업체들은 지나친 과열경쟁으로 인한 적자를 우려하여 소극적이었으나 김우중은 적자가 나더라도 수출금융과 기타 다른 정부 지원책으로 이를 커버할 수 있다고 보았다.

1972년 미국이 섬유류 수입을 쿼터제로 바꾸면서 그가 무리하며 밀어낸 수출 물량들은 그대로 대우의 쿼터로 잡혔다. 이러한 노력 끝에 한국에 배당된 쿼터 중 1/4을 대우가 갖게 되었음은 물론 규제대상국이었던 일본, 홍콩, 대만, 한국의 업체들 가운데 대우가 가장 많은 쿼터량을 보유할 수 있게 되었다.

대미 섬유 수출은 쿼터제로 인해 덤핑 수출이 줄어들어 제품 가격이 섬유 한타 당 8달러가 18달러로 폭등하는 등 섬유수출 수익성이 대폭 개선되었다. 대우는 창업 5년 만에 자사가 확보한 쿼터로 1972년 1년 동안 섬유 2백만 타 이상을 미국에 수출하여 2천만 달러 이상의 수익을 낼 수 있었다. 대우는 1972년에만 5,300만 달러 수출실적을 올려 1972년 11월에 있는 수출의날 행사에서 금탑산업훈장을 수상하여 재계의 주목을 받기 시작했다.

특히 1975년 정부가 수출을 더욱 독려하기 위해 일본의 종합무역상사 제도를 벤치마킹하여 종합무역상사 제도를 실시, 대우도 삼성, 쌍용과 더불어 종합무역상사 지정을 받게 되면서 대우의 비약이 시작되었다. 종합무역상사로 지정되면 수출금융이라는 특혜자금을 많이 확보 할 수 있음은 물론 수출 인프라가 빈약한 중소기업의 수출을 대행하면서 이들 기업을 인수 합병하는 것도 비교적 수월한 이점이 있었다. 이 점을 활용하여 종합상사를 거느린 그룹들은 비약적으로 양적인 팽창을 할 수 있었고 대우도 예외는 아니었다. 김우중이 이끄는 대우도 창업 10여년 만에 30여개의 계열기업을 거느린 대그룹으로 성장하였다. 창업자이면서 전문경인처럼 일을 해온 김우중은 사세를 확장하는데 있어서 금융을 활용한 차입경영을 통해 타사를 적극적으로 인수 합병하는데 탁월한 기량을 발휘했다. 심지어는 그를 기업 사냥꾼이라고 부르기도 했다. 그러나 대우는 이러한 사세확장을 뒷받침하는 자체 기술개발 등을 통한 경쟁력 제고에 소홀하게 되어 1998년 한국이 국제통화기금(IMF)의 관리를 받는 과정에서 과다한 차입경영으로 인해 대마불사라는 신화를 깨고 재계에서 사라졌다.

김우중의 성공 스토리는 '김우중 신화'로 회자되면서 젊은이들에게 나도 할 수 있다는 꿈을 안겨주었다. 이른바 '무서운 아이들'의 출현이었다. 이들은 중동특수를 이용하여 각각 독창적인 방법으로 사업을 구축하였지만 혜성같이 나타났다가 사라졌다. 대표적인 인물로 율산그룹을 일군 신선호, 제세그룹의 이창우, 원기업의 원길남 등이다. 이들은 정부의 수출장려책과 중동의 경제적 호황을 타고 비교적 단기간에 그룹을 이루며 재계에 화려하게 등장했다.

1970년대 채산성이 없다고 모두 외면한 수출을 독창적인 방법으로 타결하는 발상의 전환으로 재계에 혜성같이 나타난 사람은 율산의 신선호였다. 쿠웨이트에서 활동하고 있던 원길남이 쿠웨이트 수입업체로부터 신용장을 받았는데 원가가 너무 낮게 책정되어 있어 당시 수출에 혈안이 되어 있던 대기업조차 채산성이 낮아 외면하고 있었다. 1975년 5월 율산실업은 이 신용장에 도전해보기로 했다. 신선호는 직접 화물선을 임대해 화주 겸 선주를 겸하는 방식으로 비용을 줄이는 방법을 생각해 냈다. 율산이 고안해 낸 화주가 선주역할까지 함께 맡는 방식은 당시로서는 획기적인 방법이었다. 율산은 1만 4천톤급 선박을 빌려 주문한 건축자재를 적재하고도 남는 공간에 시멘트, 합판, 종이, 파이프, 철근 등을 여분으로 더 싣고 쿠웨이트로 향했다. 첫 번째 수출로 338만 달러의 실적을 올린 신선호는 원길남을 쿠웨이트 지사장으로 임명하여 주문을 받아 오도록 했다. 원길남도 신이 나서 명함을 뿌리고 다니며 열심히 주문을 받아왔다. 그 해 율산은 총 430만 달러의 수출 실적을 올릴 수 있었다.

중동수출 붐으로 율산은 1976년 4천 283만 달러, 1977년에는 1억 6500만 달러의 수출 실적을 올리는 등 3년 동안 급성장했다. 수출로 벌어들인 돈으로 율산알미늄, 율산해운, 광성피혁, 율산전자, 율산중공업, 호텔내장산, 율산제화, 동아공업, 경흥물산 등 14개 계열사를 늘려나가면서 그룹을 형성하게 되었다. 종업원 수도 8천 명에 달했다.

그러나 1978년 7월 율산이 외국인의 도소매 행위를 금지하고 있던 사우디에서 법규를 위반하였고 이로 인해 율산이 추방될지도 모른다는 소문이 국내 자금시장에 돌면서 율산의 돈줄을 옥죄기 시작하였다. 신선호는 기업 규모가 커졌음에도 불구하고 자금운영에 있어서 여전히 무역금융 등 단기 자금에 과도하게 의존함으로서 그룹의 자금사정은 이미 악화되고 있었다. 율산실업은 1974년 그가 27세에 친구들과 함께 자본금 100만 원으로 시작한지 5년여 만에 14개 계열사의 그룹으로 성장했으나 1979년 4월 신선호가 업무상 횡령과 외환관리법 위반 혐의로 구속되면서 율산그룹도 사실상 해체되었다. 창업해서 불같이 일어났다가 불과 5년 만에 재계에서 사라졌다.

세계를 제압하겠다는 뜻을 따 1974년에 제세기업을 설립한 이창우

는 당시로서는 생소한 삼각무역 기법을 도입하여 중동 붐을 타고 떠오
른 별 중 하나였다. 주로 대만, 스페인 등지에서 사들인 물자를 제세
라는 이름으로 중동에 수출하는 삼국간 무역 형태로 1977년 8월에 무
역업 등록을 마친 첫 해에 천만 달러의 수출실적을 올렸다. 이후 중동
에서는 수입 품목을 늘려 건축 자재 이외에도 밀, 쌀, 감자, 비료 등
주문 품목이 점차 다양해졌다. 삼각무역에서 돈을 번 이창우는 그의
수출실적을 바탕으로 니트웨어 업체인 쌍미섬유을 비롯하여 진영전
자, 대성건설 등을 인수해 계열사를 거느리기 시작했다. 또 해운업에
진출하기 위해 1978년 일본에서 시멘트 컨테이너선을 사들여 '제세
엠비선호'라 명명하여 세계를 제패하겠다는 그의 꿈을 표현하기도 했
다. 그러나 성장은 여기까지였다.

제세는 이란의 테헤란 외곽에 추진 중이던 4억 달러의 신도시 건설
계획에 참여하기 위해 건설사인 대한전척을 인수하였지만 대한전척은
제세가 인수한 바로 다음날 해외건설면허를 취소당하였다. 1978년
탈세혐의로 쓰러진 대한전척을 인수하면서 회사의 가치는 사라져버리
고 부채만 떠안게 되면서 제세그룹의 연쇄부도로 이어졌다. 이창우가
1978년 10월 2백만 달러 부정 인출이라는 죄목으로 구속되면서 제세
그룹도 나락으로 떨어져 재계에서 사라졌다.

원남기업의 원길남은 단번에 1억 달러를 수출하여 재계의 주목을
받으며 등장했다. 당시 1억 달러 이상을 수출하고 있던 기업은 삼성
물산, 대우실업 등 재벌 산하 기업들이 대부분이었기 때문에 그의 실
적은 주목받을 만 했다. 그는 한국인이면서 쿠웨이트 체신청 공무원
으로 일하는 독특한 경력의 소유자였다. 그가 발주한 쿠웨이트 수입

신용장을 율산이 사업화한 인연으로 율산과 인연을 맺은 원길남은 한 동안 율산 쿠웨이트 지점장으로 활동하다가 1976년 1억 달러 수출 주문서를 갖고 귀국하여 원기업을 창업하였다. 실제로 원길남은 1억 달러를 수출하여 1977년 11월 수출의 날에 포상까지 받았다. 원길남은 수출로 번 돈으로 원엔지니어링, 원해운 등의 계열사를 거느리며 그룹으로의 발돋움 하였다. 그러나 그가 중동 진출을 위해 도급 순위 26위였던 신흥건설을 인수한 것이 화근이 되었다. 부실회사였던 신흥건설로 발목을 잡혀 그룹 전체가 자금압박을 받기 시작하여 1977년 12월에 원기업도 부도로 쓰러졌다. 중동특수를 향한 2년여의 짧은 기업생명이었다.

포항제철에서 철강제품이 쏟아져 나오기 시작하였다. 포항제철 초기 국내에는 철강을 대규모 소비하는 산업이 아직 발달하지 못했다.

정부는 정주영에게 조선 사업에 진출할 것을 권유하였다. 주변에서는 대형선박 건조에 관한 경험이 전무한 한국에서 조선 사업에 진출하는 것 자체가 무모하다고 했고 그 자신도 아무런 경험이 없기는 마찬가지였다. 그러나 정주영은 외국의 조선업계를 둘러보면서 조선업에 대한 두려움을 떨쳐버릴 수 있었다. 선체라는 것은 정유공장 탱크 만들 듯 도면대로 구부려 용접하면 되고, 내부에 들어가는 설비는 빌딩 내부를 짓는 것과 같고 도크라는 것도 조금 큰 선체가 들어가는 수영장으로 보는 식으로 이해하게 되자 그동안의 두려움 대신 할 수 있겠다는 자신감을 얻게 되었다.

그는 우선 울산에 조선소 부지를 확보해 놓고 그 부지를 찍은 사진을 갖고 자금조달을 위해 영국으로 날아갔다. 1971년 9월 영국의 애플도어와 스코트리스고우 조선소와 기술제휴를 맺고 차관교섭을 진행하였지만 조선업에 대한 아무런 기술과 실적이 없는 현대에게 영국의 은행이 차관을 줄 리 만무했다. 기술 제휴선인 애플도어의 롱바톰 회장은 한국의 차관 상환능력과 잠재력에 대한 신뢰가 없어 차관은 매우 어려울 것 같다고 했다. 이때 정주영은 주머니에 있던 거북선이 그려져 있는 오백 원짜리 지폐가 생각나 이를 꺼내 롱바톰 회장에게 보이면서 "이 돈을 보시오. 이것이 거북선이오. 우리는 1500년대에 이미 철갑선을 만들었던 실적과 두뇌가 있소. 영국 조선 역사는 1800년대부터로 알고 있습니다. 우리가 300년이나 앞서 있었소. 다만 쇄국 정책으로 산업화가 늦어졌고 그동안 아이디어가 녹슬었던 것이 불행한 일이지만 그러나 잠재력은 그대로 갖고 있습니다"(『시련은 있어도 실패는 없다』 정주영, 1992년)고 했다.

롱바톰 회장은 그의 열정도 높이 평가하여 영국 은행과의 차관교섭을 주선하여 결국 선박수주 실적이 있으면 차관을 주겠다는 영국 은행의 제안을 받아내는데 성공했다.

곧바로 그리스로 날아가 타 조선소보다 저렴하게 배를 만들어 주는 것은 물론 마음에 들지 않으면 반대급부 보증서를 만들어 지불보증을 해주고 손해 보상할 시에는 계약금, 중간 지불금, 원금과 이자를 더하여 주겠다는 파격적인 조건을 내걸고 수주하러 다녔다. 그리스에서 해운업계 거물로 마침 부친 사망 후 사업을 물려받은 지 얼마 되지 않았던 혈기왕성한 40대의 리바노스가 정주영에게 두 척을 주문했다. 가격은 한척 당 3천 95만 달러로 5년 반 후에 배를 완성하여 인도받는 조건으로 리바노스는 계약금 14억 원을 지불했다.

1972년 3월 현대조선소 기공식이 열리고 그 다음해 6월에 완공을 목표로 첫 삽을 뜰 수 있게 되었다. 공사는 비교적 순조롭게 진행되었다. 설계는 외국 기술 감리를 받고 있었지만 현대 기술진들은 기본 개념에서 큰 유조 탱크를 만드는 것이라는 생각으로 접근하고 있어 까다로운 감리에게 휘둘리지 않고 공사에 전념할 수 있었다.

1974년 3월 제1호선이 완성되었다. 미포만 사진 한 장 달랑 들고 영국과 그리스를 동분서주했던 정주영은 30개월 뒤에 26만 톤급 선박 두 척을 건조하는 데 성공했다. 특이 이 선박건조에서 정주영은 세계 최초로 육지에서 건조하여 도크로 이동하는 새로운 공법을 고안해내어 공기를 획기적으로 줄인 점에서 세계 조선업계의 주목을 받았다.

두 번에 걸친 오일 가격 폭등으로 인한 세계적인 오일 쇼크로 주요 경제 선진국들도 성장세가 주춤해졌다. 반면 산유국인 중동에는 오일 달러가 넘치고 있었다. 이에 산유국들은 넘치는 달러로 도로, 항만을 비롯한 산업 인프라 구축에 적극적으로 나서기 시작했다. 산업 인프라 뿐만 아니라 정유공장, 정유시설 건설 등에도 주력하기 시작했다. 중동은 열사지역이다. 사막의 모래바람과 뜨거운 태양, 거기에 결정적으로 물이 부족한 지역으로 건설시장으로는 최악의 조건을 갖춘 시장이었다. 그러나 한국 기업들은 더우면 밤에 공사를 하고 물이 없으면 멀리서 끌어오는 열의로 공사를 수주하여 이른바 중동특수를 누리기 시작했다.

삼환기업이 1973년에 한국 기업으로는 처음으로 2400만 달러의 사우디 카이가와 압둘라 간 고속도로공사를 수주하는 데 성공하여 한국 건설사들의 중동특수의 물꼬를 텄다. 정부도 해외건설을 전략산업으로 보고 해외건설촉진법(1975년 12월), 공동지급보증제, 해외건설에 대한 법인세 50% 감면, 도급허가기준(1978년 9월), 자율조정제도(1979년), 진출지역제한제도(1980년 10월) 등 다양한 시장개입 정책을 도입하여 적극적으로 측면 지원했다.

동부의 김준기가 이끄는 미륭건설이 사우디 제다에 지점을 두고 1974년에 제다 해군기지 공사를 수주하는데 성공했다. 김준기는 공사를 수주하면서 한국의 타 건설업체들이 유럽의 대형업체에게 자재 조달을 맡기는 것과는 달리 뉴욕, 리야드, 도쿄, 프랑크푸르트 등 각각의 도시에 거점을 마련하고 이들 거점들과 서울을 컴퓨터 네트워크로 연결하여 필요한 기자재를 세계에서 가장 싼 가격에 직접 조달하여 공사에 투입했다. 기자재 직접 조달의 효과는 당장 나타났다. 그가 이 공사를 통해 남긴 이윤은 1.760만 달러로 공사 수주액의 1/3을 고스란히 수익으로 남길 수 있었다. 이후 미륭건설은 1977년 2억 5,000만 달러의 제다 해군 육상 기지건설, 1980년의 3억 2,000만 달러의 사우디 국방성 본창 건물 공사, 1982년 사우디 외무성 건물 공사 등을 수주하면서 후일 동부그룹을 이루는 발판을 마련하였다.

한국의 건설사들이 중동 건설시장에 모두 뛰어 들어 수주에 열중할 때인 1978년 경 중동의 공사 발주 건수가 감소하고 산유국들의 공사 대금 지불 연체가 발생하기 시작했다. 김준기는 이러한 움직임을 일찍이 감지하고 수익성이 좋은 사업만 골라 신중하게 수주하면서 중동시장에서 서서히 빠져 나오는 전략을 썼다. 마지막까지 대금 회수가 확실한 공사만 수주하여 한국 업체 중 유일하게 미수금 없이 중동시장을 빠져 나오는데 성공했다. 1969년 25세의 약관의 나이로 직원 3명과 함께 자본금 2500만 원의 미륭건설(1989년에 동부건설로 명칭 변경)로 시작한 김준기는 중동에서 벌어들인 돈으로 현재의 동부그룹을 일으켰다.

1975년 사우디 정부가 발주한 15억 달러 규모의 사우디의 주베일 산업항 공사를 신생 현대건설이 수주함으로써 정주영은 또다시 세계의 이목을 끌었다. 경쟁상대로 보지도 않았던 현대건설이 가장 마지막에 입찰 자격을 얻어 이 공사를 수주하였기 때문이다. 주베일 산업항 공사는 50만톤 급 유조선 4척이 동시에 접안하여 적하(積荷)하는 시설을 만드는 것으로 육상과 해상에 걸쳐 건축, 전기, 설비까지 총망라하는 종합토목공사라는 점에서 세계에서 가장 어려운 공사 중 하나이기도 했다. 1975년 12월 공사 주관청인 사우디 체신청이 기술용역 회사인 윌리엄 헐크로 사에 공사에 참가할 10개 시공 회사 선정 작업을 맡겼다. 미국의 브라운 앤 르츠, 사타페레 에이몬드 인터내셔널과 영국의 코스테인, 타막, 그리고 서독의 보스카리스, 필립 홀스만과 네덜란드의 스티븐, 그리고 프랑스의 스피타놀 등 세계적인 9개사가 입찰 회사로 결정되었고 아직 1개 자리가 남았다.

"주베일 산업항 건설. 나는 사우디 모랫벌에 그만큼 큰 일이 있다는 것에 벌써 피가 뜨겁게 끓어오르는 듯 했고 딱 하나 남아있는 자리에 가슴이 뛰었다. 어떻게 해서든 열 개 입찰 초청 회사의 남아 있는 한자리에 들어가고 볼일이다"(『시련은 있어도 실패는 없다』, 정주영, 1992년).

정주영은 윌리엄 헐크로 사에게 중동에서의 공사 실적과 더불어 과거 미포 조선소 건설로 인연을 맺었던 애플도어 사와 버클레이 은행의 정보자료도 보여주면서 영국의 협력으로 조선소 건설 사상 최단기에 끝낸 경험으로 현대의 잠재력을 강조하는데 성공, 마지막 남은 입찰 초청 자격을 손에 쥐었다.

보안 유지를 위해 호텔을 옮겨 다니며 입찰 견적서를 준비하고 있던 실무팀은 입찰 가격을 두고 큰 고민에 빠졌다. 정주영은 8억 7천만 달러에 입찰하라고 지시했으나 실무팀은 그 간의 수집한 정보를 바탕으로 10억 달러 이하로 응찰하는 업체는 없을 것이라고 판단하고 실무팀장의 단독 결정으로 입찰 금액을 정주영이 지시한 것 보다 6천만 달러 이상 인상한 9억 3,000만 달러의 최종 견적서를 작성하여 제출했다. 자신의 지시를 어긴 것을 안 정주영은 일단은 실무진의 판단을 믿기는 했으나 이 6천만 달러로 현대의 운명 나아가서는 한국 정부의 운명까지 좌우된다는 생각에 회의실 밖에서 가슴을 졸이며 결과를 기다렸다. 입찰 결과 발표 회의실에 들어갔던 현대 직원이 회의실 문을 나서면서 손가락으로 V자를 만들어 보였다.

세계 굴지의 업체들과의 경쟁을 뚫고 현대건설이 낙찰에 성공한 것이다. 가장 많이 써낸 미국 업체의 절반 수준이었고 차점자보다도 3억 달러나 적은 액수였다. 가장 늦게 입찰에 참여한 현대가 이 거대한 프로젝트를 따낸 것이다. 9억 달러는 당시 환율로 4,600억 원. 당해년도 국가 예산의 25%에 해당하는 규모였다.

동아건설의 전 회장 최원석도 세계적 건설회사와 맞서 이긴 인물 중 한 사람이다. 지금은 동아건설이 재계에서 사라지기는 했지만 그가 수주한 리비아의 대수로 건설 사업은 중동의 신화라 해도 과언이 아니었다. 리비아 대수로는 총 5단계로 계획된 프로젝트로 리비아 동남부 및 서남부 사막지대의 내륙의 지하수를 지중해 연안으로 보내어 지중해 연안 3억 6천 8백만 평(한반도 면적의 약 6배에 해당하는 면적)에 이르는 사막을 옥토로 만드는 국가적 프로젝트였다.

최원석은 1977년 부친이 일선에서 물러난 후 그룹 최고 경영자로 취임하여 의욕을 불태우고 있던 시기에 리비아가 대수로 공사를 계획하고 있다는 정보를 입수하자 이에 도전하기로 했다. 그러나 막상 부친인 최준문 명예회장은 아무리 큰 공사라도 굳이 사회주의 국가까지 위험을 감수하면서 진출할 필요는 없다면서 반대했다. 그러나 최원석은 신임 회장이기는 하지만 그동안 부친의 명성에 가려져 업계에서 자신의 존재감이 약한 점을 극복하고 제2의 창업을 통해 최원석의 시대를 연다는 마음으로 이 프로젝트에 도전한다(『그래도 사랑하기 때문에』(전 동아그룹 최원석 회장의 비설록), 이호, 2009년).

우선 그는 사우디에서 동아건설이 수주한 공사에 사용한 건설 중장비를 리비아로 대거 이동시키면서 리비아 정책 담당자들에게 무언의 과시를 해 보였다. 1979년 1월 런던에서 열리는 국제입찰 설명회에는 예상한 대로 전 세계 내노라하는 건설사들이 총출동하였다. 한국에서는 현대와 대우도 참석했다. 이미 수주를 위해 외교전을 펼치는 국가도 있을 만큼 분위기가 고조되어 있었다. 한국도 정부차원에서 입찰 업체를 조정하려는 움직임이 있었으나 업계의 반발로 포기하고 전체가 모두 입찰하는 것으로 결정했다.

전 세계 60여개 업체가 달려든 이 프로젝트에 동아건설은 예비심사 합격 업체 20개 사에 들어가게 되었다. 이 20개 사에 대해 가다피

특명을 받아 구성된 리비아 정부기구인 5인위원회가 각 업체 실사에 나섰다. 이들 위원회가 동아건설을 실사하면서 동아가 콘크리트 공장은 물론 동아건설과 대한통운 등 대수로 공사에 필요한 시멘트관 제작, 운반과 공사를 모두 함께 진행할 수 있는 능력을 갖추고 있는 것을 보고 마치 옷감과 단추까지 다 갖추고 재단까지 하는 양복점 같다고 표현했다고 한다. 리비아는 발주 초기에는 시멘트관 생산과 이를 운반하고 설치하는 작업을 나누어 발주할 생각이었지만 동아건설을 실사하면서 턴키베이스로 발주하는 것이 좋겠다는 판단을 내렸다(『그래도 사랑하기 때문에』(전 동아그룹 최원석 회장의 비설록), 이호, 2009년).

최원석은 007작전을 방불케 하는 수주계획을 세우고 다양한 입찰가격을 적은 서류들을 복수의 그룹 직원들에게 전달하여 직원들도 어느 가격이 진짜 입찰 가격인지 모르는 연막작전을 폈다. 혹여 입찰 정보가 경쟁사에 새어나가도 상대방이 혼선을 빚도록 하기 위함이었다. 최원석은 1차 공사를 33억 9,000만 달러에 입찰했다. 런던에서 최종 협상이 진행되는 가운데 현대와 동아, 그리고 소련과 이탈리아 업체 등 4개사가 최종 협상 대상사로 선정되었다. 뚜껑을 열어보니 동아건설이 최고점수로 올라와 있었다. 1983년 11월 드디어 동아건설이 최종 낙찰자로 결정되었다.

동아건설이 대한통운과 컨소시엄으로 1983년 11월에 수주한 1단계 사업은 리비아 타저보 지역부터 벵가지까지 917㎞의 관을 설치한 다음 사리르 지역과 시르트의 955㎞를 잇는 총 1,872㎞에 다다르는 거리를 송수관 25만 개를 연결하여 농업용수와 공업용수는 물론 생활용수를 공급하는 공사였다. 리비아 당국은 동아건설이 송수관의 제작과 운반 및 시공까지 모두 맡는다는 것에 점수를 많이 주었다. 당시 리비아는 사회주의 국가로 미국 등 서방세계로부터 테러지원국으로 지정되어 견제를 받고 있던 상황이라 최원석은 해외 출장시에는 신변의 안전을 위해 수염에 가발 등 변장을 할 때도 있었다.

1984년에 착공한 1단계 공사에서 동아건설은 직경 4m, 길이 7.5m, 무게 75톤 크기의 대형 콘크리트의 송수관을 통해 물이 흘러갈 동안에 수압에 견딜 수 있도록 함은 물론 이음새 부분에서 물이 새지 않도록 정교하게 맞추어야 하는 제작기술과 시공기술이 발휘하였다. 동아건설은 이 송수관을 제작하는데 별도로 국제 특허까지 받았다. 특히 송수관을 묻기 위해 지하 관로를 파고 토석을 다지는데 약 102억 달러가 소요되었다. 11여년간 진행된 공사에서 동아건설은 1991년 8월에 하루 100만 톤의 물을 공급할 수 있는 송수관 연결공사를 한치의 오차도 없이 성공리에 끝냈다. 동아건설은 1단계 공사에 이어 2단계 공사인 자발하수나 지역부터 수도인 트리폴리를 연결하는 1, 712㎞에 송수관을 연결하는 공사를 63억 달러(6조 6천 200억 원)에 수주하는 데 성공했다. 이 공사는 1990년에 착공되어 1996년 8월에 리비아의 수도인 트리폴리에서 통수식을 가졌다.

3단계인 아즈다비아 지역부터 토브록 간의 500km와 사리르와 쿠프라 지역간의 325km, 서트부터 트리폴리 간 180km 등 총 1,005km 규모를 연결하는 공사와 4단계인 바브 알 카비르 지역부터 서트 간의 715km를 연결하는 공사, 5단계인 아즈다비아와 토브록 간의 450km를 송수관으로 연결하는 공사는 리비아 측의 요구로 동아건설과 대한통운 컨소시엄이 계속 맡게 되었지만 2001년 동아건설이 부도처리됨에 따라 현재는 대한통운 단독으로 공사를 진행중이다.

## 4) 대한민국 1등 기업이 되고 싶다

　한국 기업이 세계 시장에 진출했듯이 외국 기업도 한국 시장을 노리고 진출한다. 한국 기업들은 국내에 진출하는 외국 기업과 그 제품에 맞서 국내 시장 사수에 총력을 기울였다. 부족한 기술은 선진국 기업들과의 기술 제휴나 협력으로 커버해왔다. 그러나 이러한 기술협력에는 반드시 선진국 기업의 이익 우선이 전제되어 있거나 한국 기업의 세계시장 진출에 족쇄를 채우는 경우가 대부분이었다. 한국의 기업가들은 자체적인 기술 개발이 곧 기업의 경쟁력이라는 점을 뼈저리게 느끼고 있었다.

　정주영은 1974년 2월 현대엔지니어링과 현대자동차서비스를 설립하고 승용차 포드 20M과 트럭 포드R-192를 조립 생산하고 있었다. 국산 부품 사용 비율이 30%였고 대부분 타이어와 배터리 등 소소한 부품들이고 주요한 부품들은 모두 수입에 의존하고 있었다. 당시 얻어지는 이익은 자동차 값의 7% 정도에 불과했다. 도요타, 포드, GM 등 한국에 진출한 유수 업체들이 기술 이전에는 매우 인색하면서 조립 생산에만 관심을 기울이는 것을 옆에서 지켜본 정주영은 기술 독립 없이는 사업적인 독자성을 확보할 수 없다고 생각했다.
　정주영은 자동차 엔진 독자개발에 강한 집념을 보였다. 독자노선을 걷기 위해서는 최소한 연간 5만 대의 생산 시설과 1억 달러라는 당시로서는 엄청난 투자가 필요했다. 회사 중역들은 타당성 없는 일이라면서 모두 반대하고 나섰다. 정주영은 해 보지도 않고 포기할 수는 없다고 생각했다. 우선 디자인 부분은 이탈리아의 전문 설계 용역회사인 이탈 디자인 사에 120만 달러를 지불하고 유럽의 스타 디자이너였던 지우지아에게 미래의 한국형이면서 수출도 할 수 있는 디자인을 부탁했다.

또한 차 기계부문은 영국의 조지 턴불이 재직하고 있던 회사의 회장과의 불화로 현재 쉬고 있다는 정보를 얻고 그를 설득하여 엔진, 액셀레이터, 트랜스미션 등 중요 부품 제작 기술을 계약하는데 성공했다. 1975년 비록 핵심기술을 해외로부터 기술지도를 받았지만 독자개발 엔진을 장착한 승용차 '포니'가 출시되었다.

1983년 2월 삼성의 이병철이 반도체 일관생산을 하겠다고 선언했다. 그동안의 한국 반도체산업은 조립생산 단계였고 일관생산 업체는 아직 없었다. 일본 산업 동향을 항상 예의 주시해 왔던 이병철은 일본이 1973년 오일 쇼크 이후 국가의 주요 산업이었던 철강, 섬유, 조선 등 중공업에서 반도체, 컴퓨터, 신소재 등 첨단산업 쪽으로 크게 방향을 전환하고 있고 이러한 첨단 산업의 밑바탕에 반도체가 있다는 것을 알게 되었다. 또한 일본도 미국의 반도체 기술을 알게 모르게 도용해 가면서 효율적으로 대량생산하여 많은 이익을 얻고 있다는 사실을 간파했다. 그는 반도체 기술만 확보된다면 한국이 일본보다 더 저렴하게 반도체를 생산할 수 있다고 생각했다.

이병철은 64KDRAM부터 시작해야 일본을 따라잡을 수 있다고 판단하고 개발에 들어갔다. 64KDRAM은 당시 미국에서만 생산되고 일본에서는 아직 생산하고 있지 않았다. 일본 반도체업계에서는 4KDRAM에서부터 16KDRAM, 32KDRAM 등으로 단계를 밟아야 하는데 삼성이 64KDRAM부터 시작한다는 것은 어불성설이며 아마도 개발하는 데만 20년이 걸릴 것이라며 비아냥거렸다. 이병철은 이에 개의치 않고 기술은 미국의 마이크론 사와 일본의 샤프 사로부터 도입하기로 하고 마이크론에서는 64KDRAM을, 샤프에서는 CMOS 공정 기술과 16KSRAM 기술을 각각 도입했다. 한편으로는 미국에서 기술 인력을 확보하기 시작했다.

스탠포드대학, 인텔, 자이로그 등에 재직하고 있는 반도체 분야 최고 전문가들인 한국인 박사인력들을 영입했다. 당시 미국 반도체 업계에는 한국인 과학자들이 많이 포진하고 있었다. 반도체 연구개발은 당시 미국인들 사이에서는 힘든 연구 중 하나였기 때문에 이를 기피한 미국인 대신에 많은 한국의 유학파 과학자들이 그 자리를 차지하고 있었다. 조국의 기업에 들어와 조국 발전에 기여하자는 삼성의 제의를 받아들인 이들은 이후 삼성의 반도체 개발에 핵심적인 역할을 수행했다. 또한 이들의 제의로 연구인력 문제를 해결하기 위해 1983년 7월에 미국 산타클라라에 삼성의 반도체 설계와 공정개발 등 기술인력 연수를 맡을 현지법인을 설립하였다.

삼성은 1983년 3월에 반도체 사업 진출을 선언한 그 해 가을에 64KDRAM을 개발했다. 미국과 일본과의 기술 격차를 10년에서 4년으로 단축한 것이다. 이어 1984년 10월에 256KDRAM을, 1986년 7월에 1메가DRAM을, 다시 1988년 5월에 4MDRAM, 1990년 8월에 16MDRAM을 개발한 뒤 1992년에는 DRAM 분야 세계 1위에 오른 이후 항상 최초 차세대 메모리개발자의 자리를 내주지 않고 있다.

아모레 퍼시픽(구 태평양화학)은 고급 화장품 분야에서는 해외 브랜드에 비해 열세를 면치 못하고 있어 국내 시장을 내주고 있었다. 서경배는 해외 유명 고급 화장품과 경쟁할 수 있는 제품을 개발해야 한다는 부담감을 항상 갖고 있었다. 여러 가지 시도 끝에 가장 한국적인 화장품이야말로 경쟁력을 담보할 수 있을 것이라는 결론에 도달했다. 이러한 컨셉으로 제품 특징을 찾던 중 한방 성분이 전 세계 어디에도 없는 가장 한국적인 원료라 생각했다.

경희대 한의대의 협력을 받아 피부에 좋은 한방 재료 다섯 가지를 추려내는데 성공하였고 아모레퍼시픽 기술연구소는 이를 화장품 원료로 사용할 수 있도록 추출하는 기술을 개발하여 설화수 화장품의 핵심 성분인 자음단을 만들어 냈다. 1997년 고가의 설화수 브랜드를 출시하면서 한방 이미지를 확대 해석한 천연, 보양 재료라는 점을 강조하여 기존 외국의 유명 브랜드와의 차별화에 힘을 기울였다. 시장은 예상을 뛰어 넘는 반응을 보였다. 설화수로 국내 고급 화장품 시장 진입에 성공한 아모레 퍼시픽은 소비자의 호응을 배경으로 국내 유명 백화점 내 화장품 매장의 가장 목이 좋은 자리를 확보하는데 성공했다.

백화점 1층 화장품 매장은 백화점의 얼굴이다. 각 백화점들이 가장 공을 들이는 공간으로 과거엔 해외 유명 브랜드들이 모두 차지하고 있었다. 한국 시장에서 입지를 확고히 한 설화수는 미국과 유럽에 진출할 때는 메이드 인 코리아를 철저하게 숨기는 전략을 썼다. 미국 뉴욕에 진출할 때 할리우드 스타와 고소득층이 주로 이용하는 고급 스파인 'beauty gallery and spa'에 입점하여 이들이 직접 체험하도록 하는 마케팅 전략을 썼다. 실제로 할리우드의 유명 여배우가 이 스파에서 아모레 퍼시픽 화장품을 사가지고 나오는 장면을 파파라치 사진에 찍혀 인지도를 높이는 기회가 되기도 했다. 현재 아모레 퍼시픽은 미국의 34개 주요 고급 백화점에 입점해 있다.

프랑스에서는 현지 법인을 세워 한국이라는 국가 이미지를 숨겼다. 반면 한국 이미지가 긍정적인 중국 등 아시아 지역은 오히려 한국 제품임을 전면에 어필하는 전략으로 시장 공략에 나서 성공하였다. 이러한 고급 이미시 선략이 성공하여 설화수는 화장품을 사용하는 여성이라면 비싸지만 한번 써보고 싶은 명품 화장품의 반열에 올랐다. 아모레 퍼시픽도 세계적 명품 화장품을 갖고 싶다는 서경배의 간절한 염원이 이루어졌다.


한국 도자기가 본차이나 기술을 안정적으로 정착하기까지 약 7년이 소요되었다. 김동수는 좁은 국내 시장에만 안주할 수 없었기 때문에 해외 시장에 진출하기 위해서 1978년 도자기 전시회로서 명성이 높았던 애틀란타 국제 도자기 쇼에 참가했다. 그러나 결과는 참담했다. 참여 업체 200개사 가운데 꼴찌로, 세계 도자기 업계에서 한국 도자기는 '넘버 200'의 브랜드로 놀림을 받는 수모를 겪었다. 이에 충격을 받은 김동수는 다시 국제 기준에 맞는 위생적인 식기 생산을 위해 피나는 노력을 기울인다. 미국 식품 안정청의 기준인 잔여 납 성분 허용 기준치 3ppm보다 더 낮춘 0.5ppm 이내로 줄인 식기를 만들어 1984년 다시 애틀란타에 참가하여 20위를 차지하는 등의 성과를 얻는데 성공하였다.

다시 그 이듬해 시카고에서 열린 세계 도자기 쇼에서 참가기자단 평가에서 당당히 1위를 차지하는 쾌거를 올려 세계 고급 도자기 시장에 진출할 수 있는 돌파구를 마련했다. 이후 꾸준한 기술 개발을 통해 가벼우면서도 잘 깨지지 않는 도자기인 스퍼 스트롱 식기를 개발한데 이어 은나노 식기 등 연달아 신제품을 출시했다. 한편으로는 해외 유명 업체들에게 OEM 공급을 통해 디자인과 세계 시장의 흐름을 파악하고 고급 식기 제조 기술을 축적해 나갔다. 이러한 과정을 밟으면서 한국 도자기는 자체 브랜드로 세계 시장에 진출하기 위해 세인트 제임스와 프라우나라는 브랜드를 만들었다. 특히 프라우나는 식기가 선물용으로도 많이 활용된다는 점에 착안하여 만든 명품 브랜드로 영국 고급 백화점, 중동 왕족들에게 호평을 받는 등 시장 안착에 성공하였다.

한국 도자기는 현재 세계 1위의 생산능력을 갖고 있다. 빚더미에 앉아있던 초라한 회사를 부친으로 부터 이어 받은 김동수는 모든 빚을 청산하여 빚 없는 회사를 만들었고 형제들과 합심하여 해외기술을 모방해 가면서 드디어는 독자기술을 개발하는 피나는 노력으로 현재의 한국도자기를 이루어 냈다.

백화점 시장의 포화상태로 활로를 모색하던 신세계백화점의 이명희는 미국을 시찰하면서 유통업계의 새로운 트렌드인 대형 할인점이 활황인 것에 주목했다. 미국에서 귀국한 이명희는 Wal-mart, Kmart 등을 벤치마킹하여 1993년 창동에 이마트라는 브랜드로 대형할인마트 1호점을 개점하였다. 1996년 한국의 유통시장이 전면 개방되어 세계적인 유통 강자들이 한국에 상륙하기 시작했다. 1996년 7월 세계 2위의 까르푸가 경기 부천에 3천 500평 규모의 매장을 1호점으로 열고 당시로서는 최다인 1만 7천여가지 상품을 확보하고 의욕적으로 시장공략에 나섰다. 이어 1998년 세계 1위의 미국의 Wal-mart가 한국에 진출했다. Wal-mart는 당시 전 세계에 3천 424개의 점포와 83만여 명에 이르는 직원을 거느린 총매출 1179억 달러

(165조 원)에 달하는 거대 공룡기업이었다.

신세계 이마트는 두 가지 전략을 세워 이에 대응했다. 첫 번째는 심리전이다. 소비자에게 이마트에서 쇼핑하는 것이 바로 애국하는 행위라는 점을 적극 홍보했다. 이마트는 "쇼핑장소를 잘 선택하는 것도 중요합니다"라는 플래카드를 내걸고 이마트에서 쇼핑하는 것이 애국하는 것이라는 논리를 세웠다. 또한 Wal-mart 등 해외 할인마트들이 시장을 장악하게 되면 이들이 대부분 해외 제조업체로부터 제품을 조달하고 있어 이는 곧 국내 제조업체의 붕괴를 초래한다는 점을 강조하여 소비자의 애국심을 자극했다. 두 번째 전략은 할인점의 고급화다. 이마트는 인테리어가 거의 없는 외국 업체들의 창고형 매장 형태를 포기하고 국내 소비자 취향에 맞게 매장을 밝고 고급스럽게 꾸미고 곳곳에 직원을 배치하여 안내를 도우는 등 백화점과 비슷한 운영 형태를 취했다. 비록 할인점이지만 백화점 같은 환경과 서비스를 원한다는 국내 소비자 심리를 철저하게 구현한 것이다.

또한 외국계 매장이 소홀히 했던 신선식품을 대폭 보강하고 한국 소비자들이 선호하는 제품을 전면에 배치하는 등 치밀한 전략으로 외국계 업체에 맞섰다. 한편 Wal-mart나 까르푸는 자국의 영업 방식을 고집했다. 까르푸는 좋은 자리에 제품을 진열해주는 대가를 요구하여 납품하는 중소기업들과 마찰을 빚었다. 납품업체의 항의는 물론 한국공정위원회로부터 수차례 지적을 받았음에도 불구하고 까르푸는 자사 지침이라는 이유를 들어 기존 방법을 고수했다. 이러한 마찰로 CJ, 풀무원 등 식품 대기업들은 1년 이상 납품하지 않은 적도 있었다. Wal-mart도 신선식품 요구가 강한 한국 소비자 취향을 외면하고 공산품 위주의 상품 진열로 호응을 얻지 못했다. 또한 상품 기획이나 구매, 매장 관리 등 대부분의 핵심 부문을 외국인 관리자들이 장악하고 미국식 경영방식을 그대로 고수하여 한국 시장 상황 파악에 실패했다.

2006년 5월 신세계 이마트가 Wal-mart Korea를 인수하였다. 글로벌 유통 공룡인 Wal-mart가 한국에서 철수한 것이다. 이는 Wal-mart의 해외 진출 첫 실패사례가 되었다. 프랑스계 까르푸도 2006년 4월에 한국에서 철수했다. 이마트는 적극적인 한국화 전략으로 도저히 이겨낼 수 없을 것 같았던 이들 공룡 기업들을 차례차례 굴복시키고 한국에서 대형 할인점 최강자로 올라섰다.

삼성은 '애니콜'이라는 휴대폰 브랜드로 국내외 시장의 강자가 되었다. 국내 휴대폰 시장은 미국의 휴대폰 업체 모토로라가 1990년대 초반까지 시장의 80% 이상을 점유하고 있었다. 삼성은 1988년 최초로 휴대폰을 시장에 내놓았지만 통화 품질이 좋지 않아 소비자들이 외면했다. 이어 1994년 10월에 야심적으로 기능을 보완한 모델을 출시하였다.

우선 휴대폰 브랜드를 누구나 친근하게 부를 수 있도록 언제 어디서나 누구나 전화할 수 있다는 의미의 '애니콜'로 정했다.

5천여 개의 후보 브랜드 중에서 고른 것이었다. 또한 통화 품질을 강화하기 위해 이중 안테나를 내장하고 디자인도 가볍고 한손에 쥐기 쉽도록 작게 만드는 등 전략적 제품으로 대대적인 광고를 하였으나 소비자들은 여전히 외면하였고 실제로 통화가 잘 안되는 경우가 빈번히 발생했다.

이건희는 고질적인 불량문제에 대해 충격요법을 쓰기로 하고 1995

년 3월 휴대폰 제조 공장인 구미사업장에서 약 15만 대에 달하는 500억 원 상당의 불량 제품들을 수거하여 직원들 앞에서 불태우는 화형식을 가졌다. 직원들은 자신이 만든 불량제품이 시장에서 어떤 대우를 받는가를 눈으로 직접 확인한 것이다. 이를 계기로 사내 분위기가 달라졌다. 불량이 발견되면 생산라인을 정지시키고 불량 원인을 팀 전체가 찾아내는 라인 스톱제를 실시하였다. 라인 스톱제는 생산에 차질이 빚어지는 문제가 있어 결과에 따라서 회사는 시장 점유율과 매출 증가를 포기해야하는 제도다. 직원들도 이 점을 잘 알고 있어 불량을 내지 않으려고 노력하는 분위기가 자연스럽게 형성되기 시작했다.

애니콜은 이러한 품질 개선 노력과 더불어 획기적인 광고와 마케팅 전략으로 점차 소비자들의 신뢰를 얻기 시작했다. 통화 품질이 좋다는 점을 어필하기 위해 산악지대가 많은 한국의 특징을 잡아 '한국 지형에 강하다'는 광고를 내보내면서 체험위주의 마케팅 전략을 동시에 전개했다. 설악산, 한라산, 지리산, 계룡산에서 무료통화 시연회를 열고, 인구이동이 많은 명절에는 고속도로 휴게소에서 무료통화 시연회를 열었다. 애니콜은 폭발적인 인기를 거두면서 1996년에 47%의 시장 점유율로 드디어 모토로라를 제치고 국내 시장 1위에 등극했다.

국내 시장을 제패한 삼성은 이어 세계시장을 겨냥한 애니콜 브랜드 제품을 잇따라 출시하였다. 이건희는 앞으로 제품의 핵심은 기술력을 바탕으로 한 디자인이 될 것으로 전망하고 디자인부문을 강화하면서 기존엔 기술 개발을 하면 그에 맞게 디자인을 했지만 디자인에 맞게 제품을 개발하라는 특명을 내렸다. 특히 그는 휴대폰을 직접 사용해보고는 자신이 느끼는 불편함이나 디자인상의 문제점을 세세하게 지적하여 개선을 요구했다. 일례로 자판 중에서 가장 많이 사용하는

SEND와 END 자판의 크기는 다른 자판보다 커야 한다든가, 휴대폰은 한 손에 쏘옥 들어오는 조약돌 모양이 좋다는 등 많은 아이디어를 제공했다.

이 회장의 직접적인 관심은 휴대폰의 획기적인 발전을 가져왔다. 이에 대한 결정판이라 할 수 있는 2002년에 출시된 'SGHT100' 기종은 이건희의 제품 철학이 녹아든 기종으로 일명 '이건희폰'으로 불리면서 전 세계에서 1천만 대 이상 팔려 단일 모델로 1조 원 이상의 매출을 올리는 기록을 세우기도 했다. 이어 2003년에 'SGH-E700' 일명 '벤츠폰'이 누적 판매 대수 1300만 대, 2004년 'SGH-D500', 일명 '블루블랙폰'이 1300만 대 등 이른바 텐밀리언 셀러폰이 잇달아 히트하면서 삼성은 당시 휴대폰 시장에서 노키아와 더불어 세계 강자가 되었다.

## 5) 세계 1등 기업을 향하여

외국 기업 공세로부터 국내 시장을 지켜낸 기업들은 한발 더 나아가 자체 개발한 기술력을 바탕으로 해외 시장에 진출하면서 두각을 나타내기 시작했다. 세계 시장 진출은 지역별 특화 전략과 더불어 탁월한 마케팅으로 큰 성공을 거두고 있다. 결코 넘을 수 없는 벽으로 생각한 일본 기업들은 물론 서구 선진기업들을 넘어서 이제는 세계 시장 넘버원을 향해 한국 기업들의 거침없는 진격이 이어지고 있다.

세계 전자업계에서 삼성과 LG는 독창적인 전략으로 일본의 대표적인 업체들을 누르고 세계 강자로 부상했다. 선진국 시장을 장악하고 있던 일본 업체와의 직접 경쟁을 피해 상대적으로 일본 업체들이 소홀히 하던 신흥국 시장을 적극 공략하여 시장을 장악한 뒤 일본의 아성이었던 선진국 시장에 진출하는 우회 전략을 구사하여 성공하였다. 신흥국 시장에서 삼성과 LG는 제품의 기존 기능 중에서 각국 시장 니즈에 맞는 기능들을 더 넣거나 빼는 방식으로 지역특성에 맞는 상품을 개발하여 소비자의 마음을 사로잡는 전략을 썼다.

LG는 중동시장에 진출하면서 이슬람 성전인 코란을 읽어 주는 TV를 개발하여 시장에 내놓았다. 인도에서는 인도인들이 '101' 숫자를 좋아한다는 조사를 바탕으로 101가지 요리법을 내장한 전자레인지를 출시하여 성공했다. 브라질에서는 브라질 사람들이 축구에 열광한다는 점에 착안하여 브라질 최고의 명문 축구팀을 후원하면서 LG로고의 미디어 노출을 최대한으로 끌어 올리는 데 성공하였다. 이는 곧 LG 제품 구매로 이어져 TV는 물론 에어컨, 전자레인지, LCD 모니터 등 모든 제품에 파급 효과를 가져왔다. 선진국 시장에서 한국 업체들은 LED TV를 새로운 카테고리로 포지셔닝하여 새로운 시장을 창출하는데 성공했다.

LED TV는 이미 소니가 2004년에 개발했으나 기존 액정 TV의 상위 제품 개념으로 출시하여 시장의 주목을 받지 못하였다. 그러나 삼성은 기존 '액정'이 아닌 'LED TV'라는 새로운 혁신적인 제품으로 포장하여 세계 시장에 어필하는데 성공했다. 삼성이 프랑스 TV 시장을 공략할 때는 프랑스인들의 와인 사랑에 힌트를 얻어 TV는 까맣다는 상식을 뒤엎고 하얀색 와인 잔 디자인의 보르도 TV를 출시하여 히트하자 이를 전 세계 시장에 판매하여 세계 TV 시장 1위에 올랐다.

삼성과 LG가 세계 가전시장을 장악함에 따라 일본의 대표적인 전자업체들인 파나소닉, 샤프가 TV 사업을 포기했고 도시바는 TV 사업 축소, 소니는 고강도 구조조정 중이며, NEC는 스마트폰 시장에서 철수하는 등 과거의 시장 강자의 모습을 찾기 힘들게 약화되었다.

현대자동차는 2008년 금융위기로 휘청하던 미국에서 자동차 시장에 독특한 마케팅을 전개하여 경기 침체로 위축된 미국 소비자들에게 현대자동차를 어필하는데 성공했다. 주택금융시장의 붕괴로 소비심리가 극도로 위축된 미국 시장에서 '실직자 프로모션'을 도입해서 현대자동차(기아자동차 포함)를 구매하고 1년 이내에 실직할 경우 차 값을 환불해주겠다는 광고를 대대적으로 전개하였다. 도요타의 간부들은 현대자동차의 이러한 마케팅을 브랜드 가치가 훼손되고 불량 재고로 이어진다는 이유로 매우 부정적으로 보았다.

그러나 현대자동차는 2009년 1월에서 9월까지 판매 대수에서 전년 동기 비 9%나 증가한 341만 대를 판매하여 337만 대를 판매한 포드를 제치고 세계 자동차 판매 랭킹 5위로 도약하여 역사적인 역전을 이루어냈다. 이 기간 동안에 미국 시장에서 판매가 증가한 회사는 현대, 기아, 후지중공업 단 3개사뿐이었다. 현대자동차의 약진이 단순하게 기발한 마케팅이나 저렴한 가격에 의존하고 있는 것은 아니다. 부단한 제품의 품질 향상이 있음으로서 가능한 일이었다.

현대는 전 세계 9개국에 16개 생산거점을 두고 있는데 모든 거점들이 최소한 30만 대 생산 규모를 갖추고 시작한다. 이는 규모의 경제를 통해 원가 경쟁력을 높이는 수단이 되기도 한다. 특히 어느 생산거점이나 모두 최신 설비를 도입하고 있는데 이는 품질이 균일한 제품을 생산하도록 하고 있다. 미국 앨라배마의 현지 생산거점도 11개 협력업체가 동반 진출해 제품 생산 경쟁력을 높였다. 이러한 제반 노력을 통해 정몽구는 1999년 회장에 취임한 이래 품질 면에서 비약적인 발전을 꾀하여 과거 현대차는 품질이 나쁜 싸구려 차라는 이미지를 완전히 뒤엎는데 성공하였다.

2013년 6월 미국의 시장조사업체인 JD파워가 각국의 21개 브랜드를 대상으로 신차 품질조사를 한 결과, 현대기아차가 공동 5위를 차지했다. 전년보다 무려 4계단이나 뛰었다. 제네시스의 경우 중형고급차 부문에서 처음으로 벤츠의 E클래스와 도요타의 렉서스 GS, BMW의 BMW5, 아우디의 아우디6를 제치고 1위를 차지하였다. 과거 싸구려 차라는 오명을 벗고 고급 세단부문에서 세계 유명업체와 경쟁하고 있는 현대를 가리켜 미국 시장에서는 과거 일본 자동차 회사들이 미국시장에서 이룬 약진을 현대가 재현하고 있다고 평가하고 있다.

세계 휴대폰 시장에서 치열한 경쟁이 전개되고 있던 2007년 1월 애플의 스티브 잡스는 전화기능을 기본으로 하면서 음악·영화 재생, 이메일 기능, 인터넷 기능, 다양한 어플리케이션을 이용하여 기능 확장이 가능한 새로운 개념의 휴대폰인 아이폰을 소개했다. 애플은 그해 6월에 아이폰을 출시, 스마트폰이라는 새로운 카테고리를 만들어 세계적인 주목을 받았다. 삼성은 초기에 스마트폰에 대해 과소평가하여 손가락으로 터치하여 스크린이 움직이는 정도의 기능이 첨가된 휴대폰의 연장선으로 대응했다. 그러나 2009년 애플이 출시한 아이폰 3GS가 시장의 폭발적인 반응을 일으키자 삼성은 이에 대응하는 옴니아 시리즈를 출시하였지만 하드웨어, 소프트웨어 모든 면에서 시장의 반응을 얻어내지 못했다. 디자인과 성능 면에서 아이폰과 현격한 차이가 있었기 때문이다.

2010년에 스마트폰이 기존 휴대폰을 대체하는 추세가 본격화되고 있었지만 삼성은 여전히 이에 적시에 대응하지 못하고 있었다. 삼성은 무선사업부를 전면에 내세우고 반도체 부문과 디스플레이 부문을 과감하게 구조조정하는 등 체질개선에 나섰다. 휴대폰 시장 최강자인 노키아도 스마트폰 대응이 늦어 애플의 독주에 제동을 거는 데 실패했다. 시장은 과연 누가 애플의 독주에 제동을 걸 수 있을 것인가에 관심을 갖기 시작했다. 이런 의미에서 삼성이 2010년 5월에 출시한 갤럭시S에 세계가 주목하였다. 시장 반응은 성공적이었다.

갤럭시S는 출시 7개월 만에 1000만 대 판매를 달성하였고 2012년까지 총 2400만 대 이상 판매되어 스마트폰 시장에서 애플의 대항마로 떠올랐다. 이어 출시한 갤럭시SⅡ도 초고속, 초고화질, 초슬림이라는 구호를 내걸고 출시한지 13개월 만에 2800만 대를 판매하여 갤럭시S와 함께 총 5천만 대 판매 기록을 세워 애플의 독주에 제동을 걸었다. 삼성은 갤럭시 노트 시리즈 등 빠른 모델 개발과 더불어 적시에 후속 제품들을 시장에 투입함으로서 스마트폰 시장에서 유일하게 애플과 경쟁하고 있다. (오춘애)

# 3. 빨리빨리

디지털 시대를 맞아 한국 기업들의 약진이 눈부시다. 디지털 시대
는 '빨리빨리'를 강점으로 하는 한국 기업가들에게 날개를 달아줬다.
디지털 제조 방식을 도입한 업체 중 가장 성공한 기업은 삼성전자다.
삼성을 디지털화로 이끈 이건희의 판단은 탁월하다. 이건희는 제조
환경이 아날로그 방식에서 디지털 방식으로 바뀌는 시대의 변곡점에
서 경쟁자인 일본 업체보다 디지털 방식을 한 발 앞서 도입하여 세계
적인 기업으로 발돋움하는 결정적인 발판을 마련했다. 디지털 시대의
도래로 제품 제조 공정의 획기적인 단축이 가능해졌다.

삼성은 다년간의 경험을 필요로 하는 숙련공 노하우 면에서 도저히
일본 업체를 따라 잡을 수 없어 일본 제품을 모방하는 선에서 맴돌고
있었다. 그러나 1990년대 말 이건희의 강력한 개혁 드라이브에 힘입
어 전략적으로 디지털화를 선택하여 일본 방식에서 벗어나 일본을 추
월하기 시작했다.


## 1) '빨리빨리'는 한국 기업의 특허 정신

삼성의 성공을 주제로 한 책인 『위기의 경영』의 저자 요시카와 료
죠는 아날로그 방식을 꼬치구이 방식으로 비유했다. 요시카와는 제품
개발과 생산 프로세스가 순차적으로 이루지는 과정이 마치 꼬치에서
차례차례 빼내어 먹는 방식과 같다고 보았다. 아날로그 방식은 제품
아이디어가 설계자에게 전달되면 설계자는 제품의 크기, 형태, 소요

되는 부품, 조립방법 등을 도면으로 만들었다. 이 도면이 완성되면 그 다음 단계로 생산 현장에서 부품 발주에서부터 조립에 이르기까지의 모든 과정이 순차적으로 이루어진다. 생산 현장 기술자들은 도면을 보고 시제품을 제작하는 과정에서 기술을 연마하면서 자체적인 노하우를 축적하여 숙련공이 되는데 이러한 실력은 많은 지식과 더불어 경험과 시간이 필요했다.

이러한 숙련공이 많은 일본은 아날로그 시대 최고의 경쟁력을 가진 국가였다. 반면에 디지털 방식은 먹고 싶은 것을 맘대로 골라 먹을 수 있는 생선회와 같다고 했다. 디지털 방식을 통해 제조과정에 관련된 전 부문이 중앙의 데이터베이스를 통해 정보를 공유하여 상품 기획과 디자인 설계 작업을 동시에 진행시킬 수 있어 제품의 제조 공정을 획기적으로 단축할 수 있게 되었다. 생산현장에서는 숙련공의 경험과 노하우가 모두 수치화되어 입력되어 있는 공작기계만 조작하면 숙련공 수준의 제품을 생산할 수 있게 되었다. 이 시스템의 최대 장점은 상품 개발기간 단축은 물론 다양한 모델을 빨리 만들어 낼 수 있다는 점이다. 이러한 디지털화는 삼성에 많은 변화를 주었다.

먼저 부품의 모듈화를 들 수 있다. TV의 경우 아날로그 제조방식으로는 TV는 3000개의 부품을 일일이 끼워 맞추어야 했다. 그러나 디지털화로 부품을 100여개의 모듈부품으로 표준화하여 이를 끼워 맞추도록 하였다.

두 번째는 생산계획의 단기화다. 예전에는 주간단위로 이루어지던 생산계획이 2007년부터는 사흘 단위로 2010년부터는 수요변동에 따라 하루 단위로 전환하여 제품을 즉시 공급하고 재고를 남기지 않도록 하고 있다. 세계 최대 시장인 미국의 유명한 바겐세일인 블랙프라이

데이에 하루 수십만 대의 삼성 TV가 팔려도 품절되지 않는 것은 삼성이 상황에 따라 곧바로 대응할 수 있었기 때문이다.

세 번째는 지역 특성에 맞는 제품을 자유자재로 제조하여 적시에 시장에 내놓는 글로벌 전략을 세울 수 있다는 점이다. 신흥국 시장에서는 이른바 다양한 기능을 배제하고 핵심 기능만 갖춘 저렴한 제품을 현지에서 만들어 현지에 적합한 가격으로 시장에 내놓았다. TV, 냉장고 등 가전제품들을 지역 특성에 맞는 기능을 넣거나 빼는 방식으로 각국 시장에 투입한다. 휴대전화는 필수기능인 음성통화와 메시지 주고받는 기능만을 넣고 세탁기도 아직도 손빨래로 하는 신흥국에 세탁조와 탈수조가 각각인 2조식 제품을 10만 원 내외의 저렴한 가격에 내놓았다.

선진국 시장에서는 가전제품의 경우 고부가가치 제품을 다양한 모델로 적시에 시장에 내놓아 시장 강자였던 소니, 파나소닉, 도시바 등 일본 업체들을 쓰러트렸고, IT부문에서는 휴대폰과 스마트폰에서 차례차례로 세계적 시장 강자들인 모토로라, 노키아, 애플 등을 넘어서는 초유의 경쟁력을 발휘하고 있다.

현대기아자동차도 대폭적인 공정 단축으로 고품질의 신차 모델을 빨리빨리 시장에 투입하여 세계 5대 완성차 반열에 올랐다. 이는 부품의 모듈화와 더불어 디지털 방식의 신차 개발방식을 도입하면서 이룬 쾌거다. 현대기아자동차는 신차 개발시 엔진, 외형 디자인 개발과 동시에 생산에 돌입하는 시스템 구축으로 신차투입 기간을 크게 절감하여 제품 가격 경쟁력을 높이는데 성공했다. 이른바 파일럿 생산라인 작업방식이다. 신차 설계 및 개발은 남양종합기술연구소에서 하고 부품조립은 울산과 아산공장에서 진행한다. 파일럿 생산 부문은 남양 종합기술연구소에서 임시로 설치해 기술자, 조립 생산자, 부품 메이커의 기술자가 동시에 한 장소에서 작업을 미리 진행한다. 조립하면서 설계하고 만약 설계에서 문제가 발견되면 그 즉시 변경한다. 설계 도중에 부품 메이커도 시작품을 들고 오면 이를 조립해 보고 정확하게 맞으면 그 즉시에서 설계가 완성되는 것이다. 파일럿 생산에서 모든 것이 결정되기 때문에 그대로 생산 공장으로 넘겨져 즉시 본격적인 생산에 돌입할 수 있게 된다.

부품 메이커도 파일럿 생산단계에서 이미 적합성 여부가 판가름 나기 때문에 최종 결정된 설계대로 부품을 납품할 수 있다. 현대기아차 부품업체인 현대모비스는 부품을 모듈화하여 현대기아의 경쟁력을 밑받침하고 있다. 완성차 업체가 생산라인에서 운전석 부문을 조립할 경우 계기판, 핸들, 에어컨 장치 등을 일일이 조립하여 시간이 많이 소요되었지만 모듈방식을 도입한 뒤로는 부품업체가 이를 하나로 통합시켜 미리 조립한 후 운전석 모듈로 납품하면 생산라인에서는 이를 차량에 조립만 하면 되기 때문에 공정이 대폭 단축되어 시간과 비용이 절감된다.

부품업체인 현대모비스는 2000년부터 본격적으로 부품 모듈화에 착수하여 서스펜션, 서브프레임 등 자동차의 뼈대를 구성하는 부품 100여 가지를 하나로 묶은 섀시 모듈과 프런트엔드, 계기판, 오디오, 에어컨, 환기장치, 에어백 등 운전석 부근 약 130여 가지 부품으로 구성된 운전석 모듈에 더하여 자동차 앞 범퍼와 헤드램프, 냉각시스템 등 30여 가지 부품으로 구성된 프런트 엔드 모듈 등 자동차 3대 핵심 부품 모듈을 현대기아에 공급해 왔다.

현대모비스 뿐만 아니라 성우하이텍, 만도, 현대위아 등 관련 부품 업체들도 다양한 모듈을 생산하고 있다. 그러나 부품 업체들은 모듈화된 부품을 완성차 공장까지 수송하여 납품을 해야 하기 때문에 시간과 운송비용이 많이 소요되었다. 현대기아는 최근 이 문제를 개선하는 방안으로 완성차 공장 바로 옆에 부품 공장을 세워 수송비용을 절감하는 방법을 도입했다. 현대기아차가 해외 진출할 때도 예외가 아니다. 2002년 현대차의 중국 시장 진출할 때 부품업체의 동반진출을 추진한 것을 시작으로 최근 현대차가 체코, 미국 조지아 등 해외에 진출할 때 현대모비스도 동반 진출하여 바로 옆에 공장 건물을 짓고 공장 내부 컨베어 벨트를 현대자동차와 연결시켜 부품이 직접 현대자동차 내부로 운반되는 시스템을 갖추었다. 현대 모비스는 부품 모듈화를 일보 진전시킨 차종간 부품 공용화도 추진하였다.

이를 통해 현대기아차는 시장 변화에 기존보다 신속하게 다양한 제품을 저렴하게 시장에 투입할 수 있게 되었고 이를 바탕으로 공격적인 마케팅도 가능해졌다. 현대기아차가 세계 5대 완성차 진입에 성공하면서 세계시장 점유율은 2009년 7.8%에서 2010년 8.1%, 2011년 8.6%, 2012년 8.8%로 10%대를 향해 돌진하고 있다.

의료 전문업 메디슨의 자회사로 1977년 설립된 인피니트헬스케어는 의료용 영상정보 소프트웨어 전문기업으로 속도, 원격 접속의 용이성, 빠른 데이터 전송이라는 강점을 전면에 내세워 국내 시장 1위를 점하고 있다. 의료기관들은 X-ray, CT, MRI 등 의료용 영상 장비를 통해 촬영된 영상물을 규격화된 파일로 각 병원 서버에 보관하여 환자가 병원에 와서 진찰 받을 때에 담당의사의 컴퓨터로 불러내고 있다.

인피니트헬스케어가 자체 개발한 알서포트 시스템은 국내 약 1500여 개 의료기관에서 사용하고 있다. 2000년 미국에 진출할 때는 미국과 본사의 시차를 활용하는 시스템을 구축하여 경쟁력을 확보하였다. 미국 뉴저지주 패터슨 시에 있는 세인트 조셉 병원이 독일의 지멘스가 개발한 의료영상 저장전송 시스템 교체 프로젝트를 수주한 것도 바로 이러한 시차를 이용한 작업기간 단축이었다. 동 병원은 독일 지멘스의 의료영상 저장전송 시스템을 사용하고 있었는데 시스템이 낡아 의사들의 불만이 많아 시스템 교체 프로젝트를 입찰경쟁에 부쳤다.

가장 나중에 남은 업체는 미국의 GE와 한국의 인피니트헬스케어 2개사였다. 병원 측은 최종 선택을 앞두고 기존 시스템에 있는 자료를 얼마나 빨리 새 시스템으로 옮길 수 있는지 물었다. GE는 직접 자료 이동 작업을 하지 않고 협력업체에게 맡기고 있어 이 협력업체가 제시한 작업기간을 그대로 말했지만 인피니트헬스케어는 5개월의 기간을 제시하여 수주하는데 성공했다. 실제로 이 작업은 3개월 만에 완성하여 병원 측은 '믿을 수 없을 만큼 빠르다'는 반응을 보였다.

인피니트헬스케어가 미국 시장에서 경쟁력을 갖는 것은 한국식 빨리빨리 전략을 구사했기 때문이다. 인피니트헬스케어는 한국과 뉴저지의 시차가 14시간이란 점에 주목했다. 두 지역의 낮과 밤이 서로 반대라는 점을 이용하여 24시간 작업체제를 만들고 미국지사에 있는 엔지니어가 작업을 하고 퇴근하면 같은 시각 아침을 맞고 있는 서울 본사 개발팀이 업무를 넘겨받아 후속작업을 진행하는 것이다. 이렇게 컴퓨터를 통해 태평양을 몇 번만 왕복하면 작업이 완료되는 것이다. 작업 장소가 지구 반대편 멀리 있다는 단점을 오히려 장점으로 바꾸는 발상의 전환이었다. 인피니트헬스케어의 이러한 작업 방식은 영상의

학과 전문의들 사이에서 서서히 좋은 평판을 얻게 되어 2000년 해외 진출 이래 전 세계 30개국에 1,050여개 의료기관에 자사 시스템을 수출했다. 전체 매출액 중 1/3이 해외에서 이루어지고 있다.

두산은 인수합병을 통한 원천기술 확보를 바탕으로 내수용 소비재 기업에서 세계적인 중공업 기업으로 가장 빨리 변신한 대표적인 기업이다. OB맥주와 폴로티셔츠, 종가집김치 등 그룹의 캐시카우를 과감하게 매각하고 대신 2000년 한국중공업을 인수하는 것을 시작으로 중후장대 기업으로 다시 태어나는데 성공하였다. 두산중공업은 2013년 현재 담수화 분야 세계 최고의 경쟁력을 갖고 있다. 두산이 취한 전략은 원천기술 보유 기업의 적극적인 인수를 통해 기술을 확보하는 것이었다. 담수화 분야는 1990년대에만 해도 미국과 유럽, 일본이 독점해 오던 분야였다.

두산은 2006년 보일러기술을 보유하고 있는 영국의 미쓰이밥콕, 2009년 보일러스팀터빈 기술을 보유한 체코의 스코다파워를 잇달아 인수하여 보일러와 스팀터빈 기술을, 이어 2011년에는 독일의 발전설비 업체인 렌체스와 세계 최고 수준의 물처리 전문업체인 영국의 엔퓨어를 인수하여 이 분야 원천기술을 확보하는 데 성공했다.

이러한 적극적인 인수합병 전력으로 확보한 기술력을 바탕으로 최근 두산은 프랑스 가르단 화력발전소 리뉴얼 공사를 수주했는데 이는 렌체스와 밥콕이 보일러기술과 보일러 서비스 기술, 그리고 스코다파워의 스팀터빈기술을 확보하고 있었기 때문에 가능했다. 담수화 분야에서 두산이 중동지역에서 시장 점유율은 50%이상이다.

그동안 중동에서 수주한 담수화 플랜트는 총 27개로 담수화 용량은 총 580만 톤 규모로 총 2000만 명이 사용할 수 있는 양의 물이 생산된다.

## 2) 기술모방 - 벤치마킹, OEM, 기술제휴

사업 성공 지름길 중 하나는 기술을 훔쳐오고 모방하고 그것이 어려우면 돈을 주고 기술을 사는 것이다. 한국 기업들도 예외는 아니다. 그 덕분에 2000년대 들어와 한국 기업들이 세계시장 최강자로 등장하는 일이 빈번해졌다. 현재의 세계시장 강자라는 업적을 창조해낸 것은 기업가들이 할 수 있다는 신념으로 그것도 늦게 시작했으니 빨리빨리 해내야 한다는 명제 앞에서 발 빠르게 움직인 결과물이다. 1945년 해방 이후 혼란기와 1950년의 6·25전쟁으로 제조 시설은 손을 쓸 수 없을 만큼 파괴되었다.

이러한 폐허 속에서도 기업가들은 상황의 변화에 따라 기민하게 기회를 잡아 일어서기 시작했다. 해방 이후엔 부족한 생활필수품을 수입하는 무역업이 성했다. 대부분의 기업가들은 무역업으로 축재를 하였고 일부에서는 이 자본을 활용하여 수입 대체품을 직접 만들고자 하는 움직임이 일었다.

삼성의 이병철이 설탕과 모직 옷감을 만들었고 LG의 구인회는 치약과 여성용 크림을 만들기 시작하였다. 물론 기술적 인프라는 거의 전무한 상태였기 때문에 외국에서 기계를 주문하고 그 기계를 다룰 수 있는 기술을 직접 지도 받아가면서 기술 모방을 통해 한국 제조업의 바탕을 다져갔다. 제조에 관한 모든 것은 자체적인 연구개발을 통하기보다는 직접 기술 지도를 받아 만들거나 그것조차 여의치 않을 때는 외국 제품을 모방하여 만들었다. 전쟁 중이거나 전쟁 폐허 속에서 기술을 주겠다고 선뜻 나서는 외국 기업은 없었다. 기업가들은 각자의 방법을 통해 각고의 노력으로 외국 기업들의 박대와 무시 속에서도 필요한 기술을 재빨리 습득하여 제조 기반을 다져나갔다.

이병철이 무역으로 생필품들을 수입하면서 이들 수입품 중 직접 제조할 만한 사업을 찾기 시작했다. 그는 시장에서 폭발적인 수요를 보이고 있는 설탕, 장기적으로 수요가 늘어날 것으로 판단한 종이, 페니실린을 제조업 아이템으로 생각하고 일본의 미츠이(三井)물산에 이 세 아이템에 관한 기획과 견적을 내달라고 부탁했다. 미츠이 측으로부터 제당에 관한 사업기획과 견적이 제일 먼저 도착하자 이병철은 일단 제당 사업부터 착수하기로 한다. 극심한 인플레이션으로 돈의 가치는 하루가 다르게 떨어지고 있었던 상황으로 모든 것이 시간적 여유를 부리고 있을 상황이 아니었다.

전시의 인플레이션으로 인해 설탕가격은 1951년 말 정백당 60kg 도매가격이 351,000원에서 1952년 말에는 94만원으로 폭등했다. 1년 동안 2.7배나 상승했다. 밀가루는 같은 시기 1.7배, 금값은 1.6배 상승하는데 그쳤으므로 그 당시 설탕이 금보다 더 수익성이 높은 상품이었다(김병하, 『재벌의 형성과 기업가활동』, 1991년). 미츠이 측이 제시한 견적으로는 공장 건설에 18만 달러가 소요되었다. 그 중 15만 달러는 기계 설비, 3만 달러는 시험용 원당원료 비용이었다.

다나카기계(田中機械)에 제당 기계를 주문하였지만 이승만 대통령의 반일 정책으로 기술지도를 직접 받기 어려운 상황이 되었다. 일본

사람들의 한국 입국 자체가 봉쇄되어 기술자 입국도 어렵게 되었다. 기계조립 용역회사와 더불어 기계를 자체적으로 조립해 나가는 과정에서 기술적으로 막히는 부분이 수없이 나타났다. 그럴 때마다 일본에 국제전화나 서면으로 물어봐야 했지만 국제전화는 한나절 전에 통화 신청을 해야만 겨우 통화할 수 있었고 더구나 통화 품질이 나빠 소리를 질러도 잘 안 들리는 경우가 비일비재했다. 서면으로는 일본과의 편지왕래가 빨라야 보름이나 걸려 조립상 문제가 발생할 때마다 작업이 중단되곤 했다. 이러한 우여곡절 속에서도 속도를 내어 공장 건설을 착공한 지 4개월 만에 완공했다. 2개월 앞당긴 완공이었다.

그 해 10월 말에 시운전을 하였으나 제조설비에서는 설탕은 나오지 않고 밀당만 나왔다. 기술부족이었던 것이다. 일주일을 불철주야 매달리며 기계조작방법과 공정을 몇 번씩 점검하며 원인을 찾았으나 기술적인 결함은 찾아낼 수 없었다. 그러는 도중 인근의 용접공이 우연히 공장안에서 제조과정을 지켜보던 중 무심코 곁에 있던 기술자에게 "웬 원료를 저렇게 많이 넣습니까?"라고 묻는 말이 이병철의 귀에 들어왔다(『재계회고 I』, 한국일보사, 1984년). 수백 번의 점검에도 잡히지 않던 원인을 드디어 찾은 것이다. 원당을 너무 많이 넣어 기계에 과부하가 걸렸던 것이다.

1953년 11월 5일 드디어 설탕을 제조하는데 성공했다. 제일제당이 폭발적인 설탕 수요로 재정이 안정되어 가자 하루 순익이 일천만 환씩 쌓이기 시작했다. 이병철은 제당 사업을 추진하면서 여러 난관을 뚫고 성공시킨 창업의 즐거움을 되살려 제일제당 설립 1년 후 섬유 사업 창립을 구상하기 시작했다. 1950년대 당시 양복감도 국내 수요를 모두 수입에 의존하였다. 이를 위해 1년에 소요되는 외화는 250만 달러에 달했다. 이 시기에 정부는 국내 수요 모직을 수입에만 의존할 수 없다고 판단하여 관주도의 생산업체를 설립할 계획을 갖고 이미 독일에 함부르크의 스핀바우 사에 기계를 발주해 놓고 있었다. 정부는 이병철의 섬유사업 계획을 알고서는 경쟁이 심한 면방보다는 제조하기가 더 어렵고 까다롭지만 전량 수입에 의존하는 모직을 권하였다. 적어도 이병철이라면 정부가 추진하고 있는 사업을 맡길 수 있다고 판단한 면도 없지 않았다.

이병철은 제일제당 설립 때 이상으로 돌관공사를 진두지휘하면서 공기 단축에 힘을 기울였다. 현장에서 불철주야 독려하면서 결국 자신이 말한 대로 1956년 3월에 주요 부분의 기계 설치를 끝낼 수 있었다. 이어 시운전을 거쳐 그 해 5월초에 조업에 들어갔다. 그러나 문제들이 속출했다. 기술 부족으로 인한 기계 조작 미숙으로 고장이 잦고 독일, 영국, 이탈리아, 프랑스 등지에서 조달한 기계들이라 부속품이 필요할 때 이를 구입하는 데는 1년여 이상 걸렸다. 이미 기계 조립 기간 중인 1955년에 독일 기술자 5명을 초빙하여 기술 지도를 받았다. 1956년에는 염색 기술자와 소모방직 기술자 3명이 와서 지도했고 57년에는 영국과 독일에서 가공기사 2명이 와서 기술 지도를 했다. 그 동안 제일모직에서 독일로 파견한 연수생도 수십 명에 달했다. 이런 과정을 통해 제일모직 설립 후 처음 1년 동안 약 50만 착 분의 양복지를 생산했다. 돌관공사를 통한 공기 단축과 해외 기술자를 초빙하여 기술지도를 받아 만든 빨리빨리 정신이 이루어낸 성과였다.

구인회가 플라스틱 사업에 뛰어든 것은 제조하고 있던 여성용 크림통 뚜껑의 파손이 빈번하자 이를 개선해 보고자 하는데서 출발했다.

우연히 미군 PX에서 흘러나온 화장품을 보며 뚜껑이 깨지지 않는 재질로 되어 있다는 것을 알고 이 화장품의 뚜껑 재질이 무엇인가 알아보니 플라스틱이었다. 플라스틱이 무엇인지도 모르던 시기였다. 구인회는 동생 구태회에게 모든 일을 제쳐두고 플라스틱 제조법을 알아내라는 지시를 내렸다. 구태회는 그때부터 플라스틱에 관한 자료를 찾아 헤맸지만 6 · 25전쟁 중이라 구할 수가 없었다.

마침 삼성물산의 조홍제 부사장이 일본으로 출장간다는 소식을 듣고는 조홍제에게 플라스틱에 관한 자료를 모두 구해 달라고 부탁했다. 한 달 정도 일본 출장을 다녀온 조홍제는 『합성수지총서』라는 책을 건네주었다(『한번 믿으면 모두 맡겨라』, LG그룹 회장실, 1997년). 며칠을 밤새우며 그 책을 열독한 구태회는 원료와 기계만 있으면 제품을 만들 수 있을 것 같았다. 플라스틱을 만들 수 있다는 동생의 말에 구인회는 전 재산을 털어서라도 플라스틱 사업을 해야겠다고 마음먹는다. 오직 『합성수지총서』만을 읽고 뛰어드는 미지의 사업이라 모두들 위험하다고 말렸지만 구인회는 곧바로 공장 부지를 보러 다니며 미국에 플라스틱 사출성형기(射出成型機)와 금형과 원료인 폴리스티렌의 공급가격을 문의했다.

한 달 뒤인 1951년 5월에 미국에서 회신이 왔다. 견적서엔 사출성형기 7~8천 달러, 금형이 3천 달러, 원료가 2~3천 달러로 되어 있었다. 이 견적서대로라면 약 3억 원의 자금이 소요되었다.

6 · 25전쟁도 서서히 소강상태로 접어들면서 휴전의 기운이 감돌고 있다는 것도 감안하여 1951년 10월 구인회는 미국에 사출성형기 1대, 빗과 비눗갑 금형과 원료를 주문했다. 전 재산을 투입한 것이다. 이듬 해인 1952년 8월에 기계 등이 도착하자 영어에 능통한 구평회가

설명서를 번역, 부품 하나하나 맞춰가면서 조립하기 시작했다. 조립을 끝내고 드디어 기계 시운전에 들어갔지만 전원을 넣어도 기계가 움직이지 않았다. 다시 설명서를 꼼꼼히 살피면서 조립 상태를 체크했지만 조립상의 이상은 발견할 수 없었다. 이 때 구인회의 아들 구자경이 전압이 낮아서 그런 것 아닐까 하는 의문을 제기하였다. 무엇이라도 해봐야 하는 상황이었다. 변압기를 설치하고 다시 전원을 넣으니 기계가 움직이기 시작하면서 빨간색의 예쁜 플라스틱 빗이 뽑아져 나오기 시작했다.

재래식 빗은 대나무나 목재를 가공하여 만든 투박한 것인데 반해 플라스틱 빗은 당시로서는 신소재의 가볍고 편리한 제품이었다. 한국에 플라스틱 산업이 시작되는 순간이었다. 이어서 비누곽, 칫솔 등을 생산하여 시장에 내 놓으니 수요는 가히 폭발이었다. 구인회의 플라스틱 사업은 모든 것이 전광석화 같은 속도로 진행되었고 반드시 해내야만 한다는 형제들의 열의가 만든 성공이었다.


'ABC포마드'의 성공으로 재정적으로 안정을 찾은 서성환이 1954년 다시 서울로 복귀하고 보니 이미 화장품 시장은 외제 화장품이 차지하고 있었다. 서성환은 우선 외제 화장품에 대적할 만한 제품을 만들어 낼 필요성을 느꼈다. 먼저 국내에서 인기가 가장 높았던 프랑스의 코티분과 비슷한 제품을 만들기 위해 독일에서 미세제분기를 도입하여 1959년 'ABC분백분'을 판매했다. 이 때 선전 문구는 "불란서 코티와 꼭 같은 분백분이 우리나라에서 생산된다"였다. 그러나 소비자들은 여전히 국산 화장품을 외면했고 실제로 품질 면에서 아직 코티분을 따라잡지는 못했다.

결국 프랑스 코티사와 기술제휴를 맺고 기술도입을 꾀했다. 업계의 반발도 만만치 않았다. 신기술을 받아들여야 한다는 찬성론과 외화낭비에다가 장차 외제 화장품이 판을 칠 것이라고 맞서는 반대론도 있었다. 여론이 분분한 가운데서도 1959년 9월 맺은 기술제휴였지만 코티사의 비협조로 많은 애를 먹었다. 코티사가 제공해 준 것은 안료와 향료, 그리고 분가루에 여러가지 성분을 혼합한 베이스 등 세 가지뿐이었다.

코티사는 가장 핵심 원료인 베이스의 구성 비율을 가르쳐 주지 않았다. 상공부에서는 이것은 기술제휴가 아니라 단순한 원료 제공수준이라며 승인할 수 없다고 버티는 바람에 이를 설득하느라 애태우기도 했다. 이러한 우여곡절 끝에 코티분을 생산하여 출시하자 반응은 폭발적이었다. 1966년까지 코티분 덕분에 아모레는 화장품 시장에서 계속 독주할 수 있었다. 코티사의 불완전한 기술이전으로 연구진은 이를 알아내기 위해 심혈을 기울여 기술 학습과 탐구에 집중했다. 더구나 상공부는 원료에 관한 기술도입은 허가했으나 케이스는 국내에서 만들어야 한다는 조건을 달았다. 프랑스 코티분과 똑같은 케이스를 만들기 위해 국내 제지·인쇄업체와의 기술개발에도 힘을 쏟아야 했으며 이는 국내 업계의 기술 발전에도 자극이 되는 계기가 되었다.

아모레 퍼시픽의 기술제휴 성공을 지켜본 경쟁 타사들도 이후 외국과의 기술제휴에 적극 나서기 시작했다. 코티사의 기술제휴를 통해 아모레 퍼시픽은 기술적으로 몇 단계 점프하는 효과를 얻게 되었다. 그러나 코티의 기술제휴 예에서 보듯이 핵심 기술 이전에 인색한 기술제휴 방식에는 한계가 있다.

아모레 퍼시픽은 이 한계를 극복하기 위해 용인에 기술연구소를 설립하고 독자기술 개발에 박차를 가했다. 동사의 연구개발비는 매출의 3%이상을 투입하는 등 타사보다 연구개발에 많은 비용을 투입하고 있다. 이에 대한 가시적인 성과로 국내 실용신안 특허 400건, 해외 100건을 보유하는 등의 실적을 올리고 있다. 특히 1990년대 서경배는 부친의 사업 다각화를 과감하게 구조조정해 회사의 핵심역량을 화장품에 집중하는 체제로 갖추었다. 이후 세계 1위 기업인 로레알 그룹을 벤치마킹하여 각 화장품의 카테고리를 가격대별로 고가, 중가, 저가 브랜드로 분화하여 시장을 공략했다.

1997년 서경배가 그토록 염원해오던 고가 브랜드로 설화수를 개발하여 시장에서 성공한 아모레 퍼시픽은 국내 시장에서는 고가 브랜드로 설화수, 아모레 퍼시픽, 베리떼를 설정하고 주로 방문판매와 백화점에서 구매할 수 있도록 했다. 중가 브랜드인 라네즈, 마몽드, 아이오페, 한율, 미로는 대리점을 통해 시중에 판매를 하도록 했고 저가 브랜드인 이니스프리 허브스테이션, 에뛰드 하우스는 전용 브랜드 샵에서 구매하도록 하여 각 브랜드에 맞는 판매방식을 취했다. 해외시장 공략도 브랜드별로 달리 했다. 미국에는 아모레 퍼시픽 브랜드로 진출했고, 프랑스에서는 롤리타 램피카 향수 브랜드로 시장 점유율 4위를 기록하고 있다. 중국에는 한방 화장품 설화수와 라네즈, 마몽드, 에뛰드 하우스로 공략하여 큰 성공을 거두었다.


국산 자동차 1호는 '시발'이라는 브랜드로 1955년 국제차량제작주식회사가 조립해 만든 소형차다. 엔진은 미군 지프엔진을 모델로 국산화했고 차체는 철판을 두드려 조립한 수공업적인 승용차였다. 외관은 세련되지 못했지만 자동차가 귀하던 시대에 '시발'은 택시로 영업하면 당시 중산층 이상의 생활이 가능할 정도로 수입이 좋아 없어서 못 팔 지경이었다. 국제차량제작주식회사는 인기를 끌자 회사 이름을 아예 시발자동차로 변경했다. '시발' 택시의 인기에 힘입어 시발자동차는 1958년에 5곳의 공장에서 465명의 종업원이 한 달에 50대를 생산하기에 이르렀다.

자동차에 대한 수요와 이익이 많다는 것이 알려지자 승용차 뿐만 아니라 버스나 승합차를 생산하는 소규모 업체가 150여개로 우후죽순격으로 설립되었다. 이들 중 두각을 나타낸 회사가 신진공업사였다. 1955년 설립된 신진자동차의 전신인 신진공업사는 시발자동차 엔진을 사다가 신진자동차를 생산하여 판매했다.

겨우 싹트기 시작한 국내 자동차 산업은 새나라자동차의 조립생산으로 기술적으로는 다시 뒷걸음하게 된다. 5·16이후 갑자기 재일교포 박노정이 새나라자동차를 설립, 부평에 조립공장을 세웠다. 이와 병행하여 1962년 5월 관광용이라는 명목으로 완성차 400대를 면세로 들여와 100% 마진을 붙여 일반택시로 시중에 팔았다. 이로 인해 기존의 '시발' 택시는 가격이 40만원에서 7만원으로 폭락하여 시발자동차는 도산하고 말았다. 이후 새나라자동차는 일본 닛산자동차 부품 1,721대 분을 수입하여 조립 판매했으나 곧 이은 외환사정 악화로 일제 부품 수입이 금지되자 1963년 5월 설립자 박노정이 일본으로 도망가는 바람에 새나라자동차는 문을 닫고 표류하기 시작했다.

1965년 새나라자동차는 신진공업사로 인수되었다. 신진공업사는 신진자동차로 사명을 바꾸고 도요타자동차와 기술제휴를 맺고 코로나 승용차를 생산하기 시작했다. 1966년 3,117대를 생산하였지만 국산화 비율이 21%로, 그것도 타이어, 배터리 등 소모품 정도의 국산화

비율이었다. 기술제휴라는 단어가 무색할 정도로 신진자동차는 기술습득보다는 조립생산해 이익을 보는 것에 더 많은 관심을 쏟았다. 도요타가 1972년 중국의 '주은래 4원칙'에 따라 한국 시장에서 철수하자 기술적 자립을 하지 못하고 있던 신진은 이후 GM코리아에서 새한자동차로 다시 대우자동차로 회사명이 몇 차례 바뀌는 운명을 맞이했다. 이후 한국 자동차 산업은 현대자동차 출현으로 기술적 자립시대를 열게 된다.

한국도자기는 한국을 대표하는 도자기회사로 세계적 평가를 받고 있다. 1960년대 스텐과 플라스틱 식기가 한국 식탁을 점령하고 있어 고전하고 있던 한국도자기에 전기가 찾아왔다. 1968년 청와대에서 한국도자기에 외국 귀빈들을 접대할 때 사용할 국산 고급 본차이나 식기를 개발해 달라고 요청했다. 자체 기술이 없던 한국도자기는 당시 기술보유하고 있는 영국, 독일, 일본에 기술제휴를 요청했지만 모두 거절당했다.

특히 일본은 자신들도 30여년에 걸쳐 기술을 습득해 겨우 내 것으로 만든 것인데 한국인은 해낼 수 없을 것이라며 부정적인 반응을 보였다. 청와대의 요청이었기에 어떻게든 본차이나를 만들어야 했던 김동수는 로열 덜튼사의 아시아 대리점 대표가 한국도자기를 방문하게 된 기회를 활용하기로 했다. 한국도자기는 1960년대 말 영국의 로열 덜튼사 산하의 존 매시에서 만드는 도자기기 전사지를 수입했던 인연이 있었다. 김동수는 한국도자기 현관에 영국 국기를 게양하는 등 세심한 배려와 성의를 다해 손님맞이하면서 다시 한 번 간곡하게 본차이나 기술협력을 요청하자 정성에 감동했는지 드디어 로열 덜튼 회장으로부터 승낙을 받을 수 있게 되었다. 1973년 말 로열 덜튼과의 기술 지도로 처음 본차이나를 3천 세트를 제조하여 가마에 넣었다. 그러나 제대로 사용할 만한 제품은 단 3세트뿐이었다.

김동수는 이 3세트를 들고 청와대에 들어가 보고하자 이를 본 청와대 측은 공작새 문양을 넣은 식기 세트 일체를 주문했다. 이후 한국의 재외 공관에서도 한국도자기의 본차이나를 사용하기 시작했고 국내 고급 호텔이나 식당에서도 한국도자기의 본차이나를 식기로 사용하게 되면서 본차이나 식기는 시장에 안착할 수 있게 되었다. 이 기술로 레녹스, 웨지우드, 로열 덜튼, 빌레르 앤 보흐 등 세계 유명 식기회사에 OEM공급을 하며 관련 기술을 안정화했다.

한때는 이러한 해외 OEM공급이 전체 생산량의 70%를 차지하기도 했다. OEM공급은 선진 기업의 디자인이나 기술 등의 변화를 알 수 있는 이점이 있다. 이러한 기술 발전에 주목하면서 한국도자기는 제휴를 통한 선진기술 캐치 업 전략은 계속 이어갔다. 위생성을 강조한 기능성 식기인 은나노 라인 제품도 은나노 제조기술을 갖고 있던 전문 업체인 미지테크와 조인트 벤처기업을 설립하여 제조기술을 개발했다. 현재 세계적인 명성을 얻고 있는 초고가 제품 브랜드인 '프라우나'는 2003년 개발된 자체 명품 브랜드다.

특히 '프라우나'에는 우주선 개발 기술이 접목된 최첨단 제품이다. 미국 항공우주국(NASA)이 개발한 왕복우주선 외벽에 세라믹 소재를 붙이는 기술을 활용하여 도자기에 크리스탈이나 금, 보석 등을 접착시켜 화려한 것을 좋아하는 중동 왕실 고객을 잡는데 성공하였다. 세계적인 브랜드로 키우기 위해서는 한국적이면서도 세련된 디자인이 필요하다고 판단하고 웨지우드, 로열 덜튼의 디자이너들을 초빙하여

'프라우나' 디자인을 맡겼다. '프라우나'는 영국의 엘리자베스 여왕 즉위 60주년 기념 만찬에 사용되는 등 브랜드 인지도는 이미 세계적으로 유럽은 물론 중동의 왕족들이 가장 선호하는 브랜드 중 하나로 꼽히고 있다.

이마트의 정용진 부회장은 2002년 상품 기획 담당자와 바이어들을 데리고 미국 Wal-mart 본사를 방문하여 상세한 것들을 속속들이 조사하고 돌아왔다. 초기 이마트는 상품의 대용량화와 가격파괴 면에서 미국의 Wal-mart 창고형 할인매장을 벤치마킹했다. 1962년에 생활용품 중심의 잡화들을 싸게 파는 할인점으로 출발한 Wal-mart는 여기에 머물지 않고 원스톱쇼핑이 가능한 수퍼센터와 간편식품 위주의 식품점인 마켓사이드, 회원제 창고형 도매점인 샘스클럽 등으로 업태를 다양화 해나가면서 오늘날 세계적인 유통 공룡으로 성장했다.

이마트가 지난 2009년 출점한 SSM(기업형슈퍼마켓) '이마트 에브리데이', 이마트보다는 작고 '이마트 에브리데이'보다는 큰 660~2600㎡(200~800평)규모의 신석식품 위주의 점포 '이마트 메트로', 창고형 도매점인 트레이더스 클럽 등 대부분은 월마트를 벤치마킹하며 전개한 사업들이다. 대형 할인점 업태에서 이마트가 벤치마킹한 월마트는 한국 시장에서 본사 스타일을 고집하다가 시장에 적응하지 못하고 한국에서 철수했다. 이를 인수한 것이 바로 이마트다. 대형 할인점이라는 업태의 뼈대는 월마트 방식 그대로 가져오면서 매장 인테리어를 비롯하여 상품 진열 높이와 방법 등에서 한국 사람 입맛에 맞게 변형하여 모방 대상인 월마트를 뛰어 넘는데 성공했다.

이마트는 선진 성공사례를 벤치마킹하면서 계속 진화하고 있다. 최근 한국에서 불고 있는 명품의 대중화에 대응하기 위해 개설한 '스타일 마켓(style market)'은 미국의 대형 할인점인 '타깃(target)'을 벤치마킹했다. '타깃'은 뉴욕출신 디자이너가 디자인한 세련된 의류 제품을 저렴하게 판매한다는 컨셉으로 판매하고 있는데, 이마트도 스타일 마켓을 통해 아디다스, 리바이스 등 40여 개의 세계 유명 브랜드를 입점시켜 유명 브랜드 제품을 사고 싶지만 가격에 부담을 느끼는 소비자를 겨냥했다. 또한 세계적인 패스트 패션 브랜드인 '유니클로(UNIQLO)'나 '자라(ZARA)'를 벤치마킹한 자체 브랜드 '데이즈(daiz)'는 한 달에 한 번씩 신상품을 선보이고 있다.

## 3) 공기단축

한국 기업의 빨리빨리 정신은 공기 단축에서도 십이분 발휘된다. 공기 단축은 바로 기업의 수익과 직결되기 때문이다.

경부고속도로는 우선 건설하고 나중에 보완·보수하자는 빨리빨리 개념으로 완성시킨 대표적인 프로젝트다. 한국의 지형이나 제반 인프라를 고려하면 16년이 소요된다는 공사를 2년 5개월 만에 끝냈다. 빠른 개통을 위해 당초 계획한 24m의 노폭도 22.4m로 줄였고 비용과 시간을 아끼기 위해 중앙분리대를 비롯한 안전시설을 갖추지 못해 차후 대형사고의 빌미를 제공하기도 했다. 개통 1년 만에 전 노선에 대한 덧씌우기 공사가 착수됐다. 개통 후 10년간의 유지보수비용은 경부고속도로 건설비용을 넘는 수준이었으니 초고속 건설의 대가도 만만치 않았다. '경부고속도로가 누워 있으니 다행이지 서 있다면 골백

번 무너졌을 것'이라는 말까지 나왔을 정도이니 말이다.

경부고속도로는 총 429억 원이 투입돼 2년 5개월 만에 완공됐다. 놀라운 속도였다. 1970년 7월 7일 서울~부산 간 428㎞의 고속도로가 개통되었다. 준공식 행사 세 시간 전까지 도로의 도색작업을 할 정도로 빠듯한 일정으로 밀어붙여 맺은 결실이었다. 당초 330억 원으로 예상된 공사비는 설계 변경과 물가상승 등으로 429억 원이 소요되었다. 시공에 16개 업체를 비롯해 3개 건설공병단까지 참여해 마치 군사작전처럼 진행된 사업으로 연 인원 892만 8,000명과 165만 대의 장비가 투입되었고 77명의 희생자를 낳기도 한 국가적 프로젝트였다.

여기에 실질적인 파트너로 일을 추진한 정주영은 어디서나 평생 부르짖은 첫 번째 구호이자 전략인 '공기를 앞당기자'를 외쳤다. 자신이 맡은 건설 구간 128㎞를 예산에 맞춰 손해보지 않기 위해서는 공기단축 밖에 없다고 판단했다. 그 해 4월 3일 오산~대전 간(106.6㎞), 9월 11일 대구~부산 간(123㎞), 이듬 해 1월 13일에 대전~대구 간(152㎞)이 착공되었다. 그는 건설현장에 군화와 지프를 종횡무진 몰고 다니며 공사 진행 상황을 체크하고 겨울에는 언 땅 위에 짚을 깔고 휘발유를 뿌린 뒤 불을 지르고, 트럭 꽁무니에 버너를 매달아 반복 운행을 하면서 땅을 녹인 다음 지반을 다졌다.

특히 어려운 공사로 악명을 떨쳤던 당제터널에는 일반 시멘트보다 빨리 굳는 조강시멘트를 사용하여 개통일자에 가까스로 맞출 수 있었다. 당시 박정희 대통령은 개통식 축사를 통해 "순전히 우리 기술로 다른 나라에서 만든 고속도로에 비하면 훨씬 싼 값에 가장 빨리 완공하였다는 점을 자랑스럽게 생각합니다."라고 말했다. 한국의 고속도로는 동서남북으로 2009년 현재 29개 노선 총 3,685km로 뻗어있다. 향후에는 북한과 러시아를 연결하여 유럽까지 이어지는 아시안 하이웨이를 구상하고 있다.

포항제철은 1970년 4월 1일 기공식을 가졌다. 바람만 날리고 아무 것도 없는 영일만 모래사장에 가건물을 지어 사무소를 개설하고 박태준은 공사가 시작되자 사택에서 숙식을 해결하며 감독하였다. 그러나 공사는 설계 지연은 물론 장비 부족으로 자꾸 지연되고 있었다. 거기다 장마까지 겹쳐 공사가 3개월이나 지연되고 있었다. 기술지원을 하고 있던 일본 기술자들은 박태준에게 기적이 일어나지 않는 한 기한에 맞출 수 없을 것이라고 했다. 박태준은 일본 기술자들에게 하루 24시간 작업을 진행한다고 통보하고 자신도 하루 3시간만 수면을 취하면서 작업을 독려했다. 늦어진 공기를 만회하려면 하루에 콘크리트를 550여m³씩 타설해야 했다. 이제까지 실적은 하루 300m³도 되지 않았다.

박태준은 이러한 보고를 받자 하루 700m³를 타설하라는 지시를 내렸다. 그렇게 하기 위해서는 트럭 100대 분의 자갈과 500대 분의 모래가 필요한 것으로 아파트 한 동을 짓는 양에 버금가는 것이었다. 또한 박태준은 '빨간 헬멧' 제도를 도입했다. 예정된 시간에 작업을 맞추지 못하면 빨간색 페인트를 칠한 헬멧을 쓰고 작업하도록 했다. 이 제도는 빠른 성과 달성을 위한 것도 있지만 작업자 각자가 자기가 맡은 작업에 대한 책임감을 고취하는 의미도 있었다. 이 제도는 제품생산에 돌입해서도 그대로 시행되어 포항제철의 책임문화의 상징이 되었다. 기적이 일어나야만 맞출 수 있을 것이라는 일본 기술자들의 말을 뒤로하고 직원들의 눈물겨운 노력으로 공사는 공기 내에 완공하였다. 통산 4~5년 걸리는 제철소 건설을 착공 3년 3개월 만인 1973년 7월 3일 준공식을 가졌다. 건설기간이 단축되면서 1기 고로 투자비도 톤당 500달러에서 절반 수준인 260달러로 절감되어 포항제철의 가격 경쟁력의 기반이 되었다. 이러한 방식은 광양제철소 건설에서도 이어져 오늘날 세계적인 경쟁력의 일부분을 이루고 있다.

　　정주영이 대형 유조선 두 척을 수주했을 때는 아직 조선소가 착공되기도 전이었다. 그는 배를 반드시 조선소에서만 지어야하는 법은 없다고 생각했다. 반드시 조선소에서만 지어야 할 부분과 그렇지 않은 부분을 구분하여 한편으로는 조선소를 건설하고 또 한편으로는 조선소 밖에서도 만들 수 있는 부분을 건조하는 동시다발적으로 조선소 건설과 선박 두 척 건조를 병행해 나갔다. 1972년 3월 8천만 달러의 자금이 투입되는 현대조선소 기공식이 열렸다. 이듬해 6월 완공 목표로 현장에 2000여 명의 작업 인원이 투입되었다. 돌관 공사가 연일 이루어졌다. 작업 인원들은 24시간 돌관 작업으로 신발 신은 채로 잠을 자고 새벽엔 웅덩이 물로 세수하면서 작업했다.
　　정주영도 서울에서 울산까지 매일 통금이 해제되면 집을 나서 현장에 도착하여 공사를 독려했고 통금이 되기 직전에 집에 들어가는 일이 매일 반복되었다. 1974년 6월 울산 조선소 기공식으로부터 2년 3개월 만에 26만 톤의 유조선 두 척을 완성하였다. 조선 선진국에서도 유례가 없는 짧은 시간에 해낸 것이다. 조선소 건설 착공부터 건조된 배를 선주에게 인도할 때까지 1만 7천 명에 달하는 기능공, 기사, 관리자들이 실수하면서 배우고 깨우쳐 가면서 이룩해낸 쾌거였다. 정주영은 세계에서 최초로 도크없이 지상에서 선박을 건조함으로써 그동안 도크에서만 선박을 건조한다는 상식을 깼다. 정주영의 창의적인 발상으로 기존 선박건조의 역사를 바꾸어 놓았다.

중동에 가장 먼저 진출한 기업은 최종환의 삼환기업이었다. 삼환기업은 1973년 사우디 서쪽 제다에서 내륙의 리야드를 거쳐 다란까지 세 도시를 잇는 고속도로 공사를 수주하는데 성공했다. 가장 먼저 공사에 착수한 것은 왕이 상주하는 제다의 인근 도로 확장 공사였다. 1974년 9월부터 착공에 들어간 삼환은 착공 한 달 뒤인 10월말 경 사우디 내무성으로부터 곧 있을 이슬람 교도 순례기간이 시작되는 12월 20일까지 제다에서 메카까지 이어지는 도로를 완성해 달라는 요청을 받았다. 8차선 20㎞에 달하는 공사를 40일 이내에 완성해야 했다. 인력과 장비는 충분했으나 시간이 촉박한 것이 문제였다. 삼환은 제조업체 방식인 3교대 작업 시스템을 도입했다. 밤에는 가로등 하나 없는 현장에 수백 개의 횃불을 밝히며 24시간 돌관 공사를 한 것이다. 그 불빛 아래서 공사를 하는 모습은 멀리서 보면 장관이었다.
사우디 사람들은 이 모양을 보고 '낮도 밤도 없이 일하는 꼬리'로 표현하면서 화젯거리가 되었다. 우연이 이 지역을 지나면서 횃불이 일렁이는 광경을 목격한 파이잘 국왕은 한국인의 근면성과 성실성에 감명을 받아 앞으로 한국인에게 더 많은 공사를 맡기라고 말했다 한다. 공사는 사우디 정부가 주문한 대로 순례기간 전에 완공되었다. 후속 공사인 2차 공사도 삼환이 수주하였다. 삼환의 횃불신화는 그 후 한국업체들이 중동에서 공사를 수주하는데 좋은 영향을 끼쳤다.

율산의 창업자 신선호는 1976년 시멘트 등 1,000만 달러 상당의 건축자재를 10만 톤 급 선박에 싣고 사우디 암만항에 도착했다. 그러나 당시 암만항은 부두시설이 부족하여 전 세계에서 화물을 싣고 온 화물선들은 하역할 순서가 돌아올 때까지 외항에서 한 달 정도 기다려야 했다. 당시 암만항 체선료가 하루 수만 달러에 달하고 있어 빠른 하역이 무엇보다도 절실했다. 더욱이 바다에서 한 달 이상 대기하게 되면 섭씨 40도를 웃도는 고온의 날씨와 바다 습기로 시멘트가 굳어 상품가치가 떨어지는 것도 문제였다. 체선으로 발을 동동 구르고 있던 율산 현지직원들은 암만항이 선박에 화재가 발생했을 경우에 우선적으로 그 선박을 접안시켜 하역하도록 하는 규정이 있다는 사실을 알아내고는 본사에 알리고 조처를 기다렸다.

신선호는 즉각 선박에 화재를 일으키라는 지시를 내렸고 현장에서는 일부러 선박 내부에 불을 내어 긴급 하역하는데 성공했다. 그러나 하역할 때마다 매번 화재를 일으킬 수는 없었다. 율산은 장기적인 체선을 해결하기 위해 또다시 획기적인 방법을 생각해 냈다. 베트남 전쟁 뒤 폐기 상태였던 미국의 상륙 작전용 함정(LST＝Landing Ship Tank)과 헬리콥터를 이용한 하역작업이었다. 영국 회사의 헬기를 임대하여 LST 상륙 허가를 받아 하역작업을 했다. 이러한 율산의 기상천외한 방법은 현지 언론에 대서 특필되기도 했다.

1976년 2월 16일 "현대는 우리가 제시한 네 개 공사를 내역으로 한 주베일 산업항 건설을 9억 3,114만 달러로 투찰했다. 모든 서류는 완벽하다. 특히 44개월의 공사 기간을 조건 없이 8개월 단축시키겠다는 제의에 감명 받았다." 입찰 경과 발표에서 한 사우디 측이 한 말이다(『시련은 있어도 실패는 없다』 정주영, p148, 1992년).

주베일 산업항은 일명 OSTT(Open Sea Tanker Terminal)로 일컬어지면서 50만 톤 급 유조선 4척이 동시에 접안할 수 있는 시설을 건설하는 프로젝트였다. 이는 방파제 1,068m, 중력식 안벽(岸壁) 2,980m, 해양 유조선 정박시설 3,350m에 이르는 대공사였다. 우선 수심 10의 얕은 바다를 길이 8㎞, 폭 2㎞를 매립하여 항구 기반 시설을 건설해야 한다. 이는 해발 300m 산 하나를 통째로 매립해야 하는 양이다. 그 다음 단계로 30m 수심에 3.6㎞ 길이에 잠실 운동장보다 큰 50만 톤 급 유조선 4대가 동시에 접안할 수 있는 시설을 연결해야 한다. 이 공사는 콘크리트가 100만 톤으로 5톤 트럭 20만 대 분이 소요되고 철강자재가 12만 톤으로 1만 톤급 선박 12척에 해당하는 양이 소요되는 대규모 공사였다.

정주영은 귀한 외화를 한 푼이라도 아껴야 한다는 생각과 더불어 공기를 맞추기 위해서 한국에서 모든 기자재를 제작하기로 하고 이를 해상으로 사우디 주베일 항까지 수송하는 계획을 세웠다. 이는 세계 최대 태풍권인 필리핀 해상을 지나 동남아 해상, 인도양을 거쳐 걸프 만까지 대형 바지선으로 이끌고 가는 것으로 전문가들과 임직원들은 태풍 위험 때문에 불가하다고 극력하게 반대했다. 정주영은 일단 해 보고 문제가 생기면 그 때 해결하자는 생각으로 자신의 생각대로 밀고 나갔다. 보험도 사고가 발생하면 진상 조사 등으로 공기만 지연될 뿐 공기 단축에 오히려 방해가 된다는 이유로 가입하지 않았다. 대신 정주영은 태풍 위험에 대비하여 해난 사고가 나도 대형 파이프 자켓이 물 위에 떠 있을 수 있도록 제작하여 만일의 사고가 나서 기자재를 분실했다 해도 나중에라도 바다 어딘가에서 찾을 수 있도록 했다. 10층 빌딩 높이의 무게 5백 50톤의 철제 구조물 89개를 울산조선소에서 주베일 공사 현장까지 1만 2000km를 35일이나 걸리는 왕복 항해를 19차례나 감행하였다. 대형 바지선으로 운반하는 상상을 초월한 이 전대미문의 수송 작전으로 정주영은 또 한 번 전 세계를 놀라게 했다. 정주영식 '캔두이즘'과 '빨리빨리'의 백미 중 하나였다.

반도체 사업 진출을 결심한 이병철은 시간을 버는 것만이 선진국을 따라 잡는 지름길이라 생각했다. 이병철이 반도체 사업 진출을 선언한 날로부터 1년 후인 1984년 3월 말까지 64KD램의 양산라인을 세팅하기로 하고 완성 시한에서 역산해 모든 작업 진행 계획을 수립했다. 이병철은 설계를 진행하면서 설계도가 없는 상태에서 이미 기초 공사에 돌입하고 설비와 기계발주를 동시에 하였고 공사도 설 연휴는 물론 휴일도 없이 현장 인력을 3교대로 교체해가면서 24시간 돌관 공사를 통해 작업 일정에 정확하게 맞추어 진행되었다.

이 계획에 따라 공장을 6개월 만에 완공하였다. 당시 상식적으로 2년 정도 걸릴 공사였다. 일반적으로 공장을 지을 때 설계가 끝난 뒤 토목공사가 시작되고 그 뒤에 장비 투입이 진행되는 것이 상식이지만 삼성은 이 상식을 뒤집었다. 제품 개발도 아직 공장도 지어지지 않았을 때 64KD램 개발을 완료했다. 미국과 일본에 이어 세계에서 세 번째 개발이었다. 기술 인력 양성도 신입사원 중 수십 명을 차출하여 설비 발주처인 업체로 파견하도록 했다. 업무 파악도 제대로 하지 못한 신입사원들의 능력에 의구심을 갖는 많은 사람들은 이병철방식을 비웃었다. 그러나 몇 개월 설비업체 현장에서 설비 제작과정을 처음부터 끝까지 지켜본 신입사원들은 훌륭한 설비전문 엔지니어가 되어 삼성에 돌아왔다. 이들이 현장에 투입 되었을 때에는 장비 설치부터 시운전은 물론 응급처치까지 별도의 교육이 필요없을 정도로 장비의 모든 것을 다 꿰고 있었다. 기술인력 양성에서 최소한 수 개월은 단축한 프로그램이었다.

## 4) 공정단축, 기술 캐치업

사업을 시작함에 있어서 한국의 기업가들은 먼저 공기단축으로 시간을 버는 것으로 경쟁력을 확보해 왔다. 선진국보다 몇 발자국이나 늦게 출발한 한국 기업가들은 공기 단축에 이어 공정 단축으로 선진기업들 캐치 업에 나섰다.

현대가 개발한 고유모델인 '포니'는 기본 설계와 핵심 기술을 모두 외국에서 도입하여 만들어졌다. 그 후 후속 모델인 '스텔라', 전륜 구동형 '포니 엑셀' 등을 생산했지만 1980년대 전반까지 자동차 기술의 핵심인 엔진과 트랜스미션은 아직 독자적으로 개발하지 못하고 있었다. 단기간에 독자적인 자동차 제조기술을 가능한 빨리 확보하기 위해 정주영은 지름길을 선택했다. 즉 현대자동차 기술진은 미쓰비시와 포드 자동차를 전체 분해하여 충격흡수 장치, 조향 장치, 제동 장치, 냉각 및 배기 시스템 등 대부분의 부품들을 모방 설계하여 그대로 복제도 해보고 도면화 해보는 역엔지니어링 과정을 거쳐 관련 기술을 습득해 나갔다. 이러한 복제품들은 당시에는 이미 기술적으로 진부한 것들이어서 관련 분야 특허를 갖고 있는 선진국들이 그다지 민감하게 반응하지 않았다는 이점도 있었다. 1983년 정주영은 새로운 엔진 개발 계획을 '알파 프로젝트'로 명명하고 엔진개발에 필요한 기초적인 기술만 해외에서 도입하고 기본 설계에서 최종 제품 개발까지 전 과정을 독자적으로 추진하기로 했다.

1984년 영국의 리카르도 사와 차의 기본개념 설계에서부터 상세 설계와 시작품, 성능 테스트에 이르기까지 엔진 개발 전 과정을 책임지고 수행하는 조건으로 기술 협력 계약을 체결했다. 현대는 리카르도에 기술 인력을 파견하고 개념 설계를 위한 구조 해석, 계산 등을 습득하게 하고 상세 설계와 테스트 과정은 현대 기술진이 직접 수행하도록 하여 기술과 경험을 축적해 나갔다. 이러한 과정을 거쳐 '알파 엔진'은 국내에서 사실상 독자적으로 설계 변경을 하고 시작품을 만들고 테스트 결과를 분석한 다음 재설계하는 과정을 수없이 반복하여 개발되었다.

1985년 시제품 1호를 제작하고 이를 수정 보완하면서 주행, 고온 및 한지(寒地) 테스트 등을 마치고 1990년 11월 드디어 '포니' 개발 이후 15년 만에 자동차의 심장인 엔진을 자체적으로 설계하고 개발할 수 있는 기술을 확보할 수 있게 되었다.


바이올린 제작사 심로악기는 주로 수작업으로 이루어지는 전통 바이올린 제작기법을 기계화하여 세계 시장에 진출하여 성공한 강소기업이다. 공정을 단축하여 좋은 악기를 빨리 만들어 저렴하게 팔아 연주가용과 연습용의 틈새시장을 뚫는데 성공한 심로는 명기 스트라디바리우스를 기계로 구현하자는 컨셉을 초지일관 지키고 있다.

바이올린은 17세기 이탈리아 장인들이 일일이 손으로 나무를 깎아 만든 것을 최상품으로 여기는 풍토 때문에 혁신적인 신상품이 자리를 잡기 어려운 분야 중 하나다. 바이올린의 전통 제작법인 마이스터(장인) 공법은 오랜 시간 건조시킨 나무를 일일이 손으로 깎아서 만들어 모양이 변하지 않아 오랫동안 원래 가지고 있는 소리를 일정하게 내는 장점을 지니고 있다. 그러나 이러한 공법은 오랜 경험과 시간을 요하는 작업으로 가격이 비싼 단점이 있다. 이에 비해 빠르게 만드는 프레스 공법이 있다. 나무를 쇠판의 열을 이용하여 눌러 바이올린 몸체를 만드는 공법으로 대량생산이 가능하여 가격도 마이스터 공법보다 저렴하다. 그 대신 눌려 있던 나무는 언젠가 다시 제자리로 돌아가려는 습성 때문에 시간이 지날수록 소리가 변하게 되는 단점이 있다.

마이스터 공법으로 만든 바이올린은 주로 전문가용으로 쓰이고 프레스 공법의 바이올린은 보급형으로 주로 학생들이 많이 애용하고 있는데 일본의 스즈키가 보급형을 대량 생산하여 1980년대부터 1990년대 시장을 장악하였다.

심로 창립자 심재형은 대우실업에 근무하면서 10년 동안 악기와 기계를 수입하는 업무를 맡았다. 특히 독일지점에 근무하면서 한국산 기타를 팔던 경험을 살려 바이올린을 주력상품으로 선택했다고 한다. 1978년 동해통상으로 출발한 심재형은 초기에는 악기를 수입해 국내에 판매하는 것으로 시작했다. 심재형은 당시 국내 바이올린 시장을 휩쓸던 일본제 스즈키 바이올린보다 더 좋은 바이올린을 싸게 만들 수 있겠다는 자신감에서 직접 제조하기로 맘먹었다. 그는 이탈리아 최고의 악기 스트라디바리우스에 가까운 보급형 바이올린을 대량 생산하면 반드시 시장에서 성공할 것이라고 확신했다.

그러기 위해서는 프레스 공법 바이올린의 소리 변질을 막을 수 있어야 하는데 심재형은 마이스터 공법을 차용하면 될 것으로 보고 이를 구현할 수 있는 기계를 찾아 나섰다. 과거 기계 수입의 경험을 살려 목재가공 기계를 이용하면 바이올린을 대량 생산할 수 있다고 판단하고 가구로 명성이 높은 이탈리아 가구공장에서 나무를 깎아 장식을 화려하게 하는 공법을 접목시키면 좋을 것이라는 생각에 이탈리아 기계를 들여와 마치 손으로 깎은 듯한 느낌이 날 수 있도록 기계를 개조하기 시작했다.

섬세한 부분은 심재형이 과거 독일 주재원 시절 알고 지내던 마이스터 월퍼를 한국에 초청하여 기술 지도를 받았다. 월퍼는 마이스터 현역 활동은 하지 않고 원로로 지내고 있었고 심재형과의 친분으로 성심껏 자신이 갖고 있는 마이스터로서의 노하우를 기계 개발에 적용해 주었다. 기계가 읽어들이는 표준 모형만도 나무에서 시작해 철판, 석고, 알루미늄을 거쳐 우레탄에 이르렀다. 나무로 제작한 몰드는 기계의 열과 압력을 견디지 못하고 파손되었고 철판 몰드는 너무 딱딱해 기계 롤러를 마모시키는 폐해가 드러났다.

마침내 반지를 만드는 공정에서 힌트를 얻어 우레탄 몰드를 개발하여 2년 만에 심로는 이탈리아 최고의 악기 스트라디바리우스의 설계에 가까운 바이올린의 정교한 곡선을 기계로 깎아내는데 성공했다. 제조공정도 손으로 만들면 170단계를 거쳐야 하는 과정을 기계화하여 40단계로 줄임으로서 고품질의 제품을 빠르게 대량생산할 수 있게 되었다. 심로는 제품을 '심로' 브랜드로 시장에 내놓았다. 마케팅도 전문 연주가들을 동원하여 직접 연주해보이도록 하여 전문 연주가들 사이에서 입소문이 나도록 유도했다.

출시 직후 1992년 미국 시카고 악기박람회에 출품해 미국 대형 악기 유통사인 UMI에 5,000대 수출계약을 맺는 결실을 보았다. 그러나 1990년대 중반부터 저렴한 중국산 바이올린이 새로운 경쟁자로 나타났다. 초저가 공세를 벌이는 중국산의 위세에 위협을 느낀 심로는 이에 대응하기 위해 품질은 그대로 유지하되 제품 가격을 낮추는 방안으로 중국 현지생산을 단행했다. 1995년 5월 중국 톈진에 진출한 심로는 중국 기술자들에게 섬세한 제작기술을 전수하는 데 어려움을 많이 겪었다.

초기에는 80%의 불량률이 발생했다. 심재형은 이 불량품들을 모아 직원들 앞에서 모두 불태우는 화형식을 갖는 충격요법을 썼다. 그리고 모든 부품에 제조한 사람의 이름을 새겨 넣은 실명제를 도입하는 등의 노력 끝에 8개월 만에 정상화 되어 1996년 '세인트 안토니오'라는 브랜드로 제품을 출시하였다. 먼저 중국산 제품이 시장을 장악하고 있던 호주에 진출하여 호주 최대 악기 도매상 페이톤사에 중국산과 제품 비교를 하도록 했다. 페이톤사는 바이올린 음색에 큰 영향을 끼치는 바이올린의 둘레에 쳐진 검은 선(퍼플링)에 주목했다. 값싼 중국산은 색칠로 그려 넣었지만 심로 제품은 일일이 흑단 나무로 박아 넣은 것을 확인하고 품질에 대해 신뢰감을 가지고 심로 제품을 채택했다. 현재 중국공장에서는 연간 5만 대의 바이올린이 양산돼 세계 35개국에 수출되고 있다.

보급형 시장에서 성공한 심로는 한발 더 나아가 고급형에도 도전했다. 전통 수제보다 가격을 낮게 책정하면서도 음질이 뛰어난 제품을 만들면 고급 시장도 뚫을 수 있을 것으로 판단했다. 2002년에 독일에 진출하여 수백년 동안 악기 제조로 유명한 지역인 마르크노이키르헨에 공장을 설립하고 현지 마이스터들을 스카웃하여 악기 제조를 맡겨 생산된 제품을 '칼 하인리히'라는 브랜드로 출시하였다. 이 브랜드는

2002년 3월 프랑크푸르트 악기박람회에서 호평을 받은 뒤 미국, 호주, 일본 등 선진국에서 전문 오케스트라 연주자의 연습악기로 많이 쓰이고 있다. 미국의 바이올린 전공자들의 30%는 심로제품을 사용한다. 심로는 보급형에서 전 세계시장의 20%를 점유하고 있으면서 고급형에서는 유명 연주자들의 연습용 악기로서 자리 잡는데 성공했다.

　현대중공업은 2003년 러시아 최대 선사인 노보십이 가격은 상관없이 배를 최대한 빨리 만들어 달라는 요구 조건이 붙은 원유 운반선을 긴급 발주하자 이에 도전장을 내밀었다. 당시 현대중공업 2003년 하반기부터 2004년 상반기까지 해양 플랜트 공사 물량은 거의 없는 것에 반해 이미 수주한 선박 물량은 이미 2007년 물량까지 확보한 상태였다. 현대중공업은 바로 해양플랜트 조립장을 활용하면 러시아가 발주한 선박을 건조할 수 있을 것이라는 생각을 하고 입찰할 때도 바로 이 점을 강조하여 영상까지 만들어 선주 측을 설득하여 수주 받는데 성공했다.

　노보십이 발주한 선박은 길이 244m, 폭 42m, 높이 21m의 축구장 크기의 2배 정도인 10만 5000톤 급 원유운반선이었다. 육지에서 이 정도 크기의 배 2척을 건조하여 바지선으로 밀어내 바다에 띄우는 세계 최초의 육상에서 건조하여 바다에 진수하는 방법은 현대중공업이 세계 최초로 시도해보는 육상 건조 공법이었다. 일반적으로는 배를 드라이 도크 안에서 만든 뒤 물을 채워 바다로 내보내는 방식을 채용해오던 조선업계의 기존 통념을 깬 발상의 전환인 것이다. 이로써 현대중공업은 도크의 제한에서 벗어나 건조능력을 획기적으로 높일 수 있었다.

문제는 이 커다란 선박을 육지에서 바다까지 이끌어내는 기술과 장비를 확보하는 것이었다. 크레인을 새로 만들어야 하는가 아니면 기존의 것을 구할 것인가를 고민하고 있던 현대중공업에 반가운 소식이 전해졌다. 스웨덴 말뫼 시에 있는 코컴스 조선소가 캔트리 크레인을 매물로 내놓았다는 정보였다. 이 크레인은 높이 128m로 45층 높이 건물과 같았고, 무게는 7,560톤으로 쌀 1만 8,750가마를 한 번에 들어 올릴 수 있는 1,500톤 급 세계 최대 크레인이었다. 코컴스 조선소는 유럽 조선 산업이 사양길에 들어서면서 1990년대 초에 도산하였고 세계 최대의 이 크레인은 그 후 10여년 동안 쓰일 기회가 없었다. 코컴스 조선소는 단돈 1달러에 이 크레인을 매물로 내놓았고 현대중공업은 해체와 운반 비용을 부담하는 조건으로 이 크레인을 인수했다. 크레인을 한국으로 가지고 온 현대중공업은 건조가 완성된 선박을 이 크레인을 이용해 파도가 일렁이는 바다로 끌어내야 했다.

　어선 등 소형 선박은 통상적으로 스키딩(skidding, 미끄러짐) 방법으로 미끄럼틀 위에 윤활유를 바른 후 배를 밀어 옮기는 방법을 이용하는데 경사진 땅 위에서 건조한 후에 도르래 등을 이용해서 물에 진수시켜도 된다. 그러나 축구장 2개 크기의 선박은 땅 위에 가하는 압력이 강하여 이 방법을 쓸 수는 없었다. 현대중공업은 선박을 진수시키기 위해 독일의 잠수함 기술과 스위스가 개발한 이동 시스템 원리를 활용하여 선박 밑으로 스키드 레일(skid rail)을 깐 뒤, 공기부양 설비를 활용해 배를 지면에서 약간 띄운 뒤 조금씩 옆으로 밀어 바다에 떠 있는 바지선에 옮겨 싣는 기술을 개발했다.

　이후 바지선을 수심 30m가 넘는 심해로 끌고나가 반(半) 잠수시켜 건조된 선박을 바다에 띄웠다. 프로젝트팀은 이를 위해 관제탑을 제외하고는 물 아래로 완전히 가라앉는 특수 바지선도 제작했다.

현대중공업은 1년 5개월간 시행착오를 겪으며 에어스키딩(air skidding) 공법을 자체 개발하여 2004년 10월 무사히 진수에 성공했다. 2005년 1월 최초로 육상 건조한 노보십 원유 운반선 1호를 인도한 이후 노보십으로부터 12척(4척 인도 포함), 캐나다 티케이(Teekay)사 4척, 카타르 QSC사 2척 등 16척의 원유운반선을 수주했다. 현대중공업은 이 육상 건조공법을 다른 선박에도 확대 적용하여 LNG선(액화천연가스운반선), 석유액화가스(LPG) 캐리어(VLGC) 11척을 육상건조 방식으로 수주했다. 도크 건조의 상식을 뛰어넘는 발상의 대전환과 기술력이 세계 조선의 역사를 다시 쓰게 한 것이다.

현대중공업의 또 하나의 쾌거는 일본 업계가 장악하고 있던 LNG(천연연가스) 운반선 건조에 도전하여 일본을 제치고 세계 1위의 자리를 거머쥔 것이다. 그 비결은 LNG 시장에서 새로운 기술 표준을 선점할 수 있었기 때문이다. LNG선은 조선기술의 꽃이라 할 정도로 최첨단의 건조기술을 필요로 하는 분야다. 한척 당 1억 달러가 넘는 초고가 선박이기도 하다. 현대중공업이 처음 LNG 운반선 시장에 진출하기에 앞서 일본 업계에 기술 협력을 요청했으나 일본은 한국 업체는 그러한 기술을 습득할 수준에 아직 도달하지 않았다는 이유로 기술 이전을 거부했다.

LNG 운반기술표준은 모스형과 멤브레인형 두가지가 있는데 일본 업계는 모스형을 채택하고 있었다. 모스형은 선체와 LNG 탱크가 분리되어 있어 가스의 극저온으로 인해 선체가 파괴될 위험이 적은 것이 장점인데 반해 모양이 둥근 공 모양을 하고 있어 용량 확장이 어려운 단점이 있다. 멤브레인형은 선체와 LNG 탱크가 일체로 되어 있어 상대적으로 안전성이 취약한 단점을 지니고 있지만 LNG 탱크 모양이 사각형으로 되어 있어 대용량을 운반할 수 있는 장점을 갖고 있다. 현대중공업은 일본의 비협조로 모스형을 포기하고 대신 멤브레인형을 채택한 것이 나중에는 큰 행운을 안겨다 주었다. 후에 유가 상승과 LNG 수요 증가 등으로 대용량을 운반할 수 있는 멤브레인형의 선박 주문이 쇄도한 것이다. 또한 멤브레인형의 기술 개선으로 안전성도 확보되자 수요가 더더욱 멤브레인형으로 쏠렸다.

1999년 이전까지 일본이 전 세계 LNG선박 시장의 50% 이상을 점유하고 있었으나 2000년을 기점으로 한국이 시장에 진출한 이후 2003년에 59%, 2005년 76%, 2006년에는 시장의 82%를 한국이 점유하게 되었다. 현대중공업이 일본의 모스형을 기술표준으로 채택하였다면 이러한 쾌거는 이룰 수 없었을 것이다. 현재는 뒤늦게 멤브레인형에 뛰어든 일본 업계가 한국의 기자재와 기술을 도입하는 기술 역수출 현상까지 일어나고 있다.

## 5) 한국식 A/S 제도

한국 자동차 보험회사의 고객만족경영 차원에서 제공되고 있는 서비스를 경험한 소비자들은 그 편리함과 신속함에 만족감을 느낀다. 자동차 보험회사들의 고객만족 서비스는 차 운행중 연료가 떨어져 움직일 수 없을 때 고객이 서비스센터에 전화하면 가장 가까운 곳의 서비스센터 직원이 달려와 연료를 넣어준다. 사고가 발생했을 때에는 전화 한통으로 보험사 직원이 달려와 사고 뒤처리까지 해준다. 고장으로 차가 멈추었을 때는 즉각 견인차로 차를 수리 센터로 이동시켜준다. 이러한 서비스를 경험한 고객들은 감동하지 않을 수 없다.

한국 기업의 A/S제도는 품질 불량 보전 차원에서 시작되었다. 1990년대 이전까지만 해도 한국 제품은 값싼 저질품으로 악명을 떨쳤다. '빨리빨리'의 가장 큰 약점인 품질 하자 때문이었다. 디지털 시대를 맞아서도 제품의 불량 문제를 완벽하게 해결하지 못하고 있다. 고객만족경영이 대세를 이루면서 A/S는 기업 경영의 필요불가결한 부분이 되었다. 이제는 내구 소비재 중심으로 A/S가 하나의 산업으로까지 발전하고 있다.

특히 한국의 가전 업체들은 한국 특유의 A/S센터라는 서비스 시스템을 구축하여 고객에게 감동을 안겨 주는 동시에 고객을 자사에 계속 묶어두는 수단으로 활용하고 있다. 가전 업체들은 전국 곳곳에 촘촘히 A/S센터를 두고 제품이 고장났을 때 소비자가 집 가까이에서 쉽게 수리를 맡길 수 있도록 했다. 고장이 난 제품을 A/S센터에 가지고 가면 신속하게 그 자리에 수리해 준다. 대형가전인 경우엔 전화 한통으로 집까지 오는 출장서비스를 해준다. 수리 기술자가 집에 오면 이왕 온 김에 다른 제품들도 점검해 달라 부탁하면 기꺼이 응해주는 것이 한국식 A/S다. 삼성전자는 이 A/S제도를 이용하여 고객을 계속 붙잡아 두는 전략을 쓰고 있다. 냉장고를 수리하러 집으로 출장간 기술자가 타사 김치냉장고도 점검해달라는 고객의 요청에 김치냉장고가 너무 낡아서 고칠 수 없을 경우엔 비슷한 기능을 갖추고 있으면서 가격은 더 저렴한 자사제품을 은근히 추천하고 고객은 그 제품을 구매하는 식이다. 기업 입장에서 A/S 기술자를 제품 세일즈맨으로 활용할 수 있는 것이다. 한국의 가전 업체들은 적당한 품질의 제품으로 인해 발생하는 고장을 역으로 이용하여 이를 신속하게 수리해주는 것으로 오히려 고객을 감동시키는 촉매제로 활용하고 있다.

현대차도 A/S를 활용하여 적당한 가격과 품질을 커버하고 있다. 무난한 품질의 차가 고장이 나면 바로 수리해주는 A/S센터를 갖추고 있기 때문에 소비자는 만족하고 있다. 일본차는 과잉품질로 고장이 나지 않지만 가격이 비싸 신흥국에서는 부자들만 탈수 있는 특별한 자동차다. 그러나 현대차는 품질이 완벽하지는 않지만 싼 가격에 비해서는 품질이 좋기 때문에 신흥국뿐만 아니라 선진국의 일반 소비자들도 부담없이 구매할 수 있는 베스트 카로 자리매김하는데 성공했다.

완벽을 추구하는 일본 기술자들은 고장이 잘 나지 않도록 제품을 생산하는데 역점을 둔다. 일본기업들은 제품의 고장보다는 오히려 품질 과잉으로 발목을 잡히고 있는 상황이다. 휴대전화의 예를 보면 일본 가전업체들이 거의 모두 이 사업에 뛰어들었다. 기술자들의 장인정신에 입각하여 보다 고도화된 기능을 계속 추가해 나감으로서 일본 시장이라는 한정된 시장에서 한정된 고객만을 대상으로 하는 제품이 출시되었다. 이러한 일본의 휴대폰은 세계 시장에서 필요로 하는 보편적인 기능을 뛰어 넘는 것들이어서 세계의 소비자들 지지를 받는데 실패했다. 특히 디지털 휴대폰 시장에서는 파나소닉, 샤프 등이 세계 시장 도전에 실패하여 현재 일본 메이커 중 소니만이 유일하게 명맥을 유지하고 있는 정도다.

지나치게 완벽을 추구하며 한우물만 깊이 파다가 세계시장 흐름을 타지 못하고 일본 국내용에 머무르고 있는 것이 현재 일본 기업의 위치다. 반면에 한국 기업들은 제품을 만드는데 적당한 선에서 과감하게 손을 놓아버리는 적당주의를 채택하고 있다. 디지털 시대에는 제품의 사이클이 짧다. 첨단제품이 잇따라 개발되고 출시되고 있어 4~5년 지나면 기존 제품은 진부해져 소비자는 고장이 나기 전에 제품을 교체하려고 한다. 수명주기가 짧아진다는 것은 10년, 20년 견디는 내구성을 가질 필요가 없다는 것을 의미하기 때문에 제품 가격은 그만큼 낮아진다.

한국 기업이 도저히 넘을 수 없을 것 같던 일본 업체를 제치고 세계시장에 강자로 등장하기 시작한 것도 디지털 시대가 필요로 하는 품질 적당주의에 이미 잘 적응하고 있었기 때문이다. (오춘애)


## 4. 기업인재 육성

### 1) 기업은 사람이다

삼성그룹 창업자 이병철은 세간에서 '용인의 달인', '인사관리의 귀재' 등으로 호칭됐다. 그는 삼성의 경영이념에서도 '인재제일'을 표방했다. 이병철은 "기업은 사람이다"고 할 정도로 인사를 경영의 핵심으로 삼았다. 그는 자서전에서 "내 일생을 통해 80%는 인재를 모으고 교육시키는 데 시간을 보냈다"고 말할 정도다.

삼성은 이미 1957년에 사원 공개채용 제도를 도입했고 삼성종합연수원을 통해 사원교육에 힘썼다. 그는 20대 중반 마산에서 정미소와 운수업을 할 때부터 규모의 대소를 가리지 않고 모든 것을 전권위임하는 경영체제를 선호해 왔다. 그는 각사 사장들에게 회사경영을 분담시키고 자신은 경영과 운영의 원칙과 인사의 큰 줄거리만을 맡아 왔다.

그는 "의심나는 인물은 채용을 말고, 일단 채용했으면 의심을 하지 말라"(疑人不用 用人不疑)는 원칙과 신상필벌을 인사관리의 요체로 삼았다. 50년대 후반부터 그룹 비서실을 두고 기획 · 조사 · 인사 · 재무업무를 맡겼다. 전문경영인에게 회사경영을 분담시키고 비서실이 그룹의 중추로서 기획, 조정하는 운영 체제로 이끌어온 것이다.

1982년 경기도 '용인자연농원' (현 에버랜드)에 있는 삼성종합연수원 창조관의 준공을 기념해 로비 벽에 새겨진 이병철 친필의 붉은 화강암 석판에는 "국가와 기업의 장래가 모두 사람에 의해 좌우된다는 것은 명백한 진리이다. 이 진리를 꾸준히 실천해 온 삼성이 강력한 조직으로 인재양성에 계속 주력하는 한 삼성은 영원할 것이며, 여기서 배출된 삼성인은 이 나라 국민의 선도자가 되어 만방의 인류행복을 위하여 반드시 공헌할 것이다"라는 이병철의 어록이 음각으로 새겨져 있다. 이병철은 인재제일주의를 경영이념의 선두에 두고 이를 성취하려고 노력했다.

이병철에 이어 경영권을 물려받은 이건희는 1993년 6월 독일 프랑크푸르트에서 그룹사장단 회의를 소집하고 삼성의 '신경영'을 선언했다. 그 때 이건희는 선대 회장 때의 경영이념 '사업보국 · 인재제일 · 합리추구'를 대신해서 "인재와 기술을 바탕으로 최고의 제품과 서비스를 창출하여 인류사회에 공헌한다"는 기치를 내세웠다. 사업보국이 '인류사회'로, 인재제일이 '인재와 기술'로 각각 지향하는 목표와 범위를 심화, 확장해 글로벌 시대에 걸맞게 표현을 달리 했을 뿐 그 내용은 선대와 일관된 의지를 더욱 강렬하고 구체적으로 표방한 것이다.

세계 초일류기업을 지향한다는 의지를 굳힌 이건희는 세계 최고의 제품과 기술을 창출하기 위해서는 최고의 인재들이 필수적이며 그런 인재들을 모으고 키우라고 주문했다. 프랑크푸르트 이후 오사카·도쿄·런던·후쿠오카로 이어진 삼성개혁을 위한 임원급 간부들에 대한 이건희의 신경영 강연은 그 해 한해동안 밤낮을 가리지 않고 총 1,200여 시간이나 계속됐다. 그 때 그가 강조한 것은 "마누라와 자식을 빼고는 모든 것을 다 바꾸자"는 인간 중심의 신경영 철학이었다. 제도·구조·인사·조직·관행을 모두 새로 점검하고 의식 자체를 개혁해 새로 출발하자는 강력한 호소였다.

그 무렵 어느 날 이건희는 비서실에 비디오테이프 1개를 주면서 '인재 만들기의 비법이 들어 있으니 자세히 보고 교훈을 찾아보라'고 당부했다. 일본 공영방송 NHK가 제작한 '비단잉어사(師)'라는 제목의 특집 프로그램을 녹화한 테이프였다. 최고급 비단잉어를 탄생시키기 위해 잉어사육사들이 수백만 마리의 치어들 중에서 1차로 1할 정도를 골라내고 거듭되는 선별과정을 거쳐 겨우 4~5마리 정도가 최종적으로 남는다. 잉어사들은 4년여에 걸친 이 과정에서 연못의 수질과 온도를 최적으로 맞추고 질병을 예방해야 하며 먹이도 최고의 품질을 유지해야 하는 등 온갖 노력 끝에 크기와 색깔, 몸매가 아름다운 잉어를 탄생시켜 비단잉어 품평회에 출전시킨다.

이건희는 이 비디오테이프에서 한 사람을 인재로 키우기 위한 과정과 노력은 어렵지만 얼마나 소중한 것인지를 일깨우려고 한 것이다.

2003년 6월 이건희는 신경영선언 10주년을 계기로 다시 '천재경영'을 선언했다. 삼성이 초일류로 거듭나기 위해서 천재를 데려오든지, 아니면 길러내든지 해서 그들로 하여금 세계 초일류 제품을 만들도록 하겠다는 것과 디자인에서도 세계 초일류를 향해 나아가겠다는 것이다. 그는 21세기를 '탁월한 한 명의 천재가 1만 명을 먹여 살리는 인재경쟁의 시대'로 규정하고 "모든 분야에서 1등만 살아남고, 나머지 기업이나 국가는 그의 하청공장으로 전락할 것"이라고 예언했다.

땅 · 자원 · 자본 · 시장 조건이 열악한 우리가 경쟁력을 가지려면 오직 천재키우기 밖에 길이 없다고 역설했다. 이건희는 이미 1987년부터 인재의 중요성을 CEO들에게 역설해 왔다. 그 결과 삼성전자는 인재 스카우트 전담팀인 IRO(International Recruit Office)를 조직하고 핵심인재 확보를 위해 전 세계를 누벼 왔다. 주요 지역에는 리쿠르트 담당 직원들을 상시 배치하고 있다. 해외 유수대학을 방문해 회사설명회를 갖는 것은 물론 CEO들이 직접 학교를 방문해 회사 알리기에 나섰다. 이건희는 자신이 직접 그룹계열사별로 핵심인재 확보실적을 체크해 CEO평가에 30%를 반영하고 있다.

해외에서 선발된 핵심인재의 조기 국내정착을 위해 'Call Center'라는 기구를 두고 도움을 전담하고 있다. 최근에는 인재스카우트 대상지역을 종래의 미국과 일본 중심에서 호주, 러시아, 동유럽 등지로까지 확장하고 있다. 이건희는 특히 한 가지 분야에만 정통한 'I'자형 인재보다는 자기 분야에 정통한 것은 물론 다른 분야도 넓게 아는 종합적인 'T'자형 인재를 선호한다. 즉 학교에서 1등만 해온 모범생보다 기존질서나 관행에 문제를 제기하고 그것을 뛰어넘고자 하는 인재를 더 선호하는 것이다.

삼성이 추구하는 인재경영의 대표적인 부서가 '미래전략실'이다. 이건희가 2010년 경영에 복귀하면서 만든 이 조직은 해외 특급인재를 영입해 모아놓은 싱크탱크(Think Tank)로, 외부에 의뢰하기 곤란한 내부 컨설팅업무를 수행하면서 그룹의 미래전략과 사업방향을 총괄적으로 수립하고 있다.

이병철 때부터 삼성은 다른 기업과는 차별화되는 사원교육으로 정평이 나 있다. 삼성의 교육프로그램은 신입사원부터 사장단까지 직급별로 다양하다. 신입사원 교육은 4주간 회사나 업종 구분없이 그룹합숙으로 진행된다. 전원이 동일한 유니폼을 입고 외부와의 접촉이나 연락을 차단한 채 오직 연수에만 집중토록 한다. 단정한 복장과 자세·언행·예절을 습관화 한다. 흡연은 지정된 장소에서만 가능하고 음주나 도박은 엄금한다. 이렇게 4주가 지나면 사람이 달라진다. '삼성맨'의 외양이 갖춰지는 셈이다.

삼성맨을 만들기 위한 프로그램은 다양하다. 그 중에는 군대의 유격훈련과 비슷한 한계극복훈련(MAT)이 있다. 20여 명을 한 팀으로 행군·독도법활용·숨겨놓은 문제 찾아풀기 등 조직의 단합과 동료애 발휘 훈련이 목적이다. 판매능력 개발훈련(LAMAD)은 삼성제품을 일정량씩 배당받아 일정한 시간 안에 팔아서 그날의 교통과 식사를 해결한 뒤 정해진 장소로 돌아오는 훈련이다. 판매의 중요성과 사회적 응력 배양을 위한 강도 높은 훈련이다.

신입사원교육 외에도 과·부장과정이 별도로 있고, 경영자 세미나 등도 있다. 신임 임원 과정에는 신경영을 주도하는 새로운 지도자로서의 리더십과 전략경영 실천능력 등을 집중적으로 교육한다. 그룹 공통과정 이외에도 각 사 실정에 맞게 자율적으로 여러 과정을 만들어 능력향상 교육을 실시하고 있다. 예컨대 삼성물산의 경우 해외 마케팅이나 국제협상과정 등을 별도로 운영하며, SDS에는 전산전문 과정이 있다.

삼성의 인재육성 교육에서 가장 특징적인 것은 10년 후의 글로벌 인재 양성을 겨냥한 '지역전문가' 교육이다. 이 제도는 입사한 지 3년 이상 되는 미혼독신 사원 중에서 근무성적이 우수하고 국제화 마인드를 가진 핵심인물들을 대상으로 1년간 자기가 희망하는 국가에 보내 자유롭게 생활하게 한다. 그러는 가운데 보다 깊고 넓게 현지를 경험하고 현장을 파악할 수 있도록 전폭적으로 지원, 그 지역 전문가가 되게하는 교육이다. "그 나라의 기준으로 인재를 키우자"고 선언한 이건희의 1993년 후쿠오카 발언을 계기로 국제화 전략차원에서 시작된 것이다. 그에게 업무 등 의무는 주어지지 않고, 현지인들과 어울려 자유롭게 생활하면서 현지 언어, 생활감각을 익히는 것이다.

지난 20여 년 동안 매년 3,000여억 원을 투자해 64개국 700여 도시에 3,500명의 직원을 파견했다. 그 결과 삼성은 방대하고 상세한 지역정보를 확보한 것으로 자체평가하고 있다. 일반사원들도 해외출장 기간 중 하루는 그 나라 문화를 체험하기 위해 반드시 관광을 하도록 하고, 샘플용 선진제품을 구입하면 그 비용을 회사가 부담한다.

이건희는 국내 대학교육에서 이공계 기피현상이 심화되고 있는 최근의 경향 때문에 산업별 인력수급에 구조적 불균형이 생기는 현상이 우리 경제의 장애요인이라고  생각한다. 그는 기술뿐만 아니라 경영도 아는 최고지도자를 육성해야 할 필요성을 절감하고, '테크노 MBA' 도입을 정부에 주문했다. 이에 따라 한국과학기술원에 테크노 경영대학원(College of Business)이 설립됐다. 이곳은 테크노 외에도 경영 · 금융전문 · 정보미디어대학원으로 구성돼 있다. 여기서는 기술과 경영 모두를 이해하는 산업현장의 지도자 육성 프로그램으로 전일제 석사학위 과정이다. 이 과정에서 그들은 일반 MBA로서 갖추어야할 경영분야의 주요과목들을 이수한 뒤 기술경영 · 마케팅 · 벤처 · 재무 · 정보통신 · 비즈니스 등 6개 세부과목을 이수한다. 국내에서는 성균관대학교 안에 테크노 MBA 과정을 신설해 교육대상 직원을 보내고 있으며, 해외에는 상위 20위권 이내의 대학에 유학을 보낸다.

삼성은 현장과 이론을 연결하기 위해 1989년 경기도 기흥 삼성전자 안에 삼성전자공과대학 SSIT(Samsung Semiconductor Institut of Technology)을 설립했다. 치열한 경쟁 속에서 살아남기 위해서는 회사가 필요로 하는 기본지식과 실무능력을 골고루 갖춘 맞춤형 인재가 절실하다는 것이다. 처음에는 교육부의 학위 인정과는 상관이 없었지만 그룹 자체적으로는 개인별 인사카드에 정식으로 등재해 공식적으로 학위를 인정했다. 1991년 과학기술처의 승인을 받고, 다음해에는 사내 기술대학원으로 승인을 받았으며, 2001년 3월에는 교육인적자원부로부터 정식으로 정규대학 승인을 받았다. 교수 한명 당 학생수가 0.9명으로 교수와 학생 간 1:1의 지도가 가능한 인프라와 완벽한 교육시설을 갖춘 대학이 탄생한 것이다. 2003년 첫 졸업생을, 다음해에는 제1호 박사를 배출했다.

학부과정은 2년 6학기제로 운영되며, 1년 3학기는 전일제 합숙교육으로 진행된다. 일반 교양과목 이수는 물론 반도체사업과 연계된 커리큘럼으로 된 전공선택·필수과목을 이수하고, 2년차 1년 3학기는 현장실습 위주의 교육을 받는다.

삼성은 이건희의 강조에 따라 여성인력을 중용하고 있다. 1993년 그룹공채 1기에서부터 대졸 여직원을 뽑았는데, 당시 3%에 불과했던 대졸 여성인력 비율이 2004년에는 그룹 동급직원의 11%인 6,900명에 이르렀다. 삼성전자의 경우 2012년 전체직원 22만여 명 중 여성비율은 40% 정도이나, 그 중 임원은 1.5%에 불과하다. 대졸 이상 여성 채용비율도 2009년 19%에서 2011년 27%로 크게 증가시키는 추세다. 2012년 현재 삼성그룹의 여성임원은 모두 32명이다.

이건희 역시 선대 회장의 지론인 '의인불용 용인불의(疑人不用 用人不疑)'을 따르고 있으나, 그는 좀 더 적극적으로 이 원칙을 실천하고 있다. 웬만한 기업들의 총수는 자신의 권한을 절대로 위임하지 않는다. 그러나 이건희는 일단 믿고 맡기면 의심도 간섭도 하지 않는다는 평가를 받는다. 그 결과 삼성은 매우 자율적이고 역동적인 조직이 됐고, 그것이 강한 경쟁력으로 발전했다. 삼성은 인재의 자체육성 뿐만 아니라 해외로부터의 인재사냥에도 주력한다. 특히 글로벌 시장에서 사양의 길을 걷고있는 일본의 전자업계에서 높은 대가를 조건으로 인재를 스카우트하고 있는데, 주로 파나소닉, 샤프, 미쓰비시전기, 다이킨공업의 인재들이 그 대상이 되고 있는 것으로 알려졌다.

삼성의 교육 프로그램은 해외에서도 인정받고 있다. 일본 산요와 미쓰비시 그룹은 삼성의 경영교육 콘텐츠를 구입해갔으며, 미국 보잉코리아의 윌리엄 오벌린 사장도 삼성의 인재교육을 벤치마킹하기 위해 삼성인력개발원을 방문, 프로그램을 검토하고 원장과 면담했다.

## 2) 세계 최고가 되겠다는 신념으로

LG그룹 창업자 구인회는 일찍이 1950년대 후반부터 인재확보 방안으로 대학졸업생을 대상으로 한 신입사원 공개채용을 제도화 했다. 그가 사업을 시작할 때만 해도 지연·혈연을 중심으로 한 비공식 채용이 통례였다. 그러나 1958년 실시된 대졸사원 공채에서부터 훗날 LG를 이끌어온 인재들이 속속 신입사원으로 입사했던 것이다.

구인회는 신입사원을 부를 때 항상 '김형', '이형' 등 존칭을 붙임으로써 인재의 중요성과 존엄성을 일깨워 주었다. 그는 초창기부터 기업이 장차 웅비할 수 있느냐 여부는 오직 인재활용에 달려있다고 생각했다. 철저한 검증없이 사람을 채용했다가 마땅치 않다고 해서 잘라내고 다시 사람을 썼다가 이용가치가 적어지면 밀어내는 식의 인사관리는 정도가 아니라는 것이다. 기업이 치열한 경쟁에서 이기려면 무엇보다 인재를 잘 써야 하고, 선택한 인재를 훌륭히 키워 잠재능력을 발휘할 수 있게 해야 한다는 생각이었다.

이러한 창업자의 인재존중 의지는 대를 이어 구자경, 구본무로 이어졌다. 현 LG그룹 회장 구본무는 "구성원 스스로가 세계 최고가 되겠다는 신념으로 일하고, 최고 수준의 기업경영 교육프로그램을 통해 핵심인재로 거듭나고 있다"고 말한다.

LG는 핵심인재들을 ① 영 HPI(High Potential Indivisual), ② 40대 리더HPI, ③ 50대 CEO후계자군, ④ CEO발탁의 4단계 과정을 거치게 한다. 핵심인재로 선발되면 성장 비전을 제시받고, 차세대 리더로서 특화된 교육을 이수하게 된다. 리더 HPI는 적자사업이나 신사업 등 위험도가 높은 직무를 책임지며, 여기서 능력을 검증

받으면 CEO군으로 편입된다. 글로벌 비즈니스 리더 양성대상자는 과장, 차장, 부장 등 관리자급 핵심 인재들 가운데 선발, 미국 워싱턴 주립대학과 보스턴대학 등과 연계해 교육과정을 거친다. 이밖에도 CEO의 추천을 받은 상무급 핵심인재들은 영국 런던의 비즈니스스쿨 (LBS), 일본과 프랑스의 유수 비즈니스스쿨과 연계한 IMPA (International Masters Program in Practice Management) 과 정을 이수하게 된다.

매년 상반기에 직급별로 진행되던 3개의 국내 MBA 과정을 모든 직군·급이 참가할 수 있는 LG MBA로 통합했다. 1990년에 시작된 GBC(Global Business & Communication) 과정 중 영어 위 주는 미국 샌프란시스코 현지 2주 등 모두 10주 과정, 중국어 과정은 국내 4주, 현지 4주의 모두 8주 과정으로 운영되고 있다. 이 기간 동 안 연수생들은 회사업무에서 완전히 벗어나 침식을 함께 하며 수업은 물론 휴식이나 식사 시간에도 영어나 중국어만을 사용하도록 한다.

구본무는 2012년 5월 그룹 임원회의에서 조직의 체질개선을 요구 하면서 "선도적 기업이 되려면 뼛속까지 변해야 한다"고 역설했다. 그는 1995년 그룹 회장에 취임한 뒤 처음으로 해외 R&D 인재채용 행사인 LG테크노컨퍼런스에 참석해 인재확보에 CEO들이 직접 나 서라고 주문했다.

포스코는 글로벌 인재양성을 위해 상시적으로 해외 현지에서 학사 급 이상의 고급 인력을 채용, 교육해 현지사업소에서 근무하게 하고, 국내에서 근무하는 인재들도 글로벌 스탠더드에 맞추어 유학·해외연 수·지역전문가·인재개발 교육을 시행하고 있다. 포스코는 인재개발원과는 별도로 광양제철소 직원교육을 전담할 교육관을 1992년 공장안에 준공했다. 2000년에는 시설을 현대화해 무선LAN 환경을 조성, 이듬해에는 원격화상교육실을 확보했다. 1998년에는 광양제철소 직원들의 기술·기능 교육을 전담하는 기술교육센터를 준공했다.

포스코는 창업자 박태준의 유지에 따라 '글로벌포스코를 이끌어갈 미래의 경영리더'를 정의하고 그 핵심역량을 ① 비전과 전략, ② 국제적 시각, ③ 강력한 추진력, ④ 통합적 시각 등 4가지로 제시하고 있다. 포스코는 이러한 자질을 갖춘 핵심인재 풀을 설정해 유기적이고 지속적인 관리를 추구한다.

우수인재를 확보하기 위해 포스코는 '구조적 선발기법'을 활용한다. 이 기법이 일반 기업의 선발기법과 다른 점은 직무역량평가에서 개인과 팀베이스 평가의 신뢰성과 타당성을 높이기 위해 48명의 사내평가사를 활용한다는 점이다. 일반 기업체들이 평가에 대한 전문식견이 없는 경영층이나 사외인력을 통해 채용인력을 평가하는 데 반해 포스코는 사내에서 회사의 발전과 가치, 직무에 대한 구체적인 정보를 공유하고 있는 구성원들이 직접 평가를 한다는 점에서 채용인력의 적합성을 객관적으로 파악할 수 있다는 장점을 살린 것이다.

핵심인재로 선발되면 그 다음 단계는 본인이 주도하는 1단계 경력개발을 통해 잠재적 인재로 성장할 수 있는 기회가 공평하게 주어진다. 이들은 해외유학이나 지역전문가, 현업병행유학, 전문자격취득 등의 과정을 거치게 된다.

핵심인재 육성의 최종단계는 검증된 핵심인재를 대상으로 한 경력의 개발이다. 구조적 선발기법을 통해 선택된 인재가 본인주도의 경력개발의 단계를 통해 성장잠재력이 우수한 핵심인재를 조기에 발굴해 회사가 집중적으로 지원·투자할 수 있는 최종적 핵심인재 풀을 구축한다. 이 핵심인재 군(群)은 경영리더군과 전문기술자군으로 분류된다. 포스코 자체의 인재개발교육원(E-러닝센터)을 활용한 평생학습시스템은 구성원의 가치공유와 직무역량·교양수준을 높이고, 장기적으로는 조직의 결집력을 강화하기 위한 것이다.

포스코는 2000년부터는 사내교육의 약 87%를 온라인 교육으로 실시하고 있다. '포스코 e-리더스 아카데미'를 개설해 장차 부·실장으로 성장할만한 팀 리더급을 선발해 포항공대와 연계한 MBA 과정을 1년 동안 이수하도록 한다. 포스코의 핵심인재 기준은 ① 미래 경쟁력을 키워갈 도전의식과 창의력, ② 글로벌 시대와 디지털 환경에 걸맞는 전문지식·정보기술·외국어 구사능력, ③ 자신의 일에 대한 긍지와 전문직업인으로서 투철한 직업관이다.

포스코는 전사적인 학습조직화와 지식경영을 구현하기 위해 매스퍼스 컨퍼런스(MASPPERS Conference)를 매년 개최하고 있다. 이는 경영정책·홍보·재무회계·마케팅·자재구매·인사·노무·교육 등 경영관련 전 분야에서 지식과 아이디어를 발굴·발표·시행하는 행사다.

박태준은 기업의 성패가 기업구성원의 정신적 자세에 있다는 신념이 강했다. 따라서 구성원의 선발에서도 능력보다는 품성이 바른 사람, 경제적 동기보다는 회사의 창립정신인 '제철보국'의 사명감을 공유하고 조직의 발전에 헌신할 수 있는 사람이 우선 조건이다.

1973년 당시 사장이던 박태준은 사원들에게 '인사관리 기본방향'을 발표했다. "회사를 위해 성실히 노력하는 직원은 그 신분이 확실히 보장될 뿐만 아니라 포스코의 울타리 안에서 성공리에 그의 일생을 마칠 수 있을 것임을 명확하게 밝혀둔다." 이 원칙은 그의 재임기간 동안 철저히 지켜졌으며 조직 구성원의 사명감과 헌신을 유발시키는 요인이 됐다. 그는 여유인력을 한 번도 인위적으로 고용조정하지 않고 회사내에서 안배 처리했다. 그는 1992년 직원의 정년을 55세에서 56세로 연장하고, 정년퇴직 후에도 58세까지 촉탁근무할 수 있도록 제도화 했다. 직원들의 완숙한 경험, 지식을 활용하고, 평생직장이란 인사의 기본이념을 실현한 것이다.

1981년 2월 포항제철소 종합준공기념 인터뷰에서 박태준은 "공정한 인사관리에 노력했다. 제3자의 인사청탁은 물론 거절했고, 같이 일해보겠다는 사람만 뽑았다. 그래서 낙하산 인사는 전혀 없었으며, 일반 사원들의 경우 공개경쟁시험에 의한 채용 외는 단 한건의 청탁도 들어준 적이 없다"고 밝혔다.


SK가 바라는 인재상은 'SK경영관리체계(SKMS)'에 명시돼 있다. 패기와 경영지식, 경영에 부수된 지식, 사교자세, 가정 및 건강관리 수준이 높고 계속 함양시켜 나갈 수 있는 사람이다. 기업의 성패는 그 구성원들에 달려있고, 기업을 성장시키는 것은 곧 인재를 양성하는 일이라는 전제 아래 SK는 80년대부터 신입사원에 대해 해외전지훈련을 실시하고 있다.

이 훈련에서는 지역전문가 과정, 해외MBA 과정, 석·박사 과정, 미국국제경영대학원에서의 'SK Thunderbird Program' 등을 통해 SK인의 글로벌 사업수행능력을 키우고 있다. SK아카데미에서는 최고경영자에서 일반사원에 이르기까지 다양한 능력개발 과정을 실시하고 있다. 1994년부터는 모든 구성원들의 능력과 자질을 체계적 계획적으로 개발·육성해 회사에서 필요한 유능한 경영자·전문가·우수임원을 키울 수 있도록 종합적인 인력육성제도인 EMD(Executive Management Development) 시스템을 가동하고 있다.

우수인재 확보를 위해 전국 각 대학을 방문해 면담과 우수인재를 추천받는 캠퍼스 리쿠르팅, TTL Tomorrow Leader Program 등 아이디어 공모전, 우수 동아리를 찾아 실시하는 커리어캠프, 기타 교수추천 등을 통해 다양한 분야의 우수인재를 확보하고 있다. 또한 글로벌 인력 풀 확보를 위해 중국의 한국유학생 대상 인턴십 프로그램이나 중국대학생 대상 Biz Idea 공모를 통한 우수인재 사전 확보에도 적극적이다. 미국의 top30 대학 한국유학생이나 현지 대학생을 대상으로 실시하는 캠퍼스방문행사 등을 통해 채용활동을 벌이고 있다.

SK그룹의 신입사원 교육 중 특이한 것은 '최고경영자와의 대화' 프로그램이다. 회장과 그룹사 CEO들이 신입사원들과 회사의 경영현황과 앞으로의 발전방향 등을 모색하는 대화프로그램이다. 겨울에 산악에서 실시되는 '산악패기훈련'은 주요 목표지점을 통과할 때마다 재료를 구매하고, 물건을 만들어 판매할 수 있도록 하는 내용이다. 먼저 도착한 팀이 싸게 재료를 구입하고 비싸게 팔 수 있어 가장 많은 가상의 돈을 버는 팀이 우승하게 하는 내용이다. 이 모의경영활동을 통해 SK의 경영철학인 SKMS(Management System)와 SUPEX(Super Excellent), 즉 인간이 도달할 수 있는 최고가치의 추구를 체험하는 훈련이다. 동일한 목표와 경영지식을 가진 구성원들이 한마음으로 단결해 일하는 것이다.

신입사원교육 중에는 모의경영 시뮬레이션 게임인

SKMG(Management Game) 프로그램도 있다. 신입사원 각자가 CEO(최고경영자), CFO(최고재무담당자), CMO(최고마케팅담당자) 등의 역할을 맡아 게임을 하는 프로그램으로, 신입사원은 이를 통해 경영상의 주요 요소를 직접 체험하게 된다.

SK는 세계적 일류기업으로 성장하기 위한 경영전략으로 체계적인 임원육성제도(Executive Management Development System)를 도입해 시행하고 있다. 대상자에 대한 평가와 선발은 임원자격요건을 기준으로 상사는 물론 관련부서와 부하들의 의견까지를 반영하는 입체평가를 주요소로 한다. 개발·육성은 임원이 갖추어야 할 능력 및 자격요건을 집중적으로 양성하기 위해 다양한 업무부여로 체계적 이동과 교육프로그램을 운영한다. 이 프로그램 내용에는 경영역량교육과 전문역량교육이 있다. SK가 2006년 혁신한 인사제도에 따르면 팀장급 이상을 제외한 모든 직원들은 지위와 연공서열에 관계없이 담당자란 의미의 '매니저'로 호칭한다.

자신의 업무에 대해 전문지식과 책임감을 갖고 수평적이고 창의적인 조직문화 확산을 위한 것이다. 이에 앞서 2000년에는 복장을 자율화해 직원들의 창의력과 자유로운 조직문화를 위해 넥타이를 없애고, 복장은 비즈니스 캐주얼로 하다가 2007년부터는 완전 자율화했다.


## 3) 파격적 인사·대우

현대그룹 창업자 정주영은 일찍이 '사업은 곧 사람'임을 터득했다. 개인의 목표와 조직의 목표를 조화시키는 인간존중의 경영만이 성공할 수 있다는 신념을 가지고 있었다. '작은 일에 성실한 사람은 큰 일에도 성실하며, 작은 일에 소홀한 사람은 큰 일도 이룰 수 없다'는 판단기준으로 파격적인 승진인사를 단행하는 일이 많았다.

그는 평소에 인력관리지침으로 ① 모든 관리직원 간에 평등관념을 고취시키고 근로자에게 인격적으로 대하고 고운 말을 쓸 것, ② 근로자이기 전에 나와 똑같은 감정과 평등관념을 가진 인간이라는 점에 유의, 인간적인 이질감을 갖지 말 것, ③ 인간은 누구나 자기발전과 자기실현의 욕구가 있다는 것을 인식하고 명령일변도의 작업진행보다는 인간적 동기부여로 작업의욕을 고취해 자율적으로 작업이 진행되도록 할 것, ④ 성실한 대화로 항상 그들이 생활에 관심을 기울이고 그들로 하여금 마음으로부터 감명과 복종을 유발하도록 할 것, ⑤ 작업과정에서는 관리자 스스로가 집행당하는 심정으로 지도하고 근로자 자신도 가치있는 일을 수행하고 있다는 점을 강조해서 인식시킬 것, ⑥ 관리자 자신의 인격적 결함이 작업장의 분위기를 크게 좌우한다는 점을 깊이 명심하고 자기 계발에 노력할 것, ⑦ 관리자는 권위의식을 버리고 항상 평등한 자세로 대화와 설득을 통해서 인내심을 갖고 책임을 다하는 모범을 보일 것을 강조했다(『이 땅에 태어나서』, 정주영, 솔 출판사, 1998년).

현대차는 과거와 현재의 강점과 미래의 성장요소를 반영해 창의 · 도전 · 협력 · 열정 · 글로벌 마인드라는 5가지 핵심가치를 정립하고 있다. 이 회사가 지향하는 인재상은 이 5가지를 겸비한 사람이다. 이를 기준으로 신입사원이나 공학계열 석 · 박사 및 MBA를 대상으로 국내 · 외에서 현지채용을 하고 있다.

현대차의 교육 · 훈련 내용을 보면 ① 역량중심의 교육과정, ② 글

로벌 역량강화, ③ 학습센터 운영, ④ 신입사원 입문교육 등으로 분류
된다. 역량중심 교육과정은 모든 임직원이 갖춰야할 역량을 핵심공
통·리더십·직무역량으로 구분하고, 각 직급·수준별 차별화된 교
육을 개발해 사내외의 다양한 수강을 통해 자신의 부족역량에 대한 교
육을 받을 수 있게 지원한다. 글로벌역량 강화를 위해서는 해외직무
연수를 통해 업무분야별 최신이론과 실무지식을 습득하도록 하며, 외
국어 집중과정과 사이버 어학 과정, 전화 영어·중국어 학습을 통해
글로벌 역량을 강화하도록 지원한다. 학습센터에서는 직원 개인이 필
요한 교육과정을 온라인상으로 신청하면 원할 때 학습할 수 있도록 지
원한다. 신입사원 입문교육은 이론과 체험교육으로 구성, 신입사원들
이 그룹의 경영이념을 이해하고 조직적응력을 키울 수 있도록 교육 중
언제나 상담·조언을 해주는 선배담임제(mentor)를 운영하고 있다.
　현대차의 교육훈련제도는 부장에서 차장까지의 간부사원을 대상으
로 우수 직원에게 자기계발을 통한 업무수행능력을 배양하도록 하는
'미래경영자과정'이 대표적이다. 또 차장과 과장사원을 대상으로 전
문경영지식을 습득하도록 하는 서강대·울산대 MBA과정이 있으며,
역시 이 직급을 대상으로 외국어 의사소통 능력을 배양하는 집중교육
이 있다.

　현대차 인재개발원 교육은 크게 세계전문화 교육으로 구분한다. 세
계화교육은 언어별로는 영어·일본어·중국어 과정을 연마해 앞으로
글로벌시대를 능동적으로 이끌어갈 인재를 양성한다. 또 해외영업·
무역·국제계약 등 국제업무를 담당하고 있거나 일정한 수준 이상의
외국어 실력을 갖춘 대리급 이상 부장까지의 사원을 대상으로 국제비

즈니스업무 수행능력을 배양하는 국제영업력강화 과정이 개설돼 있다. 전문화교육은 담당 업무별로 소속된 팀에게 실시된다. 이 밖에도 부장에서 대리에 이르는 직급을 대상으로 하는 시간관리·카운슬러 양성·교육평가 실무·사내강사 능력개발·학습조직 추진리더 양성·현대정신강사 양성과정이 있다.

현대차의 교육훈련제도는 현장외 실무교육과 현장 실무교육으로 구분돼 있다. 최근 울산공장에서는 현장외 실무교육이 관리·사무직 근로자에서 생산직 근로자 중심으로 이동하고 있으며, 생산직 근로자 교육훈련은 대립적 노사관계를 극복하기 위한 노무교육과 정신교육에 집중한다. 생산직 근로자의 직무교육 비중을 점차 높이고, 특히 보전반과 품질관리반 같은 간접부문 근로자에 대한 기술기능훈련도 집중적으로 강화한다. 2012년 5월 경기도 용인시 마북면에 개축 준공된 마북캠퍼스는 현대차·현대모비스·현대건설 등 현대자동차그룹의 글로벌 인재육성센터로 활용되고 있다.

현대차는 연공급제를 기본으로 하되 결산 때 이익의 일정부분을 종업원에게 성과급으로 지급하는 종업원성과배분제도를 국내 처음으로 도입했다. 주주에게는 30%, 종업원 30%, 사내유보 30%, 고객서비스 10%의 비율로 배분해 성취동기를 제공하는 사전조치인 것이다. 영업직 사원에게는 자동차 판매대수 증가율이 높은 상위 3% 200명을 분기마다 선정해 포상하는 등 인센티브를 강화하고 있다.

정주영은 1976년 울산광역시 서부동에 현대여자고등학교를 설립, 1990년 이사장에 정몽준이 취임했다. 2000년 교명을 현대청운고등학교로 바꾸면서 남녀공학으로 전환했고, 2003년 자립형 사립고등학교로, 2011년 다시 자율형 사립고로 바꿨다. 미래사회는 다기능 사회로서 전문성과 통합성을 갖추어야 하고, 그 과정에서 도전과 용기, 진취적 사고와 적극성을 필요로 하기 때문에 그에 가장 적합한 인물로 설립자 정주영을 제시하고 그를 닮은 '제2의 정주영 육성'이라는 목표를 구체화하고 있다.

학교 측은 '창조하는 미래인, 도전하는 세계인'이라는 교훈을 바탕으로 한 수월성 교육이 특색이라고 내세운다. 2학년 여름방학 때까지 일반고교 교과과정을 모두 마치고 3학년이 되면 대학입시를 위해 논술과 심층면접에 대비한다. 또 1학년 재학생 중 엄격한 심사를 거쳐 선정된 학생으로 국제반을 편성해 방과후수업 형태로 운영하고 있다. 국제반 학생들은 TOEFL·SAT·AP·ACT를 집중적으로 준비한다. 미국 ACT ES사의 비영어권 학생들을 위한 해외대학 입학보장 프로그램인 GAC (Global Assesement Certificate) 프로그램도 수료하게 된다.

현대청운고교는 국제화·수월성·인간화 교육 세 분야로 나눠 특성화 교육을 실시한다. 글로벌 리더를 향한 국제화 교육프로그램을 통해 국제유학반 운영, GLS 해외연수프로그램 운영, 영어 프리젠테이션을 통한 발표력강화 교육, 2개국 외국어 회화능력강화 등에 주력하고 있다. 교과성적(30점), 리더십 및 인성(30점), 어학능력(40점)을 합산해 선발하며, 학비전액을 장학금으로 지급한다.

정주영은 1969년 울산공업학원을 설립하고 울산공과대학을 개교했다. 개교 당시 규모는 5개 학과에 입학생 200명에 불과했으나, 1973년 병설 공업전문대학을 개설하고, 1985년 종합대학으로 개편하면서 교명을 울산대학교로 바꿨다. 2011년 현재 일반정책·경영·

산업 · 자동차 · 선박기술 · 교육 등 6개 대학원과, 인문사회과학 · 경영 · 자연과학 · 생활과학 · 공과 · 건축 · 음악 · 미술디자인 · 의과 등 11개 단과대학으로 구성돼 있다. 미국 · 캐나다 · 일본 · 영국 · 러시아 · 호주 · 몽골 · 라오스 등 27개국 121개 기관과 학술교류협정을 체결하고, 교수 · 학생 · 교직원 간 상호교류를 하고 있다.

울산대학교는 설립자 정주영의 도전과 개척정신을 이어받아 국가와 사회발전에 기여하는 인재배출에 힘쓰고 있다. 최근 수년간은 재단인 현대중공업그룹의 지원으로 교육혁신과 대학경쟁력 강화에 주력한 결과, 글로벌 대학평가기관인 영국 QS의 2011년 아시아 대학평가에서 한국 내 19위, 아시아에서 106위를 차지했고, 2010년에는 정부 지원을 받는 '학부교육 선진화 선도대학 지원사업'에, 그리고 '교육역량 강화사업' 대상에도 4년 연속 선정됐다.


## 4) 사람의 성장을 통한 사업의 성장 추구

두산그룹의 인재관리의 핵심은 'People Program'의 실행이라고 할 수 있다. 이것은 사원평가와 핵심인재 육성을 함께 묶은 것으로, fact · value평가가 함께 이뤄지는 공정하고 체계적인 방법이라고 자체 평가하고 있다. '사람의 성장을 통한 사업의 성장'을 추구하는 두산그룹은 해마다 사원 개개인의 성장희망 경로와 회사가 필요한 경력개발 계획을 종합 조정해 차별화된 인력배치를 하고 있다.

1993년 국내 최초로 성과급제를 도입한 두산그룹은 사원의 능력과 자기계발에 상응하는 연봉을 지급하고, 승진도 개인의 능력과 성과에 따라 근속년수에 관계없이 가능케 해 사원들의 동기부여를 자극한다. 조직구조 또한 직위의 구분 없이 동등한 팀원자격을 부여함으로써 책임감 위주로 조직을 움직이게 한다.

두산그룹이 표방하는 대표적인 가치는 4P로 요약되는데, ①전문가적(Professional) 자세 ② 열정적인(Passionate) 자세, ③ 긍정적(Positive) 자세, ④ 긍지(Pride)를 갖는 것이다. 전문가적 자세란 자신이 맡은 분야에서 최고가 되겠다는 각오로 프로근성을 갖는 것이다. 열정적인 자세는 어떤 일이라도 도전적인 의식을 갖고 적극적으로 임하며, 어렵다고 생각되는 것도 포기하지 않고 맞서 이겨내려는 자세다. 긍정적인 자세는 근거있는 비판을 통해 발전을 추구하는 자세를 갖는 것이다. 긍지를 갖는 자세는 자기가 하는 일에 대해 정확히 이해하고, 그 일과 회사에 대해 보람과 긍지를 느끼는 자세다. 이 네 가지 중 People Program에서 가장 중요시하는 요소는 ② 열정이다. 이러한 평가를 통해 높은 점수를 받은 사원은 핵심인재로 분류되며, 인사고과와 연봉에서 차별화 된다.

핵심인재로 선정된 사원들은 제도적인 관리장치를 통해 각 분야의 전문가로 육성한다. 우선 업무경험의 심화 확대를 위해 본인의 희망과 회사의 필요를 조화시켜 배치를 차별화 하고, 일반인력과 차별화된 학습 프로그램을 시행한다. 이 차별화 프로그램은 경력개발계획 CDP(Career Development Program)을 수립하는 데서부터 시작한다. 핵심인재를 육성하는 과정에는 CDP뿐만 아니라 직무순환제도도 병행한다. 한 분야의 전문가보다 다양한 분야를 아우를 수 있는 복합기능 인재를 양성한다는 취지다. 핵심인재에 대해서는 성과급 제도를 통해 확실한 동기부여도 병행한다. 일반사원들에게 실시되는 성과급과는 달리 연봉의 10~20%에 이르는 금액을 특별성과급으로 지급해 개인의 역량개발에 보상한다. 핵심인재가 누구인지에 대해서는 한정된 고위층 이외에는 본인조차도 모른다.

두산은 인재확보를 위해 최고경영자들이 직접 나서고 있다. 국내대학 설명회에 참여하는 것은 물론 인재가 있는 곳이면 해외출장도 서슴치 않는다. 박용만 회장 자신부터 해외 유수의 경영대학원(MBA)들을 직접 찾아 졸업생을 면접한다.

GS그룹 회장 허창수(許昌秀, 1948~ )는 2007년 9월 GS최고경영자 전략회의에서 "우수한 현지인력을 확보해 육성하고, 현지 지역사회와의 관계도 잘 유지해야 한다. 미래성장의 한 축인 해외사업의 기반을 다지는 일은 결국 글로벌 인재의 몫이다"고 말했다. 글로벌 인재가 앞으로 GS의 운명을 좌우할 핵심요소라는 뜻이다.

GS그룹사 중에는 GS칼텍스가 글로벌 인재 육성에 가장 적극적이다. 이 회사만의 '에너지 리더십 모델'을 확정해 다양한 제도와 시스템을 운영하고 있다. 일반공채는 물론 인턴십 프로그램도 활용한다. 개인별 맞춤프로그램과 함께 직급별로 차별화된 교육을 실시하고 있고, 매년 각 사업영역과 계층에서 우수인재를 선발해 국내·외 우수대학의 MBA과정에 파견하고 있다. GS칼텍스는 또 임직원들이 언제나 교육혜택을 받을 수 있도록 사내 사이버 연수원도 운영하면서 다양한 해외정보와 교육과정을 제공하고 있다.

GS건설의 경우 건축·주택·플랜트·토목 등 모든 분야에서 균형성장을 이루기 위해 글로벌 인재육성에 힘쓰고 있다. 이 회사가 특히 정유·석유화학 플랜트 분야에서 국제시장의 신뢰를 얻은 것은 일찍이 이 분야의 전문인력을 양성한 결과다. GS건설 플랜트사업본부는 1,500여명의 인력 중 절반가량이 설계 · 기술 인력이다. 인도, 유럽 등지에서 고급 기술인력을 지속적으로 들여오면서 각종 교육을 통해 전문성을 높인 결과다. 2006년부터는 인도 설계법인과 사우디아라비아 시공법인을 설립하고 현지 인재채용을 늘려왔다. GS건설은 앞으로 중국 · 베트남 · 인도 · 이란 · 쿠웨이트 · 오만 · 카타르 · 이집트에서도 현지인력을 증원해 강도 높은 인재육성 프로그램을 진행할 예정이다.

한진그룹 주력 계열사인 KAL은 글로벌 일류항공사에 걸맞는 인재를 양성하기 위해 신입사원 채용에서부터 임직원 교육에 이르기까지 빈틈없는 시스템을 운영하고 있다. 명랑하고 친절한 고객접촉이 생명인 항공사 특성상 임직원들에게 신명나는 직장 분위기를 조성하기 위해 즐거움과 감동을 선사하는 다양한 형태의 '감성경영'을 적극적으로 실행하고 있다. 대한항공이 즐거운 직장 분위기를 만들기 위해 주력하는 것은 '펀(fun)' 경영이다. 해마다 여름이면 수박파티를 비롯해 사내 장기자랑 대회, 작은 음악회 등을 정기적으로 열어 임직원들의 숨겨진 끼를 마음껏 발휘할 수 있는 장을 마련하고 있다. 또 사내 스타크래프트 대회, 탁구대회 등 다채로운 행사도 운영하고 있다.

여성직원이 많은 항공사의 특성상 임신휴가제, 수유시설 운영 등 관련법규가 규정한 수준 이상의 임신 · 출산 · 육아관련 지원제도를 운영하고 있다. 아울러 능력있는 여성이 관리자가 될 수 있도록 해외파견자 선발과 객실관리자 양성에서도 남녀차별을 두지 않는다.

한진해운은 전 세계 4개 지역본부 산하 60개국에 230여개의 해외법인과 지점을 설치·운영하면서 매출액의 90% 이상을 해외영업을 통해 달성하고 있다. 글로벌 네트워크를 통한 영업활동과 조직관리를 위해 국내 직원의 약 20% 이상이 해외주재 근무를 하고 있으며, 이 해외주재원들은 국내 직원의 2.6배에 이르는 2,600여 명의 현지채용 직원과 호흡을 맞추고 있다.

직원 1인당 매출액이 20억 원에 달하는 등 구성원 개개인이 최대한 역량을 발휘하고 있는 한진해운은 글로벌 마인드를 갖추고 있는 인재를 어느 기업보다 중요시 한다. 따라서 자체개발한 직무역량 체계를 기반으로 인재를 육성하고 있다. 교육학점 이수제로 연간 이수해야 할 최소학점을 정하고 학습방법을 스스로 선택해 능동적으로 업무수행 능력을 배양하도록 지원한다.

글로벌 시대에 걸맞는 전문가를 양성하기 위한 방법으로는 지역전문가 과정, 직종전문가 과정, 신입사원 해외 승선교육 등이 있다. 또 직원들의 여가·취미활동 지원을 위해 일정 한도 안에서 자유롭게 사용할 수 있는 복지카드도 제공한다.

한진그룹은 글로벌 경쟁력을 높이고 해외 지역별 전문가를 육성하기 위해 해외 단기파견, 신입사원 해외연수 등 프로그램을 운영한다. 해외 단기파견 제도는 실무자와 중간관리자를 대상으로 전 세계 도시에 있는 대한항공 지점에 1년간씩 파견해 현지 언어와 문화를 체험하고 현업에 투입, 해당지역 전문가와 지점장 인력양성에 활용한다. 2012년 현재 매년 70명씩 해외에 파견하고 있다.

2003년부터는 임원 승진대상자 전원을 서울대학교 경영대학과 함께 개발한 맞춤식 MBA과정인 '대한항공 임원 경영능력 향상과정(KEDP)'을 운영하고 있다. 이 프로그램은 상무보급 이상의 모든 임원이 필수적으로 이수해야 하는 과정으로 체계적인 경영이론을 정립하고 미래 경영자의 자질을 갖출 수 있도록 돕기 위해 마련한 것이다. 또 핵심인력을 선발해 MIT, USC, 서울대 등 국내외 유명대학의 MBA 과정을 이수하도록 지원하고 있다. 부장승격 대상자들에게는 항공운수산업에 특화된 전문지식과 경영마인드, 탁월한 관리역량을 겸비한 관리자 양성을 위한 교육 프로그램 AMS(Airline Management School) 과정을 필수적으로 이수토록 하고 있다. 외부 전문 교수진, 사내 임원, 팀장 등이 강의하며 4주간 현업을 떠나 교육에 집중하게 한다. 이 밖에도 입사 1년이 지난 사원에 대해 경력개발계획 등을 논의할 수 있는 개별면담과 직무 재배치가 가능한 리프레시(Refresh) 제도, 신입사원이 업무에 잘 적응할 수 있도록 부서 배치 후 6개월간 시행하는 멘토링 제도 등 다양한 능력개발 과정을 운영하고 있다.

효성그룹은 1986년 경기도 안양과 경남 창녕에 각각 연수원을 설립하고 글로벌 인재 육성에 힘쓰고 있다. 효성은 이 연수원을 통해 전 사원이 공유해야 하는 핵심가치와 경영방침과 임직원이 갖춰야할 바람직한 자세나 태도를 사원들에게 전파한다. 특히 리더십 교육은 효성의 비전과 핵심과제를 구체적으로 전개하는 전략적 방법으로 활용되고 있다. 각 계층별로 제공되는 다양한 리더육성 교육을 통해 팀리더를 양성하며 최종적으로는 효성을 이끌어갈 경영리더를 육성한다.

다음 세대 리더와 글로벌 리더를 확보하기 위해 선발된 인재는 국내외 우수 대학교 MBA 과정과 석·박사 학위 취득 과정을 이수하도록 지원하고 있다. 중국지역 전문가를 양성하기 위한 중국어 연수제도를 두고, 중국사업장 파견 예정자를 대상으로 1년에 두 차례 베이징과 상하이 우수 대학교에 5개월간 파견해 중국어 실력을 연마하도록 지원하고 있다. 영업 · 생산 · 연구 · 관리직군별로 단계적 교육과정을 제공해 전 사원의 현장역량을 증진시켜 궁극적으로는 세계적 수월성(Global Excellence)이라는 가치경영을 실현한다는 것이다.

효성그룹은 2000년 한국능률협회로부터 한국인재경영대상 특별상을, 이듬해에는 한국인재개발대상 제조부문 최우수상, 2003년 한국인재경영대상 대상을 각각 수상했으며 2005년에는 노동부로부터 교육훈련 우수기업 국무총리표창을 수상했다.


## 5) 연공에서 역할 중심으로 새 직급체계

금호아시아나그룹은 1996년 그룹창립 50주년을 맞아 경기도 용인에 인재개발원을 개원했다. 이 기구는 그룹의 후반세기 경영목표인 '비전경영 달성을 위한 집념의 세계인'을 양성한다는 목표를 세웠다.

인재개발원은 개원 후 그룹의 임직원들이 급변하는 경영환경에 대한 대응능력을 배양할 수 있는 교육과정 개발에 주력하고 그룹이 추구하는 지식경영의 핵심요새 역할이 주 임무다. 특히 전문가 양성을 위해 금호아시아나 고유의 교육프로그램 개발, 전문 MBA(마케팅 · 금융 · 테크노 MBA) 등을 운영하고 계열사 교육팀과의 시너지 효과를 추구하는 등 그룹의 경영목표 달성을 위한 전략적 파트너 역할을 수행하고 있다.

1990년부터 도입된 금호아시아나 MBA제도는 그룹 임직원들에게 전문경영지식을 습득시켜 급변하는 기업환경에 대처할 수 있는 적응력을 배양하고 전문화된 고급인력양성을 통해 그룹의 성장을 이끌 수 있도록 서울대 · 고려대 · 연세대 · 서강대학교에 경영학 석사과정을 개설해 이수토록 하는 제도다. 해외 MBA과정은 국내 과정보다 일찍 1988년 처음으로 금호아시아나 사원 1명이 미국 오하이오 주립대학 MBA과정에 입학한 것을 계기로 1990년 그룹 종합MBA 계획안이 마련되면서 시작됐다. 해외 MBA과정은 미국의 50대 명문대학과 중국 · 일본 소재 명문대학의 입학허가서를 획득한 사원을 대상으로 실시되며 이들 유학사원들에게는 교재 · 실험실습 · 차량 구입유지비, 해외정착금은 물론 매월 급여와는 별도로 생활수당, 가택비 등을 포함한 비용이 지급된다.

'기업은 곧 인격체'라는 인재경영관을 바탕으로 금호아시아나그룹은 인사관리 체제를 구축하고, 업적 · 능력 · 직무의 난이도 등에 따른 차별보상제도를 확대해 모든 제도를 성과주의 원칙아래 체계화하고 있다. 2005년부터는 연공중심에서 탈피해 역할 중심의 새 직급체계를 도입했으며 사원에서 부장까지 15년이 걸리던 승격연한도 성과수준에 따라 10년으로 단축, 우수한 인재를 조기에 발탁해 젊은 최고경영자를 배출하고 있다.

한화그룹회장 김승연은 인재육성의 중요성을 강조할 때는 항상 "자신의 분야에서 최고의 직원들이 넘쳐날 때 초일류 기업이 될 수 있다"고 했다. 그는 "기업의 성패는 사람에 의해 이루어진다"며, "핵심인재와 관련된 채용 및 육성전략 수립은 선택의 문제가 아니라 생존과 성장을 위한 기업의 필수요건이다"라고 강조했다.

한화가 원하는 핵심인재는 도전과 창조를 기본덕목으로 한다. 문제의식을 갖고 적극적으로 변신해야 하며, 자신의 일에 열정을 갖고 자아실현을 위해 노력해야 한다는 것이다. 인재의 채용과 육성에 두 가지 키워드에 맞추고 있다. 학력보다는 조직에 들어와 업무를 수행할 때 자신의 도전정신과 창조력을 발휘해 조직에 최대한 기여할 수 있는 인물이어야 한다는 것이다.

김승연의 인재육성은 '통큰 보상'으로 유명하다. "미친듯이 일한 만큼 보상한다"는 김승연의 인사원칙을 직접 체험해본 한화의 임원들은 '놀랄 정도였다'고 입을 모은다. 그 실 예로 2003년 10월 한화그룹 광고계열사인 한컴의 두 신입사원이 50억원 규모의 광고를 따내자 김승연은 직접 격려전화를 하고 1년치 연봉에 해당하는 2,500만 원씩을 특별 포상금으로 지급했다. 또 한화석유화학 울산공장에서 전기분해 설비에 들어가는 부품을 자체개발해 수 억 원의 에너지 절감효과를 가져온 2명의 직원에게는 각각 5,000만 원의 포상금을 지급하기도 했다.

'최고 인재에 최고대우'라는 한화그룹의 인재경영 원칙은 새 인사제도에 잘 나타나 있다. 연공서열을 중시하는 보편적인 기업문화를 과감하게 버리고 계열사별 성과급제와 연봉제를 도입한 것이다.

한화그룹의 인재육성 프로그램은 크게 외부인력 영입과 내부인력 육성으로 나눌 수 있다. 외부 우수인력 영입의 경우는 최고경영자(CEO)급이나 주요보직임원 영입뿐만 아니라 매년 미국 주요대학 학사 또는 MBA석사인력 등을 대상으로 하는 해외우수인재 리쿠르팅 활동과 인턴십 프로그램 등을 통해 차세대 핵심인력을 선발해 왔다. 그룹 연구소를 주축으로 이공계 석·박사급 인력도 확보한다.

한화그룹은 내부 우수인력을 차세대 핵심인재로 육성하기 위한 다양한 프로그램을 갖추고 있다. 과·차장급 우수인력을 매년 별도로 선발해 3개년에 걸친 특별교육·연수과정을 실시하는 핵심인재양성 프로그램을 진행하고 있다. 해외 MBA 및 로스쿨 과정, 단기 한화 MBA 및 국내외 석·박사 과정 지원, 해외주재원 양성 과정을 통해 글로벌 비즈니스 인력 육성에 주력하고 있다.

한화그룹은 미래의 노벨상 후보 육성을 위한 '한화 사이언스 챌린지(Science Challenge)' 대회를 2011년부터 해마다 주최하고 있다. 교육과학기술부와 한국과학창의재단이 후원하는 대표적인 교육기부 프로그램으로 우수한 과학영재를 조기 발굴·지원하기 위해 열리는 과학연구대회다. 앞으로 국내 최대·최고 권위의 과학연구대회로 육성해 한국에서도 미래에 노벨상을 수상할 수 있도록 토대를 마련한다는 취지다.

2012년 대회는 4월부터 약 6개월 동안 치열한 예선을 거쳐 본선에 진출한 29개팀이, 'Saving the Earth'를 탐구주제로 에너지·태양광·기후변화·물·식량·질병 등 글로벌 이슈에 대해 참신하고 창의적인 아이디어로 열띤 경연을 펼쳤다. 특히 기존의 연구사례와의 유사성과 모방성을 배제하고, 창의적이고 독창적인 연구주제의 선정과 실험에 중점을 두었다. 또한 연구진행 과정의 논리성과 결과의 실현성까지도 고려하는 등 심도깊은 심사로 진행됐다. 한화는 한국의 청소년들이 끊임없이 탐구하고 혁신해 세계 속의 과학리더로 성장해 나가기를 희망하는 뜻에서 이 대회를 주최하고 있다.

한화케미칼은 2012년 2월 울산마이스터고등학교·광주자동화설비공업고등학교고와 맞춤형 교육·취업협약을 위한 양해각서

(MOU)를 채결했다. 이들 학교 3학년에는 2012년부터 '한화케미칼반'이 개설돼 1년간 화학공정 · 기초 · 기계 · 전기관련 교육과 공장환경 · 안전관련 교육이 진행된다. 또 방학중에는 현장학습을 통해 공장에서 설비들이 가동되는 원리를 공부한다. 교육을 마친 학생들은 최종 심사를 통해 20명이 입사하게 되며, 일정기간 수습을 거쳐 정식직원으로 배치된다.

안철수연구소(Ahn Lab)의 사장 안철수는 그의 저서 『영혼이 있는 승부』에서 "사람문제에 있어서는 재능의 균형도 필요하다"며 "독불장군이 돼서는 안된다. 혼자서는 모든 일을 잘 해낼 수 없다. 아무리 적은 인원으로 출발했을 지라도 자기의 단점을 보완할 수 있는 인적균형을 늘 염두에 둬야 한다"고 했다. 바람직한 인재가 되기 위해서는 전문성 · 인성 · 팀워크 능력이 A자의 3각형 구도로 균형을 이뤄야 한다는 것이다. 전문성은 전문지식은 물론 이를 위해 끊임없이 공부하는 자세와 문제해결 · 개선능력, 창조력, 고객지향성 등을 함께 갖춰야 한다는 것이다. 인성은 항상 최선을 다해 노력하는 자세와, 자신의 한계를 뛰어넘으려는 도전정신, 긍정적 사고방식, 조직의 핵심가치를 존중하고 따르는 마음가짐, 우리 사회에 기여하겠다는 사명감과 공익정신 등이다. 팀워크 능력이란 타인에 대한 존중과 배려하는 마음, 상호소통 능력, 리더십 등이다.

삼양사(三養社)의 인재육성시스템에서 특기할만한 것은 미래경영자와 직무전문가 인력육성 프로그램이다. 2002년부터 실시된 이 프로그램은 국내 유수대학과 연구기관들이 개설하는 과정과 함께 보스턴·워싱턴·카네기멜런대학 등 미국내 유명 MBA과정을 포함하고 있다. 인사고과 우수자와 추천자를 대상으로 심사를 거쳐 대상자를 선발한다. 우수한 인적자원을 발굴해 미래의 경영자로 키우고, 궁극적으로는 회사전체의 경쟁력 향상으로 연결한다는 복안이다.

삼양사의 인재육성시스템 중에는 ① 신입사원 조기 전력화, ② 핵심인재 육성, ③경영후계자 육성프로그램이 포함돼 있다. 신입사원 조기 전력화는 신입사원이 조직에 조기 정착하고 기본 역량을 갖추기 위해 5년간 집중적으로 관리하는 프로그램이다. 입사 직후 오리엔테이션을 비롯해 OJT(On the Job Training)·멘토링·해외연수·회계·재무·IT 등 직무 기초교육을 실시한다. 이어 입사 5년차에는 직무 순환으로 다양한 직무경험을 시킨다.

핵심인재 육성은 입사 3년차 이상의 직원들 중에서 우수자를 조기 선발해 미래의 경영자·직무전문가·지역전문가 등 핵심인재를 육성하는 프로그램이다. 경영후계자 육성 프로그램은 사업다각화와 글로벌화를 위한 맞춤형 리더양성 프로그램이다. 부서별 후계자를 사전에 복수로 선발해 현재의 경영자가 직접 멘토링함으로써 체계적으로 육성한다. 현재 경영자 유고시 공백없이 업무를 승계할 수 있도록 하는 핵심경영자 양성 프로그램이다.

교보생명보험은 핵심인재 관리가 조직경쟁력 확보의 우선과제라는 사실을 인식하고 2005년 핵심인재 선발 및 육성제도를 수립, 최고경영층과 해당 본부(실)장이 핵심인재를 선발해 관리하고 있다. 또 임원보제도를 통해 후보자의 역량을 강화하고, 경영위험을 최소화하며, 외부채용이나 내부승진의 경우는 객관적으로 역량을 진단할 수 있는 사정센터(Assessment Center)의 철저한 검증을 거친다. 전문인력이 필요할 경우 사내공모나 외부채용을 병행해 사내·외 인재의 발굴과 육성의 기회를 확대하고 있다. 부문별 전문인력에 대해서는 별도의 육성코스를 설계하고, 집중투자를 통해 역량을 개발한다. 현재 교보MBA과정, 역량개발학습 지원제도, 해외MBA 과정 등을 운영하고 있으며, 교육의 효율성 제고를 위해 전사적 인력육성체계를 수립한다.

교보생명 회장 신창재는 노동조합을 회사의 경영파트너로 인정하고, 모든 경영정보를 공유하고, 투명·정도경영을 실천하는 등 신뢰를 바탕으로 노동조합을 존중하고 있다. 노동조합도 스스로 전국의 영업현장을 정기적으로 방문해 사원들의 응집력을 높이는 등 노사공동발전을 위해 적극적이다.


2012년 재계 22위를 점하고 있는 대림산업은 앞으로 회사를 리드할 인재육성을 위해 3단계의 교육체제를 시행하고 있다. ① 신입사원 입문교육, ② 핵심인재 육성, ③ 글로벌 전문가 육성 프로그램이 그것이다.

신입사원 입문교육은 '한숲맨'(大林人)으로서 갖춰야 할 회사에 대한 기초지식과 정신자세, 업무이해, 앞으로의 진로 등에 관한 오리엔테이션의 성격을 갖는다. 핵심인재 육성프로그램은 장기적인 관점에서 관리·경영자를 육성하는 부분과 조직의 핵심직무에 대한 전문가를 육성하는 부분(전략직무 전문가)으로 구분한다. 경영건설아카데미는 과·부장급을 대상으로 미래의 관리자나 재원을 양성하는 프로그램이고, 전략직무전문가 육성은 핵심직무를 선정해 국내외 대학원 등 외부전문교육, 과제수행 등을 통해 업계 최고수준의 전문가를 양성하는 프로그램이다.

글로벌 전문가 육성은 스스로 계획을 세우고 실천하는 자율형 학습에 대한 지원과 건설영어학습 홈페이지 활용, 전화·화상 외국어 교육, 외부 어학원 활용, 강사초빙교육 비용지원 등을 통해 임직원의 글로벌 역량을 향상시킨다. 비즈니스 영어 skill-up 과정은 영어미팅·Presentation·Negotiation 전문강사를 초빙해 소그룹 형식의 집중교육으로 글로벌 사업역량을 배양한다. 해외건설영어 몰입과정은 연수원 수암원에서 합숙으로 이루어지는 건설영어 특화과정으로 해외현장 투입후 원활한 업무수행을 할 수 있는 역량을 배양한다.

동부그룹은 21세기 인재상을 '창의와 도전정신으로 목표사명을 달성하고, 미래를 개척하는 글로벌 경쟁력을 갖춘 인재'로 정의하고, 이러한 인재를 양성하기 위해 기본체계(Normal Track)와 속성체계(Fast Track)를 차별화해 인재를 육성한다.

① 기초능력 개발 단계에서는 담당분야 또는 관심분야에 필요한 기초 실무능력을 습득하도록 하고 적성평가와 자기신고, 상사와의 면담을 통해 관리직 또는 전문직으로 성장진로를 결정한다. ② 전문능력 개발·심화 단계에서는 관리자와 전문가의 업무특성을 감안한 경력개발경로 모델을 수립해 인재를 양성한다. 경영우수인력(관리자) 양성경로(T자형 코스)에서는 조직관리와 사람관리를 비롯한 다방면의 전문관리자가 되도록 하기 위해 특정분야에 대한 주특기를 먼저 습득하게 한 다음 점차 좌우로 경험의 폭을 넓혀가는 수평이동을 실시해 일전다능(一專多能)형의 관리자를 양성한다. ③ 전문우수인력(전문가)

양성경로(V자형 코스)에서는 특정분야의 전문가로 육성하기 위해 자신의 전문분야 뿐만 아니라 인접관련분야를 경험하게 한 다음 차츰 전문성의 깊이를 더해가도록 함으로써 특수 전문가를 양성한다. ④ 우수인력 속성양성체계(Fast Track)에서는 회사의 핵심역량을 강화하기 위해 전략적으로 확보·양성하는 우수인력에 대해 사업을 독자적으로 수행할 수 있는 역할단계인 임원급에 이르기까지 기본양성체계와는 다른 속성양성 체계를 적용하고 있다.

동원그룹의 인재상은 '열성·도전·창조'를 기반으로 한다. 또 '원칙을 철저히, 작은 것도 소중히, 새로운 것을 과감히'를 실현하는 성실한 인재를 표방한다. 동원의 창업이념은 '성실한 기업활동으로 사회정의 실현'이다. 동원의 인재육성 정책의 특징은 현장중시에 있다. 동원은 1차 산업인 수산업을 비롯해서 3차 산업인 유통업에 이르기까지 모든 분야에서 현장경험을 중요시하고 있다. 신입사원 교육도 현장에서 시작된다.

모든 일에 열정과 호기심을 갖고 조직의 성장발전을 이끌 수 있는 현장형 인재가 동원이 지향하는 인재상이다. 창사 이래 핵심 신입사원을 채용할 때는 최종단계에서 반드시 김재철 회장이 직접 면접을 한다.

동원그룹은 '범재(凡才)경영론'을 강조한다. 다양하고 복잡한 현대사회에서는 아무리 천재라도 혼자서 할 수 있는 일은 없다는 판단에서다. 동원그룹은 경기도 이천시 장호원읍에 있는 연수원 동원리더스아카데미에서 자사 인재육성 교육은 물론 글로벌 리더 양성과 평생학습을 위한 '국가인적자원개발 컨소시움'과 '한식세계화교육'을 해마다 운용하고 있다. 합숙교육을 위한 시설이용료만 받고 강의는 무료로 실시한다.

제약회사 녹십자(회장 허일섭 許日燮, 1954~  )는 인재육성과 이직률 감소, 조직 활성화를 위해 멘토링제도를 운영하고 있다. 이 제도는 신입사원의 회사 업무에 대한 신속한 적응과 조직에 대한 빠른 이해를 통해 자신감을 고취한다는 취지로 2008년부터 시작했다. 충분한 업무경험을 쌓은 근속 3년 이상의 멘토를 선정해 6개월간 멘티(조언을 받는 대상)의 조직적응을 돕고, 자신의 노하우를 전수하도록 한다. 멘토링을 마친 멘티들은 업무개선 리포트 발표회를 통해 참신한 시각으로 본 담당업무의 문제점과 개선사항을 발표해 회사에 새로운 활력을 불어넣는다. 이 과정을 통해 사원의 자질 · 안목 · 적극성 · 참여정신을 파악하며 인성평가에 반영한다.

녹십자는 2009년부터 임직원 교육체계를 재정비하면서 발행한 '2009 Green Cross Academy 사내교육 가이드북'에 따르면 과장급 이상이 교육대상인 사내 MBA제도로 'New GC MBA' 코스와 'Professional MBA' 코스가 있다. New GC MBA는 사업과 조직경영의 본질을 이해하고 부문별 모든 지식과 실천방법을 습득해 조직성장의 핵심리더로서의 역량을 강화하기 위한 사내 MBA제도로 오프라인과 온라인 'Action Learning' 수업을 병행하고 있다.

Professional MBA코스는 최신 경영이론과 응용기법, 경영성공 사례 연구를 통해 핵심간부의 경영역량을 개발 · 강화하기 위한 제도로서, 상무 이상의 임원과 New GC MBA의 성적우수자를 대상으로 서울대와 카이스트 등 유명대학의 최고경영자 과정이나 경영학 석사(MBA)에 도전할 수 있는 기회가 주어진다.

대웅제약은 2007년 초부터 인재육성을 위해 '4조 2교대'제 근무로 전환했다. 근무 4일·휴무 2일·교육 2일 순으로 근무하는 형태다. 이 제도의 실시로 직원들의 연간 교육일수는 기존 7일에서 90일로, 휴무일수는 연간 65일에서 105일로 늘어났으며, 근무일수는 300일에서 170일로 줄어들었다. 뿐만 아니라 향남공장에서는 외국어 전문강사를 채용해 직원들에게 외국어 습득 기회를 제공하는 등 인재육성을 위한 다양한 노력을 기울이고 있다. 이 교육프로그램을 통해 직원들의 역량 뿐만 아니라 삶의 질이 향상됨으로써 대웅의 인재들이 최고의 품질과 제조경쟁력을 갖춘 초일류 제약회사가 되기를 기대하고 있다.

대웅제약의 육영사업 기구인 대웅재단은 2009년부터 한국 대학에 유학중인 일본, 중국, 러시아, 인도, 베트남 등 17개국 학생들 가운데 우수학생들 약 8명씩을 선발해 장학금을 주고 있다. 이들 장학생들에게는 졸업 후 국내 취업을 원하면 대웅그룹이나 해외지사에서 일할 수 있는 기회가 주어진다.

창업 10년만에 국내 제일의 자산운용회사로 자리잡은 미래에셋(Mirae Asset, 회장 박현주, 1958~ )은 무엇보다 창조적인 인재를 발굴하기 위해 노력한다. 많은 자격증이나 화려한 이력서보다는 다양한 경험과 도전정신이 있는 기업가형 인재를 선호한다. 전문적인 지식과 호기심, 유연한 사고와 능력을 가진 인재를 발굴하기 위해 힘쓴다.

미래에셋증권은 교육에 대한 과감한 투자로, 다양하고 고품질의 전문교육·자기개발 프로그램을 직원들에게 지속적으로 제공하고 있다. 대표적인 것으로는 맞춤형 연수 프로그램인 '자기경영 러닝과정'이 있다. 이 제도는 직원 스스로가 국제연수 프로그램을 설계해 실행한 다음 보고를 통해 전체 기업문화로 확산시키는 것이다. 회사는 항공, 체재비 등 일체를 지원한다. 이 밖에도 독서문화를 확산시켜 창조성과 전문성을 갖춘 인재를 양성하기 위해 독서토론을 벌이는 '북미팅 프로그램'을 운영하고 있다. 이는 창업 초기부터 해오던 독서토론 모임을 2006년부터 북미팅으로 제도화한 것이다. 다양한 도서를 전 직원이 함께 읽으면서 매월 다양한 주제를 가지고 온, 오프라인 토론을 벌인다. 이를 통해 지식도 넓히고, 격월로 한 번씩 본사에 모여 발표하는 시간을 통해 프레젠테이션과 토론능력을 기르는 효과를 얻게 된다.

IT핵심소재, 부품 생산업체 네페스[Nepes, 대표이사 이병구(李炳九), 1946~ ]는 중앙연구소 안에 반도체·나노·디스플레이·에너지연구소를 두고 '과학과 기술로 미래를 앞당기는 변화의 산실'을 자처하고 있다. 네페스는 자체 인재육성을 위해 우선적으로 외국어 교육에 치중한다. 사내강좌는 물론이고 사외 외국어학원과 전화외국어과정 수강을 지원하며, 집중 어학연수 과정이나, 싱가폴과 러시아의 해외법인에 파견해 언어와 현지감각을 익히도록 한다.

기본역량 교육 프로그램으로는 신입사원 교육프로그램·계층별리더십교육·공통역량강화·온라인교육 프로그램을 운영하고, 외부 전문가 특강도 병행한다. 분야별 전문 현장교육(OJT)과 학습동아리

제도를 운영하며, 자격증취득을 적극 지원하고, 특허를 취득하면 상응한 보상을 한다. 이러한 교육적 기반을 마련하기 위해 매일 일과시작 전 40분간을 합창으로 즐겁고 활기찬 분위기를 조성하고, 매주 한 차례씩은 독서토론회를 갖는다. 아버지학교와 미혼자학교 프로그램을 운영해 일과 삶의 균형을 추구한다.

한솔제지(대표이사 권교택, 1949~ )는 "세계최고의 경쟁력을 갖춘 핵심인력을 계획적으로 양성함으로써 21세기를 선도한다"는 목표 아래 ① 전 구성원이 지키고 따라야할 공통된 DNA와 핵심가치에 관한 일반교육, ② 직무에 대한 경험 · 교육 · 개발에 의해 향상될 수 있는 전문역량 교육, ③ 한솔인으로서 갖추어야 할 기본적이고 기초적인 자질과 태도 및 직무성과를 달성하기 위한 일반역량 교육, ④ 조직의 리더로서 목표달성을 위해 조직원의 참여유도와 지속적인 변화와 발전이 가능하도록 구성원을 유도하는 역량을 키워주는 리더십 역량 교육으로 분류해 체계적인 인재교육을 실시한다.

역량개발을 위해 본인과 부서장이 공동으로 책임을 지고 역량평가에 반영하며 개인 역량개발을 위해 연간 4회 이상의 최소 교육이수제를 도입했다. 핵심인재 육성을 위해서는 능력 · 성과가 뛰어나 차세대 리더의 잠재력이 있는 인재를 선발해 차별화된 교육훈련과 경력개발을 위한 부서배치 순환 등을 통해 실전형 인력으로 육성한다. 핵심인재는 모든 직종의 차세대 리더와 제지기술 · 해외마케팅 · 원료구매 · 국제금융 등 글로벌 직능 전문가와 기획 · 제지기술 · 국내영업 · 구매 · 인사 등을 맡을 직무전문가로 분류해 육성한다. 이들에게는 HCLP(Hansol Core Leadership Program) · 기술경영학 석사

(Techno MBA)·해외대학 유학(기술직과 통상전문가)에 드는 비용을 지원하고, 필요한 도서를 무제한 공급한다.

KDB금융그룹은 인재육성을 위해 금융권에서는 처음으로 4년제 대학과정을 사내에 개설했다. KDB금융은 2012년 10월 교육과학기술부로부터 사내대학인 KDB금융대학 설치인가를 받았다. 대학내 금융학과를 두고 정규 4년제 학사학위 과정을 운영하며, 장차는 석사과정도 설치할 계획이다. (노계원)


## 5. 황제경영

2012년 8월 16일 서울 서부지법 형사 12부(서경환 부장판사)는 횡령, 배임혐의로 기소된 한화그룹 회장 김승연(金昇淵)에게 징역 4년을 선고하고 법정 구속조치했다. 대기업 그룹 총수가 법정 구속된 건 그 동안의 관행으로 봐서 매우 이례적인 것이었다. 실형을 받더라도 '경제에 미치는 영향을 최소화 한다는 명분아래 집행유예로 풀려나는 게 그 동안의 관례'였기 때문이다. 판결 내용 또한 주목할 만하다. "김 회장은 홍동욱 대표이사의 단독 범행이라고 주장했으나 검찰이 압수수색한 서류를 분석해보니 김 회장은 한화그룹에서 신적인 존재로 절대적 충성의 대상일 뿐만 아니라 한화그룹 본부와 계열사 전체가 김 회장을 정점으로 상명하복의 보고체계를 거치고 있다."

1997년 4월 7일 한보그룹에 대한 특혜의혹 조사를 위한 한보사건 국정조사 국회 특위의 청문회 현장. 이상수(국민회의)의원이 한보관계자의 증언을 인용해 비자금 사용처를 캐묻자 회장 정태수(鄭泰洙)는 "주인이 하는 일을 머슴이 어떻게 아느냐?"고 되받아쳤다.

한국 사회에서 기업가를 무소불위의 '황제'라고 부를 수밖에 없는 단적인 대목들이다. 한국 기업이 세계의 주목을 받고 있는 이유 중의 하나는 바로 이 '황제경영' 때문이라는 분석이다. 황제경영은 무엇보다 빠른 결단을 주 무기로 한다.


## 1) 과감한 결단력과 실행력

현대그룹 창업주 정주영(鄭周永)은 가히 '결단력의 사나이'로 불릴 만하다. 그의 일생 전체가 결단의 연속이었기 때문이다. 비교적 덜 알려진 일화 몇 가지.

소양강 댐 건설(1967~1973년) 당시 설계는 이 분야에선 세계적으로 알려진 일본공영이 맡았었다. 일본공영은 안전한 콘크리트 댐을 제안했다. 시공사인 현대는 비용 등을 감안하여 사력(沙礫, 자갈)댐으로 건설하자고 맞섰다. 당시만 해도 일본공영과 현대의 기술력차이는 엄청났다. 당연히 건방지다, 무모하다는 비난이 난무했다. 정주영은 막대한 공사비와 외화유출이 두렵고 세계적으로 1백 미터가 넘는 대형 댐은 사력댐으로 건설하고 있는 추세를 들어 사력댐 안을 밀어붙여 결국 관철했다.

현대가 조선 사업에 뛰어든지 얼마 안 되어서 오일 쇼크가 불어닥쳤다. 당연히 세계 경제는 극도의 침체에 빠졌고 조선업계에선 조업 중단 사태가 속출했다. 당시 현대가 수주받아 건조중인 대형 유조선 은 총 12척. 이 중 3척이 취소 내지 인수 거부 상황에 빠졌다. 간부들 은 대부분 건조를 중단하자는 의견이었다. 정주영은 결단을 내렸다. 3척 모두 완성하여 현대가 이용한다는 것이었다. 우리가 쓰는 기름을 우리 배로 운반하자는 생각이었다. 바로 현대상선의 출발점이다.

정주영 경영의 특징 중의 하나는 '손자병법'에서 말하는 기(奇)의 전법이라 할 수 있다. 상대의 의표를 찌르고 상황에 따라 임기응변으 로 대처하는 것이다. 그리고 일단 결단을 내리면 후퇴란 없다. 영국의 경제학자 존 메이너드 케인즈가 말하는 야성적 충동(animal spirit : 외부 여건 등에 구애 받지 않고 자신의 판단과 본능에 따라 과감한 의 사결정을 내리는 기업가 정신) 실천자를 연상케 한다. 당시의 한 임 원은 이렇게 회상한다. "우리 그룹에는 1안, 2안 등을 회장 앞에 제 시, 결정을 회장에게 맡기는 일은 거의 없다. 회장이 '검토해 보시오' 라고 말하면 이미 회장은 결정을 내렸다는 얘기다. 회장이 요구하는 것은 구체적인 실행 계획서다."

"이 봐 채금자(책임자), 해 봤어?" 정주영은 이 말 한마디로 반대 하는 임직원의 기를 꺾었다.

현대자동차 그룹 회장 정몽구(鄭夢九)에게는 아버지 정주영을 떠 올리게 하는 대목이 많다. '불도저 경영' '뚝심의 경영자' DNA는 그 대로 물려받은 듯하다. 1980년대 한때 연 26만대에 달했던 현대자동 차의 미국시장 판매실적이 1998년에는 9만대수준으로 급감했다. '현 대차는 싸구려 저질차'라는 소비자의 인식이 만연했다. 당시의 유명 한 개그맨 데이비드 레터먼(David Letteman)이 TV 토크쇼에서 현대차를 싸구려 차로 조롱할 정도였다.

정몽구는 결단을 내린다. 한편으론 6시그마 운동(100만개의 제품 중에서 불량품은 3, 4개밖에 안 나오도록 하는 모토로라가 개발한 품질개선기법)을 전개하면서 1998년 말엔 파격적인 판매전략 '10년-10만 마일 보장'을 들고 나왔다. 무상 보장기간 '3년-3만 6000마일'이 보통이었던 미국시장에선 그야말로 무모 그 자체였다. 폭스바겐도 한 때 시도했다가 수지 악화 등을 이유로 철회했던 아이디어다. 마침내 미국 소비자들이 현대자동차에 관심을 갖기 시작했다. 미국 매스컴도 놀랐다. '비지니스 위크'는 '확실히 현대는 이런 극적인 방법도 필요했을 것이다. 그러나 장기적으론 10년 보장이 수익성에 지장을 줄 것'이라고 지적할 정도였다. 2700cc의 다목적 차량(SUV) 산타페가 먼저 인기를 끌기 시작하고 고급세단 XG가 뒤를 받쳤다.

2009년 1월엔 또 하나의 펀치를 날린다. 어슈어런스 프로그램(Assurance Program)이다. 불황기를 맞아 대량해고의 불안감에 떨고 있는 소비자들에게 "실직하면 구입한 차량을 다시 사드린다"는 보상 프로그램을 내 놓은 것이다. 현대차를 사면 실직해도 자동차 구입에 따른 손실은 없다는 시그널이다. 이 같은 공격적 판매전략이 먹혀들어 2009년부터 현대차의 시장 점유율이 늘어나기 시작하여 이해에 일본의 닛산을 제치고 크라이슬러의 점유율(7.94%)까지 육박하는 새 기록을 남겼다. 정몽구도 정주영 못지않게 독불장군 성격이다. 이미 결정한 사안에 대해 끝까지 반대하면 인사를 통해 쳐낸다. 정주영의 "해 봤어?" 대신 "해 봐"라는 말로 반대를 비켜간다.

## 2) 결단의 장자

한국 자본주의를 개척하고 꽃까지 피운 기업가는 많다. 그 중에서
대표적인 두 사람을 꼽으라고 한다면 이병철(李秉喆)과 정주영(鄭周
永)을 들지 않을 수 없다. 어느 경제계 인사는 이병철을 '결단의 장
자'라고 평가한다. 이병철 자신도 『호암자전』에서 "전인미답의 처녀
지를 개척하면서 사업내용이나 경영관리 방식에 대해 하나하나 자문
자답하면서 혼자서 해결책을 찾았다"고 술회했다. 삼성을 한국 제1의
기업으로 키우기까지 결단의 연속이었지만 필자는 사업 외의 결단 즉
후계자 선정을 최고의 결단으로 지목한다.

한국비료 밀수사건이 터진 1966년. 그는 한국비료를 국가에 헌납
하고 자신도 경영일선에서 물러난다. 당시 56세. 경영은 3남 중 장남
인 이맹희가 맡았다. 1972년까지 6년간 삼성 관련회사 17개사의 임
원직을 역임하는 명실상부한 후계자였다. 차남 이창희는 한비사건으
로 6개월 실형을 살았고 출옥 후에도 5년간은 공식적으로 기업활동을
못한다는 제재를 받고 있었다. 한비사건 태풍이 지나가고 정국도 차
츰 안정되면서 이병철은 다시 컴백(1973년)했다. 이 과정에서 장남
은 아버지의 컴백을 결사반대했고 차남은 아버지의 경영 비리를 고발
하는 불상사가 빚어졌다.

1976년 이병철은 위암 수술을 받기 위해 일본으로 간다. 출국을
앞두고 가족회의에서 3남 이건희를 후계자로 선언한다. 후계자 선정
에는 덕망과 관리능력이 기준인데 이맹희는 그 기준에 부적합하다는
판단이었다(차남은 사망). 이건희는 79년부터 그룹 부회장으로써 회
장으로 공식 취임한 87년까지 8년 동안 제왕학을 터득했다. 이병철의

결단은 철저한 합리주의 사상을 기본으로 하고 있다. 따져보고, 계산하고, 두들겨 보고, 거기에 사전검토에 시간을 많이 들였다. 첫 사업이나 다름없는 무역업에 손댈 때에도 검토만 1년 반이 소요됐다. 제당업을 시작할 때는 아무리 장고해도 결론이 나지 않아 일본 미쓰이(三井)물산에 기획과 견적을 의뢰하여 의뢰 3개월 만에 보고서를 받기도 했다. 손자병법에서 말하는 '정공법' 전술이 주 무기였다.

이건희가 이끌고 있는 삼성은 지금 '한국 제1'에서 '세계 제1'로 눈부신 발전을 거듭하고 있다. '아버지를 능가하는 아들'이라는 평가까지 나온다. 최초의 결단은 회장 취임 5년 후에 나온 '신경영'이다. 당시의 삼성은 대표적인 대기업병 환자였다. 불량 제품이 아무리 많이 나와도 누구 하나 관심을 두지 않았다. 고장난 세탁기를 망치로 두들겨 수리할 정도였다. 첨단 제품이라고 자랑하던 휴대폰은 소비자들의 반품 요구로 바람 잘 날이 없었다. 톱 만이 위기를 느끼고 있을 뿐 임직원은 모두 태평이었다. 5년간의 장고 끝에 나온 이건희의 처방전은 극약 처방이었다. "마누라와 자식 빼곤 다 바꾸어라"이다.

품질 제1주의를 선언하고 생산라인 스톱제를 실시했다. 세탁기 부문이 첫 대상이었다. 불량품이 하나라도 생기면 그 라인을 스톱시켜 완전한 제품이 나올 때까지 생산을 중단시켰다. 94년엔 무선 전화기 화형식을 거행했다. 신경영 선언에도 불구하고 과거의 양 위주 행태는 큰 변화가 없었다. 삼성전자 무선 사업부는 품질에 자신이 없었지만 완제품 생산을 강행했다. 불량률이 12% 가까이 치솟았다. 소비자들의 불만이 폭발할 지경에 이르렀다. 급기야 특단의 조치가 내려졌다. 불량품을 모두 회수하여 불살라버리라는 지시였다. 반환받은 불량품 15만 대 전량을 2,000여 전 임직원이 참석한 가운데 아낌없이 불살랐다.

품질 혁신 운동의 주체는 사람이다. 아무리 질 위주의 경영을 강조해도 사람의 질이 그대로 인한 개혁은 성공할 수 없다. 안일 무사주의에 빠져 있는 임직원의 정신상태를 바로 잡아야 한다.

7-4제를 전격 단행했다. 아침 7시에 출근하여 오후 4시에 퇴근하라는 것이다. 9시에 출근하여 5시에 퇴근하고 잔업이 있으면 연장 근무하던 것이 관행이었기 때문에 임직원의 거부감이 대단했다. 4시 이후까지 근무하게 하여 사실상 근무시간 연장을 노린 술책이 아니냐는 불평도 나왔다. 그러나 이건희는 끝까지 밀어 붙였다. 그리고 성공했다. 삼성에서 10여년간 근무하면서 컴퓨터를 이용한 설계방식인 CAD/CAM시스템 개발에 나섰던 요시까와 료조(吉川良三)는 저서 『위기의 경영-삼성을 공부하다』에서 "사람을 혁신의 중심에 놓는 발상은 없다. 나는 삼성으로 이직하면서 각종 혁신 프로그램 가운데 이 임직원 이노베이션만큼 신선한 것은 없다고 생각한다"고 썼다.

이보다 앞서 1987년 이건희는 엄청난 위험이 뒤따르는 결단을 내린다. 당시 삼성전자는 4메가 D램의 반도체 가공방식을 둘러싸고 큰 시련에 빠졌다. 세계 최고의 반도체 메이커였던 일본 도시바(東芝)는 실리콘 기판에 홈을 파서 그 안에 전하를 저장하는 트랜치(trench) 방식을 사용하고 있었다. 삼성 연구진도 실리콘 기판에 셀(cell)을 쌓아 그 바깥쪽에 전하를 저장하는 스택(stack)방식과 트랜치 방식을 두고 방향을 잡지 못하고 있었다. 트랜치 방식의 경우 기판이 얇기 때문에 한계가 있었지만 실리콘 기판 위에 산화막을 장착하면 그와 같은 제약을 받지 않을 수 있다는 것이다. 그러나 당시만 해도 아직 기술이 완성되지 않았기 때문에 어떤 방식이 더 나은지 확신할 수 없었다. 난상토론 끝에 최종 결단을 내린 사람은 이건희였다. 일본과 결별하기로 하고 스택방식을 채택했다. 오너 경영자의 사업 안목과 결단이 삼성 반도체 사업의 명운을 좌우한 것이다.

현대자동차의 정몽구와 삼성의 이건희는 이렇듯 선대들의 한쪽에 치우친 전략을 보완하여 정공법과 기(奇)전법을 타이밍 맞게 구사함으로서 세계시장을 개척하고 있다고 해도 과언이 아니다.


"적을 알고 나를 알면 백번 싸워 한번도 위태롭지 않다"(知彼知己 百戰不殆)고 했다. 전 동아그룹 회장 최원석(崔元碩, 1943~ )은 손자(孫子)의 이 병법을 십이분 활용하여 세계적인 입찰인 리비아 대수로 공사를 따냈다. 그가 손자병법을 이해하여 그 전법을 썼는지는 알 수 없지만 결과는 그의 결단이 성공했다. 1983년 11월 7일 최종 결정된 리비아의 초국가적인 프로젝트 입찰에서 동아건설은 33억 9천만 달러를 써내 사실상 낙찰이 결정됐다. 이 단계에서 문제가 터졌다. 리비아 측 프로젝트 팀장(수누시)이 느닷없이 동아건설의 응찰가를 3천만 달러 깎자고 제안했다. 동아 팀은 정말 난감했다. 이 응찰가는 최 회장이 직접 찍은 것이었기 때문이다. 실무팀 입장에서는 3천만 달러는 그야말로 '새발의 피'라는 생각이었지만 회장이 고심 끝에 결정한 입찰가를 함부로 바꿀 수도 없는 것이다. 사우디아라비아에서 이 보고를 들은 최원석은 결단을 내린다. "단 돈 10원도 깎지 말라" 다음은 당시 동아 측 대표였던 동아 콘크리트 사장 김교련의 회고다.

"모든 상황을 종합했을 때 여기 분위기는 3천만 달러만 내린다면 우리한테 낙찰이 될 것 같습니다. 회장님이 결정을 해 주셔야겠습니다. (10여초 후) 3천만 달러 때문에 수주를 못하게 된다면 대수로 공사가 3천만 달러 짜리 밖에 안 된다는 얘기 아니오. 수누시 대표에게 내 얘기를 그대로 전하세요. 3천만 달러짜리 공사는 동아가 아니라도 할 수 있는 업체가 많지 않겠느냐고."(『그래도 사랑하기 때문에』, 이호, 최원석).

최원석 자신도 당시를 이렇게 회고했다. "나도 보는 눈이 있어요. 세상사라는 게 그렇습니다만 정상에 있는 사람들끼리는 비록 분야가 달라도 공통분모가 있는 겁니다. 생각의 깊이가 비슷한 거요. 리비아 최고위층 이라면 최고 품질의 공사를 원하지 리비아 전체를 녹색지대로 바꾸겠다고 400억 달러 공사를 발주하면서 3천만 달러에 집착해 가지고 우수한 공사를 포기하겠어요? 나는 그렇게 보지 않은 거요. 정말 3천만 달러 때문에 그 사람들이 동아를 포기 한다면 대수로 공사는 별로 가치가 없다고 생각했어요. 지도자가 그 정도 밖에 안 된다면 프로젝트 가치도 그 정도 밖에 안 되는 겁니다. 내 말을 그대로 전하라 했는데, 절대 돈 몇 푼에 연연하는 지도자가 아닐 거라고 내다봤고 결과론이지만 역시 내 생각대로 정상끼리는 통한 거지요"(『그래도 사랑하기 때문에』, 이호, 최원석).

오너 경영자만이 내릴 수 있는 결단의 진수를 본 듯하다는 평가다.


한국에서 가장 오래된 주식회사인 경방의 전 회장 김각중(金珏中, 1925~2012)은 미국에서 박사학위(화학)를 받은 학자 출신 경영자다. 1969년 고려대 교수 재임 중 비상임 감사로 경방에 참여한 그는 72년 부사장으로 아예 경영자의 길을 걷는다. 당시만 해도 경방은 그 역사에 어울릴 정도로 보수경영으로 일관하고 있었다. '기업은 공기(公器)'라는 신념으로 경방을 경영하던 부친 김용완은 임원 한 사람만 반대해도 새 사업을 펼치지 않았다. 김각중은 부친과는 달리 경방의 탈 보수화를 추진한다. 회사가 살 길은 우선 현대식 새 공장을 짓는 것이라고 판단한다. 용인 공장 건설이다. 그러나 부친인 회장을 비롯, 많은 임원이 반대한다.

"나는 막강한 보수주의자들을 설득할 수 있는 방향으로 일을 추진해야 했다. 그것이 바로 용인 공장 프로젝트였다. 이것은 기존의 업종을 바꾸는 것이 아니고 다만 새로운 곳에 새로운 설계로 새로운 이노베이션의 설비를 하는 것이므로 변화 반대론자들도 더 이상 반대하지 못할 것 이라고 생각했다. 그렇지만 현실은 또 달랐다. 영등포 공장은 이미 시설도 낡았고 공장의 생산능력도 업계 순위에서 밀려날 정도였다. 새로운 분야를 개척하는 것은 고사하고 기득권마저도 위협받는 위기가 다가오고 있는데도 경영진은 무사안일에 빠져있었다. 마침내 나는 결심했다. 회사의 장래를 위해서도 그렇고 나 자신을 위해서도 그렇고 무언가 출구를 찾아내야 했다. 그것이 새 공장 건설 청사진 이었다"(김각중 자전, 『내가 걸어온 길 내가 가지 않은 길』).

그는 젊고 의욕적인 간부들과 비밀리에 이 프로젝트를 추진, 끝내 성공시켰다.


## 3) 뼈를 깎는 구조조정

산업화 과정을 거치면서 한국 기업은 어느 누구할 것 없이 몸집 불리기와 사업 다각화 열병에 휩싸였다. 화장품 전문 메이커인 태평양화학(1993년 '태평양'으로, 2002년 영문사명 '아모레 퍼시픽'으로 개정)도 예외는 아니었다. 90년대 초 현재 태평양 화학의 계열사는 25개에 이르렀다. 그러나 국내외 정세는 한국 기업의 이같은 행태를 그냥 두지 않았다. 밖에서는 WTO체제 출범, 안에서는 세계화의 일환으로 시장이 개방되고 노사 분쟁이 끊임없었다.

태평양 화학의 경우 80년대 후반부터 방문판매 시장이 위축되면서 시장 점유율이 하락하고 수익구조도 악화되고 있었다. 대부분의 계열사도 한결같은 적자다. 여기에 20일 이상 파업(1991년 5월)이 이어지자 자금 흐름에 병목현상이 나타났다. 창사 이래 최대 위기다. 무언가 특단의 조치가 필요했다.

서성환 회장과 당시 기획조정실 상무로 있던 후계자 서경배는 화장품과 관계없는 사업은 모두 정리하기로 결단을 내린다. 첫 번째 대상으로 태평양 증권이 찍혔다. 모기업 보다 덩치도 크고 매각 직전 3년 동안 내리 흑자를 내고 있는 알짜배기다. 91년 12월 선경그룹에 넘어갔다. "좋은 물건을 내 놓았기에 좋은 가격에 팔렸고 그래서 1995년엔 구조조정 제2탄으로 프로 야구단 태평양 돌핀스를 현대에 450억원 받고 넘겼다." 다음은 서경배의 변이다. "급한 돈이 또 필요했습니다. 그때 정주영 회장이 프로 야구단을 갖고 싶어 한다는 것을 알게 되었습니다. 태평양 돌핀스를 현대에 팔자고 건의했지요. 그 때는 구조조정이라는 걸 저 나름대로 정리해두고 있었습니다. 창피해도 급하면 파는거지 뭐, 라고요. 그런 다음부터는 정말 과감하게 구조조정 해 유동성 위기를 넘길 수 있었습니다" 서경배의 회고담이다(『미의 여정 샘 내 강 바다』, 서경배).

1997년 만성 적자로 태평양의 돈줄을 죄고 있던 태평양 패션도 형식적으론 단돈 1원을 받고 거평그룹에 양도했다. 앓던 이가 빠진 것처럼 태평양 패션을 처분하고 안도의 숨을 쉬고 있을 즈음 한보철강을 시발로 하여 삼미, 진로, 기아 등 대기업들의 부도가 터지기 시작했다. 이른바 외환위기사태다. 한발 앞선 구조조정으로 태평양은 용케도 위기를 모면했다는 평가였다. 태평양의 살빼기 작전은 외환위기이후 가속도가 붙어 이른바 2차 구조조정을 거쳐 미(화장품)와 제약을 제외한 전 계열사를 정리했다. 한 때 25개에 이르던 계열사 수는 2012년 현재 6개로 격감했다.

포목 도·산매에서 시작하여 식음료 사업 전문으로 바뀌었다가 다시 중공업 중심으로 변신한 두산그룹을 두고 재계에선 '혁신의 교과서'라고 부른다. 변신의 백미는 1996년에 단행했던 OB맥주의 매각이다. 두산은 두산그룹으로 부르기보다 OB그룹으로 불릴 정도로 OB맥주를 주력으로 하는 그룹이었다. 창업 100년을 맞은 1995년 두산의 당시 상황은 경쟁사인 하이트맥주에 눌려 누적적자 9000억 원이라는 누란의 위기상태였다. 경영진단에 나섰다. 국제적인 전문 컨설팅 회사인 맥킨지에 맡겼다. 맥킨지의 진단은 가히 충격적인 것이었다. '현금 흐름상 몇 개월 내에 부도가 날 수 있다. 주력 기업인 OB맥주까지 파는 상황도 고려해야 한다. OB맥주를 팔지 않는 방법, 지분 50%만 파는 방법, 100% 다 파는 방법이 있다. 이런 컨설팅 내용을 수용하지 않는다면 우리는 철수할 수밖에 없다'.

두산 3세 오너 5형제는 가족회의에서 두산이라는 그룹 이름만 빼고 다 바꾸기로 결단한다. 주력인 OB맥주를 시작으로 코카콜라, 씨그램, 코닥, 네슬레, 3M등 이름만 들어도 다 알만한 알짜배기 기업들을 차례차례 처분한다. "다 팔았죠. 참 처절하게. 감상에 얽매이지 않고 정말 냉정하게 했습니다. 그룹의 고향 같은 OB맥주 영등포 공장을 팔아버리고, 회장실 방 빼고-. 구조조정의 첫 단추를 과감히 끼울 수 있었던 것은 박용성 회장(박두병 그룹 초대회장의 2남)이 굉장히 실용적인 분이었기 때문에 가능했습니다. 감상, 개인의 이익, 체면, 그런 거 전혀 없었어요. 첫 단추 잘 끼우니 과감하게 현금을 확보할 수 있었고 위기에서 탈출하니까 외환위기가 터졌을 때 안전했죠." 당시 야전 사령관 이었던 박용만(박두병의 5남)의 술회다(『한국 기업을 살리는 9인의 경영학』, 이채윤).

"송충이는 솔잎을 먹어야 살아 남는다"는 말처럼 두산은 소비재 그것도 식음료 산업에 충실했다. 그러나 한국 재계에선 '술장사'가 재계 이너 서클에 참여하기 쉽지 않다. 어딘지 2% 부족한 느낌이다. 차제에 환골탈태를 하자. 두산 3세들은 업종을 중공업으로 바꾸기로 결단을 내리고 기업 사냥에 나선다. 2001년 한국중공업(두산중공업)의 인수를 시작으로 2003년 고려산업개발(두산건설), 2005년 대우종합기계(두산 인프라코어), 2006년 영국 미쓰이밥콕(두산밥콕) 등 국내외의 굵직굵직한 기업들을 M&A를 통해 인수했다. 두산은 이제 굴지의 중후장대(重厚長大)사업체로 우뚝 섰다.


## 4) 황제가 너무 많은 사회

기업 총수가 황제가 될 수밖에 없는 이유에 대해서는 학자들마다 나름대로 논거를 제시하고 있다. 기업의 지배구조론을 들어 설명하는 학자의 주장은 다음과 같다. 미국식이 주주의 이익을 최우선시 하는 주주 자본주의(Shareholder Capitalizm) 체제라면 일본과 독일의 그것은 주주보다 종업원을 중시하거나 양자를 똑같이 중시하는 이해관계자 자본주의(Stakehold Capitalizm)체제이다. 이에 비해 한국식은 소유자가 경영을 하는 소유경영자 자본주의(Owner Manage Capitlizm)체제이다. 최고 경영자가 바로 오너이기 때문에 그들은 기업 제국 건설(Corporate Empire Building)을 지향하고 자신은 그 제국의 황제가 되기를 희망한다.

또 하나의 논리는 기업 자체가 황제를 필요로 한다는 것이다. "한국기업의 바깥에는 수많은 황제가 존재한다. 대통령도 대단한 황제지만 관료 또한 황제다. 관료에게 한번 잘못 보이면 웬만한 재벌쯤은 한순간에 도산하기도 한다. 또한 검찰이나 공정거래위원회, 미디어에도 각각 황제가 있다. 사회 곳곳에 있는 이 같은 황제를 상대하기 위해서는 기업에도 황제가 있어야 한다. 그래야 대등한 입장에서 대응할 수 있다"(김현철, 『한국의 황제경영 일본의 주군경영』).

기업의 '회장' 제도도 황제를 배출한다. 사업 다각화는 그룹으로 커가는 필요조건이다. 사업장마다 전문 경영인 사장을 앉히다 보니 오너는 사장위의 사장인 회장이 될 수밖에 없다. 한국 기업에 회장 타이틀은 1962년 5월 삼성의 이병철이 제일모직 회장으로 취임한 것이 처음인 것으로 기록되고 있다. 당시 삼성과 쌍벽을 이루던 LG의 창업자 구인회도 같은 해 10월 회장으로 취임한다. 그는 금성사와 럭키유지의 사장 자리를 내놓고 측근 수뇌들과 저녁을 같이 하면서 다음과 같이 말했다. "이제부터 당신들의 시대가 온 것이다. 아우, 자식, 사돈이라는 생각 말고 전문 경영자라는 생각 갖고 끌고 나가야 할 것이다. 뭐라고 하더라 회장을, 참 총수라고 했지. 그렇지만 나는 뒷짐 지고 놀고먹는 총수는 안할란다. 아직 회갑도 안 된 회장 아닌가. 나는 일하는 총수가 될란다"(『약전 연암 구인회』).

이후 재벌들은 차례차례 회장제도를 채택한다. 현대의 정주영은 1969년 1월 현대그룹 회장으로, 두산 박두병은 같은 해 12월 정수창을 OB맥주 사장으로 영입하고 자신은 회장으로, SK 최종현은 1975년 선경 회장에 취임한다. 이들은 일선 은퇴 후에도 명예회장이라는 타이틀로 상왕자리를 유지했다.

황제인 회장의 이름을 함부로 부를 수는 없다. 해당 기업 임직원들은 공식, 비공식석상에서 각기 닉네임으로 회장을 지칭했다. 이병철과 이건희는 공식 보고서엔 A, 이건희의 비공식 애칭은 KH. 정주영은 산하 기업에 회장이 많아 왕회장, 정몽구는 MK. 한국일보 창업주 장기영은 두목이라는 뜻으로 왕초. 한화의 김승연은 chairman의 약자인 CM, SK의 최태원은 topmanagement의 준말인 TM, 두산의 박용만은 YM이다. YM의 경우 웃지못할 에피소드가 전해진다. 두산 직원 사내 행사때의 일이다. 사회자가 부지불식간에 회장 치사 순서를 맞아 "YM 회장의 축사가 있겠습니다" 라고 소개하여 폭소가 터지기도 했다.

## 5) 실패한 결단

황제경영의 최대 강점은 위험을 무릅쓴 과감한 결단과 신속한 의사 결정이다. 그 결단은 물론 심사숙고를 거듭한 끝에 나온다. 그렇기 때문에 황제 자신도 결단을 내리면 반대의견을 무시하기 일쑤다. 심지어 반대가 심하면 주 무기인 인사권을 행사한다. 임직원들은 아예 최종 판단은 황제의 몫으로 돌려 버린다. 그러나 결단의 기초자료에 오류가 있거나 국내 외 정세, 환경이 바뀌면 그 결단은 치명적인 리스크가 된다.

자동차 사업은 동서를 막론하고 매력있는 업종이다. 그러나 한국에선 자동차 분야에서 결단의 미스가 많았다. 구 쌍용그룹 회장 김석원(金錫元, 1945~)은 자칭 타칭 자동차 광이었다. 1975년 창업주 김성곤(金成坤)이 타계하면서 30세에 경영권을 승계한 그는 곧장 공격경영에 나선다. 86년 4륜 구동차 전문 메이커였던 동아자동차(쌍용자동차)를 인수, 꿈을 현실화 시킨다. '무쏘'는 그가 진두지휘하여 만든 한국 최초의 국산 RV라는 평가다. 그는 1991년 독일 벤츠사와 소형 상용차 및 엔진 부문 기술제휴, 93년 독일 벤츠사와 중대형 승용차의 제품 설계 및 제조 기술제휴, 그리고 96년부터 시작된 중국진출 등 자동차 쪽에 막대한 자금을 들였다. 그룹의 간판이었던 쌍용양회가 자동차에 부은 돈만 자그마치 2조 원에 달했다.

생산능력을 확충하고 제품 다양화에 심혈을 기울였지만 판매부진 등으로 자동차의 재무구조는 반대로 날로 악화되었다. 1996년부터 쌍용제지, 쌍용정유, 쌍용증권 등을 매각 하는 등 구조조정에도 나섰지만 1997년의 외환위기사태를 맞아 그룹 해체의 비운을 맞았다.

자동차는 삼성의 숙원사업의 하나라고 봐도 거의 틀린 말은 아니다. 검토하고 접고, 또 검토하고 접고-. 특히 이건희는 광적인 자동차 매니아라는 평가다. 그가 자동차에 관심을 갖기 시작한 것은 미국 유학시절 부터다. 와세다 대학 졸업 후 1년 반 동안 미국에서 유학(조지

와싱턴대 경영대학원)생활을 할 때 자동차에 심취하여 6번이나 차를 바꿀 정도였다. 물론 호사로운 취미도 있었겠지만 자동차에 대한 궁금증 때문에 뜯고 고치고 또 뜯고 고치다 보니 그렇게 됐다는 것이다. 그는 1992년 승용차 사업 전담팀을 발족시킨다. 1994년엔 일본의 닛산(日産)과 기술제휴 계약을 맺는다. 현대, 대우 등 기존업체들의 반대 속에 그 해 12월 정부로부터 기술도입 인가를 받고 1995년 3월 삼성자동차를 정식 출범시켰다.

삼성자동차는 1998년 3월부터 SM5 시리즈를 생산 판매하기 시작했다. 호평이었다. 승차감과 안정성이 뛰어나다는 평가였다. '삼성이 만드니 과연 다르다'는 인식이었다. 그러나 당시는 외환위기 한파가 절정에 달해 소비심리가 꽁꽁 얼어붙은 시기였다. 판매가 극히 저조했다. 거기에다 엄청난 설비투자를 감안하면 삼성차는 팔면 팔수록 밑지는 장사꼴이었다. 설상가상으로 김대중 정부가 들어서면서 재벌 때리기가 본격화됐다. 재벌 계열사 중 수익성이 없는 기업은 과감히 퇴출시켜야 한다는 분위기가 팽배했다. 삼성자동차가 자연 도마 위에 올랐다. 그 해 12월엔 삼성자동차와 대우전자의 빅딜이 공식 제기됐다. 6개월에 걸친 빅딜 협상도 양사의 의견차로 무위로 끝나고 삼성자동차는 2000년 9월 프랑스의 르노자동차에 넘겨졌다.


## 6) 제2 · 제3창업에의 유혹

기업 2세, 3세들은 단순한 수성에 만족하지 않는 경향이다. 황태자 시절부터 제왕학을 익혔거나 제왕학을 스스로 터득했다고 자부한다. 학벌도 좋고 주위에 많은 인맥을 거느리고 있다 보니 창업자나 선대가 이루지 못한 것을 자기 대에서 이루어야 한다는 사명감도 강하다. 특히 젊은 2, 3세들은 단순히 재벌 아들이기 때문에 황제가 되었다는 주위의 눈치를 의식하여 아버지보다 더 낫다는 것을 보여주기 위해 무리한 공격경영을 펼치기 일쑤다.

1924년 평안남도 용강군에서 시작된 구 진로그룹은 창업주 장학엽(張學燁, 1903~1985)에 이어 차남 장진호(張震浩, 1952년~ )가 이복 형제간의 상속관련 소송에서 승소하면서 부친이 지병으로 투병 와중인 1984년 약관 32세 때 정식으로 그룹을 승계했다. 고려대 경영학과를 졸업한 그는 세인의 평가 등을 고려, 곧장 세 불리기 작업에 나선다. 1992년 자회사 진로쿠어스맥주를 설립하고 카스를 출시하며 맥주 시장에 뛰어든 것을 비롯, 모회사인 진로가 부도난 1997년까지 13년 동안 전선제조, 건설, 운송, 백화점, 신용금고, 화장품, 유통업, 광고업 등으로 확장, 총 계열사가 승계 당시의 6개에서 24개로 팽창했다. 무리한 사세 확장 과정에서 외자도입, 제2금융권에 대한 막대한 부채등 기형적인 경영을 하지 않을 수 없었다. 진로쿠어스맥주와 진로건설 등 대부분의 계열사의 자본금이 잠식되었고 결국 돈줄이던 진로(주)마저 법정관리에 들어가 그룹이 해체됐다.

1946년 창업자 김두식(金斗植)이 서울 을지로에서 비누 원료와 식용유를 만드는 소규모 사업장을 운영하면서 시작된 삼미그룹도 2대를 넘기지 못하고 사라졌다. 1980년 부친의 사망으로 사업을 승계한 미국 워싱턴주립대(국제경영학) 출신인 30세의 장남 김현철(金顯哲,

1950년~ )은 경영권 승계와 동시에 공격 경영에 나선다. 1982년 1
월 프로 야구 삼미수퍼스타즈 설립을 비롯하여, 이 해 한 해 동안만
한국단조, 삼미유나 백화점, 삼미조선 삼미전산 등을 설립 또는 인수
한다.

1960년 서울 청계천 변에 국내에서 가장 높은 31층짜리 삼일 빌딩
을 세운 삼미그룹의 꿈은 세계 최고의 특수강 업체가 된다는 것이었
다. 2세 승계후의 사세 확장 와중에 제2차 석유파동 등이 겹치자 김
현철은 전열을 가다듬는다. 삼미수퍼스타즈, 삼미해운, 삼일빌딩 등
을 차례로 매각하고 특수강에만 매달린다. 87년 삼미정공, 88년 삼
미이튼, 삼미캔하, 삼미화인세라믹을 설립하고 89년에는 북미 지역
굴지의 아틀라스 알 테크사를 인수했다. 90년대 초에는 창원공장의
생산능력 확충을 위해 대대적인 투자를 감행하여 재계 서열 17위 까
지 뛰어 올랐다. 그러나 특수강 경기가 가라앉으면서 삼미그룹의 부
채는 눈덩이처럼 불어났다. 북미 지역 공장들은 수년 내내 연속 적자
를 기록했다. 다시 자구책을 강구했다. 서울 방배동 사옥을 비롯하여
소유 부동산을 처분하고 계열사를 매각했다. 그런 노력에도 불구하고
경영은 더욱 어려워져 1997년엔 자기자본 비율이 30대 그룹 중 최저
수준으로 떨어졌고 이자 부담액이 삼미 특수강 전체 매출액의 30%에
달할 정도로 한계 상황에 직면했다. 결국 1997년 3월 13일 1차 부도
를 낸 후 3월 19일 주력 기업인 삼미특수강과 삼미, 삼미금속 등의 법
정관리를 신청하면서 그룹은 종말을 고했다.

굴지의 식품업체 해태와 섬유재벌 한일합섬의 좌절도 거의 같은 맥
락이다. 1945년 서울 용산의 영광제과를 모체로 출발한 해태는 1977

년 해태그룹 창업자인 박병규(朴炳圭)의 사망으로 4인 동업체제가 청산되면서 본격적인 재벌기업으로 도약한다. 지분 정리 과정에서 해태유업은 동업자였던 민후식, 해태관광은 신덕발, 모기업인 해태제과와 나머지 계열사들은 박병규의 장남인 박건배(朴健培, 1948~ )에게 인계되었다. 미 뉴욕대 대학원(재무관리)출신인 29세 박건배는 과자사업으로는 대기업 반열에 끼일 수 없다고 판단, 회장 취임이후 곧 해태의 탈 식품을 선언한다.

그룹이 해체되기 직전인 1997년 10월 현재 해태는 해태제과 외에 해태음료, 해태산업, 해태상사, 해태유통, 해태전자, 해태타이거즈, 해태중공업, 해태가루비, 코래드, 에어로시스템즈, 인켈오디오월드, 해태텔레컴, 대한포장, 해태I&C 등을 거느리는 복합 기업집단으로 승승장구했다. 그러나 특히 전자, 중공업에 대한 지나친 욕심은 결국 그룹 패망의 불씨가 되었다. 94년 오디오 업계 1위인 인켈, 95년 나우정밀 인수와 미진금속을 모태로 설립한 해태중공업이 크나큰 적자를 내면서 부채가 급격히 증가해 격심한 자금난을 겪다가 외환위기사태를 맞아 1997년 11월 1일 그룹의 막을 내린다.

"50년 동안 지속되어온 '식품의 옷'을 벗고 전자업계의 기린아가 되겠다는 2세의 야망은 한낮의 꿈으로 사라지고 말았다"는 평가였다.

1982년 창업자 김한수(金翰壽)의 사망으로 2세 김중원(金重源, 1948~ )이 등장 하면서 구 한일합섬그룹의 공격경영이 시작된다. 1956년 부산 부전동에서 경남모직이란 간판을 걸고 'K노블텍스' 양복지를 생산하면서 시작된 한일합섬그룹(1964년 경남 마산에서 일산 7.5톤의 아크릴 섬유 생산 시설을 완비하고 한일합섬 설립, 이후 그룹의 주력 기업으로 부상)은 창업자 사망 당시만 해도 재계서열 25위 안팎의 중견 기업군이었다. 그러나 미 길퍼드대학(정치학)출신인 김중원은 그 정도로는 성에 차지 않는다. 기업 승계와 동시에 34세의 혈기를 사세확장에 쏟아 붓는다. 때마침 굴지의 재벌 국제그룹이 분해됐다.

김중원은 1986년 국제상사의 무역 및 생산부문과 부산 해운대호텔을 경영하던 신남개발, 제주도 하얏트호텔을 경영하던 남주개발을 한꺼번에 인수했다. 양산 통도사 골프장을 경영하던 원효개발과 연합철강에서 생산하는 철강 독점판매회사인 연합물산도 인수했다. 87년엔 진해화학을 89년에는 동방호산개발을 잇달아 인수했다.

한일합섬그룹은 어느새 한일합섬을 중심으로 경남모직, 동서석유화학, 부국증권, 한효, 국제상사, 남주개발, 원효개발, 신남개발, 연합물산, 진해화학, 동방호산개발 등 13개 계열사를 거느리는 중견 재벌로 컸다. 부채비율 1000%에 달하던 국제그룹의 주력 기업 대부분을 인수하여 덩치는 커졌지만 그 때문에 한일합섬그룹의 부채비율 또한 엄청나게 불어났다. 결국 사세확장 15년째인 1997년 외환위기사태를 맞아 김중원의 꿈도 좌초되고 말았다.


## 7) 대권을 꿈꾸던 황제들

정경유착이 심한 나라일수록 기업가들의 정계진출 유혹은 커지게 마련이다. 정치헌금이 기업 유지를 위한 보험이라면 정계 입문은 바로 기업 유지를 넘어 기업 확장과 직결되기 때문이다. 그러나 한국의 경우 기업가의 정계 진출은 대게 실패로 끝났다. 그럼에도 불구하고 한국 기업가의 정계진출 꿈은 수그러들지 않는다.

최근에는 단순한 정계진출에서 대권(大權)도전으로 업그레이드되고 있다. 단기간에 기업제국(企業帝國)을 구축한 일부 기업가는 나라경영도 기업경영과 크게 다르지 않다고 판단한다. 정치권의 강압적인 정치헌금 요구에 신물이 나기도 하거니와 기업제국 건설과정에서 총리, 부총리, 장관직을 지낸 고위 관료를 고문 등으로 영입하여 국가경영의 노하우도 터득했다고 자부한다.


삼화그룹 창업자 김지태(金智泰, 1908~1982)는 일제 강점기 지기(紙器)제조, 지류무역, 부동산업 등으로 막대한 부를 쌓았다. 해방 후에도 조선견직, 삼화고무, 제사업 등을 주축으로 부산의 최고 기업가로 성장했다. 그가 정치에 뛰어든 건 42세 때인 1950년 제2대 민의원 선거 때부터-. 무소속으로 출마하여 당선됐다. 당시만 해도 막걸리 선거 고무신 선거가 판치는 시대였다. 돈 많은 김지태에게는 '묵고보자 김지태' 라는 구호가 따라다닐 정도였다.

그는 정치입문엔 성공했지만 사업엔 치명타를 입었다. 1951년 이른바 조방낙면(朝紡落綿)사건이 터졌다. 당시 그가 이사로 있으면서 실질적으론 경영 책임자로 재직하고 있던 조선방직이 군수용 광목을 납품하면서 불량광목으로 군복을 만들어 군 작전수행에 차질을 가져왔고 결과적으로 적을 이롭게 했다는 사건이었다. 고법에서 무죄로 결판났지만 조선방직을 불하받으려던 김지태의 꿈은 사라졌다. 무소속 의원이면서 야당의 자금줄 역할을 하여 괘씸죄에 걸렸다는 풍문이었다.

1954년 제3대 민의원 선거에서는 자유당 소속으로 나와 당선됐다. 그러나 56년 사사오입 개헌에 반대하여 해당행위자로 제명되었으며 57년 복당, 58년의 제4대 민의원 선거에 출마했다가 낙선하고 정계를 떠났다.

구 쌍용그룹 창업자 김성곤(金成坤, 1913~1975)은 1940년 고향인 대구에서 비누와 양잿물을 생산하는 삼공유지를 설립하면서 사업과 인연을 맺는다. 해방 후인 48년엔 자본금 1억 원의 금성방직을 안양에 세웠고 1952년엔 마산에 아주방적을 설립 했다. 54년 무역회사 금성산업 설립, 1956년 삼흥방직 인수(태평방직으로 개명)등 기업가로서 맹활약을 거듭했다.

그가 정계에 뛰어든 건 자유당 이기붕의 권유로 1958년 달성에서 제4대 민의원의원에 당선되면서 부터다. 그러나 4·19가 터지면서 정계에서 한발 물러나 사업에 매달렸다. 1962년 강원도 영월 일대의 석회석 광산을 확보하여 쌍용양회를 설립한다. 다음해인 1963년엔 다시 정계에 복귀하여 제6대 국회의원에 당선되어 국회 재정경제위원 장직을 맡는다. 1965년엔 공화당 재정위원장 및 당무위원이 되면서 정치 경제계의 실력자로 부상했다. 그래서인지 사업도 번창했다.

1967년엔 삼화제지(쌍용제지)를 설립, 쌍용양회의 시멘트 봉투를 자체 생산하기 시작했다. 1967년 금성방직과 태평방직을 구 대농그룹에 매각, 쌍용양회를 그룹의 중심축으로 키우기 시작했다. 정계에서의 활약도 눈부셨다.

1967년 제7대 국회의원, 1971년 제8대 국회의원에 당선되고 공화당의 이른바 '4인방'으로서 집권당을 이끌었다. 1952년 야당계 인사인 정일형이 운영하던 동양통신의 전신 대한통신을 인수, 언론계 발전에도 힘썼던 그의 정치적 야심은 단순한 기업가 겸 정치인의 선을 넘었던 것으로 알려졌다. 그는 박정희 대통령의 3선 임기가 끝나면 내각에 힘을 주는 2원집정제로 헌법을 개정, 그가 국무총리가 된다는 구상을 가지고 있었다는 얘기였다. 그 때문인지 3선 개헌 뒤 총리로 복귀한 김종필과도 세력 다툼이 거셌다.

1971년 9월 야당인 신민당은 김학렬 경제기획원, 신직수 법무, 오치성 내무장관의 해임건의안을 발의한다. 과반수 의석을 갖고 있는 공화당의 총재 박정희는 해임 안 부결을 지시했지만 오치성 내무에 대해서는 해임안이 가결된다. 백남억 당의장, 김성곤 중앙위의장, 김진만 재정위원장, 길재호 정책위의장 등 공화당을 이끌던 4인방의 항명 때문이었다. 이른바 '10·2 항명파동'이다. 당의 자금원으로 사실상 당내 2인자였던 김성곤은 당국에 연행되어 마스코트였던 콧수염이 뜯기는 고문을 당한 끝에 탈당계를 썼고 의원직을 잃었다. 그리고 75년 사망, 정·재계를 영원히 떠났다.

'김우중 신화'의 주인공 대우그룹 창업자 김우중(金宇中, 1936~)이 기업가로 발을 내딛던 것은 31세 때인 1967년 자본금 5백만 원의 대우실업을 창업하면서다. 정부의 수출 제1주의 정책에 힘입어 대우는 하루가 다르게 성장했고 80년대에 들어서는 산하에 섬유, 정밀, 금융, 자동차, 조선, 중공업을 아우르는 국내 정상의 대기업 집단으로 도약했다. 영세 무역상에서 출발한 대우실업이 10여년 만에 삼성, 현대, LG에 필적하는 재벌로 부상, 김우중 신화가 탄생했다.

1992년 12월 18일의 제14대 대통령 선거를 앞두고 김우중은 정가의 한 가운데에 데뷔한다. 후보등록을 앞둔 10월 현재 유력 후보는 여당(민자당)의 김영삼, 제1야당(민주당)의 김대중, 제3후보(통일국민당)의 정주영 등등. 대통령 노태우의 핵심 세력이면서 3당 합당(자민당)에 참여하지 않았던 채문식, 이자헌, 김용환, 박철언, 한영수, 이종찬 등은 대선을 앞두고 '새한국당'(가칭)을 창당, 김우중을 자당의 대선후보로 추대한다. 그러나 결과론적으로 말하면 김우중은 10월 29일 기자회견을 통해 대선 불출마를 선언한다. "고심 끝의 결심이며 압력은 없었다."고 부연했다.

그의 불출마에 대해선 당시 뒷말이 무성했다. 정주영의 출마로 보수 중산층의 분열이 우려되고 있는 가운데 김우중까지 나서면 여당의 승리가 매우 어려워지지 않겠느냐는 것이 청와대와 여당의 최대 걱정이었다. 그래서 김우중의 불출마를 위해 다각적 공세를 펼쳤다는 얘기다. 불출마 선언 하루 전인 28일 노태우 대통령은 공보처와 정무 두 장관과 만난 후 "기업인은 기업에 전념해야 한다."고 발언했고 여당 후보 김영삼은 28일 마산에서 "본때를 보여주겠다. 착각과 꿈에서 깨어나도록 만들겠다"고 경고했다. 그리고 각 금융기관들도 대출중단 등의 압력을 가했다는 소문이었다. 14대 대통령 선거에선 김영삼이 당선됐다.

정주영은 대통령 선거에 직접 나서 3위를 차지한 최초의 기업인으로 기록되고 있다. 1987년 현대그룹 명예회장에 취임함으로서 경영일선에서 물러난 정주영은 1992년 직접 정치에 뛰어든다. 이해 1월 3일 그룹 사장단 시무식 회의에서 "1991년 12월 31일자로 그룹의 경영에서 완전히 떠나 새로운 일을 하겠다."고 밝혀 정치 참여 의사를 분명히 했다. 그는 "자신이 직접 정치에 참여하는 문제와 정치권의 주요 인물을 후원하는 문제를 놓고 고심하다 자신이 직접 참여키로 결심한 것"이라고 당시 정씨 동향에 정통한 인사가 분석하기도 했다.

이후 정치 일정은 그의 기질 그대로 전광석화의 기세로 뻗어갔다. 1월 10일 통일국민당을 창당, 대표최고위원이 되었고 3월 24일 실시된 14대 국회의원 선거에선 31석을 획득, 제3당의 지위를 굳혔다. 각본대로 12월 대선에 후보로 나선다. 그는 '경제인의 자리에서 정치인의 자리로 바꾸어 서면서' 그 이유와 앞으로 할 일을 다음과 같이 말했다.

"부패한 여당과 부패한 야당이 손잡고 공존하는 지금의 정치 형태가 지속되고 여기서 다시 민자당 정권이 재집권에 성공해서 앞으로 5년이라는 결정적으로 중요한 시기를 그들에게 맡겨놓는다면 우리는 영원히 선진국이 되자는 꿈과 희망을 버려야 할 것이다. 정치를 하겠다고 떨치고 나선 나한테는 어떤 일이 있어도 이 나라의 좌절과 영락은 막아야 하고 국민이 다 같이 보다 행복하고 보람 있는 나날을 보내게 만들고 싶다는 일념 외에는 아무것도 없다. 아무 희망이 없어 보이던 멕시코가 경제에 밝은 살리나스 대통령 한 사람의 등장으로 새로운 나라로 변신, 나날이 발전하는 사실을 기억하고 지켜보기 바란다"(정주영, 『시련은 있어도 실패는 없다』).

'77세의 정치 신인' 정주영의 정치 인생은 대선 후 바로 막을 내린다. 당시 민자당 후보 김영삼은 대통령 당선 후 현대그룹을 조이기 시작했다. 비자금 조성과 관련한 대선법 위반 및 횡령 등의 혐의로 그는 불구속 기소됐고 정계도 떠났다.(아들인 정몽헌 그룹 부회장은 구속) 현대그룹은 금융제재와 세무조사에 시달리기도 했다.

## 8) 삼각편대 트로이카 경영

황제의 신속한 의사결정, 고심 끝의 결단이 항상 합리적이고 정확한 것은 아니다. 그럼에도 불구하고 황제는 결단을 내려야 한다. 황제의 결단을 보좌하는 조직이 비서실 또는 전략기획실이다.

재벌급 대기업들의 그룹 운영은 대체로 오너를 정점에 두고 한쪽에 비서실 또는 전략기획실 그리고 다른 한쪽에 각 사별 전문 경영인이 포진하는 형태를 취하고 있다. 비서실은 오너의 참모 조직이면서 그룹 전체를 총괄한다. 전문 경영인은 현장 책임자로서 자신이 맡고 있는 회사를 책임지고 운영한다. 이 같은 운영 체계를 '삼각 편대구조' (김영래) '트로이카 경영' (김현철)이라고 말하는 학자도 있다.

삼성의 경우 1959년 처음으로 비서실을 두었고 1999년 구조조정본부, 2006년 전략기획실로 명칭이 바뀌어 오늘날까지 이어지고 있다. 비서실은 "독일의 대원수 몰트케(Moltke, 1800~91)의 독일식 군대 참모조직이다. 이것을 일본의 가쓰라 고고로(桂太郎, 1848~1913)가 받아들여 일본군의 대본영, 즉 작전 총 지휘본부를 만들었고 이를 일본 3대 자이바츠인 미쓰이(三井), 미쯔비시(三菱), 스미토모(住友)가 비서실로 원용했다"(이영래, 『글로벌 기업 삼성 이건희 회장의 앙트러프러너십 연구』).

삼성의 비서실은 의전은 물론, 대표적인 참모조직이다. 정보수집·분석, 기회조사, 인사, 감사, 재무, 홍보 등을 담당하고 있다. 그룹 차원의 의사결정, 오너의 지시사항 등을 꼼꼼히 챙긴다. 비서실의 원활한 활동을 보장하기 위해 비서실장은 사실상 그룹의 2인자 역할을 하도록 불문율로 정하고 있다.

다른 그룹도 거의 같은 기능을 한다. 명칭만 다를 뿐이다. 현대기 아차는 비서실, LG, SK 등은 회장실로 통하기도 했다. 별도로 전략기획조정실이라는 명칭을 붙이는 그룹도 있다. 비서실은 그룹 전체를 조정하는 역할을 하기 때문에 한정된 인원으로는 한계가 있다. 그래서 각 그룹들은 싱크탱크인 기업 연구소를 별도로 두고 있다. 삼성의 삼성경제연구원, LG의 LG경제연구원과 같은 것이다. 예컨대 10년 후에 먹고 살 수 있는 신수종을 연구 개발하라는 오너의 지시가 비서실에 떨어지면 비서실은 관계 연구소와 합동으로 그 작업을 한다. 기업 연구소가 없거나 자체 연구소가 지시사항을 충실히 이행할 수 없다고 판단되면 맥킨지 같은 외국의 큰 컨설팅 회사에 용역을 주기도 한다. 삼성의 로고 제작, 두산의 구조조정 작업등이 여기에 해당한다.

2013년 경제민주화 바람이 거세게 불고 있는 속에서 CJ그룹이 검찰의 호된 조사를 받았다. 이 과정에 CJ경영연구소까지 압수수색 대상에 포함되어 기업연구소가 관심을 끌었다. CJ경영연구소는 그룹 전반의 경영 현황과 시장 환경, 국내외 정세 변화 등을 연구하는 싱크탱크다. 대외적으로 보면 삼성, LG의 역할과 하는 일이 비슷하다. 그럼에도 불구하고 재계의 관심을 끈 것은 이 연구소가 표면적인 기능 이외에 오너 일가들의 그룹 경영센터 역할을 하고 있지 않느냐는 의구심 때문이었다. 비서실 역할이 의전에 만족하는 그룹에선 기업연구소가 앞서 본 대 그룹의 비서실 역할을 하는 셈이다.

비서실과 또 하나의 축인 전문경영인 과의 관계는 항상 순리적인 것은 아니다. 대형투자가 불가피하다든가 할 때는 양자 간에 마찰이 생긴다. 그럴 경우 황제가 최종 결단을 내린다. 삼각 편대 구조 또는 트로이카 경영 구조가 잘 굴러가도록 오너 주제의 '확대 사장단 회의'

를 정기적으로 마련하는 것도 이 때문이다.

삼각 편대구조나 트로이카 경영이 기업의 안정 성장을 절대 보증하는 것은 물론 아니다. 황제의 지시는 어명이기 때문에 한번 내려진 어명은 번복되지 않는다. 비서실이든 연구소든 전문 경영인이든 지시를 따르지 않으려면 자리를 내놔야 한다. "정주영 회장이 '검토해 보라'고 말하는 것은 실행 계획을 내 놓으라는 뜻이었다"고 하지 않는가. 1997년 외환위기 당시 상위 30대 재벌 중 거의 절반인 14개 재벌이 도산했다. 황제경영은 과감한 리더십이라는 장점과 함께 황제의 판단 착오는 기업 존망을 결정한다는 단점도 증명됐다. 황제경영이 한 단계 업그레이드되어야 하는 이유도 여기에 있다. (김두겸)

# ■ 참고문헌

가재산 · 김기혁 · 임철헌, 『중소기업 인재가 희망이다』, 삼성경제연구소, 2008.

강신일 · 이창원, 『한국의 기업가 정신과 기업성장』, 자유기업센터, 1997.

구본형, 『공익을 경영하라』, 을유문화사, 2006.

공병호, 『한국기업 흥망사』, 명진출판사, 1993.

김경준, 『대한민국 초우량기업 8』, 원앤원북스, 2008.

김병연, 『박태준 경영철학 2』, (청암 박태준 연구총서 5), 도서출판아시아, 2012.

김병완, 『이건희의 27법칙』, 미다스북스, 2012.

김병하, 『재벌의 형성과 기업가 활동』, 한국능률협회, 1991.

김병하, 『한국경영이념사』, 계명대학교출판부, 1994.

김우중, 『세계는 넓고 할 일은 많다』, 김영사, 2008.

김용완 외, 『財界回顧-원로기업인편 I-VI』, 한국일보사, 1984.

김한원 · 문병준 외 3명, 『한국경제의 거목들』, 삼우반, 2010.

김현철, 『한국의 황제경영 vs 일본의 주군경영』, 21세기북스, 2011.

김흥기, 『영욕의 한국경제』, 매일경제신문사, 1999.

경향신문사 출판국, 『거탑의 내막』, 경향신문사, 1982.

나가노 신이치로, 『한국의 경제발전과 재일한국인 기업인』, 말글빛냄, 2010.

동아일보 특별취재팀, 『입사선호 40대 한국기업』, 마이다스동아, 2008.

매일경제 산업부, 『경영의 신에게서 배우는 1등기업의 비밀』, 매일경제신문사, 2010.

맹명관, 『이마트 100호점의 숨겨진 비밀』, 비전코리아, 2007.

박병윤, 『재벌과 정치』, 한국양서, 1982.

박원규 · 박승엽, 『삼성 vs LG 그들의 전쟁은 계속된다』, 미래의창, 2007.

박유영, 『도전과 결단 한국형 창업 CEO들의 기업가 정신』, 정법, 2007.

박종규, 『한국기업의 사회공헌』, 기업사회공헌연구소, 2004.

박재홍, 『논어 품질경영』, 이화여자대학교출판부, 2007.

손홍락, 『한국CEO 대탐험 2』, 북웨이브, 2008.

서울신문사 산업부, 『財閥家脈 上 · 下』, 서울신문사, 2007.

성균관대학교 경영연구소 외, 『주요기업의 위기극복 성공사례』, FKI미디어, 2010.

신산업전략연구원, 『대한민국 기업사 1』, 중앙북스, 2008.

신산업전략연구원, 『뿌리깊은 기업』, 화산문화, 2010.

신순철·김동준, 『창조경영』, 이코북, 2007.

신용인, 『삼성과 인텔』, 랜덤하우스코리아, 2009.

신원동, 『삼성의 인재경영』, 청림출판, 2007.

신영지, 『정주영에게서 배우는 신념』, 뜨인돌어린이, 2007.

아시아경제신문, 『재계100년-미래경영 창업주 DNA서 찾는다』, FKI미디어, 2010.

아시아경제신문, 『MK Leadership』, 아경북스, 2011.

오데드 센카, 이진원 옮김, 『카피캣』, 청림출판사, 2011.

오원철, 『한국형 경제건설 4』, 한국경제정책연구소, 1996.

오창규, 『주식회사 대한민국을 팔아라』, 랜덤하우스, 2008.

오철구, 『기업을 어떻게 운영할 것인가』, 흑자경영연구소, 2008.

이규태, 『대산 신용호 : 맨손가락으로 생나무를 뚫고』, 교보문고, 2004.

이 근, 『기업간 추격의 경제학』, 21세기북스, 2008.

이대원, 『삼성 기업문화 탐구』, 엠디자인, 2007.

이대환, 『세계 최고의 철강인 박태준』, 현암사, 2004.

이병철, 『호암자전』, 중앙일보사, 1986.

이용선, 『朝鮮巨商』, 동서문화사, 2005.

이종재, 『재계이력서』, 한국일보사, 1993.

이채윤, 『한국 기업을 살리는 9인의 경영학』, 머니플러스, 2008.

이채윤, 『이건희 21세기 신경영노트』, 행복한마음, 2006.

이학종, 『기업문화와 기업경쟁력』, 박영사, 2008.

이 호, 『그래도 사랑하기 때문에』(전 동아그룹 최원석 회장의 비설록), BeallBooks, 2009.

조중훈, 『내가 걸어온 길』, 나남, 1996.

전용욱, 『한국기업의 생존보고서』, 한국경제연구원, 2008.

전진문, 『경주 최 부자집 300년 부의 비밀』, 민음인, 2010. .

정규재, 『기업 최후의 전쟁 M&A』, 한국경제신문사, 1997.

정순원, 『경제학자CEO 현장에서 경영을 말하다』, 원앤원북스, 2009.

정주영, 『시련은 있어도 실패는 없다』, 현대문화신문사, 1992.

정주영,『이 땅에 태어나서』, 솔, 1998.

정혁준,『맞수기업열전』, 에쎄, 2009.

정혁준,『경영의 신 1』, 다산북스, 2013.

츠카모토 키요시, 남소영 옮김,『세계 브랜드를 만든 한국기업의 힘』, 영진닷컴, 2003.

하타무라 요타로, 김대영 옮김,『위기의 경영 삼성을 공부하다』, 스펙트럼북스, 2010.

현대경제연구원,『정주영 경영을 말하다』, 현대경제연구원, 2011.

홍하상,『이병철에게 길을 묻다』, 북지인, 2010.

홍하상,『정주영 경영정신』, 바다출판사, 2006.

홍하상,『이건희 세계의 인재를 구하다』, 북폴리오, 2006.

『약전 연암 구인회』, 연암기념사업회, 1980.

『삼성 50년사』, 삼성비서실, 1988.

『이동찬 경영어록집 인간, 기업 그리고 기업가 정신』, 코오롱, 1996.

『설봉 전택보 전기』, 설봉문화재단설립준비위원회, 1981.

『포스코 35년사』, 주식회사 포스코, 2004.

『김각중 자전 내가 걸어온 길 내가 가지 않은 길』, 주식회사 경방, 2004.

『미의 여정 샘 내 강 바다, 서경배』, 아모레퍼시픽, 2008.

『신기술개발총람(12)』, 한국산업기술원, 2012.

김영래,『글로벌 기업 삼성 이건희 회장의 앙트러프러너십 연구』, 경영사학 55권,
한국경영사학회, 2010.

김성수,『연암 구인회와 상남 구자경 연구, 생애와 경영이념』, 경영사학 22집,
한국경영사학회, 2000.

박기찬,『동화약품 창업자의 생애와 경영이념』, 경영사학 22집,
경영사학회, 2000.

박유형 · 이의영,『한국형 창업CEO들의 기업가정신에 관한 연구』,
한국전문경영인학회, 2002.

최태호,『성곡 김성곤 연구―성곡과 육영 · 문화사업』, 경영사학 창간호,
경영사학회, 1986.

『전문경영인연구 제5권』 1호, 2003년 3월호.

경향신문

광주일보

동아일보

조선일보

중앙일보

문화일보

한겨레

한국일보

매일경제

서울경제

한국경제

헤럴드경제

파이낸셜뉴스

건설신문

라이프매거진

아시아 투데이

이코노미 플러스

주간조선

중앙 선데이

KBS

일본경제신문 등

## 한국의 기업가 정신

2013년 10월 20일 초판 제1쇄 인쇄
2013년 10월 28일 초판 제1쇄 발행

엮은이 (사)GLOBAL戰略硏究院
펴낸곳 華山文化
펴낸이 許萬逸

등록번호 2-1880호(1994년 12월 18일)
전화 02-736-7411~2
팩스 02-736-7413
주소 서울시 종로구 통인동 6, 효자상가 A 201호
e-mail huhmanil@empal.com

ISBN 978-89-93910-26-1  03320
ⓒ (사)글로벌전략연구원, 2013

(사)GLOBAL戰略硏究院(院長 金斗謙)
주소  서울시 관악구 낙성대동 1629-2,
      동아벤처타운 205호(151 - 818)
전화 02-872-1664~5, 팩스 02-872-1673
e-mail dkkimm45@naver.com